HISTOIRE
DES PRINCES
DE CONDÉ

PENDANT LES XVIᵉ ET XVIIᵉ SIÈCLES

PAR

M. LE DUC D'AUMALE

TOME DEUXIÈME

PARIS
CALMANN LÉVY, ÉDITEUR
ANCIENNE MAISON MICHEL LÉVY FRÈRES
3, RUE AUBER, 3

—

1889

Droits de reproduction et de traduction réservés.

HISTOIRE

DES

PRINCES DE CONDÉ

PENDANT LES XVI ET XVIIᵉ SIÈCLES

II

ÉMILE COLIN. — IMPRIMERIE DE LAGNY

Gravé par Danguin, sous la direction de Henriquel-Dupont, d'après un dessin de la
collection des portraits français du XVI.e siècle de la Bibliothèque Impériale.

Histoire des Princes de Condé, par Mgr. le Duc d'Aumale.
Calmann Lévy, Editeur, Paris.

LIVRE PREMIER

(SUITE)

LOUIS DE BOURBON

PREMIER DU NOM, PREMIER PRINCE DE CONDÉ

NÉ LE 7 MAI 1530, TUÉ LE 13 MARS 1569

LOUIS DE BOURBON

CHAPITRE V

1568 à 1569

Premières violations de l'édit de paix. Condé se retire à Noyers. — Mesures prises pour l'appauvrir et le désarmer. — Griefs des catholiques. « Le fait de la Rochelle. » Les Rochelois appellent Condé. — Actes et démarches des puissances catholiques. — Attitude de la cour de France; réunion des troupes en Bourgogne; ordres donnés à Tavannes. — Fuite de Condé et des Châtillon avec leurs familles (23 août 1568). Passage périlleux de la Loire. — La troupe des fugitifs grossit; ils gagnent la Rochelle (29 septembre); accueil des bourgeois. — Jonction de Condé et de la reine de Navarre. — Plan d'opérations, momentanément concentrées dans l'Ouest; premières mesures d'organisation; négociations et manifestes. — Concentration des troupes royales en Anjou; combat de la levée de la Loire; échec de d'Andelot. — Condé rallie d'Andelot et prend Angoulême. — Il devait marcher vers l'Est pour rallier d'Acier et écraser Montpensier, imprudemment engagé en Périgord. — Tandis que Condé reste en Saintonge, Montpensier bat d'Acier; les deux armées remontent en Poitou (novembre). — Monsieur entre en campagne avec vingt-sept mille hommes; Condé marche au-devant de lui avec près de trente mille.

— Combat d'avant-garde à Pamprou, entre Poitiers et Niort. — Condé donne par erreur au camp de Monsieur; combat incertain de Jazeneuil (16 novembre). — Dans la nuit, Condé se met en marche vers la Loire pour y saisir un pont. Il enlève Mirebeau sans être inquiété, et arrive devant Saumur. — Prise de Saint-Florent; acharnement des deux partis; pillage de Noyers. — Condé est rappelé en Poitou pour secourir Loudun. — Les deux armées forcées par la saison de se cantonner sans avoir pu combattre (décembre). — Situation financière des protestants; mesures prises pour hâter les renforts. — Au mois de février 1569, Monsieur, en se postant à Montmorillon, coupe toutes les lignes de communication des réformés. — Condé, ne recevant pas de renforts et de plus en plus menacé par l'armée royale, marche vers la Charente pour aller en Quercy chercher « les vicomtes ». — Monsieur, après avoir pris Ruffec, descend lentement la rive gauche de la Charente, en lançant de forts partis sur la rive droite. — Rencontre d'avant-garde. L'amiral croit pouvoir attirer l'armée royale sur la rive droite au-dessus d'Angoulême, et dégager ainsi la route du Midi. — Condé arrive à Chérac (10 mars); tout est prêt pour passer la Charente le lendemain. — Monsieur l'a prévenu sur la rive gauche. Il occupe Châteauneuf et menace Cognac (10 et 11 mars). — Condé semble décidé à remonter vers le Nord pour passer la Loire et rejoindre le duc de Deux-Ponts, mais sans prendre son parti assez complètement ni assez promptement. — Il étend ses cantonnements vers Saint-Jean-d'Angely; ordre de marche donné pour le 13. — Dans la nuit du 12 au 13, les catholiques passent la Charente devant Châteauneuf. — La rive droite de cette rivière présente trois bonnes positions entre Châteauneuf et Triac. — Bataille de Jarnac. — Le 13, à la pointe du jour, les catholiques avaient passé la rivière et s'étaient, sans coup férir, emparés de la première position. — Tandis que l'amiral rallie ses troupes, ils enlèvent Bassac. Coligny demande à Condé de le soutenir. — D'Andelot reprend Bassac, mais il en est chassé; la gauche des protestants va être tournée; ils sont rejetés sur la position de Triac. — Condé se rend à l'appel de l'amiral. — Il arrive sur le champ de bataille avec trois cents chevaux; il a une jambe brisée. — Il lance l'amiral sur sa gauche et charge le centre de Monsieur. — La droite des protestants est délogée, Coligny battu, et Condé, après d'héroïques efforts, est entouré, pris et assassiné. — L'armée protestante se rallie les jours suivants sans trop de pertes. Jugement sur la conduite de Coligny et de Condé dans cette journée. — Effet produit par la mort de Condé. Traitement fait à ses dépouilles. — Résumé de sa vie.

Si Condé avait eu quelques illusions en acceptant le traité de Lonjumeau, elles durent être de courte durée, et tout d'abord une violation de l'édit de paix vint exciter sa juste indignation. Parmi les commissaires catholiques et protestants envoyés à Toulouse pour l'enregistrement de cet édit, se trouvait un des gentilshommes du prince, nommé Rapin, qui avait été condamné à mort à Toulouse lors des premiers troubles civils, mais que deux amnisties et le caractère de sa mission devaient mettre à l'abri de toute poursuite. Néanmoins le parlement, passant outre, le fit saisir et exécuter. Sur les vives instances de Condé, le Roi promit d'évoquer l'affaire en son conseil; mais cette promesse n'eut pas de suite, et cet acte d'audacieuse illégalité resta impuni. Le parlement de Toulouse, persévérant dans son attitude, attendit, pour enregistrer l'édit de paix, la quatrième lettre de jussion; encore n'obéit-il qu'après avoir posé des restrictions à huis clos.

Ailleurs, on méprisait encore plus les formes : la plupart des gouverneurs de province ne toléraient aucune pratique du culte protestant; des meurtres, des massacres même avaient lieu sur plu-

<small>Premières violations de l'édit de paix. Condé se retire à Noyers.</small>

sieurs points. Coligny et d'Andelot ne pouvaient exercer les grandes charges dont ils étaient investis. Condé lui-même, bien qu'officiellement rétabli dans son gouvernement de Picardie, ne put y faire reconnaître l'autorité de Senarpont, son lieutenant général, qui cependant remplissait ces fonctions avant les troubles [1]. Le prince voulut s'assurer de l'état des choses dans cette province : il avait, d'ailleurs, à y recueillir la succession de Madeleine de Mailly, mère de sa première femme. Quittant donc Valery, où il était allé passer quelques jours après avoir fait la cène à Orléans avec ses confédérés, il gagna les confins de la Picardie et s'établit près de Soissons, au château de Muret, où sa belle-mère venait de mourir [2]. Il comptait parcourir la province et avait déjà donné à ses amis, de l'une comme de l'autre religion, des rendez-vous de chasse au lévrier [3]; mais il ne put commencer la tournée qu'il se proposait de faire, ni même prolonger son séjour à Muret : les plus tristes nouvelles venaient l'y assaillir chaque jour. A peine

1. Il avait reçu en cette qualité l'ambassadeur d'Angleterre, en 1559, après la paix de Cateau-Cambrésis. (*Forbes. A full view,* etc.)

2. En 1567.

3. Condé à M. d'Humières, 8 mai 1568; Bibl. nat., ms. *Mémoires du roi Charles IX.* — Norreys à Cecil, 12 mai 1568. *State paper office.* (*Pièces et Documents,* n° II.)

avait-il été informé de l'exécution de Rapin, qu'il apprenait la mort de deux autres officiers de sa maison : l'un avait été assassiné près de Blandy, l'autre près de Villers-Cotterets : « C'est le troisième gentilhomme des miens qui ont esté tuez depuis la paix, » écrivait-il au roi peu après[1]. Et le messager qui allait porter à Paris une des lettres où le prince se plaignait de ces attentats trouva à l'entrée de la ville cinq cadavres de huguenots massacrés et abandonnés sur le grand chemin[2]. Enfin le bruit de projets sinistres, ourdis contre les chefs mêmes du parti protestant, se répandit de nouveau. Cette fois, on donnait des détails précis; on nommait les capitaines catholiques chargés de l'entreprise : la Valette devait tomber sur Condé à Muret, tandis que l'amiral serait surpris chez lui par Chavigny, d'Andelot par Tavannes et Barbezieux[3]. Le séjour d'une maison ouverte, comme celles de Muret ou de Valery, ne semblait plus présenter au prince une sécurité suffisante. Or sa femme avait en Bourgogne une place, Noyers[4], qui passait

1. Le 29 juin. Archives du département du Nord. (*Pièces et Documents,* n° I.)
2. Norryes à Élisabeth, 4 juin 1568. *State paper office.* (*Pièces et Documents,* n° II.)
3. Norreys à Élisabeth, 7 juin 1568. *State paper office.* (*Pièces et Documents,* n° II.)
4. Sur le Serein, à sept lieues et demie est-sud-est d'Auxerre.

pour assez forte et qui devait être au moins à l'abri d'un coup de main : la ville avait de bonnes murailles; une rivière l'entourait; le château était solidement bâti, les fossés profonds. On y réunit une petite garnison de deux cents hommes sûrs, sans compter les gentilshommes et capitaines, et Condé s'y rendit. La Bourgogne était une des parties de la France les plus attachées à la religion catholique; mais ce coin de la province faisait exception. Tanlay, château de d'Andelot, n'était qu'à quatre lieues de Noyers, et, entre ces deux grandes demeures, le pays était peuplé de gentilshommes huguenots qui tenaient toujours leurs armes et leurs chevaux prêts[1]. Condé était donc là en sûreté plus que nulle part ailleurs. Cependant à peine y était-il arrivé, qu'il écrivit à la cour[2] pour se plaindre des embûches qu'on lui tendait : des partis de soldats, sortis des places voisines, rôdaient sans cesse autour de sa demeure, et un espion venait d'être arrêté tandis qu'il sondait les fossés du château (juin 1568). Le Roi manda immédiatement à Tavannes, gouverneur de Bourgogne, de faire

1. Norreys à Élisabeth, 23 juin. *State paper office*. (*Pièces et Documents*, n° II.)

2. Lettre au Roi déjà citée, du 29 juin; lettres du 22 juillet au Roi et à la Reine mère. Archives du département du Nord. (*Pièces et Documents*, n° I.)

cesser les courses des garnisons placées sous ses ordres, et au premier président de Dijon de faire le procès à l'espion[1].

C'était là une réparation purement officielle et qui engageait peu : elle avait été facilement accordée. Pour le moment d'ailleurs, ce n'était point par la force qu'on cherchait à frapper les chefs protestants. Le Roi avait avancé cent mille écus pour la solde des reîtres. On exigeait le remboursement immédiat de cette somme, et, sans admettre qu'elle pût être répartie sur tous les réformés du royaume, on en réclamait le payement de Condé et de ceux qui avaient porté les armes avec lui. Le prince s'éleva contre « cette distinction entre ceulx de la religion reformée qui m'ont accompagné, disait-il, et les aultres qui sont demourez en leurs maisons, d'aultant que leur volonté estoit une semblable, et si tous n'y estoient en personne, ilz ne laissoient d'y estre de cueur[2]... » Il demandait qu'on s'en tînt à ce qui avait été convenu lors des négociations de la paix, et, comme il n'y avait pas assisté, il proposait qu'on s'en rapportât au cardinal de Châtillon ; enfin il insistait surtout pour que le Roi donnât

Mesures prises pour appauvrir et désarmer Condé.

---

1. Minute originale. Bibl. nat., collection Colbert.
2. Condé au Roi, 14 juin 1568. — Autres lettres des mois de juin, juillet et août. — Bibl. nat., collection Colbert. (*Pièces et Documents,* n° I.)

des « commissions et contraintes » qui permissent de pourvoir au recouvrement des deniers sur tous ses sujets de la religion. Le Roi consentit à consulter le cardinal, mais ne donna sur les autres points que des réponses vagues, restant toutefois fort pressant pour le payement. D'une part, les protestants n'avaient ni l'envie ni peut-être le pouvoir de payer; de l'autre, la cour voulait, ou ruiner complètement le prince et ses amis, ou les convaincre d'inexactitude à remplir leurs engagements.

Ainsi menacé dans sa fortune, Condé se voyait encore atteint d'une autre manière. La coutume était de ne faire subir aux compagnies d'ordonnance commandées par les princes, ni cassations ni diminutions d'effectif. Condé reçut l'ordre de réduire la sienne de cent à soixante lances, et celle de son fils de cinquante à trente. Il réclama vainement[1] : la réduction fut maintenue. En même temps, le Roi, par un nouvel édit, exigeait de ses sujets le serment qu'ils ne prendraient plus les armes sans un appel de la couronne. Contre une semblable ordonnance, qui, d'ailleurs, ne fut suivie d'aucune tentative sérieuse d'exécution, il n'y avait pas à protester; mais il était facile de voir où les

1. Condé au Roi, 25 juin 1568. Bibl. nat., collection Colbret.

coups portaient : toutes ces mesures tendaient à désarmer le parti protestant.

Les catholiques avaient, eux aussi, leurs griefs, et les faisaient sonner bien haut. Nous ne parlons pas des meurtres dont ils se plaignaient, des déprédations qu'ils attribuaient à des bandes armées. En fait de violences et de cruautés, les deux partis se valaient : si les protestants étaient le plus souvent victimes, c'est que presque partout ils étaient les moins nombreux. Mais leurs adversaires dénonçaient les enrôlements faits en faveur du prince d'Orange; ils accusaient surtout les huguenots de fermer aux troupes royales plusieurs places importantes qu'ils auraient dû remettre selon les termes de l'édit de paix.

Griefs des catholiques. « Le fait de la Rochelle. » Les Rochelois appellent Condé.

Sur le premier point, Condé répondait en désavouant Cocqueville et les autres capitaines protestants qui avaient tenté une incursion en Flandre par la frontière de Picardie. Pris à Saint-Valery par le maréchal de Cossé, Cocqueville fut décapité; ses compagnons, d'ailleurs, furent traités avec une douceur dont se plaignit fort le duc d'Albe.

Sur le second point, la réponse était plus difficile. Si les réformés avaient rendu Orléans et les places voisines, ils avaient conservé Sancerre, Vézelay, Montauban, Cahors, etc. Ce qui s'était passé à la Rochelle avait surtout fixé l'attention.

Cette ville s'était déclarée pendant la guerre contre la cause royale, et cependant, après la paix, les bourgeois n'avaient pas fait difficulté d'accepter le gouverneur nommé par le Roi : Jarnac avait été reçu avec les honneurs d'usage ; un présent de quatre mille livres lui avait été offert ; les habitants catholiques furent rappelés, et toutes les mesures prescrites exécutées sans contestation. Mais, quand arriva l'ordre d'introduire une garnison, les bourgeois refusèrent net, arguant de leurs privilèges achetés de leur sang, de leur noblesse acquise par une lutte héroïque contre les Anglais. « Si les sujets sont tenus d'obéir au prince, ajoutaient-ils, le prince n'est pas moins tenu, par son serment, de maintenir les droits et privilèges de ses sujets[1]. » Bref, les troupes n'entrèrent pas. Jarnac dut sortir, et Vieilleville, envoyé à son aide avec une petite armée, trouva la place si bien gardée, qu'il s'arrêta sans rien tenter et se prit à négocier. Les Rochelois avaient appelé La Rochefoucauld dans leurs murs et écrit à Condé pour se mettre sous sa protection.

Actes et démarches des puissances catholiques.

Cette lettre fut un trait de lumière pour le prince. Place forte de premier ordre, port de mer important, située entre le Poitou et la Saintonge,

---

1. La Popelinière.

peu éloignée de la Gascogne, et par conséquent en communications faciles, soit avec l'Angleterre, soit avec les parties de la France où la réforme comptait ses principaux adhérents, la Rochelle était à la fois et un refuge très sûr et une excellente base d'opération. L'appel des Rochelois semblait ouvrir au prince une porte de salut et lui tracer un plan de campagne. En effet, sous peine d'abjurer ou de périr, l'hésitation n'était plus possible : tout annonçait de la part des catholiques les résolutions les plus violentes. Le roi d'Espagne avait donné le signal : la mort de don Carlos [1], les massacres des Pays-Bas, l'exécution des comtes d'Egmont et de Horn (juin 1568), tant d'actes impitoyables, accomplis en quelques mois, semblaient autant d'exemples qui devaient stimuler le zèle de la cour de France. Le pape, en autorisant une vente de biens ecclésiastiques demandée par Charles IX, mettait à son consentement cette condition formelle, que le produit en serait consacré à l'extermination des hérétiques. L'Hospital put encore obtenir que

---

1. Don Carlos fut arrêté au mois de janvier, et, dans ce même mois, Philippe II annonça au pape « qu'il avait préféré l'honneur de Dieu et la conservation de la religion catholique à sa propre chair et à son propre sang ». Cependant les historiens espagnols prétendent qu'il mourut *de la fièvre* le 24 juillet.

la bulle ne fût pas reçue dans ces termes, et le saint-père fut prié d'en modifier le texte, mais ce fut le dernier succès du chancelier. Depuis longtemps, ce grand homme était sans crédit auprès de la Reine mère; aujourd'hui, sa présence à côté du jeune roi est une inquiétude et un embarras pour Médicis. L'Hospital fut éloigné : déjà avant lui, les Montmorency avaient quitté la cour; le cardinal de Bourbon était suspect; les Lorrains seuls étaient en faveur.

<small>Attitude de la cour de France; réunion de troupes en Bourgogne; ordres donnés à Tavannes.</small>

A mesure que grandissait le jeune Henri de Guise et qu'approchait le moment où il pourrait tenir l'épée de son glorieux père, le cardinal de Lorraine retrouvait les passions et revenait aux tendances que, dans sa grande circonspection, il avait cru devoir cacher depuis la mort du duc François. Il avait, après la paix de Chartres, simulé une tentative de rapprochement avec Condé; mais, froidement accueilli par ce dernier [1], il n'avait plus gardé aucune mesure. Quiconque, même bon catholique, n'épousait pas toutes les haines, n'adoptait pas les plans sinistres de la faction dominante, était mis à l'écart; les secrétaires d'État eux-mêmes étaient forcés de congédier leurs

---

1. Norreys à Élisabeth, 4 juin 1568. *State paper office* (*Pièces et Documents*, n° II.)

commis¹, et les « politiques » (le mot fut inventé alors) étaient honnis presque à l'égal des huguenots. Les troupes italiennes et suisses n'étaient pas congédiées ; des associations catholiques d'un caractère menaçant se formaient dans plusieurs provinces. Un grand seigneur, René de Savoie, comte de Cipierre, venait d'être massacré à Fréjus avec trente de ses amis : la protection de la couronne couvrait et le meurtrier, le baron des Arcs, et l'instigateur de ce forfait, le comte de Tende, propre frère de la victime. La terreur était générale, et plusieurs familles protestantes avaient déjà émigré. Enfin quatorze compagnies de gendarmes et plusieurs bandes d'infanterie venaient d'être dirigées sur la Bourgogne.

Aux premières nouvelles de la Rochelle, et sur l'avis de la réunion, assez significative, de cette espèce d'armée de Bourgogne, Coligny et d'Andelot avaient quitté Tanlay pour rejoindre Condé à Noyers. Bientôt on sut à la cour que d'Andelot venait d'arriver assez secrètement en Bretagne. Cela donna à penser. On recommanda à Marti-

1. « On a fait casser plusieurs commis des secrétaires d'État... ; le receveur de Senlis, commis de Villeroy, et Sageot, commis de l'Aubespine, ont été destitués ; on va en renvoyer d'autres... » (Norreys à Élisabeth, 7 juin 1568. *State paper office.* — *Pièces et Documents,* n° II.)

gues, gouverneur de cette province, de se tenir sur ses gardes[1], et Tavannes reçut l'ordre de faire exécuter promptement le coup de main projeté sur Noyers. Mais, trouvant la chose peu loyale, et ne croyant pas, d'ailleurs, au succès de « cette entreprise mal dressée de quenouille et de plume », il eut soin, avant d'obéir, de faire passer des messagers près de Noyers avec des billets ainsi conçus : « Le cerf est aux toiles ; — la chose est préparée ». Comme il s'y attendait, les billets furent saisis par ceux qu'ils intéressaient, et l'avis ne fut pas perdu.

Le 21 août, la marquise de Rothelin quittait Noyers, se rendant auprès de Charles IX pour l'assurer de la soumission de son gendre, et lui demander justice en son nom. Le 22, un nouveau message était expédié à la cour ; Téligny en était chargé. Il fut arrêté sur la route et interrogé. A tous ceux qui le questionnaient, il se disait porteur de paroles de paix : le prince attendrait à Noyers la réponse du Roi. Trompés par cette attitude et par ce langage, les officiers chargés de

---

1. « ... Ledit sieur d'Andelot a prins le chemin de Bretaigne, on ne peult savoir à quelle fin. Monsieur de Martigues l'a suyvy pour sentir ses desseings... » (L'abbé de Saint-Pierre à M. de Gordes, 20 juillet 1568. Archives do Conde.)

surprendre Condé, ou tout au moins de le tenir comme bloqué dans sa maison, se relâchèrent un peu de leur surveillance, attendant pour agir quelque occasion nouvelle, lorsqu'ils apprirent que le prince, parti à l'improviste, gagnait la Loire en toute hâte. Ils se jetèrent sur ses traces.

Condé et Coligny s'étaient mis en route le 23, emmenant avec eux la princesse enceinte, sa famille, celles de l'amiral et de d'Andelot; une centaine de cavaliers les suivaient. Un second détachement, commandé par le capitaine Boas, quittait Noyers au même moment, accompagnant quelques autres familles, les bagages, les serviteurs, et prenait la même direction, mais par une autre route, pour éviter l'encombrement. Il s'agissait, cette fois, non pas de combattre, mais de se mettre promptement à l'abri; le temps manquait pour rassembler une grosse troupe : elle eût ralenti les mouvements et tout compromis. C'est avec cette faible escorte, avec ce triste cortége de femmes éplorées, d'enfants au berceau, qu'il fallait marcher ou plutôt fuir à grandes journées, par une chaleur accablante, « s'en allant, ainsi que Condé l'écrivait au Roi avec amertume, comme materats désempennez »[1].

Fuite de Condé et des Châtillon avec leurs familles (23 août 1568). Passage périlleux de la Loire.

[1]. Traits d'arbalète qui, dépouillés de leurs barbes, traversent l'air sans direction

La grande difficulté pour les fugitifs était de traverser la Loire : les enseignements de la dernière guerre n'avaient pas été perdus pour les catholiques. Afin de prévenir les jonctions entre les protestants du Nord et ceux du Midi, on avait coupé le royaume par une ligne de postes qui s'appuyait au fleuve. Mais il y a toujours quelque maille ouverte en ces sortes de réseaux. La sécheresse avait fait baisser les eaux de la Loire; des paysans avaient reconnu un gué auprès de Sancerre. Ils l'indiquèrent au prince, qui errait inquiet sur la rive. La petite bande y passa, et les eaux capricieuses, s'élevant comme par miracle derrière elle, arrêtèrent ceux qui la poursuivaient au moment où ils croyaient atteindre leur proie dans le filet tendu depuis longtemps. Condé tomba à genoux, et, les yeux pleins de larmes, entonna avec les siens le psaume : « Israël au sortir d'Égypte. »

des fugitifs grossit; ils gagnent la Rochelle (29 septembre); accueil des bourgeois.

On avait échappé aux plus grands périls : la marche pouvait continuer avec moins de précipitation. Bientôt on se trouva plus en nombre. Bouny, saisi par le capitaine Gasconnet, avait donné un pont à Boas : il rejoignit Condé avec son détachement; d'Ivoy, Boucard et d'autres amenèrent encore quelque cavalerie. Cependant il fallait toujours beaucoup de prudence. Le prince et ses amis répandirent partout qu'ils ne voulaient ni agiter le royaume ni rien tenter contre l'autorité du Roi : ils allaient, disaient-ils, faire visite à la Rochefoucauld et se mettre en sûreté dans son château de Verteuil[1]; des lettres écrites en ce sens furent adressées à Montluc, qui commandait en Gascogne, à Vieilleville, qui commandait en Poitou. Des habitants, des prêtres catholiques, s'étant plaints de violences commises par des hommes de l'escorte, reçurent une réparation immédiate et éclatante. Au bout de quelques jours, Condé, arrivé près de Poitiers, fit prier Vieilleville de lui en ouvrir les portes. « Volontiers, répondit le maréchal, s'il vient avec le train ordinaire d'un prince; non, s'il se présente avec une si grande suite. » Mais, pour le moment, Condé ne songeait pas à Poitiers : il n'avait voulu que détourner l'attention du maréchal et soutenir le rôle de voyageur paisible. Il ne s'arrêta pas, et, le 19 septembre, il entra enfin à la Rochelle. « J'ai fui tant que j'ai pu, écrivait-il plaisamment; mais, étant ici, j'ai trouvé la mer, et d'autant que je ne sais pas nager, j'ai été contraint de retourner la tête et de gagner la terre, non avec les pieds, mais avec les mains. »

Le lendemain, il harangue les bourgeois de la

---

[1]. Sur la Charente.

ville, et, avec sa parole vive et entraînante, leur expose « le piteux estat du royaume, la misérable captivité du Roy, les meschants desseins des ennemis pour exterminer tous ceux de la religion, l'extrême nécessité qui l'a contraint de venir et prendre les armes, tant pour la défense de luy et des siens que du peuple, du service de Dieu et du Roy; les somme et interpelle de luy estre aidans, les asseurant de leur estre secourable en toutes leurs affaires. Et, pour gage asseuré de sa foy, leur laisse sa femme et enfans, les plus chers et précieux joyaux qu'il ayt en ce monde [1]. » Aussitôt le maire, la Haise, vivement ému, offrit au prince « vie et biens au nom de tous les citoyens », et ceux-ci répétèrent avec des cris d'enthousiasme le serment de leur premier magistrat.

Jonction de Condé et de la reine de Navarre. Plan d'opérations, momentanément concentrées dans l'Ouest. Toute la noblesse protestante de Poitou et de Saintonge était accourue pour rejoindre le prince. Ainsi renforcé, Condé sortit immédiatement pour aller au-devant de la reine de Navarre. En effet, Jeanne d'Albret venait au rendez-vous commun, accompagnée de son jeune fils. Elle amenait quarante-deux enseignes de gens de pied et huit cornettes de cavalerie légère. Montluc aurait voulu lui fermer le chemin; mais il n'avait pas

1. La Popelinière

assez de monde. Jeanne passa sans obstacle et fut reçue par le prince à Archiac. Tous deux étaient à la Rochelle le 28 septembre.

On s'occupa tout d'abord du plan de campagne : il en fallait un tout nouveau. Trouvant la royauté sur ses gardes, ayant perdu Orléans et les places de la Loire, on ne pouvait songer ni à faire la guerre offensive ni à menacer Paris. D'ailleurs, les protestants avaient acquis la conviction que le nord, l'est et le centre de la France étaient profondément catholiques, et que leur présence dans ces régions ne leur donnait pas un prosélyte, tandis qu'il leur était très difficile de s'y maintenir. Le plan qu'ils adoptèrent pour la troisième guerre civile, outre qu'ils n'avaient pas le choix, était plus méthodique et plus rationnel. Il ne s'agissait plus de conquérir la France et de propager leur foi, mais de conquérir la liberté. Se rendre maîtres de la mer, afin de se procurer des ressources et de pouvoir communiquer avec la Normandie et l'Angleterre; s'emparer, autour de la Rochelle, d'une zone suffisamment large, s'y établir solidement, et cependant chercher à assurer les communications avec le Midi, d'où l'on pouvait tirer d'importants renforts; tâcher aussi de saisir un pont sur la Loire pour tendre la main aux secours qu'on pouvait espérer d'Allemagne : tel fut le programme auquel on s'arrêta : c'était le seul possible.

<small>Premières mesures d'organisation; négociations et manifestes.</small>

Par les soins de l'amiral, qui n'était pas homme de mer, mais qui n'était jamais resté étranger aux questions de marine, et grâce au concours intelligent des Rochelois, une flotte fut organisée. Le cardinal de Châtillon, qui avait pu se sauver de Beauvais, s'embarquer en Normandie et gagner l'Angleterre, fut chargé d'obtenir l'assistance d'Élisabeth, « la reine nourricière de l'Église de Dieu »[1]. Cette princesse était plus que jamais irritée contre la cour de France et la maison de Guise, par qui elle se croyait ou se disait menacée. Elle avait déjà prescrit à son ambassadeur, Norreys, d'annoncer au Roi très chrétien que, s'il continuait de faire exécuter dans son royaume les ordres tyranniques de Rome, elle serait obligée de prendre des mesures pour la sécurité de ses propres États[2]. Les huguenots devaient donc la croire bien disposée à accueillir leurs ouvertures. Un négociateur spécial, le sieur de Cavaignes, conseiller au parlement, fut expédié de la Rochelle à Londres[3] pour affirmer à la Reine que les projets

---

1. Jeanne d'Albret à Élisabeth, 15 octobre.
2. Élisabeth à Norreys, 27 août. *State paper office.*
3. Condé à Élisabeth, 15 septembre. Musée britannique, Cotton, Caligula, E. VI. (*Pièces et Documents,* n° II.)

ourdis contre elle n'étaient que trop réels. Il devait avancer (sans du reste fournir aucune preuve) que le cardinal de Lorraine voulait faire céder au duc d'Anjou tous les prétendus droits de Marie Stuart sur la couronne d'Angleterre, et que ce prélat avait offert au prince de Condé le commandement de l'armée qui envahirait la Grande-Bretagne. En retour du service que la prise d'armes des huguenots rendait à Élisabeth, Cavaignes devait demander un secours de six vaisseaux, six canons de batterie avec poudre, boulets, etc., enfin un prêt de deux cent mille écus, dont le remboursement serait garanti par la cession de marchandises entreposées au Havre, à la Rochelle, à Blaye. Ces deux cent mille écus étaient destinés au duc de Deux-Ponts, qui avait promis de se mettre en marche au reçu de cette somme, et d'amener six mille chevaux, trente enseignes de gens de pied, vingt canons de batterie et douze pièces de campagne avec leur équipage[1].

Pour ce qui regardait l'intérieur, des instructions furent expédiées à d'Acier, à Montbrun, aux « sept vicomtes », qui devaient diriger le soulèvement dans le Midi ; enfin on prépara la jonction

---

1. Instructions du prince de Condé au sieur de Cavaignes, certifiées conformes par ce dernier, et remises à Cecil le 6 octobre. (*Hatfield papers.*)

avec d'Andelot, qui devait rallier tous les réformés du Nord et tenter avec eux le passage de la Loire. En même temps, Condé et Jeanne envoyaient de nouvelles dépêches à la cour. Au Roi, à la Reine mère, ils offraient des assurances de soumission; ils déclaraient ne prendre les armes que pour résister au cardinal de Lorraine, à cet ennemi public, cet oppresseur de tous les gens de bien, « non seulement de ceux qui suivent la loi pure de l'Évangile, mais de ces catholiques modérés qui ne sont pas de sa faction ». Les lettres écrites au duc d'Anjou, au cardinal de Bourbon, les mettaient en garde contre les Guise, qui, pour les mieux perdre, voulaient les entraîner à leur suite, sous prétexte de religion.

En répétant ainsi, avec un acharnement puéril, les accusations déjà contenues dans la longue « remontrance » que Condé avait fait parvenir au Roi lors de son départ de Noyers, les chefs réformés exagéraient l'importance et grandissaient l'autorité de leurs ennemis. Mais ces pièces, destinées à la publicité[1], s'adressaient plutôt aux protestants qu'à leurs adversaires : c'était le moyen dont on s'était déjà servi pour calmer les scrupules des con-

[1]. On les trouve dans une foule de recueils contemporains qu'il serait trop long de citer. En général, nous n'indiquons dans les notes que les sources nouvelles ou peu connues.

sciences timorées. Quant à changer les dispositions de la cour, personne ne l'espérait. Aux premiers bruits de mouvement, le Roi avait rendu un édit pour prendre sous sa sauvegarde ses sujets de la religion prétendue réformée : on comptait que cette mesure diminuerait le nombre des combattants. Mais, dès qu'on reçut le manifeste passionné et souvent pathétique du 22 août, ce rôle fut abandonné. La nouvelle de la fuite de Condé excita une vive colère : Téligny, qui avait apporté les dépêches, fut jeté en prison ; l'exercice de la nouvelle religion fut défendu ; tous les édits de tolérance furent rapportés, les fonctionnaires protestants destitués, et les ministres condamnés au bannissement. La formation d'une grande armée sous les ordres de Monsieur fut ordonnée, et, tandis qu'elle se réunissait, des renforts et des pouvoirs extraordinaires furent expédiés au duc de Montpensier, gouverneur de l'Anjou.

C'est de ce côté, en effet, qu'il fallait porter les premiers coups. Nous avons dit que d'Andelot s'était depuis quelque temps établi en Bretagne, et que le prince et l'amiral, en l'informant de leurs mouvements, l'avaient chargé de réunir sur la Loire leurs amis de l'Ouest et du Nord. Rendez-vous fut donné pour le 14 septembre à Beaufort, entre Angers et Saumur. D'Andelot y rencontra

Concentration des troupes royales en Anjou. Combat de la levée de la Loire.

Montgomery, le vidame de Chartres, la Noue et autres. Il fallait trouver un moyen de traverser le fleuve : les Ponts-de-Cé étaient à l'abri d'une surprise. On chercha un endroit où l'on pût passer, partie à gué, partie en bateaux, et cependant on prit des cantonnements dans les villages voisins, n'ayant à se garder que vers Saumur, où le duc de Montpensier rassemblait ses troupes, et vers Angers, où devait se trouver Martigues. Ce dernier, gouverneur de Bretagne, n'ayant pu empêcher la prise d'armes de d'Andelot, marchait pour rejoindre Montpensier, lorsqu'il fut supplié par les bourgeois de Nantes de pourvoir à la sûreté de leur ville. Il revint sur ses pas, y mit garnison, puis gagna Angers. Là, il sut que les troupes de d'Andelot, postées sur la levée de la Loire, lui barraient la route ; néanmoins il résolut de s'ouvrir un chemin, et informa Montpensier de son projet, afin qu'il pût faire une diversion. Les réformés étaient si peu sur leurs gardes que, malgré leur grande supériorité numérique, malgré l'énergie bien connue de leur chef, Martigues eut facilement raison de tous leurs efforts décousus, les battit complètement, et pénétra jusqu'à Saumur sans l'aide de personne. Martigues n'avait que peu de monde ; mais il avait son régiment de vieilles bandes, et surtout ses excellents arquebusiers ; le combat se livrait sur des chaussées où les têtes de colonne se trouvaient seules engagées, ce qui diminuait singulièrement l'importance du nombre : d'Andelot n'avait rien d'assez solide pour tenir contre ces vieux routiers[1].

Après ce rude échec, la situation de la petite troupe protestante, en présence des corps réunis de Montpensier et de Martigues, devenait très périlleuse ; déjà on croyait sa destruction certaine, lorsqu'on apprit que d'Andelot était de l'autre côté de la Loire. Au moment où plusieurs des chefs ouvraient l'avis de se replier en arrière et même de se séparer définitivement, le gué si vivement désiré était découvert : le passage s'effectua en quelques heures; D'Andelot s'enfonça en Poitou; il amenait quatorze enseignes et seize cornettes. Soubise, envoyé au-devant de lui, le rallia avec cinq cents chevaux. Les deux corps réunis prirent Thouars et Parthenay, puis rejoignirent l'amiral, qui était sorti de la Rochelle avec une partie de l'armée. Niort, Fontenay, Saint-Maixent furent promptement enlevés; enfin toutes les forces disponibles furent employées au siège d'Angoulême. Condé dirigeait les opérations en personne. Au bout de quelques

Condé rallie d'Andelot et prend Angoulême.

---

1. Le combat de la levée de la Loire ressemble, sur une petite échelle, à quelques-uns des glorieux combats livrés auprès de Vérone en 1796.

jours, la place capitula : elle était bonne, et dominait un pays riche et fertile. C'était le premier succès important de la campagne.

<small>Condé devait marcher vers l'est, pour rallier d'Acier, et écraser Montpensier, imprudemment engagé en Périgord.</small>

Le mouvement qui avait amené les protestants sous Angoulême, et qui avait déjà produit un si utile résultat, avait encore un autre but : il rapprochait l'armée des troupes attendues du Midi. On savait, en effet, que d'Acier, après avoir rassemblé sur la rive droite du Rhône les contingents du Dauphiné et du Languedoc, était arrivé heureusement à Montauban avec quelque cavalerie et une assez nombreuse infanterie. On espérait qu'il pourrait rallier les « sept vicomtes », et que tous ensemble déboucheraient prochainement en Périgord. Il était d'autant plus opportun de marcher immédiatement au-devant d'eux, que Montpensier avait passé la Loire et s'était avancé jusqu'à Confolens. Ce prince, renforcé ainsi que nous l'avons dit, avait reçu pour instructions de se porter à Poitiers, et de garnir toutes les villes qui tenaient encore pour le Roi dans ces provinces, afin d'arrêter ou tout au moins de ralentir les succès des protestants ; mais il devait éviter tout engagement, toute entreprise qui pourrait compromettre ses troupes, et attendre dans cette situation que Monsieur l'eût rejoint, enfin que la grande armée catholique fût en mesure de combattre l'ennemi avec avantage.

Cependant, entouré d'officiers ardents, et très ardent lui-même, entraîné surtout par le jeune duc de Guise, qui venait, malgré des ordres formels, de lui amener une partie de la cavalerie destinée à suivre Monsieur, Montpensier avait voulu sortir de cette attitude passive, et la cour, incapable de faire exécuter avec fermeté un plan d'opérations militaires, ne sut pas tenir le langage qui aurait pu empêcher ce mouvement. Au lieu de jeter du monde dans les places, Montpensier se mit en campagne, laissa prendre Angoulême, qui, secouru à propos, eût résisté longtemps ; et, quand lui-même s'approcha de l'armée protestante victorieuse, il reconnut qu'il n'avait pas assez de monde pour livrer bataille : il dut se replier rapidement vers l'est. Ainsi les réformés, ne pouvant rien craindre sur leurs derrières, avaient deux motifs d'entrer en Périgord : d'abord pour rallier d'Acier, menacé sur son flanc gauche par Montluc, sur son flanc droit par Montpensier ; ensuite pour profiter de la faute de ce dernier, écraser les forces insuffisantes avec lesquelles il s'était témérairement avancé, et détruire ainsi un des principaux éléments de l'armée de Monsieur.

Cependant cette résolution si simple ne fut pas adoptée. On abandonna, et l'armée de d'Acier à sauver, et celle de Montpensier à détruire, pour *Tandis que Condé reste en Saintonge, Montpensier bat d'Acier.*

Les deux armées remontent en Poitou (novembre).

compléter la conquête de la Saintonge, où quelques places insignifiantes dépendaient encore du Roi. Cette faute capitale doit-elle être attribuée à une singulière méprise de Condé? provenait-elle de ce conflit d'influences qui entravait si souvent les opérations des protestants? était-ce un caprice de l'impérieux amiral, qui, plus hautain que jamais, et se sentant le vrai chef selon le cœur du parti, voulait « manyer le prince à sa volonté »[1]? ou bien plutôt ce déplorable mouvement avait-il été imposé par Jeanne d'Albret et par le petit gouvernement théocratique de la Rochelle, qui, voulant surtout avoir un pays à administrer, tenait à étendre son action jusqu'à la Gironde? On ne peut, à cet égard, faire que des conjectures. Ce qui est certain, c'est que, quittant Angoulême, l'armée protestante se rapprocha de la mer pour venir prendre Pons et Blaye. Quand, après ces succès insignifiants, on voulut enfin marcher au-devant des Provençaux, il n'était plus temps que de recueillir leurs débris.

D'Acier avait fait de vains efforts pour décider les vicomtes à l'accompagner. Ils refusèrent, sous prétexte qu'en quittant leur pays ils exposeraient le parti à perdre cette sûre retraite : il fallut conti-

[1] La Popolinière.

nuer la marche sans eux. Cependant Montluc n'osa pas attaquer le contingent du Midi; mais Montpensier, dès qu'il apprit la marche de Condé sur Pons, revint immédiatement sur Périgueux. Il avait avec lui deux excellents chefs de troupes légères, très vigilants et très entreprenants, Brissac et Martigues. Guidé par eux, il donna inopinément aux quartiers des Provençaux, qui étaient cantonnés entre l'Isle et la Dronne, et, tandis que d'Acier essayait de rassembler ses troupes, il lui détruisit la meilleure partie de son infanterie, commandée par Mouvans et Pierre Gourdes, qui y furent tués. L'épuisement des chevaux ne permit pas aux catholiques de pousser plus loin leur victoire, dont ils rapportèrent cependant dix-sept drapeaux. La « bataille » des huguenots, postée en un lieu fort, ne put être entamée, et gagna Riberac le soir. Le 26 octobre, d'Acier passa la Vienne à Aubeterre, et fit sa jonction à Châlais avec l'armée du prince : il lui amenait encore, malgré son désastre, sept cents chevaux et quelques milliers de bons arquebusiers. Montpensier, hors d'état de tenir plus longtemps la campagne, remonta vers le Poitou, où Monsieur venait d'entrer. La grande armée protestante le suivit, et même assez vivement; toutefois elle dut s'arrêter pour forcer un des passages de la Vienne qui étaient aux mains des catholiques. On fit grande diligence : le château et la petite ville de Chauvigny[1] furent enlevés en vingt-quatre heures; la Vienne fut franchie, et les huguenots, se remettant en marche sur les traces de l'ennemi, arrivèrent le même soir en vue de Châtellerault. En prenant position sur les hauteurs qui dominent cette ville au sud, ils cherchaient des yeux les colonnes qui se retiraient devant eux depuis plusieurs jours, lorsqu'au lieu d'une arrière-garde se repliant avec précipitation, ils découvrirent une armée nombreuse, bien établie et bien retranchée : Montpensier venait de se rallier au duc d'Anjou (6 novembre).

Monsieur entre en campagne avec vingt-sept mille hommes.

Monsieur avait avec lui une belle artillerie, les Suisses, les archers de la garde, quelques bandes italiennes, les gentilshommes pensionnaires et assez de noblesse. Depuis longtemps, il attendait le retour de la colonne si imprudemment lancée dans le Midi. Sans doute la faute de Montpensier avait été compensée par la faute plus grande encore des réformés, et la défaite de d'Acier était un avantage sérieux ; mais la bonne saison était passée et déjà une partie des troupes royales était fatiguée. Cependant, malgré les intempéries prématurées d'un hiver déjà très rude, Monsieur ré-

---

[1]. Six lieues à l'est de Poitiers.

solut de prendre l'offensive. Il disposait de vingt-sept mille hommes, dont vingt mille fantassins et sept mille cavaliers. Tavannes lui prêtait l'appui de son expérience et de son intelligence de la guerre.

De son côté, Condé ne désirait pas moins en venir aux mains. Si son armée ne se composait pas d'hommes aussi éprouvés que les soldats de Monsieur, elle était au moins égale en nombre[1], comptant deux cent quarante enseignes et quatre-vingt-quatorze cornettes. Les mesures violentes de la cour avaient exaspéré les réformés et leur avaient mis à tous les armes à la main : jamais ils n'étaient accourus plus nombreux ni plus ardents sous l'étendard du prince. Cependant c'étaient des troupes irrégulières, et que, de plus, on ne pouvait solder : dans des opérations prolongées, le désordre et la désertion ne pouvaient manquer de réduire rapidement leur effectif. Tout commandait donc de se hâter. Mais, bien que son caractère et sa situation dussent le presser de livrer bataille à l'armée royale, Condé ne pouvait, ni aller chercher le duc d'Anjou dans la forte position qu'il occupait près de Châtellerault, ni rester en présence pour atten-

Condé marche au-devant de lui avec près de trente mille hommes. Combat d'avant-garde à Pamprou, entre Poitiers et Niort.

---

1. De Thou ne l'évalue qu'à vingt et un mille hommes ; mais, suivant le calcul assez vraisemblable de la Popelinière, elle devait monter à plus de trente mille.

dre une attaque, puisqu'en cas de revers, il aurait eu à traverser la Vienne et à passer sous le canon de Poitiers, qu'occupait une forte garnison catholique. Il prit le parti de revenir par Chauvigny, sur la rive gauche de la Vienne, et, pour ne pas être tourné par Poitiers, il recula jusqu'à Cheney[1], sur les bords de la Sèvre. Il ne tarda pas à savoir que Monsieur avait quitté Châtellerault et dépassé Poitiers sans s'y arrêter. Aussitôt, dans l'espoir d'avoir promptement un engagement en rase campagne, le prince marcha en avant, et gagna Lusignan sur le chemin de Poitiers (15 novembre).

Là, il apprit que l'ennemi était sur sa gauche et tenait la route de Niort[2], les généraux catholiques espérant rencontrer les protestants près de cette dernière ville, dans un pays moins accidenté, où ils pourraient tirer parti de leur belle et nombreuse cavalerie. Condé envoya aussitôt d'Andelot en reconnaissance dans la direction indiquée, et s'apprêta à le soutenir avec le reste de ses troupes. Tout en battant l'estrade, d'Andelot atteignit un

1. Quatre lieues au sud-est de Saint-Maixent.
2. La route actuelle de Poitiers à Niort passe par Coulombiers et Lusignan. La vieille route passait au nord de ces deux bourgs, et allait presque en ligne directe de Poitiers à Saint-Maixent. Voyez la carte de Cassini.

village appelé Pamprou [1], situé sur un cours d'eau encaissé, affluent de la Sèvre, et dominé par des collines escarpées. Le duc de Montpensier y arrivait en même temps, avec une partie de l'avant-garde catholique. Il ne put résister aux protestants plus nombreux, et dut leur céder le village ainsi que les hauteurs qui l'entourent. Bientôt cependant, rejoint par l'actif Martigues, il reprit l'offensive. D'Andelot alors, embusquant son infanterie dans les broussailles et dans les vignes, déploya hardiment sa cavalerie à files ouvertes sur le rideau, et fit si bonne mine, que l'ennemi se crut devant toute l'armée protestante et s'arrêta. Sur le soir, en effet, le prince et l'amiral arrivèrent à Pamprou ; pendant la nuit, ils virent de grands feux s'allumer devant la position qu'avaient conservée les catholiques ; on entendit des tambours battre dans leur camp une marche bien connue, celle des Suisses. Condé crut que Monsieur avait rejoint son avant-garde, et s'apprêta à un engagement général pour le lendemain. Cependant, au lever du soleil, il ne trouva plus devant lui que des bagages abandonnés : les feux allumés et les tambours « battant à la suisse » n'étaient qu'une ruse de Martigues pour dérober la retraite. C'était par suite de retards

1. Trois lieues à l'est de Saint-Maixent.

dans la transmission des ordres que Montpensier était venu la veille à Pamprou : ce village était bien le logement désigné par l'état-major catholique; mais le gros de l'armée, ralenti par l'état des chemins, s'était arrêté à Jazeneuil, à trois lieues en arrière ; l'avant-garde, informée de ce changement, s'y était repliée pendant la nuit.

<small>Condé donne par erreur au camp de Monsieur; combat incertain de Jazeneuil 16 novembre).</small> Monsieur était donc à Jazeneuil ; mais sa droite occupait Sanxai, sur la route de Poitiers à Niort, qu'il ne voulait pas abandonner. Condé résolut de marcher sur Sanxai avec tout son monde : c'était un bon mouvement. Soit que le détachement fût surpris et enlevé, soit qu'il eût le temps de se retirer intact sur Jazeneuil, les réformés, en tout cas, débordaient la principale position de l'ennemi, se plaçaient entre lui et la Loire, et pouvaient ou le devancer sur ce fleuve pour y saisir un pont qui assurât leurs communications avec le Nord, ou choisir eux-mêmes le terrain du combat, si on cherchait à les arrêter dans cette marche.

Un brouillard épais semblait favoriser cette entreprise. L'amiral était en tête avec les guides ; à mi-chemin, il prit à gauche dans la direction convenue; mais le prince, arrivé au carrefour avec la « bataille », ayant perdu de vue l'avant-garde, continua droit sur Jazeneuil. Il ne reconnut son erreur qu'en donnant au camp de Monsieur. Trop faible pour l'attaquer, et pourtant voulant éviter une retraite en plaine qui ne pouvait s'effectuer sans péril devant la belle cavalerie catholique, il prend son parti avec autant d'intelligence que de courage. La route qu'il suivait quittait devant Jazeneuil un plateau assez élevé, pour descendre par une gorge large dans la petite vallée de la Vonne, et aboutissait à la droite de l'armée royale. Le prince occupe aussitôt les collines pleines de vignes, de haies et de tranchées, qui dominent cette espèce de défilé, y loge son arquebuserie et fait creuser un fossé en travers de la route. Lui-même s'avance avec sa cavalerie pour masquer ces dispositions. Les catholiques courent aux armes ; la nature du terrain, vrai « pays de chicane », entrave et ralentit leurs mouvements. Quelques compagnies de gendarmes débouchent les premières, conduites par le duc de Guise et appuyées d'un feu d'artillerie très nourri, quoique peu effectif. A la faveur de la fumée, Condé se retire ; Guise croit l'atteindre, lorsqu'il est arrêté par le fossé, accueilli par la mousqueterie, par les salves de quatre pièces de campagne, et forcé de reculer. Le prince charge alors et pousse l'ennemi jusqu'aux premières tentes. A son tour, il est ramené par la Valette, que suit une nombreuse cavalerie ; Brissac soutient le mouvement avec son infanterie et menace la gauche des protestants. Les arquebusiers catholiques sont les moins nombreux, mais ce sont de vieux soldats : ils s'avancent bien espacés, ajustent et tirent à coup sûr, tandis que leurs adversaires présentent des rangs serrés et tirent par salves comme au hasard, « de manière que deux cents arquebusiers catholiques, dit la Noue, arrêtoient tout un régiment ». Déjà, malgré les exhortations de Condé, son infanterie ployait, lorsque l'amiral, qui avait trouvé Sanxai abandonné, revenant au bruit du canon, apparut avec ses troupes. Le jour baissait : les catholiques rentrèrent dans leurs lignes, les huguenots gardèrent leurs positions [1].

Bientôt ils observent avec étonnement qu'un nouveau camp s'établit sur leur gauche. Est-ce une nouvelle armée royale qui arrive, ou l'ennemi a-t-il seulement changé son bivouac? L'état-major du duc d'Anjou n'avait pas plus qu'eux le mot de l'énigme, et l'inquiétude y était la même : c'étaient les valets des protestants qui, dirigés sur Sanxai, et n'ayant trouvé là ni troupes ni ordres,

1. On pensait dans l'armée royale que Condé aurait pu remporter un avantage signalé dans cette rencontre; mais les catholiques ne savaient pas que, pendant presque toute la journée, il n'avait eu sous la main qu'une partie de ses forces. Nous trouvons cette opinion dans une espèce d'autobiographie en vers écrite par un capitaine d'ordonnance, *les Sept livres des honnestes passetemps,* de M. de la Motte Messemé (Paris,

étaient revenus à l'aventure; campant où la nuit les avait pris, ils consommaient joyeusement autour de grands feux les provisions de leurs maîtres. Cette belle réunion tint les deux armées plusieurs heures sur le qui-vive, et, de plus, les protestants passèrent la nuit sans vivres et sans feux.

Monsieur comptait prendre l'offensive le matin de bonne heure; mais quelques travaux qu'il avait prescrit de faire avant le jour aux abords de son camp, pour lui permettre d'en sortir sur plusieurs colonnes, n'avaient pas été exécutés, faute d'activité et de vigilance chez les chefs. Quand enfin on fut en mesure, on ne vit plus que l'arrière-garde des réformés, déjà loin et marchant vers Sanxai. Si Condé avait pu se présenter devant Jazeneuil la veille de bonne heure avec toutes ses forces, et attaquer les catholiques dans leur camp trop étroit, mal couvert et mal établi, il eût pu leur faire essuyer un sérieux échec. Recommencer le combat quand ils avaient pu rectifier leur position offrait peu de chances de succès. Aussi, se

Dans la nuit, Condé se met en marche vers la Loire, enlève Mirebeau sans être inquiété, et arrive devant Saumur.

1587, in-12). Au milieu de digressions passablement ennuyeuses, ces mémoires en prose rimée contiennent des détails fort curieux sur les mœurs, sur la façon de guerroyer, de s'éclairer, de *servir,* comme nous disons aujourd'hui, pendant toute la période des guerres de religion. Nous avons emprunté à cet ouvrage quelques détails sur la journée de Jarnac et sur d'autres épisodes.

contentant de l'avantage moral que semblaient lui donner l'insignifiante rencontre de Pamprou et le combat indécis de Jazeneuil, il reprit le projet qui avait inspiré sa première marche sur Sanxai. Au bout de trois ou quatre jours, il était devant Mirebeau, qui fut promptement enlevé; mais, avant de pousser plus au nord, il voulut avoir des renseignements exacts sur la position de l'ennemi. L'amiral, envoyé en reconnaissance, surprit le régiment de Brissac, cantonné à Auzances[1], sur la petite rivière de ce nom. Il lui donna une chaude alerte, lui tua quelque monde, et regagna ensuite Mirebeau (24 novembre). On sut par les prisonniers que l'armée royale était rentrée à Poitiers, très fatiguée, encombrée de malades et peu disposée à rien entreprendre. Le prince, rassuré, laissa sept ou huit cents hommes dans Mirebeau pour inquiéter ceux de Poitiers, et continua sa marche vers Saumur : c'était là le pont dont il espérait se saisir avant que Monsieur n'y pût pourvoir. Mais Saumur avait une garnison qui paraissait décidée à se défendre; l'abbaye de Saint-Florent, soigneusement fortifiée, en couvrait les approches. Il fallut d'abord faire le siège de l'abbaye; elle capitula assez vite. La garnison n'en fut pas moins cruel-

Prise de Saint-Florent.

---

[1]. A environ six kilomètres au nord-est de Poitiers.

lement massacrée ; cela devenait l'habitude. A chaque prise d'armes, on se montrait plus impitoyable : les cœurs s'endurcissaient dans ces luttes continuelles. Lors de la première guerre civile, on s'embrassait des deux parts pendant les trêves, et l'on n'en venait aux mains qu'avec une vive émotion ; dans la troisième, sous prétexte de représailles, on ne faisait plus de quartier : on violait toutes les lois de l'humanité.

Acharnement des deux partis. Pillage de Noyers.

Cet acharnement n'épargnait ni les résidences des princes ni leurs serviteurs. A Champigny, qui appartenait au duc de Montpensier, et que les huguenots avaient enlevé dans cette dernière marche, le confesseur du duc avait été pendu sans pitié. A Noyers, qui venait d'être surpris par le gouverneur de Champagne, Barbezieux, tout avait été saccagé, malgré la parole donnée par cet officier : les hommes qui gardaient le château, les femmes mêmes qui s'y étaient réfugiées avaient été victimes d'atroces traitements. « Ce preux et brave capitaine, écrivait à ce propos Condé[1], pour faire preuve de sa vaillance, de laquelle il craignoit que je ne doubtasse, est venu attaquer ma maison, chasteau et ville de Noyers, me sachant à cent ou

---

1. Au duc de Montpensier, décembre 1568, en réponse à une lettre relative à l'affaire de Champigny. — Bibliothèque nationale, copie du xviiie siècle.

six vingts lieues... Ayant pris et emporté de madite maison tous mes meubles, il pense m'avoir entièrement accablé. « Toutes fois, ajoutait-il fièrement, « le lieu dont je suis issu, la vertu qui m'a toujours « accompagné, m'asseurent qu'il n'est en la puis- « sance de mes ennemis de me rendre pauvre. »

<small>Condé est rappelé en Poitou pour secourir Loudun. Les deux armées forcées par la saison de se cantonner sans avoir pu combattre (décembre).</small>

Quand, après la prise de Saint-Florent, on commença enfin l'attaque de Saumur, on apprit que Monsieur, sorti de Poitiers, avait déjà repris Mirebeau et qu'il allait mettre le siège devant Loudun ; c'était une des principales villes qui tinssent pour le parti ; et sa perte eût coupé la ligne d'opération des confédérés : il fallut revenir à marches forcées. On arriva à temps pour sauver Loudun ; mais l'expédition sur la Loire était manquée. On était à la fin de décembre, la rigueur de la saison devenait intolérable ; aussi Condé, craignant que son armée, composée en grande partie d'hommes du Midi, ne pût y résister plus longtemps, désirait plus vivement que jamais une journée décisive. Les deux armées se déployèrent, et restèrent ainsi trois jours en bataille sans pouvoir s'aborder, n'échangeant qu'une insignifiante canonnade. Un cours d'eau les séparait : l'amiral essaya vainement de le traverser ; le sol était couvert d'un verglas si glissant, que les chevaux pouvaient à peine marcher au pas, et que le moindre obstacle devenait infranchissable. De part et d'autre, on lâcha prise : huit mille hommes étaient morts de froid et de privations dans le mois. Le duc d'Anjou se retira à Chinon, et Condé, après avoir mis une bonne garnison dans Loudun, sépara ses troupes et les cantonna dans le Poitou. Lui-même, après être resté quelques jours à Thouars, se rendit à Niort, ainsi que l'amiral, pour y conférer avec Jeanne d'Albret sur les affaires du parti.

La situation financière était assez bonne ; dans les premières guerres civiles, elle n'avait jamais été aussi satisfaisante. Outre sept canons avec leur équipage, Élisabeth venait de donner cent mille angelus[1]. Les opérations maritimes avaient été lucratives. La petite flotte réformée était conduite avec bonheur et hardiesse ; de nombreux corsaires anglais l'assistaient dans ses entreprises. Moyennant une part dans les bénéfices, le gouvernement

Situation financière des protestants. Mesures prises pour hâter les renforts.

---

1. Voyez aux *Pièces et Documents,* nº II, les lettres adressées à Élisabeth et à Cecil par Condé et par le prince de Béarn, pendant les mois de décembre 1568 et janvier 1569. A partir de ce moment, chaque missive écrite par Condé aux princes étrangers est accompagnée d'une sorte de duplicata signé par le jeune fils de Jeanne d'Albret. Ces pièces ne figurent pas dans le *Recueil des lettres missives de Henri IV,* formé avec tant de soin et de succès par M. Berger de Xivrey. (Cf. la *Correspondance diplomatique* de la Mothe-Fénelon, ambassadeur de France en Angleterre ; Paris, 1838, t. Iᵉʳ.)

britannique avait autorisé le cardinal de Châtillon à donner des lettres de marque et à faire courir sur tous les navires portant pavillon de puissance catholique [1]. Déjà de riches prises avaient été amenées à la Rochelle : c'était un revenu important. Enfin les bourgeois de cette ville avaient généreusement souscrit un emprunt assez élevé. On résolut de recourir encore une fois à leurs bourses assez bien garnies, et, pour encourager leur dévouement, on leur vendit des biens ecclésiastiques. Cette vente d'ailleurs ne se fit que sur papier, avec la garantie assez précaire de la fortune personnelle des princes et seigneurs.

D'autres questions occupèrent encore les chefs réformés : il fallut délibérer d'abord sur un message pacifique de la Reine. La réponse fut courte, et la tentative n'eut point de suite : elle était peu sérieuse. Ce qui importait, c'était d'assurer à l'armée les renforts d'hommes dont elle avait le plus grand besoin. L'Angleterre n'avait fourni qu'un contingent de cent volontaires, commandés par Henry Champerdowne, beau-frère de Montgomery,

---

1. La Popelinière. — *Hatfield papers*. — Un de ces aventuriers anglais, North, avait suivi quelque temps l'armée protestante avant de commencer ses courses sur mer. Dans une lettre à Cecil (11 janvier 1569), il donne des détails assez curieux sur les opérations. (Voyez *Pièces et Documents*, n° II.)

et cette petite troupe ne mériterait même pas
d'être mentionnée, si elle n'avait compté dans ses
rangs le célèbre navigateur Walter Raleigh, qui fit
là ses premières armes [1]. On espérait mieux
d'ailleurs : vers les Pyrénées, Gramont et les vicomtes disposaient d'une dizaine de mille hommes
infatigables à la marche et habiles à manier la
grosse arquebuse qu'on appelait *petrinal*. Piles fut
dépêché pour tâcher de les décider à quitter leurs
montagnes et à rejoindre la grande armée. Des
lettres pressantes furent aussi expédiées en Allemagne, d'où l'on avait reçu d'assez bonnes nouvelles : la cour avait fait d'infructueux efforts auprès de l'Empereur et de l'électeur de Saxe pour
arrêter toute levée faite au nom des protestants.
Le duc de Deux-Ponts, le prince d'Orange et le
comte Casimir allaient leur amener un corps considérable, qui devait rallier en route le contingent
de Picardie, commandé par Mouy; de ce côté on
n'attendait pas moins de dix-sept mille hommes,
dont trois mille cavaliers, avec trente-deux bouches
à feu [2]. D'autre part, un homme hardi, la Coche,
avait réuni un assez gros parti en Dauphiné et
cherchait un moyen de gagner le Poitou. Enfin

1. Darcies, *Annals of queen Elizabeth*.
2. Henry Champerdowne à Cecil, Niort, 6 février 1569. *State paper office*.

la ville de Sancerre avait victorieusement repoussé les attaques de Nemours et du baron des Adrets.

<small>Au mois de février 1569, Monsieur, en se postant à Montmorillon, coupe toutes les lignes de communication des réformés.</small>

Le mois de janvier 1569 s'écoula ainsi sans être marqué par aucun mouvement important des deux armées principales. La saison ne permettait pas d'agir. Les protestants se bornèrent à compléter, par la prise de quelques petites villes, l'occupation du littoral et du bas Poitou. Vers la fin de février, ils apprirent que Monsieur, descendant de Chinon et suivant la rive droite de la Vienne, venait d'arriver à Montmorillon. Par ce mouvement, que Tavannes avait inspiré, le duc d'Anjou, sans s'engager dans le dédale des places tenues par les réformés, se rapprochait des routes qui conduisent du Poitou en Berry, en Limousin et en Gascogne, et cependant il restait en mesure de reparaître sur la basse Loire avant ses adversaires. De quelque côté que leur vînt un renfort, il pouvait lui couper la route. Si Condé voulait marcher au-devant de ses auxiliaires, Monsieur avait de grandes chances de le combattre avec succès ; si, au contraire, le prince n'osait quitter ses positions, son armée, déjà fort diminuée par les intempéries et la désertion, irait s'affaiblissant chaque jour, et le duc d'Anjou choisirait alors le meilleur moment pour l'attaquer.

Tout allait mal pour la cause protestante. Un coup de main tenté sur le Havre avait échoué. La Coche, ne pouvant trouver d'issue pour sortir du Dauphiné, s'était décidé à gagner Genève, espérant pouvoir déboucher par la Franche-Comté, échapper à toute poursuite par l'audace même de cette marche, traverser inopinément toute la France, et arriver jusqu'à Condé. Mais, atteint près de Neufchâtel par d'Aumale, qui était allé en Lorraine au-devant du marquis de Bade, il venait d'être tué; ses bandes étaient détruites. Vers le midi, Piles n'avait pas réussi dans sa mission : les vicomtes persistaient à ne pas quitter la Gascogne. Au contraire, les troupes fraîches affluaient au camp de l'armée royale. Rejoint d'abord par les arquebusiers de Sarlaboux et par les Languedociens de Joyeuse, Monsieur avait encore reçu les Provençaux du comte de Tende, les reîtres du rhingrave et du marquis de Bade.

Attaquer de pareilles forces, on n'y pouvait songer avec une armée affaiblie. Se maintenir sur la défensive était non moins périlleux dans l'état des esprits : les soldats provençaux désertaient, les autres se décourageaient. Déjà Brissac, détaché à Lusignan, avait, par d'heureux coups de main, inspiré de vives inquiétudes. Chercherait-on à s'emparer d'un pont sur la basse Loire? On n'avait pu y

Condé ne recevant pas de renforts, et de plus en plus menacé par l'armée royale, marche vers la Charente pour aller en Quercy chercher les vicomtes.

réussir lorsqu'on était dans de bonnes conditions, il était difficile d'espérer mieux maintenant; d'ailleurs, le duc de Deux-Ponts était encore trop loin pour que ce mouvement eût une utilité réelle. Condé, toujours porté par sa nature aux résolutions hardies, avait bien pensé à se jeter en Berry pour gagner Sancerre. Si Monsieur fût resté à Chinon, cette combinaison, exécutée avec secret et promptitude, eût offert bien plus de chances de succès qu'une tentative sur Saumur : elle eût déconcerté la cour et rapproché l'armée protestante des Allemands en la portant par delà la Loire. Mais ce projet n'était pas resté inconnu du duc d'Anjou, et les rumeurs qui étaient arrivées jusqu'à lui l'avaient décidé à descendre sur Montmorillon. Les routes du nord et de l'est étant fermées, restait celle du sud; de ce côté aussi il y avait une armée à joindre, et, puisque les vicomtes ne voulaient pas venir seuls, il fallait aller les chercher; ceux-ci ralliés, il serait plus facile de s'ouvrir un chemin vers la Loire. C'est donc sur le Quercy qu'on résolut de marcher. Dans les premiers jours de mars, Condé réunit toutes ses troupes et s'achemina vers la Charente par Saint-Jean-d'Angely; il avait avec lui son fils aîné et son jeune neveu, qui paraissaient pour la première fois dans les rangs de l'armée : Jeanne d'Albret avait recommandé au prince de Béarn de servir son oncle comme son propre père[1].

La Charente, sortant des montagnes agrestes et peu élevées du Limousin, coule d'abord au nord jusqu'à Civray, puis descend en sens contraire jusqu'à Angoulême ; là, elle tourne vers l'ouest et, se redressant légèrement vers le nord à partir de Saintes, va se jeter dans la mer au delà de Rochefort. Dans son cours lent et sinueux, elle ne parcourt pas moins de quatre-vingt-cinq lieues, espace plus que double de celui qui sépare sa source de son embouchure ; rarement encaissée, elle arrose le plus souvent des plaines basses et marécageuses que ferment des collines peu élevées.

C'est dans le coude formé par cette rivière, entre Angoulême et Saintes, que devaient passer les huguenots, pour gagner ensuite la vallée de la Dordogne et descendre dans le Quercy.

Ils étaient maîtres, de ce côté, de tous les ponts de la Charente, et cependant Monsieur était en mesure de leur couper le chemin avant qu'ils

Monsieur, après avoir pris Ruffec, descend lentement la rive gauche de la

---

[1]. Lettre autographe de Jeanne d'Albret « à Monsieur le Prince, son frère », parmi les « papiers trouvez sur M. le prince de Condé quand il fut tué le 13 mars 1569, envoyez au Roy par le duc d'Anjou le 17 mars 1569 ». Ces précieux originaux, que nous aurons encore occasion de citer, sont conservés à la Bibliothèque nationale, collection Colbert, t. XXIV. Nous les publions parmi les *Pièces et Documents*, n° III.

<small>Charente, en lançant de forts partis sur la rive droite.</small> n'eussent atteint la Dordogne ou ses affluents. En effet, dès qu'il avait été rassuré sur un mouvement des réformés vers l'est, ce prince, traversant la Vienne à Confolens et la Charente à Verteuil, avait mis le siège devant Ruffec. Cette petite place venait de se rendre. Le duc d'Anjou n'avait qu'à repasser la Charente et à suivre la rive gauche jusqu'à Angoulême, pour être à portée, soit de se placer entre la Dordogne et ses adversaires, soit de surprendre ceux-ci tandis qu'ils traverseraient la Charente. Tavannes, qui avait désapprouvé l'inutile entreprise de Ruffec, insistait fortement pour cette marche par la rive gauche; mais l'état-major catholique était divisé. Le duc de Guise, ardent et ambitieux, supportait impatiemment la suprématie du vieux maréchal, et contrariait tous ses plans : il voulait qu'on cherchât à joindre immédiatement les réformés. Le duc d'Anjou, qui déjà redoutait et haïssait un rival dans son jeune lieutenant, mais qui déjà aussi s'habituait à transiger avec cette volonté plus ferme que la sienne, achemina son armée vers le sud, tout en restant sur la rive droite de la rivière et en laissant Guise battre l'estrade avec ses amis, Brissac et Martigues. Ceux-ci poussèrent des partis au loin; un de ces détachements, commandé par un capitaine d'aventure très actif et très expérimenté,

nommé la Rivière, parvint même à s'emparer de Jarnac.

Cependant l'armée protestante continuait sa route. Coligny et d'Andelot conduisaient l'avant-garde et s'éclairaient avec soin. Déjà ils arrivaient à Cognac, lorsqu'on avertit l'amiral que des coureurs ennemis avaient été vus, et qu'aussitôt découverts ils s'étaient rapidement repliés sur Jarnac. Coligny se mit sur leurs traces, et les suivit si vivement, qu'il entra avec eux dans cette ville. La Rivière n'eut que le temps de se jeter dans le château. Frappé de cette rencontre, et ne voyant aucun indice de la présence des ennemis au sud du fleuve, l'amiral, avec beaucoup de sagacité, ramène son avant-garde vers le nord, mais en s'éloignant du chemin de Saint-Jean-d'Angely pour se rapprocher de la haute Charente. En arrivant à Beauvais-sur-Matha, son frère, qui conduisait la moitié de sa cavalerie, aperçut le camp de Guise et de Martigues posté à Anville. Monsieur était un peu plus loin vers l'est, avec le reste de ses troupes. Ces positions reconnues, Coligny en fait aussitôt part à Condé, et l'engage à se hâter de franchir le fleuve; lui-même se prépare à escarmoucher avec l'ennemi, espérant pouvoir attirer sur lui toute l'armée royale, l'occuper tandis que le prince passerait l'eau avec la « bataille », se re-

Rencontres d'avant-garde. L'amiral croit pouvoir attirer l'armée royale sur la rive droite au-dessus d'Angoulême, et dégager ainsi la route du Midi.

tirer ensuite dans la même direction, et mettre à son tour la rivière entre les catholiques et lui. Ceux-ci arrivant sur ses traces, mais n'ayant aucune place de ce côté et trouvant les ponts coupés, les protestants auraient eu sur leurs ennemis une avance de plusieurs jours.

<small>Condé arrive à Chérac (10 mars). Tout est prêt pour passer la Charente le lendemain.</small>

Sur l'avis de l'amiral, Condé mit ses troupes en mouvement. Le gros de la « bataille » devait traverser la Charente à Cognac ; une colonne plus légère se serait dirigée par Saintes ; le pont de Châteauneuf et celui de Jarnac, dont le château venait d'être repris par Bricquemault, étaient réservés à l'avant-garde. Il est bon de remarquer qu'à l'exception de Jarnac toutes ces villes sont situées sur la rive gauche, c'est-à-dire au delà du fleuve. Le 10 mars, le prince venait se loger à Chérac, petit hameau en deçà de Cognac ; les jeunes princes, l'artillerie et les bagages arrivaient dans cette ville ; les maréchaux des logis et quelques éclaireurs poussaient jusqu'à Barbezieux, où l'on comptait coucher le lendemain.

<small>Monsieur l'a prévenu sur la rive gauche. Il occupe Châteauneuf et menace Cognac (10 et 11 mars).</small>

Mais ce même jour, 10 mars, Monsieur se présentait devant Châteauneuf. Tavannes l'avait enfin emporté. Au moment où l'amiral espérait s'engager avec Guise et Martigues, ceux-ci, rappelés par des ordres formels, disparaissaient devant lui, se repliaient sur Montignac [1], et y passaient la rivière derrière leur armée. Dès que Coligny se fut assuré de la direction qu'ils avaient prise, il comprit les desseins de l'ennemi et s'empressa de revenir à Jarnac. Il espérait que Châteauneuf, suffisamment garni, pourrait tenir quelque temps, et, quand, le 11 au matin, on vint lui annoncer qu'à l'approche des catholiques cette place s'était rendue, il refusa de le croire [2]. Mais bientôt le doute fut impossible : le duc d'Anjou était maître de Châteauneuf, et les vedettes de l'amiral l'avertirent que la cavalerie catholique marchait vers Cognac. Inquiet pour la sûreté des jeunes princes, Coligny écrit à Condé un billet pressant pour le supplier de « mettre quelques hommes de bien » dans cette place ; lui-même veille sur Jarnac, observe Châteauneuf [3], et, confiant à d'Andelot une partie de son avant-garde, le dirige sur Cognac par la rive droite ; d'un bord à l'autre, les enfants perdus des deux partis échangeaient quelques

1. Sur la Charente, à six lieues environ au-dessus d'Angoulême.
2. L'amiral au prince de Condé, Jarnac, 11 mars. Papiers, etc., déjà cités p. 49, note 1. (*Pièces et Documents*, n° III.)
3. L'amiral au prince de Condé, Jarnac, 11 mars ; postscriptum. Le même au même, seconde lettre du même jour. Papiers, etc., déjà cités. (*Pièces et Documents*, n° III.)

coups de feu. Cependant, après être arrivé en vue de Cognac, Monsieur revint à Châteauneuf avec ses troupes.

Condé semble décidé à remonter vers le nord, pour passer la Loire et rejoindre le duc de Deux-Ponts, mais sans prendre son parti assez complètement ni assez promptement.

Quel que fût son dessein, sa présence et la supériorité de son armée fermaient aux réformés la route du Quercy; mais son mouvement ouvrait celle de l'est et du nord. Condé jugea bien cette situation. C'était un renfort d'hommes qu'il fallait aux huguenots, afin de pouvoir ensuite accepter le combat sans trop d'infériorité; or le contingent qu'ils allaient chercher en Gascogne n'égalait pas celui qu'ils attendaient d'Allemagne; il y avait donc tout avantage à revenir au premier projet, à s'en aller par le Berry au-devant des reîtres. A cet effet, le prince résolut de faire marcher le gros de l'armée vers la Charente supérieure, et de masquer ce mouvement en montrant quelques détachements le long de l'eau, depuis Châteauneuf jusqu'à Saintes; une arrière-garde, laissée vers Jarnac, devait observer l'ennemi, et le ralentir s'il essayait de forcer le passage. Soit que les catholiques voulussent s'aventurer au milieu des places protestantes, soit que, revenant sur leurs pas, évitant Angoulême et suivant les sinuosités de la Charente, ils décrivissent l'arc dont les protestants tenaient la corde, ceux-ci pouvaient espérer de prévenir leurs adversaires sur la Loire. Sans doute la perte de Châteauneuf contrariait l'exécution de ce plan ; mais la garnison, au moment de se rendre, avait rompu le pont. Avant que ce pont fût rétabli, qu'un autre fût pris ou construit, on pouvait gagner du terrain. Enfin Condé venait d'être informé que Monsieur avait reçu l'ordre de le combattre à tout prix, et, s'il ne le pouvait promptement, de rentrer droit à Orléans. Catherine, assurait-on, était inquiète de la marche et des succès du duc de Deux-Ponts : ce dernier avait battu d'Aumale et dépassé Nancy[1]. Tout concourait donc à presser Condé d'éviter un engagement général et de gagner la Loire.

Mais que la guerre est un art difficile! Entouré de renseignements contradictoires, incertain sur la situation exacte et sur les desseins de l'ennemi, assailli de mille réflexions, le général forme, aban-

1. Sainte-Eremyne au prince de Condé, Angoulême, 10 mars 1569. L'amiral au prince de Condé, Jarnac, 11 mars. Papiers, etc., déjà cités. (*Pièces et Documents,* n° III.) — Parmi ces papiers trouvés sur le prince de Condé, il y avait encore une longue note adressée de Paris à l'amiral. Elle contient des détails curieux sur la situation des affaires et sur les mouvements des armées. Ces renseignements étaient mystérieusement fournis par le médecin du comte de Jarnac, et son billet, qui avait sans doute traversé l'armée royale, était écrit sur une bande longue de 0^{m}30 et haute de 0^{m}07 ; ce qui prouve l'importance que Condé y attachait, c'est qu'il l'avait caché dans son gantelet, où on le trouva.

donne les plans les plus divers. Si enfin il parvient à dégager sa résolution de ce chaos d'idées, rarement il peut effacer de son esprit la trace de tant d'impressions qu'il a reçues, de tant de combinaisons qui l'ont traversé. Condé était décidé à marcher vers la Loire; mais, préoccupé malgré lui d'une rumeur qui attribuait à Monsieur le projet d'une course en Gascogne[1], ne pouvant renoncer à l'espoir de secourir les vicomtes ou de profiter d'une tentative imprudente de l'ennemi au delà de la Charente, ne se rendant pas bien compte de ses propres pensées, il ne s'éloigna pas assez rapidement pour éviter une bataille, pour s'ouvrir sûrement la route de l'est; et cependant il ne tint pas ses troupes assez concentrées pour recevoir le combat ou saisir les occasions.

Condé étend ses cantonnements vers Saint-Jean d'Angely. Ordre de marche donné pour le 13. Le 11 mars, tandis que l'avant-garde observait et suivait les mouvements de l'ennemi par delà l'eau, le prince restait auprès de Cognac avec quelques compagnies d'ordonnance, occupait solidement cette place et Saintes, mettait quelques détache-

---

1. L'amiral au prince de Condé, Jarnac, 11 mars. Billet du gouverneur de Mussidan à l'amiral, du 9 mars 1569, pour l'informer que l'ennemi pousse jusqu'à quatre lieues de son gouvernement (sur l'Isle, au sud de Riberac et à l'ouest de Périgueux), et qu'il veut tomber sur l'armée des vicomtes et du sieur de Piles Papiers, etc., déjà cités. (*Pièces et Documents*, n° III.)

ments de gens de pied dans les villages qui bordent la rivière entre ces deux villes, et faisait remonter une partie de son infanterie et presque toute sa cavalerie vers Saint-Jean-d'Angely et la Charente supérieure : ses cantonnements s'étendaient jusqu'à six lieues de Cognac[1]. Le 12, il hésite et vient de sa personne à Jarnac. L'amiral, inquiet d'une démonstration que faisait l'ennemi un peu au-dessous de Châteauneuf, rassemble toutes les troupes de l'avant-garde auprès de Bassac, à peu près à mi-chemin entre Jarnac et Châteauneuf. Sur le soir, Condé, informé que les catholiques ont réparé le pont de cette dernière ville[2], se décide à continuer son mouvement. Il se prépare à partir

1. « Logis de la bataille du unzième de mars mil v^e soixante-neuf, » état de logement original du principal corps de l'armée réformée. Papiers, etc., déjà cités. — Nous engageons ceux de nos lecteurs qu'intéresse l'étude des événements militaires à *conférer* ce document avec la carte de Cassini. C'est cet examen qui, avec la lecture des autres papiers trouvés sur le corps de Condé, nous a permis de comprendre les plans de ce prince, les derniers mouvements de l'armée protestante et la bataille de Jarnac elle-même. Comme nous nous éloignons ici de la plupart des historiens, ou plutôt comme nous croyons avoir comblé une lacune de leur récit, nous avons donné à cet égard quelques explications qu'on trouvera dans une note insérée après le « logis de la bataille », parmi les *Pièces et Documents,* n° III.

2. Billet de M. de Saint-Mesme, Angoulême, 12 mars. Papiers, etc., déjà cités. — M. de Saint-Mesme commandait à

le lendemain, donne partout les ordres en conséquence, et prescrit à l'amiral de le rejoindre à la diane, en laissant une arrière-garde suffisante pour observer l'ennemi, et le retarder si, comme tout semblait l'annoncer, il tentait le passage de la rivière.

<small>Dans la nuit du 12 au 13, les catholiques passent la Charente devant Châteauneuf.</small>

Mais les principales dispositions prises par les catholiques étaient ignorées du prince. Le 11 et le 12, tout en poussant des démonstrations sur Cognac et en face de Bassac, Monsieur ne s'était pas borné à réparer le pont de Châteauneuf : il avait fait rassembler des bateaux et des matériaux pour en construire un second. Biron, chargé de ce soin, s'en était acquitté avec le secret et l'ardeur d'un officier capable et actif, avec tout le zèle d'un homme soupçonné et qui ne veut pas laisser douter de lui. En même temps, la Rivière était envoyé vers Montignac, pour tâcher de pénétrer les projets des réformés. Le 12 au soir, le second pont était établi; dans la nuit, les reconnaissances rentraient; rien ne faisait soupçonner la présence des huguenots vers Montignac. On se crut donc sûr qu'ils ne s'étaient pas éloignés, et on avait le moyen de transporter rapidement l'armée de l'autre côté de

---

Angoulême. Il exprime aussi des inquiétudes pour cette place. (*Pièces et Documents,* n° III.)

la Charente. A deux heures du matin, le passage commença.

La rive droite qu'occupaient les réformés forme, en face de Châteauneuf, un saillant que dominent des collines peu élevées, mais cependant faciles à défendre contre des colonnes débouchant de cette ville, et peu exposées à des feux d'artillerie dirigés de l'autre bord. En quittant le plateau qui couronne ces hauteurs, pour prendre la direction de Jarnac, on trouvait d'abord un terrain accidenté, couvert de vignes et de broussailles, puis une position un peu large, mais assez forte, présentant des pentes escarpées, s'appuyant par un côté à l'abbaye de Bassac et aux marais où coule la Charente, et couverte sur l'autre flanc, comme sur le front, par un ruisseau marécageux appelé la Guerlande. Plus loin, le village de Triac, un étang bordé d'une chaussée[1], un vallon flanqué par des collines et se prolongeant jusqu'à la rivière, donnaient une troisième ligne de défense. Avec de la vigilance, des ordres précis, des officiers intelligents et braves, en profitant des accidents du sol, l'avant-garde, devenue arrière-

La rive droite de la Charente présente trois bonnes positions entre Châteauneuf et Triac.

---

1. Cet étang, dont il est question dans toutes les relations contemporaines, n'existe plus aujourd'hui, bien qu'il y ait encore en avant de Triac plusieurs flaques ou petits cours d'eau sans issue.

garde, des protestants, pouvait disputer tout un jour aux catholiques les positions que la nature avait échelonnées dans cet espace ; et, comme ces positions s'appuient toutes à la Charente, qui, de Châteauneuf à Triac, coule presque vers le nord, cette retraite habilement faite eût couvert la nouvelle ligne d'opération de l'armée en y ramenant les troupes de l'amiral. Depuis Bassac et Triac, l'avant-garde eût suivi rapidement les traces de la « bataille », déjà en marche vers la haute rivière. Ainsi, malgré de fâcheux retards, il y avait encore une chance d'éviter un engagement général et de s'ouvrir la route de la Loire.

Bataille de Jarnac. Le 13, à la pointe du jour, les catholiques avaient passé la rivière et s'étaient, sans coup férir, emparés de la première position.

Coligny connaissait bien ce terrain, qu'il venait de parcourir plusieurs fois de suite. Le 12 même, il y avait tenu ses troupes sous les armes tout le jour, et s'était avancé jusque vis-à-vis de Châteauneuf. Le soir, voyant tout calme sur l'autre rive, il envoya presque tout son monde à Triac et dans d'autres villages ; de sa personne, il crut pouvoir retourner à Bassac. Deux régiments[1] d'infanterie et huit cents cavaliers, tous Poitevins, sous les ordres

---

1. Nous avons dit qu'il n'y avait pas encore, à proprement parler, d'organisation régimentaire. Nous nous servons du mot *régiment* pour désigner une réunion d'enseignes conduite et organisée par un même chef : c'est dans ce sens qu'il est employé souvent par les écrivains contemporains.

de Puyvault, de Soubise et de la Loue, lui parurent suffisants pour garder les hauteurs si importantes dont il s'éloignait et dont la possession assurait le salut de l'armée. En arrivant à Bassac, il reçut les instructions que Condé lui donnait pour le lendemain. Il les transmit aussitôt, mais ses messagers s'égarèrent ou furent paresseux : les ordres ne parvinrent pas ou arrivèrent trop tard. La nuit était obscure, le brouillard glacial et pénétrant. Au bout de quelques heures, Puyvault et la Loue, ne voyant rien, n'entendant rien, mirent leurs soldats à l'abri dans les hameaux du voisinage; eux-mêmes, s'enfermant dans une maison, prirent des cartes et des dés pour attendre l'aube. Les postes qu'ils avaient laissés derrière eux ne furent ni relevés ni visités, et ne montrèrent pas plus de vigilance. Les hommes, fatigués des mouvements des derniers jours, mouillés, engourdis par le froid, s'endormirent ou allèrent rejoindre leurs camarades. Le jour (13 mars) surprit les officiers protestants au jeu; ils envoyèrent en hâte une patrouille de cinquante chevaux vers les ponts; ces éclaireurs avaient fait à peine quelques pas qu'ils virent flotter sur les hauteurs l'étendard bleu de Martigues, entouré de la cavalerie légère. Aussitôt l'alarme est donnée dans les hameaux du voisinage; les chefs coupables, les soldats négligents accourent pour reprendre le poste qu'ils n'auraient pas dû quitter. Mais il n'est plus temps : l'armée royale a passé la rivière en colonnes serrées ; déjà ses masses couronnent la position et s'y renforcent à chaque moment ; les hauteurs en face de Châteauneuf sont perdues pour les réformés et n'ont pas coûté une goutte de sang à leurs adversaires.

Il ne faut plus songer qu'à défendre le passage de la Guerlande. Soubise, Puyvault et la Loue s'y dirigent rapidement, ralliant de leur mieux leurs détachements épars. C'est derrière ce cours d'eau qu'ils doivent trouver l'amiral et le reste de l'avant-garde ; c'est là qu'ils peuvent espérer d'arrêter l'ennemi. Celui-ci les suit mollement d'abord : Monsieur s'avance avec prudence sur le terrain accidenté qui se présente devant lui et qui pourrait cacher quelque embûche. Enfin le pays s'aplanit, se découvre et laisse voir les deux régiments de Puyvault engagés dans les marais qui bordent la Guerlande, et s'apprêtant à traverser pour gravir les hauteurs qui se terminent à Bassac. La Loue et Soubise font face à l'ennemi avec huit cornettes et couvrent la retraite de leur infanterie. Aussitôt Guise et Martigues sont lancés sur eux avec la cavalerie légère. La Loue et Soubise les reçoivent bravement ; cependant ils vont être écrasés, lorsqu'un secours opportun leur arrive.

L'amiral avait attendu longtemps ses troupes à Bassac. Il leur avait, la veille au soir, donné rendez-vous pour la pointe du jour; mais neuf heures étaient sonnées avant que son monde fût réuni. Il venait d'être informé que les catholiques avaient passé la Charente, et n'en était que plus pressé d'exécuter les ordres de Condé; aussi s'acheminait-il déjà pour rejoindre le prince, lorsqu'il aperçut presque en même temps, et son arrière-garde qui se repliait en hâte, et l'ennemi qui fondait sur elle. Coligny voit le péril : sans cependant suspendre le mouvement commencé, il détache quatre cornettes, les confie à l'intrépide la Noue, et l'envoie dégager les troupes compromises. La charge est conduite avec vigueur : déjà Guise et Martigues sont repoussés, lorsque quatre escadrons de gendarmes, amenés à leur aide, se jettent sur le flanc de la cavalerie victorieuse et la ramènent jusqu'au ruisseau. La Noue est pris avec plusieurs autres; l'infanterie est rompue ; les royaux traversent la Guerlande derrière les fuyards et entrent avec eux dans Bassac.

Tandis que l'amiral rallie ses troupes, les catholiques enlèvent Bassac. Coligny fait prier Condé de le soutenir.

Cette complète déroute de l'arrière-garde force l'amiral de s'arrêter pour y pourvoir. Bassac perdu le découvre d'un côté, et de l'autre l'extrême droite de l'armée royale, qui a achevé son déploiement, s'avance rapidement, menaçant de le déborder, de lui couper la retraite, et de le pousser dans la Charente. Dans ce moment critique, Coligny, ne voulant ou ne pouvant pas abandonner le terrain avec une précipitation qui coûtait surtout à son amour-propre, fit prier Condé d'amener à son secours tout ce qu'il pourrait réunir. Conservant, d'ailleurs, le sang-froid qu'on devait attendre d'un homme de son expérience et de son courage, il donne à d'Andelot cent vingt « salades » et un régiment d'infanterie qu'il avait gardé avec lui. Il lui prescrit de rallier l'arrière-garde et de reprendre Bassac ; lui-même, avec tout le reste de sa cavalerie, va se poster un peu plus loin, au pied de collines qui dominent la route de Jarnac, pour ralentir les mouvements de la droite catholique.

D'Andelot reprend Bassac, mais il en est chassé. La gauche des protestants va être tournée; ils sont rejetés sur la position de Triac.
Aussi brave, aussi opiniâtre que son frère, plus entraînant, et particulièrement habitué à conduire les gens de pied, d'Andelot s'est bientôt acquitté de sa mission. Guise, croyant l'affaire terminée sur ce point, et peu disposé à obéir, est allé, malgré Tavannes, avec une partie de la cavalerie légère, chercher un nouveau combat à la droite de l'armée royale. Martigues seul a traversé la Guerlande ; entraîné par son ardeur, il a continué la poursuite et dépassé Bassac, sans attendre que l'infanterie,

retardée par le passage du ruisseau, ait pu le relever sur ce point important. Bientôt il est repoussé avec perte; Bassac est repris. D'Andelot y loge ses fantassins qui, depuis ce moment, se conduisent en soldats accomplis. Brissac l'y attaque le premier avec douze cents arquebusiers, et ne peut gagner un pouce de terrain; mais Tavannes a l'œil à tout : il s'empresse de faire soutenir Brissac par la première troupe qu'il rencontre; ce sont les Allemands du Rhingrave. Après une lutte héroïque, d'Andelot, accablé par le nombre, abandonne à l'ennemi les ruines du village. Il se retire avec ordre, établit son infanterie dans les haies et derrière la chaussée de l'étang qui couvre Triac, laisse près de là Soubise avec ce qui reste de la cavalerie de l'arrière-garde, et court au galop rejoindre son frère. Celui-ci se maintient avec peine; vainement il a tenté de ralentir la droite de l'ennemi : quelques cornettes qu'il avait détachées contre elle viennent d'être écrasées; Châtellier qui les conduisait a été tué. Cependant, sur toute la ligne, un moment de calme succède à l'ardeur du combat : Monsieur s'arrête pour reformer sur le plateau ses troupes désunies par le passage de la Guerlande. C'est en cet instant que Condé arrivait sur le champ de bataille.

Le prince venait de quitter Jarnac, et, rassuré Condé se rend sur ce qui pouvait se passer vers la Charente par les dispositions prises et par la présence de l'amiral, il suivait tranquillement la direction qu'il avait donnée à ses colonnes, lorsque le message de Coligny lui parvint : la nature de cet avis ne permettait pas l'hésitation. Indiquer immédiatement à toute l'armée un nouveau point de concentration en arrière du théâtre actuel de l'action, prescrire à l'amiral de s'y replier en disputant le terrain de son mieux, y rassembler cependant les troupes de la « bataille », pour n'entrer en ligne lui-même que quand elles seraient toutes réunies : voilà ce qu'aurait dû faire un général dans des circonstances ordinaires. Quels que fussent ses efforts, quelle que fût la rapidité de ses mouvements, il ne pouvait empêcher la défaite des régiments déjà engagés : en manœuvrant ainsi, il était au moins sûr d'en recueillir les débris ; en opposant, vers le soir, des troupes fraîches aux têtes de colonnes fatiguées de l'ennemi, il avait la chance d'obtenir à son tour un avantage partiel ; le lendemain, tandis que ses adversaires se seraient ralliés, il aurait continué sa retraite avec ordre et se serait mis hors de leur portée. Mais il ne faut pas juger selon les règles ordinaires de la guerre la conduite d'un chef de parti dans une guerre civile. Si Condé était resté sourd à l'appel de son lieutenant, ou s'il y eût répondu par les ordres que nous venons d'indiquer, c'était une rupture certaine entre lui et l'amiral. Tous les ministres, tous les exaltés, prenaient le parti de ce dernier : son revers était attribué à l'égoïsme et à la jalousie du prince. En butte aux plus odieux reproches, Condé eût perdu toute action sur son parti. Aussi ne balança-t-il pas ; d'ailleurs, « il portoit un cœur de lion, et, quand il entendoit qu'on menoit les mains, il vouloit estre de la partie [1] ». Envoyant à tous les détachements de la « bataille », infanterie et cavalerie, l'ordre de retourner immédiatement et de se diriger en toute hâte sur le plateau de Bassac, lui-même, « trop peu paresseux » [2], s'y rend au grand trot. Un nouveau messager de Coligny l'arrête : l'amiral n'a plus d'espoir ; il prie le prince de ne pas tenter un effort inutile et de se retirer en toute hâte. Cet avis vient trop tard. « A Dieu ne plaise, répond Condé, que Louis de Bourbon tourne le dos à l'ennemi ! » et il poursuit sa course. Cependant un nuage de tristesse obscurcit son visage, si radieux d'habitude en semblable occasion. De secrets pressentiments l'agitent : il fait défendre aux jeunes princes de le suivre et leur prescrit de se retirer à Saintes. Plusieurs fois dans le trajet qu'il

1. La Noue.
2. D'Aubigné

parcourt, il dit à La Rochefoucauld, son beau-frère[1], qui marchait auprès de lui : « Mon oncle a fait un pas de clerc; enfin, le vin est tiré, il faut le boire. » Mais, à la vue de l'ennemi, son âme guerrière étouffa ces passagères émotions. D'un rapide coup d'œil, il embrasse le champ de bataille. Il voit le corps de l'amiral réduit de moitié et rejeté sur la dernière, sur la moins forte des trois positions qu'il aurait pu défendre dans cette matinée. Devant lui, l'armée royale se présente déjà nombreuse sur le plateau; ses rangs grossissent à chaque instant; son artillerie va la rejoindre. Guise conduit sa droite et cherche à se jeter entre les collines et la gauche des réformés, découverte par l'échec de Châtellier. Du côté de Triac, Puyvault et Soubise, jaloux de réparer leur faute de la nuit, se maintiennent encore dans les haies et derrière la chaussée de l'étang; mais ils n'ont avec eux que les débris de l'infanterie et des douze cornettes, qui combattent depuis plusieurs heures, et une attaque formidable les menace : devant leur front, Montpensier a joint des troupes fraîches

---

1. François IIIe du nom, comte de la Rochefoucauld et de Roucy. (Voyez la note 1 de la p. 100, tome Ier.) Il fut tué à Paris au massacre de la Saint-Barthélemy. Sa veuve étant morte au mois de novembre de la même année 1572, ce fut son neveu, Henri, prince de Condé, qui nomma le tuteur de ses enfants mineurs.

aux escadrons fatigués de Martigues, aux arquebusiers de Brissac, aux reîtres du Rhingrave ; leur flanc est menacé par le centre catholique, où Monsieur se trouve en personne, et que dirige Tavannes.

Condé n'amenait ni un fantassin ni un canon. De toute la « bataille », il n'avait avec lui qu'une ou deux compagnies d'ordonnance et quelques seigneurs et gentilshommes qui l'accompagnaient, en tout trois cents chevaux. Il n'a ni le temps d'attendre ses autres troupes ni le loisir de se retirer : encore quelques minutes, et il va être enveloppé de toutes parts. Aussi, à peine arrivé, il prescrit à Coligny de pousser au duc de Guise avec toute sa cavalerie. Pour lui, il va dégager sa droite et combattre la colonne profonde du duc d'Anjou. Il demande ses armes. Comme on lui présentait son casque, le cheval de La Rochefoucauld lui brisa d'une ruade un os de la jambe; déjà il s'était froissé un bras dans une chute. Domptant la douleur, il se retourne vers les gens d'armes, et, montrant tantôt ses membres meurtris, tantôt la devise : « Doux le péril pour Christ et la patrie », que sa cornette faisait flotter au vent : « Voici, noblesse françoise, s'écrie-t-il, voici le moment désiré ! Souvenez-vous en quel état Louis de Bourbon entre au combat pour Christ et la pa-

Il arrive sur le champ de bataille avec trois cents chevaux; il a une jambe brisée. Il lance l'amiral sur sa gauche et charge le centre de Monsieur.

trie[1] ! » Puis, baissant la tête, il donne avec ses trois cents chevaux aux huit cents lances de Monsieur.

<small>La droite des protestants est délogée, Coligny battu, et Condé, après d'héroïques efforts, est entouré, pris et assassiné.</small>

Une charge qu'il conduisait était irrésistible : tous les escadrons qu'il rencontre sont renversés, et le désordre fut tel un moment parmi les catholiques, que beaucoup d'entre eux crurent la journée perdue. Mais chaque succès affaiblit le héros de cette victoire éphémère : de nouvelles réserves lui sont opposées et déjà ses flancs sont découverts. L'amiral a complètement échoué dans son mouvement ; sa cornette est prise, sa troupe rompue, lui-même est en fuite. D'autre part, Soubise, en voyant le prince s'engager, avait volé auprès de lui avec ses cavaliers ; par là, il avait dégarni la chaussée de l'étang. Montpensier la force, et, tandis qu'il débusque l'infanterie, les reîtres, qui l'ont suivi, prennent de revers l'escadron de Condé. Le prince a son cheval tué sous lui ; au milieu du tumulte, empêché par ses blessures, il ne peut en remonter un autre. Malgré tout, ses vaillants compagnons ne l'abandonnent pas ; les gentilshommes du Poitou se distinguent par leurs prouesses. Soubise et douze d'entre eux sont pris couverts de blessures ; plus de cinquante autres

---

1 D'Aubigné.

sont tués; un vieillard, nommé la Vergne, qui avait amené vingt-cinq fils ou neveux, reste sur la place avec quinze des siens, « tous en un monceau [1] ». Demeuré presque seul, adossé à un arbre, un genou en terre, et privé de l'usage d'une jambe, Condé se défend encore; mais ses forces l'abandonnent, lorsqu'il aperçoit deux gentilshommes catholiques auxquels il avait rendu service, Saint-Jean et d'Argence. Il les appelle, lève la visière de son casque, et leur tend ses gantelets. Les deux cavaliers mettent pied à terre et jurent de risquer leur vie pour sauver la sienne; d'autres se joignent à eux et s'empressent d'assister le glorieux captif.

Cependant la cavalerie royale continue la poursuite : les compagnies passent successivement auprès du groupe qui s'est formé autour de Condé. Bientôt celui-ci aperçoit les manteaux rouges des gardes de Monsieur. Il les montre du doigt; d'Argence le comprend : « Cachez-vous la figure, lui crie-t-il. — Ah! d'Argence, d'Argence, réplique le prince, tu ne me sauveras pas. » Puis, comme César, se couvrant le visage, il attendit la mort : l'infortuné ne connaissait que trop bien le caractère perfide du duc d'Anjou, la haine dont il le pour-

1. D'Aubigné.

suivait et ses « recommandations[1] » sanguinaires. Les gardes avaient passé outre, lorsque leur capitaine, Montesquiou, apprit le nom de ce prisonnier si entouré. « Tue! tue! mordioux! » s'écrie-t-il ; puis, retournant brusquement son cheval, il revient au galop, et, d'un coup de pistolet tiré par derrière, il brise la tête du héros.

Singulière destinée de cette illustre famille! Le chef de la race, le premier des Condé, tombe, déloyalement frappé, dans une guerre civile, en combattant contre le Roi. Et le dernier de ses descendants, après avoir, lui aussi, servi sous un drapeau qui, malheureusement, n'était pas celui de la France, devait mourir dans les fossés de Vincennes, victime d'un attentat que l'histoire a justement flétri!

L'armée protestante se rallie les jours suivants sans trop de pertes. Jugement sur la conduite de Coligny et de Condé dans cette journée.

Les pertes des réformés étaient moindres qu'on n'aurait pu le croire après un tel désastre, et ne semblent pas avoir dépassé quatre cents hommes, presque tous, il est vrai, gentilshommes distingués. Leur artillerie, qui n'avait pu arriver sur le champ de bataille, était, dès le soir même, en sûreté à Cognac. La plus grande partie de l'infanterie n'avait pas été engagée. D'Acier, qui accourait

---

1. « Il *(Montesquiou)* n'avoit garde de le faillir autrement; car il *(Condé)* avoit esté fort recommandé à plusieurs des favoris dudit Monseigneur que je sçay... » (Brantôme.)

avec six mille hommes de pied, s'était arrêté en apprenant la fin de la lutte et avait recueilli les débris des bandes de Puyvault; puis, gagnant Jarnac et coupant les ponts derrière lui, il était aussi entré à Cognac par la rive gauche de la Charente; d'autres détachements, égarés par suite de la dissémination de l'armée, s'étaient jetés dans Angoulême; l'amiral, suivi jusqu'à la nuit, s'était arrêté à Saint-Sulpice, sur la route de Saint-Jean-d'Angely. Le lendemain, après avoir rallié une cavalerie encore assez nombreuse, il venait rejoindre les jeunes princes, déjà retirés à Saintes. L'armée protestante était donc loin d'être détruite, les catholiques s'en aperçurent bien quelques jours plus tard. La « rencontre » du 13 mars 1569 mérite à peine le nom de bataille : ce ne fut qu'une série de combats soutenus par des troupes séparées et surprises contre un ennemi qui, déjà plus nombreux, attaque avec toutes ses forces réunies. Condé a sa part dans le mauvais succès de la journée par ses hésitations des jours précédents; mais il fit oublier quelques moments d'indécision par son dévouement et par sa valeur. La véritable responsabilité revient à l'amiral. Si, comme il devait le faire, étant très près de l'ennemi, il avait veillé lui-même à l'exécution des dispositions par lui prescrites le 12, l'armée n'aurait pas été surprise;

les hauteurs en face de Châteauneuf et la position de Bassac pouvaient être défendues et quittées en temps opportun ; la retraite pouvait s'effectuer. A ce grave tort Coligny joignit la faute d'appeler à lui Condé avec une précipitation regrettable, et de compromettre l'armée entière et son chef pour s'épargner à lui-même un échec partiel. Enfin ses contemporains l'accusaient encore d'avoir conduit mollement sa dernière charge[1], et d'avoir paru trop préoccupé d'assurer sa retraite, alors que le prince, engagé par son imprudence, succombait à côté de lui. La valeur de Coligny est au-dessus d'un soupçon de faiblesse ; mais son impatience de toute autorité, son caractère jaloux, sont assez connus, et nous n'avons que trop vu dans nos ar-

---

1. « Là les ennemis veindrent à la charge les premiers, où l'on dit qu'estoient l'amiral et d'Andelot, fort mollement ; car comme ils furent à la longueur des lances, la plus grande part tourna à gauche... » *(Mémoires* de Tavannes. Relation originale du maréchal, déjà citée.) — Cette conduite de Coligny fut exploitée par les catholiques, et lui fut reprochée avec l'assaisonnement ordinaire de calomnies. « Nous ne pouvons passer sous silence la rencontre de Coignac, où cet amiral laissa trop honteusement tuer un prince qu'il avoit auparavant trop laschement séduit, et lequel, avec un peu de cœur, il pouvoit desgager du péril où il estoit tombé. C'est de quoy ce pauvre prince se plaignoit en mourant, et qui cogneut, mais trop tard, que iamais ferme hérétique n'aima les princes. » *(Advertissement des catholiques anglois,* pamphlet déjà cité.)

mées modernes ce qui peut résulter de semblables dispositions. C'est maintenant que, resté seul chef réel de son parti et de son armée, l'amiral va déployer toutes les ressources de son esprit et de son courage, et, pendant trois ans, se montrer si ferme et si habile, que ses adversaires, désespérant de l'écraser par la force ouverte, auront recours, pour en finir avec lui et les siens, à un abominable coup d'État.

Ce qui, aux yeux des catholiques, donnait tant d'importance à la victoire de Jarnac, c'était la mort de Condé. Tous cependant ne voyaient pas dans ce prince le « grand ennemy de la messe[1] »; tous ne jugeaient pas que nos discordes ne pussent avoir d'issue que l'extermination de leurs adversaires : quelques-uns pensaient, au contraire, que sa mort rendrait un accommodement plus difficile. Mais, parmi les chefs et les ardents du parti, sa fin fut célébrée comme une délivrance : un *Te Deum* solennel fut chanté à la cour et dans toutes les églises de France. Les drapeaux pris furent envoyés à Rome, où le pape les accompagna en

Effet produit par la mort de Condé. Traitement fait à ses dépouilles. Résumé de sa vie.

« L'an mil cinq cent soixante neuf,
Entre Jarnac et Châteauneuf,
On vit porter sur une asnesse
Ce grand ennemy de la messe. »
(Quatrain du temps.)

pompe à Saint-Pierre. Des processions eurent lieu à Venise, à Bruxelles. Quant au duc d'Anjou, il manifesta sa joie avec bassesse par le traitement ignoble qu'il fit essuyer aux restes de son parent vaincu, d'un prince du sang tombé les armes à la main.

Au premier bruit de la mort de Condé, le secrétaire du duc de Montpensier, Coustureau, avait été expédié du quartier général avec le baron de Magnac « pour sçavoir le vrai de cette mort ». — » Nous le treuvasmes là, raconte-t-il[1], chargé sur un asne, et ledit sieur baron, l'ayant fait arrester, le print par les cheveux pour lui lever le visage, qu'il avoit tourné du costé de terre, et me demander si je le reconnoissois. Mais, parce qu'il avoit un œil hors de la teste et estoit fort défiguré, je ne sceus autre chose dire, sinon que c'estoit bien sa taille et son poil, et que, du reste, je n'en pouvois parler. » Cependant les récits des assistants levèrent tous les doutes, et le cadavre, ainsi jeté sur un âne, bras et jambes pendants, fut porté à Jarnac, où Monsieur logeait le soir de la bataille. Là, le corps de Condé fut descendu au milieu des sanglots de quelques prisonniers protestants, dont deux officiers de sa propre compagnie, Corbozon

1. *La Vie de Louis de Bourbon, duc de Montpensier,* par Nicolas Coustureau, Rouen, 1642.

et Clermont d'Amboise, qui baisaient en pleurant les restes inanimés de leur vaillant chef. Ce touchant spectacle n'arrêta pas les grossiers quolibets de Monsieur et de ses favoris[1]. Pendant deux jours, les dépouilles du prince restèrent dans une salle basse, exposées aux injures de l'air et aux plats outrages des courtisans. Le duc d'Anjou, qui associait déjà les apparences d'une étrange piété à des sentiments antichrétiens et à des vices contre nature, voulait faire bâtir une chapelle sur le lieu même de l'assassinat. Mais on lui fit comprendre que ce serait justifier des accusations trop bien fondées, et il consentit à rendre le corps de Condé au duc de Longueville, son beau-frère, qui le fit inhumer avec respect à Vendôme, dans la sépulture de ses ancêtres.

Le traitement fait aux restes du prince causa presque partout un profond dégoût : la plupart des

---

[1] Selon la Motte Messemé, au témoignage duquel nous aimons à nous fier, le duc de Montpensier ne s'associa pas à ces ignobles démonstrations. L'auteur des *Honnestes passe-temps* était auprès de ce prince, dans toute la chaleur de l'action, lorsqu'on vint annoncer la mort de Condé. Montpensier accueillit cette nouvelle avec gravité et même avec tristesse : « Toutefois, ajouta-t-il, j'aime mieux le savoir là où il est que s'il eût tourné le dos ; il a eu ce confort de mourir l'épée à la main et de voir maints de nos régiments fuir encore une fois devant lui. »

catholiques en rougissaient[1]. D'ailleurs, si l'on excepte quelques fanatiques et quelques ennemis personnels, Condé laissait des regrets dans tous les partis. Il était aimé de tous, aimé et admiré de beaucoup ; son éloge se trouve sous la plume de Montluc, comme sous celle de la Noue. On louait sa grandeur d'âme, son humanité, sa courtoisie, sa nature aimable et généreuse, ses brillantes qualités de soldat et de général. Nul ne le surpassa en courage et en hardiesse, et, s'il n'eut pas cette supériorité rare qui fait les grands capitaines, s'il fut souvent incertain dans ses projets ou aveuglé dans l'action par son ardeur, on ne saurait nier qu'il n'eût l'esprit judicieux et plein de ressources dans le conseil, et qu'il ne fût souvent inspiré, toujours admirable d'audace et de persévérance sur le champ de bataille. Sa conduite après la bataille de Saint-Quentin et à celle de Dreux, la journée de Saint-Denis et toute la seconde guerre civile, le choix du théâtre de la troisième, quelques-uns des mouvements et des combats de cette dernière campagne, eussent suffi pour illustrer un homme de guerre : plus libre comme chef, plus

---

1. Dans son *Discours des duels*, Brantôme lui-même, parlant du droit qu'avait Jarnac d'emporter la Châteigneraye sur un âne, ajoute tristement : « Cela s'est vu une fois en une de nos guerres, je ne diray point où. »

maître de son armée, il eût sans doute obtenu des succès plus fréquents et plus complets.

Il fut dissolu et scandaleux dans ses mœurs ; il agita sa patrie, dont il ouvrit les portes à l'étranger ; il combattit contre le Roi, et il eut le malheur de quitter la religion de ses pères : voilà les ombres du tableau. Nous ne prétendons pas le justifier ; mais nous dirons que, dans ses vices et dans ses fautes, comme dans ses vertus ou ses belles actions, il fut beaucoup de son temps et de son pays. Sans doute, il adopta la réforme sans conviction religieuse bien ferme ; mais ce n'était pas seulement le dépit et l'ambition qui l'avaient poussé de ce côté. En combattant sous l'étendard des protestants, il ne vengeait pas seulement ses griefs personnels, il luttait aussi pour l'indépendance de la nation et de la couronne, pour l'hérédité du trône sérieusement menacée : il ouvrait la voie à Henri IV. Quelque jugement qu'on porte sur sa conduite, on ne peut qu'admirer sa constance dans les revers, le sentiment élevé, mais exempt de morgue, qu'en toute circonstance il eut de sa propre dignité, sa fermeté à soutenir une lutte disproportionnée « avec plus de courage que de forces[1] », sa fidélité envers des amis qui le soupçonnaient toujours et qui l'en-

---

1. Castelnau.

travaient souvent. Et puis, s'il était « excellent chef de guerre », il était aussi « amateur de paix[1] ». Nul ne se montrait plus empressé à éteindre un

---

[1]. La Noue. — Voici du reste le jugement porté sur Louis Ier, prince de Condé, par la Noue, Montluc et de Thou :

La Noue. « En hardiesse aucun de son siècle ne le surmonta, ny en courtoisie. Il parloit fort disertement, plus de nature que d'art, estoit libéral et très-affable à toutes personnes, et avec cela excellent chef de guerre, néantmoins amateur de paix. Il se portoit encore mieux en adversité qu'en prospérité... Tant de dignes personnages catholiques et huguenots que nos tempestes civiles ont emportés doivent estre regrettez ; car ils honoroient nostre France, et eussent aidé à l'accroistre, si la discorde n'eust excité la valeur des uns à détruire la valeur des autres. »

Montluc. — « Plusieurs pensent que sa mort a allongé nos guerres ; mais je croy que, s'il eust vescu, nous eussions vu nos affaires en pire estat ; car un prince du sang comme celuylà, ayant desjà ce grand party des huguenots, eust eu beaucoup plus de créance que M. l'admiral n'eust. Ce pauvre prince aymoit sa patrie et avoit pitié du peuple... Je l'ai cogneu tousjours fort débonnaire : la jalousie de la grandeur d'autruy l'a perdu, et si en a perdu bien d'autres ; cependant il est mort au combat, soustenant une mauvaise querelle devant Dieu et les hommes : c'estoit dommage, car, s'il eust esté employé ailleurs, il pouvoit servir à la France. »

De Thou. — « Hic exitus fuit Ludovici Borbonii Condæi, regiæ stirpis viri, supra natalium splendorem magnitudine animi ac virtute illustrissimi ; qui fortitudine, constantia, ingenio, solertia, rerum usu, comitate, facundia, liberalitate, quæ omneis simul virtutes in illo uno excellebant, paucos æqualeis, neminem, sua ætate, vel inimicorum confessione, superiorem habuit. »

feu qu'il n'avait jamais allumé seul ; cette crédulité un peu naïve, que les réformés lui reprochaient avec tant d'aigreur, attestait du moins son patriotisme. Condé « aimait et honorait » la France : ce fut le jugement de ses contemporains; devant la postérité, c'est son excuse et sa gloire.

LIVRE SECOND

DE LA BATAILLE DE JARNAC A LA MORT DE HENRI IV

1569 a 1610

HENRI DE BOURBON

PREMIER DU NOM, SECOND PRINCE DE CONDÉ

NÉ LE 29 DÉCEMBRE 1552, MORT LE 5 MARS 1588

HENRI DE BOURBON

DEUXIÈME DU NOM, TROISIÈME PRINCE DE CONDÉ

NÉ LE 1er SEPTEMBRE 1588

LIVRE SECOND

CHAPITRE PREMIER

HENRI DE BOURBON, PREMIER DU NOM

1569 à 1588

Deux enfants de seize et dix-sept ans, le prince de Béarn et le nouveau prince de Condé, Henri 1er, sont élus chefs des protestants (mars 1569); leur situation et leurs rapports. — « Les pages de l'amiral. » — Ils combattent pour la première fois à la journée d'Arnay-le-Duc (juin 1570). — Attitude de Condé pendant la paix ; confiance que lui témoigne l'amiral ; ferveur de ses convictions religieuses. — Son mariage avec Marie de Clèves (juillet 1572). — Mort de Jeanne d'Albret et mariage du roi de Navarre. — Condé à la cour; son courage et sa fermeté lors de la Saint-Barthélemy (août 1572); il n'abjure qu'au mois d'octobre. — Siège de la Rochelle (1573); les deux Bourbons forcés d'y assister. Attitude différente de Navarre et de Condé; griefs et tristesse de ce dernier; le duc d'Anjou et Marie de Clèves. — Nouveau parti du duc d'Alençon ou des « mécontents »; il se rapproche des Montmorency et des Bourbons ou « nouveaux ». — Paix (juillet 1573) ; Condé est nommé inopinément gouverneur de Picardie et se rend à Amiens. — Conspiration découverte au moment d'éclater (mars 1574); arrestation et noble attitude de Navarre ;

fuite de Condé ; il gagne Strasbourg. — Prise d'armes des mécontents et des protestants ; Condé est proclamé leur chef (juillet 1574). — Il commence assez tard ses opérations, et y réussit assez mal. Cinquième édit de paix (mai 1576). — Nouveaux griefs de Condé, frustré des avantages que lui assurait le traité de paix. — Défiance des protestants envers Navarre ; leurs sympathies pour Condé. — Marie de Clèves était morte en l'absence de son époux (octobre 1574). — Établissement de Condé à la Rochelle et dans l'Ouest ; il sert de prétexte à l'organisation de la Ligue. Irritation générale. États de Blois. Négociations officielles et secrètes. — Nouvelle guerre ; mauvais succès de Condé ; divisions des partis ; paix inattendue (septembre 1577). — Refroidissement des deux cousins ; Catherine veut les séparer complètement. Condé surprend la Fère (novembre 1579). — « Guerre des amoureux » ; elle force Condé à fuir. Il demande du secours dans les Pays-Bas, en Angleterre, en Allemagne ; son traité avec le Palatin. — Il est forcé de subir la paix de Fleix (novembre 1580) ; ses relations avec Navarre et avec les protestants exaltés. — Situation de la France, des Bourbons et des partis après la mort du duc d'Anjou (1584) ; le Roi, contre son gré, se livre à la Ligue par le traité de Nemours et l'édit de juillet (1585). — Mesures prises par Navarre pour soutenir la lutte ; sa fidélité aux intérêts nationaux ; modération de son langage. — *Brutum fulmen*. Commencement des hostilités (septembre 1585) ; succès de Condé en Saintonge. — Désastreuse entreprise d'Angers ; fuite de Condé à Guernesey. — Son retou en Saintonge. — Son mariage avec Charlotte de la Trémouille (mars 1586). — Les partis extrêmes également mécontents du Roi et du roi de Navarre. — Armistice (août 1586) ; négociations infructueuses. — Formation de trois nouvelles armées royales ; espérances de Henri III. — Opérations insignifiantes de Joyeuse en Poitou il quitte son armée (août 1587) ; Navarre et Condé reprennent la campagne. — Navarre marche sur la Loire pour rallier son cousin le comte de Soissons ; le prince de Conti va chercher l'armée d'Allemagne. — Joyeuse, renforcé, marche vers Libourne, où l'attend Matignon. — Après avoir rallié son armée, Navarre marche parallèlement à Joyeuse, et le devance à Coutras (19 septembre) ; résolution de donner bataille. — Dans la nuit, Joyeuse (sept mille hommes) marche sur Coutras ; l'armée protestante (cinq mille cinq cents hommes) prend une bonne position. — Bataille de Coutras (20 septembre); canonnade; succès peu important de l'avant-garde royale. — Harangue de Navarre; il renforce sa gauche. — Combat décisif du centre; déroute de l'armée royale. — Rencontre de Condé et de Saint-Luc. — Séparation de l'armée. Projets de Condé; il se retire malade à Saint-Jean-d'Angely; sa mort (5 mars 1588). — Soupçons d'empoisonnement; le page Belcastel et le contrôleur Brillaud; poursuites dirigées contre la princesse, qui reste sept ans détenue. — Sentiments de Henri IV pour son cousin. Jugement sur ce prince.

Quelques jours après le désastre de Jarnac, les principaux officiers protestants se réunirent à Tonnay-Charente, auprès de Jeanne d'Albret, et proclamèrent pour leur chef le jeune fils de cette princesse. Mais, pleins de respect et de reconnaissance pour la mémoire du héros qu'ils avaient perdu, ils lui associèrent dans le commandement le nouveau prince de Condé. Pendant plus de deux ans, la double signature « Henry, Henry de Bourbon, » figura au bas des principaux actes officiels du parti réformé [1]. Les deux cousins avaient à peu près le même âge : celui qui venait

Deux enfants de seize et dix-sept ans, le prince de Béarn et le nouveau prince de Condé, Henri Ier, sont élus chefs des protestants (mars 1569); leur situation et leurs rapports.

[1]. M. Berger de Xivrey (*Lettres missives de Henri IV*, t. Ier) publie six lettres revêtues de cette double signature. Nous en donnons trois qui ont échappé aux recherches du savant académicien (Voyez *Pièces et Documents inédits,* n° IV). Il y a aussi plusieurs manifestes et pièces ainsi signés qui ont paru dans divers recueils. Souvent encore les deux jeunes princes signaient séparément des lettres semblables. D'autres fois, leurs noms étaient suivis de ceux de Coligny et des principaux du parti.

d'hériter du nom déjà grand de Condé était l'aîné ; il avait près de dix-sept ans [1] ; le prince de Béarn n'en avait que seize. Tous deux étaient alertes, dispos, bons cavaliers, habiles à manier leurs armes. Ils se ressemblaient peu, d'ailleurs, et ne s'étaient guère encore rencontrés. Condé était de très petite taille, comme son père ; il était mince, presque grêle d'apparence, et les traits de son visage allongé faisaient deviner une sensibilité excessive, une organisation nerveuse et délicate, tandis que la stature moyenne, les larges épaules et la figure ronde de son cousin annonçaient une constitution robuste, trempée par l'air des Pyrénées. Après quelques années passées à Paris, où il suivait les cours du collège de Navarre, le fils de Jeanne d'Albret était revenu à onze ans dans les États de sa mère. Là, dans une contrée paisible, élevé sous l'œil vigilant et sévère de cette princesse, il recevait les leçons de la Gaucherie et de Florent-Chrétien, ou errait librement parmi les guérets et dans les montagnes : jamais éducation plus virile n'avait développé une plus heureuse nature. Rien de plus triste, au contraire, que l'enfance de Condé : à l'âge où son cœur commençait à parler, à douze ans, il avait

1. Il était né le 29 décembre 1552.

vu sa mère, épuisée par le chagrin et la maladie, languir longtemps, et s'éteindre enfin dans les bras d'un époux qui n'avait fait qu'apparaître à son lit de mort. Il n'avait connu ni les soins maternels, ni les douces liaisons et les rivalités inoffensives du collège, ni la direction assidue et affectueuse d'un maître éclairé. Son père, entraîné par le tourbillon des plaisirs ou des affaires, remarié de bonne heure, le laissait entre les mains de quelques ministres exaltés ; ses frères, beaucoup plus jeunes, étaient encore confiés aux femmes. Dès ses premières années, il avait subi les rudes épreuves de la guerre civile ; tantôt enfermé dans Orléans au milieu des horreurs d'un long siège, tantôt errant avec une troupe de fugitifs ; et quand son père, qu'il connaissait à peine, l'avait enfin appelé à l'armée auprès de lui, c'était à la veille de sa mort. A dix-sept ans, il n'avait encore éprouvé de la vie que les douleurs, et de la guerre que les misères.

Le premier acte pour lequel on réclama sa signature et son intervention était un sacrifice. On demanda au jeune prince de livrer à la reine d'Angleterre les « bagues » et pierreries qui étaient alors à peu près son seul héritage. Il y consentit sans mot dire. Jeanne d'Albret, son fils, l'amiral, se dépouillèrent aussi. A défaut des places fortes, Élisabeth se contenta des diamants, et prêta vingt mille livres [1].

De la veuve de son père, Françoise d'Orléans, Condé semble n'avoir reçu ni appui ni conseils ; mais la reine de Navarre le regardait en quelque sorte comme un second fils. A la première nouvelle du désastre de Jarnac, elle avait écrit au prince de Béarn qu'il devait aimer son cousin comme un frère et « nourrir avec luy une amitié liée par debvoir de sang et de religion, qui ne se sépare jamais » [2]. L'amitié ne se commande pas, et rien ne prouve qu'elle ait jamais été très vive entre les deux cousins ; mais on sait combien le prince de Béarn était soumis à sa mère, et, tant qu'elle vécut, les apparences d'une intimité complète furent strictement conservées par les deux princes : ils n'avaient qu'un même train, leur vie était commune, les honneurs qui leur étaient rendus parfaitement égaux.

« Les pages de l'amiral. »

La seconde prescription de Jeanne d'Albret était une obéissance complète à l'amiral. Celle-ci ne fut

---

1. Le prince de Condé à Cecil, 5 juin, 4 juillet 1569. — État des bagues qui ont esté mises et portées en Angleterre, 12 juin 1569. — Reçu de la reine Élisabeth, 3 août 1569. *(State paper office* et Musée Britannique, *Cotton.)*

2. Lettre du 27 mars 1569. *Lettres missives de Henri IV*, I, 62.

pas moins fidèlement observée et par son fils et par son pupille. Dans leur entourage, on essayait bien quelquefois d'inspirer à ces jeunes gens une ambition prématurée ; on les excitait à prendre eux-mêmes le maniement des affaires ; mais Coligny réprimait facilement ces velléités d'un jour, soufflées par les courtisans. Jusqu'à sa mort, son autorité resta entière ; et, bien que les protestants, dans leurs relations officielles comme dans les mémoires qu'ils ont laissés à la postérité, eussent toujours soin de dire « l'armée des princes », « le voyage des princes », ceux-ci, dans les rangs et dans les bivouacs, étaient communément appelés « les pages de l'amiral ».

Cependant le soin de conduire ces adolescents, qu'il fallait tout à la fois instruire et gouverner, en leur laissant les apparences du commandement, ce soin complexe semble avoir, pendant les premiers temps, causé quelque embarras à Coligny. Il sentait bien que leur présence « encourageait les compagnons »[1] ; mais, soit qu'il craignît d'exposer leur vie, soit qu'il ne voulût pas leur laisser prendre trop d'influence sur son armée, il les éloignait dès que commençaient les actions sérieuses. Ainsi ils ne purent faire qu'une apparition au siège

1. D'Aubigné.

de Poitiers, et, dans la journée de Moncontour (30 octobre 1569), après avoir pris rang à la tête de la « bataille », ils durent se retirer subitement, « non sans larmes et sans regrets, ajoute l'historien protestant, et avec encore plus de dommage à l'armée; car il se trouva tant de gens qui se convièrent à leur escorte, qu'elle en fut affoiblie. ». Ce fut à Arnay-le-Duc (26 juin 1570) que, pour la première fois, il leur fut permis de combattre; encore l'amiral avait-il essayé d'abord « de les faire simples spectateurs ». Mais il avait alors trop peu de monde avec lui, et la situation était trop critique pour qu'il songeât à détacher une escorte. Nous dirons un mot de cette rencontre et des circonstances qui la précédèrent, car les deux jeunes gens durent y trouver d'utiles enseignements.

Ils combattent pour la première fois à la journée d'Arnay-le-Duc (juin 1570).

Après les désastres de l'année 1569, la fermeté de Jeanne d'Albret, la résolution de Coligny et l'inaction du duc d'Anjou avaient sauvé l'armée protestante. Mais la guerre n'est plus possible sur cet étroit théâtre de Poitou et de Saintonge : un dessein plus vaste que des conquêtes de villes remplit le grand esprit de l'amiral, et il l'exécute avec un rare bonheur. Laissant de bonnes garnisons à la Rochelle et à Angoulême, les deux seules places que le parti eût conservées dans l'Ouest, il amène avec lui les deux princes et tout le reste de ses forces. Malgré la maladie qui le dévore, malgré la rigueur de la saison et les efforts de l'ingénieux Montluc, une marche admirable, qu'on a nommée « le voyage des princes », le conduit, à travers la Guyenne, le Languedoc, le Dauphiné et le Lyonnais, jusqu'au cœur du royaume. La cour avait laissé « rouler sans empeschement cette petite pelote de neige ; en peu de temps, elle s'étoit faite grosse comme une maison »[1]. Enfin on prit l'alarme à Paris : une armée de quinze mille hommes, avec douze canons, fut formée dans l'Orléanais et dirigée contre les réformés. Le maréchal de Cossé, qui la commandait, apprit à Autun que l'ennemi l'avait dépassé et marchait sur Arnay-le-Duc pour gagner la Charité. Cette dernière ville était la place d'armes des réformés dans le centre ; il fallait combattre l'amiral avant qu'il pût s'y jeter. Cossé revint en toute hâte pour lui barrer le chemin ; mais, n'ayant pu le prévenir à Arnay-le-Duc, il prit position au nord-est de cette petite ville, auprès du village de Clomot. Coligny mit hardiment ses troupes en bataille. A la belle artillerie royale il n'avait pas un canon à opposer ; les nombreux dé-

[1]. La Noue.

tachements qu'il avait recueillis en Languedoc, en Dauphiné, et tout récemment encore les quinze compagnies que Bricquemault lui avait amenées de la Charité n'avaient fait que remplir les vides causés dans les rangs protestants par les escarmouches, les désertions, les intempéries, les fatigues de plusieurs mois de route. Aussi toutes ses forces se bornaient-elles à deux mille cinq cents arquebusiers et quatre mille cavaliers, dont la plupart encore étaient fort mal montés. Mais le choix du terrain et la valeur des combattants suppléèrent à l'infériorité du nombre. Un ruisseau sinueux arrosait le pied de collines boisées et mettait en mouvement des moulins échelonnés sur ses bords; des étangs formés par les eaux ralenties en rendaient le passage difficile. L'amiral prit position entre deux de ces moulins, qu'occupaient une partie de ses arquebusiers; le reste de son infanterie était jeté dans les bois; sa cavalerie occupait les collines, dont les replis lui donnaient un abri contre les boulets; en sorte que l'armée royale ne pouvait ni tirer parti de son artillerie ni profiter de sa supériorité numérique pour déborder les ailes de l'ennemi; car la nature du cours d'eau ne permettait de le traverser que devant le front des huguenots. Les moulins et les bois furent bien défendus : si les catholiques forçaient sur un point l'infanterie protestante, ils étaient aussitôt chargés par la cavalerie et repoussés avant d'avoir pu se déployer. C'est dans ces engagements que les deux jeunes Bourbons mirent pour la première fois l'épée à la main. Ils s'y comportèrent avec la valeur héréditaire de leur race : Condé était à la tête du second échelon de cavalerie, le prince de Béarn dirigeait le premier. Le combat dura ainsi tout le jour, avec assez de perte pour les assaillants et peu de dommage pour leurs adversaires : la nuit vint sans que ceux-ci fussent entamés. Le lendemain, avant le jour, les réformés prenaient le chemin d'Autun, sans que les troupes de Cossé, épuisées par les attaques de la veille, pussent les suivre à temps; peu de jours après, ils entraient à la Charité.

Ce succès, car c'en était un fort important et assez glorieux, hâta la conclusion des négociations entamées depuis quelque temps, et valut aux huguenots des conditions excellentes. Dans la paix, Condé resta ce qu'il avait été pendant la guerre, le compagnon du prince de Béarn, le fils adoptif et soumis de Jeanne d'Albret et de l'amiral. Ses frères étaient toujours loin de lui, et, plus que la distance, l'éducation qui était donnée à ces jeunes princes les séparait de leur aîné; car, bien qu'on eût laissé auprès d'eux quelques vieux serviteurs

Attitude de Condé pendant la paix. Son isolement. Confiance que lui témoigne l'amiral. Ferveur de ses convictions religieuses. Son mariage avec Marie de Clèves (juillet 1572).

protestants de leur père, ils étaient, comme disaient les huguenots, « nourris à la romaine » Dès le mois de juin 1569, le cardinal de Bourbon avait prié le Roi de lui confier les enfants en bas âge qu'avait laissés son frère[1]. Non seulement le Roi agréa cette demande, mais la princesse douairière ne paraît pas y avoir fait d'opposition. Au moment de la mort de son mari, elle avait témoigné une grande chaleur pour la cause des réformés, et s'était placée tout d'abord sous la protection de la reine Élisabeth[2] ; puis elle s'était promptement refroidie, avait quitté la Rochelle, et, résidant tantôt à la cour, tantôt dans ses terres de Brie, elle partageait avec le prélat, son beau-frère, la direction de l'éducation toute catholique que recevaient ses fils et beaux-fils[3]. Elle-même n'allait ni au prêche ni à la messe, et vivait dans un relâchement de

1. Norreys à Cecil, 14 juin 1559. *State paper office*.
2. La princesse de Condé à la reine Élisabeth, 12 avril 1569. *State paper office*. (Voyez *Pièces et Documents*, n° V.)
3. Ils étaient cinq, deux du premier lit, savoir : François de Bourbon, prince de Conti, né le 14 août 1558, et Charles de Boubon, né le 30 mars 1562 ; trois du second lit, savoir : Charles de Bourbon, comte de Soissons, né le 3 novembre 1566, Louis et Benjamin de Bourbon. — Sur l'éducation de ces jeunes princes, voyez les lettres de la princesse douairière de Condé que nous publions parmi les *Pièces et Documents*, n° V.

croyance, et, assurait-on, de mœurs, dont la reine de Navarre s'indignait fort[1] et qui ne devait pas moins révolter l'âme sincèrement pieuse de Condé. La doctrine calviniste s'était fortement imprimée dans le cœur de ce prince ; les leçons qu'il avait reçues, non moins que ses malheurs, avaient excité en lui une vive ferveur ; son esprit, naturellement enjoué, s'était assombri, et il confondait dans une même horreur le vice, le plaisir et le papisme. Ainsi tout l'éloignait de la cour, et la confiance que lui montrait Coligny ajoutait encore au charme des « mélancoliques heures » (c'était son mot) qu'il passait à la Rochelle. L'amiral avait apprécié l'ardeur religieuse et la fermeté de Condé : il semblait se préparer à lui léguer le commandement des réformés de l'Ouest. C'est Condé qui, en son absence, transmettait ses ordres et lui rendait compte de tout ce qui se passait ; ils échangeaient des lettres fréquentes, et le jeune lieutenant témoignait une touchante sollicitude pour son vieux général[2]. Le

---

1. « Vostre cousine la marquise est tellement changée, qu'il n'y a apparence de religion, sinon d'autant qu'elle ne va point à la messe ; car, au reste de la façon de vivre, elle est comme les papistes, et la princesse ma sœur encore pis... » (Jeanne d'Albret à son fils, Blois, 8 mars 1572 *Lettres missives de Henri IV*, I, 33.)

2. Nous publions parmi les *Pièces et Documents*, n° VI, une de ces lettres, à laquelle nous avons emprunté quelques

prince n'eût donc jamais songé à quitter la Rochelle sans une invitation pressante de sa protectrice. Or Jeanne n'avait pas voulu conclure l'union de son fils avec la sœur du Roi sans assurer en même temps les destinées de son cher neveu. Elle avait obtenu pour lui la main de sa cousine, Marie de Clèves, marquise d'Isles, fille de François, premier duc de Nevers, et de Marguerite de Bourbon[1], jeune femme accomplie, riche et d'une rare beauté. Condé accepta avec joie, et s'assura du consentement de la princesse douairière, qu'il avait retrouvée en se rapprochant de la cour; celle-ci voulut même que le mariage se fît chez sa mère, la marquise de Rothelin, calviniste zélée et inébranlable. Au mois de juillet 1572, les noces furent célébrées dans le beau château de Blandy (près de Melun), qui avait toujours été un des plus sûrs asiles de la religion professée par les nouveaux époux.

Mort de Jeanne d'Albret et mariage du roi de Navarre. Condé à la cour. Son courage et sa fermeté lors

Cette union, toute protestante, fut comme une fête de famille pour les chefs réformés, et cependant elle s'accomplissait sous de lugubres auspices. Celle qui l'avait préparée avec un soin tout mater-

détails; l'original est conservé dans la Bibliothèque de Berne (*Collection Bongars*, t. CXLI.)

1. Marguerite de Bourbon était sœur de Louis Ier, prince de Condé.

nel, Jeanne d'Albret, n'avait pu y assister : un mal violent et rapide l'avait enlevée un mois auparavant. De sinistres rumeurs circulèrent à cette occasion : personne dans le parti ne doutait que la reine de Navarre n'eût été victime d'un empoisonnement. Cependant rien n'éclata ; on redoutait tout de Catherine, mais on commençait à compter sur le Roi, qui semblait être fatigué de la domination de sa mère et se méfier de la faction de Lorraine. D'ailleurs, l'amiral, las de la guerre civile, tout plein, cette fois, d'un noble et patriotique projet qu'il poursuivait avec sa ténacité habituelle, voulait braver tous les périls personnels pour obtenir que la France intervînt dans les Pays-Bas. Il lui fallait avant tout la confiance du Roi. Pouvait-on refuser le gage que donnait ce prince de ses bonnes dispositions, la main de sa sœur, de sa « Margot », offerte à celui que les réformés entouraient de tant d'espérances? Tout se prépara pour la conclusion du mariage dont on parlait depuis si longtemps ; les principaux d'entre les protestants affluèrent à la cour; le nouveau roi de Navarre s'y rendit; Condé l'accompagnait.

Qui ne connaît ces fêtes nuptiales si brusquement interrompues par une effroyable scène de carnage, le meurtre de l'amiral, l'arrestation des deux Bourbons, tous leurs amis, tous leurs servi-

<small>de la Saint-Barthélemy (août 1572). Il n'abjure qu'au mois d'octobre.</small>

teurs massacrés sous leurs yeux dans la cour du Louvre? Ni l'âge ni le rang ne furent respectés : les assassins pénétrèrent dans la chambre de Marguerite, et un vieillard nommé Briou, qui n'avait jamais quitté le jeune prince de Conti [1], « ayant passé les quatre-vingts ans et blanc comme neige, fut poignardé ayant à son col cet enfant, qui mettoit ses petites mains en avant des coups [2]. C'est dans cette terrible épreuve que se révéla le caractère obstiné et fier de Condé. Alors que tous étaient frappés de terreur ; alors que les plus indignés du crime se mo....aient le plus empressés à le glorifier en public; que le président de Thou [3], « qui pleuroit et soupiroit à la maison », venait, à la tête de sa compagnie, louer le Roi de son action, discourant sur cette sentence : « Qui ne sait dissimuler ne sait régner [4] »; quand déjà l'attitude de Navarre

1. Le second frère de Condé et comme lui fils d'Éléonore de Roye.
2 D'Aubigné.
3. Christophe de Thou, père de l'historien. C'est par une citation latine que le faible, mais honnête président exprimait plus tard sa vraie pensée sur l'attentat du 24 août 1572. Lorsqu'on lui parlait de la Saint-Barthélemy, il avait coutume de répondre par ces beaux vers de Stace :

> Excidat illa dies ævo, nec postera credant
> Sæcula! nos certe taceamus. . . . . . .
> (*Silvarum*, lib. v, II, vers 83.)

4. D'Aubigné.

était passive et résignée, Condé seul résistait. Dans la nuit même de la Saint-Barthélemy, conduit devant le Roi et violemment interpellé, il répondit avec tant de hauteur, que Charles IX, outré, le congédia par ces terribles paroles ; « Enragé séditieux, rebelle, fils de rebelle, si dans trois jours vous ne changez de langage, je vous ferai étrangler. » Le délai fut un peu plus long : un ministre converti au bruit des arquebusades, des Roziers, fut chargé d'instruire dans sa nouvelle croyance le roi de Navarre et Catherine de Bourbon, le prince et la princesse de Condé, « afin de leur donner une plus honorable couverture de changement ». Déjà toutes les abjurations avaient eu lieu ; on était au mois de septembre ; seul de sa famille, Condé persistait dans son refus. Le Roi le manda de nouveau ; dès qu'il le vit, il s'élança vers lui : « Messe, mort ou Bastille, s'écria-t-il en blasphémant, choisissez ! — Dieu ne permette point, mon Roi et mon Seigneur, répondit froidement le prince, que je choisisse le premier ! des deux autres, soit à votre discrétion, que Dieu veuille modérer par sa providence ! » Dans sa fureur, le Roi, a-t-on dit, demandait ses armes pour le tuer ; mais la Reine se jeta aux pieds de son époux et l'arrêta. On emmena Condé. Rentré chez lui, il eut avec des Roziers un long entretien, à la suite duquel il céda enfin, et, « lui mettant sa condamnation sur la tête, s'exempta de la Bastille préparée »[1]. Le 29 septembre, il assistait avec le roi de Navarre à la messe solennelle de la Saint-Michel, et, le 3 octobre, les nouveaux convertis écrivaient au pape pour déplorer leurs erreurs et offrir une complète soumission. Condé et Marie de Clèves témoignèrent leur douleur d'avoir contracté mariage sans la consécration de l'Église. Le pontife accorda l'absolution et la dispense, et, le 4 décembre, le cardinal de Bourbon leur donna la bénédiction nuptiale dans l'église Saint-Germain-des-Prés[2].

Siège de la Rochelle (1573); les deux Bourbons forcés d'y assister. Attitude différente de Navarre et de Condé. Griefs et tristesse de ce dernier. Le duc d'Anjou et Marie de Clèves.

« Pendant deux mois, une horrible et cruelle tempeste courut toute la France[3]; » tant de massacres pouvaient faire croire que le parti protestant était détruit pour jamais. La noblesse guerrière, qui en était la milice, était décimée; ceux qui avaient échappé au couteau étaient captifs ou en fuite. Mais la bourgeoisie réformée, là où elle était compacte et dominante, n'avait pas été

1. D'Aubigné.
2. *Les actes et dispence du mariage confiermé, contracté, et célébré par l'auctorité apostolique, entre très-nobles et très-illustres Henri de Bourbon et Marie de Clèves, prince et princesse de Condé.* Lyon, par Benoist Rigaud; 1573.
3. Mézeray.

atteinte : elle résista. Entre autres villes, la Rochelle ne put être ni surprise ni désarmée par des concessions plus ou moins sincères ; pour la réduire, il fallut recourir à d'autres moyens que la trahison et l'assassinat. Une armée fut réunie en Poitou sous les ordres de Monsieur : on pensait que le vainqueur de Jarnac et de Moncontour aurait facilement raison de cette poignée de bourgeois rebelles, et, pour leur ôter tout espoir, leurs anciens chefs, les Bourbons convertis, reçurent l'ordre de suivre l'armée.

Refuser l'obéissance ou s'y dérober par la fuite était impossible : les princes n'avaient pas auprès d'eux un ami, un serviteur auxquels ils pussent se fier, et la surveillance exercée sur eux depuis le jour de la Saint-Barthélemy ne s'était pas relâchée un instant. Cependant le traitement n'était pas égal pour tous les deux. Le roi de Navarre avait obtenu, sinon plus de liberté, au moins plus d'égards. Les courtisans le trouvaient bon compagnon ; il plaisait aux dames, le Roi l'aimait, les zélés ne le redoutaient pas, et, si l'on voulait bafouer trop crûment « le roitelet », il savait mettre les rieurs de son côté par de vives reparties. Quant aux leçons de sa mère, quant aux préceptes des ministres, il semblait avoir tout oublié, et, à le voir se plier si bien à cette vie nouvelle, supporter si facilement la mauvaise fortune, les plus clairvoyants pouvaient s'y méprendre et croire que le plaisir était sa seule pensée. Au contraire, Condé ne changeait pas : c'était toujours la même humeur austère et chagrine ; il cachait mal sa répugnance pour la vie de la cour et pour les pratiques religieuses qui lui étaient imposées. Rien dans sa conduite ne pouvait atténuer les haines qui s'attachaient à son nom. Aussi ne rencontrait-il ni ménagements ni sympathies, et, pour comble d'affront, le duc d'Anjou s'était épris de sa jeune femme, et la poursuivait ouvertement de son insolent amour.

Il y avait alors à la cour un clerc de vingt-sept ans, appelé Philippe Desportes, qui avait appris en Italie à faire facilement des vers galants et passionnés, et qui restera un des plus agréables poètes du XVIe siècle. Desportes était pauvre ; il voulait être abbé, et sa muse complaisante servait les amours des derniers Valois, comme plus tard nous verrons celle de Malherbe se prêter aux caprices de Henri IV. Dans sa carrière de poète entremetteur, il avait débuté par des stances destinées à réconcilier Charles IX et Marie Touchet, un moment séparés ; aujourd'hui, il fait circuler une élégie où, sous les noms d'Eurylas et d'Olympe, figurent deux personnages trop faciles à reconnaître. Le titre seul : « Première Aventure », était déjà une allusion; car la belle Marie de Clèves était, disait-on, la seule qui eût encore touché le cœur du duc d'Anjou[1]. Dès les premiers vers, consacrés à Eurylas, chacun avait nommé le jeune et brillant vainqueur de Jarnac et de Moncontour, et, sous les traits ridicules du mari d'Olympe, il était évident que le poète avait voulu peindre le caractère sombre et jaloux du prince de Condé. La sœur d'Eurylas, Fleurdelis, pseudonyme assez transparent de la reine Marguerite, prêtait à l'ardeur de son frère le concours de son expérience; elle reprochait à Olympe sa froideur, et,

> Plus savante aux effets de l'amoureuse flamme,

elle l'éclairait de ses conseils. Ces avis n'auraient été que trop bien écoutés, s'il fallait en croire Desportes et les vers où il décrit une prétendue entrevue des deux amants dans une chambre du Louvre,

> Au fond du vieux palais, autrefois le séjour
> Des demi-dieux de France. . . . .

---

1. *Élégies,* livre II. — Plus tard, Desportes rima sonnet sur sonnet en l'honneur de Renée des Rieux, dite la belle Châteauneuf, qui fut aimée du duc d'Anjou. Sur la fin de sa vie, bien nanti de riches abbayes, il voulut racheter les erreurs de sa jeunesse en composant des poésies religieuses, beaucoup moins lues, et, il faut le dire, beaucoup moins attrayantes que ses *Premières Œuvres.*

Nous sommes loin de nous rendre au témoignage isolé de Desportes, et nous ne voulons voir dans les lascives images où il se complaît qu'une licence poétique fort peu estimable. Mais, lorsqu'il encourageait de tels vers, Monsieur, assurément, ne faisait pas mystère de son amour : tous les contemporains sont d'accord à cet égard. Sa passion avait éclaté avec une violence que rien ne semblait devoir arrêter, quand survint l'ordre de partir pour le siège de la Rochelle. En suivant le duc d'Anjou, Condé eut au moins la consolation de savoir Marie de Clèves à l'abri d'odieuses entreprises. Pourtant, quelle amertume dut remplir son cœur lorsqu'il se retrouva devant cette ville qui était pour lui comme une seconde patrie ! quelle douleur de voir en face de lui, derrière les murailles, ces gentilshommes de Saintonge dont les frères succombaient si vaillamment à Jarnac, ces bourgeois qui l'avaient si souvent accueilli avec enthousiasme lorsqu'il accompagnait Jeanne d'Albert au milieu d'eux ! Forcé de combattre ses amis, conduit contre eux par celui qu'il pouvait regarder à bon droit comme le meurtrier de son père et qui aujourd'hui voulait séduire sa femme, il recherchait le péril en homme las de la vie. D'ailleurs, il était convaincu qu'on voulait se défaire de lui; quelques historiens assurent qu'il fut empoisonné; lui-même, se sentant malade, n'en doutait pas, et préférait mourir en soldat. « Mes ennemis, disait-il, n'ont que faire de m'envoyer à la brèche et aux coups ; je veux aller devant eux, et m'exposer à tous risques. »

Cependant le siège de la Rochelle durait depuis quatre mois, et rien n'annonçait qu'il dût réussir. Non seulement l'armée royale était décimée par la maladie et par des assauts sans résultat, mais l'attitude de la noblesse qui entourait Monsieur devenait inquiétante. Un parti, chaque jour plus nombreux, se groupait autour du duc d'Alençon, le plus jeune frère du Roi, qui, paraissant à l'armée pour la première fois, semblait y avoir apporté beaucoup plus de goût pour l'intrigue que pour la guerre. Ces « mécontents » comptaient sur le concours de la puissante et nombreuse famille des Montmorency, qui depuis la Saint-Barthélemy se tenaient à l'écart, retirés dans leurs terres ou dans leurs grands gouvernements, et sur l'appui des huguenots épars et cachés dans diverses provinces. Des agents furent envoyés en Poitou, en Saintonge et en Gascogne pour y remuer les débris du parti, et des ouvertures furent faites aux « nouveaux » : c'est ainsi qu'on appelait dans le camp les deux Bourbons et ceux qui, comme eux, avaient récemment abjuré le protestantisme. Le roi de Navarre accueillit ces insinuations avec sa prudence ordi-

Nouveau parti du duc d'Alençon ou des « mécontents ; » il se rapproche des Montmorency et des Bourbons ou « nouveaux ».

naire; Condé, moins maître de lui et blessé jusqu'au cœur, « ne parla que trop haut » [1].

Paix (juillet 1573); Condé est nommé inopinément gouverneur de Picardie et se rend à Amiens.

Plusieurs projets furent formés; mais ils n'avaient reçu aucun commencement d'exécution lorsque survint la paix (juillet 1573). L'élection du duc d'Anjou au trône de Pologne avait fourni un prétexte pour lever ce malencontreux siège; les Rochelois obtinrent de fort bonnes conditions, non seulement pour eux, mais aussi pour le parti protestant, que déjà, dans plusieurs provinces, on retrouvait organisé comme par le passé. Les troupes furent séparées; les princes et les courtisans revinrent à Paris, puis accompagnèrent jusqu'en Lorraine le nouvel élu, qui, non sans peine, s'était décidé à partir pour son brillant exil. Condé fut du voyage. En lui faisant ses adieux, le roi de Pologne lui apprit, à sa grande surprise, qu'il avait obtenu pour lui, de son frère, la restitution du gouvernement de Picardie et la permission de s'y rendre immédiatement [2]. Peut-être Condé devait-il cette faveur aux charmes de Marie de Clèves;

---

1. D'Aubigné.
2. Le 13 novembre 1579, en réclamant la restitution de ce gouvernement, Condé rappelait à la Reine mère qu'il l'avait obtenu « par le moyen du Roi ». Le Roi était alors Henri III. Lettre autographe. Archives de Condé. (Voyez *Pièces et Documents*, n° IX.)

peut-être aussi, en accordant au prince son appui, ce protecteur inattendu n'avait-il fait qu'obéir aux conseils de la Reine sa mère. Catherine songeait sans doute à troubler l'union alarmante qui régnait entre les « mécontents », les « nouveaux » et les huguenots, entre le duc d'Alençon, les Montmorency et les Bourbons ; elle voulait enlever au roi de Navarre, qu'on croyait irrésolu comme son père, l'appui et les conseils d'un parent dont on redoutait la fermeté. Condé partit donc pour Amiens vers la fin de l'année 1573 ; mais son départ ne changea rien aux projets des nouveaux alliés ; la conspiration, commencée sous les murs de la Rochelle, continua ses progrès, et le complot allait éclater, quand la lâcheté du duc d'Alençon fit tout avorter (mars 1574). Le roi de Navarre fut arrêté et interrogé ; mais, au lieu de se défendre ou de dénoncer, il fit de sa vie un récit pathétique et fier qui émut le Roi et confondit ses ennemis. Ce discours fut une révélation : sous la forme habile dont la reine Marguerite, selon le bruit de la cour, avait su revêtir les pensées de son époux, on sentit pour la première fois battre le grand cœur de celui qui avait inspiré ces quelques pages et trouvé de tels accents pour les dire. Nous ne pouvons raconter ici la conduite de Henri IV pendant les quatre années qui s'écoulèrent après la

Conspiration découverte au moment d'éclater (mars 1574). Arrestation et noble attitude de Navarre ; fuite de Condé. Il gagne Strasbourg.

Saint-Barthélemy : la part du blâme serait grande ; mais, au milieu de faiblesses et d'entraînements regrettables, il sut éviter tout ce qui ressemblait à une bassesse ; il dissimulait sans trahir, il cédait sans s'humilier ; parmi tant de corruption, avec la situation inouïe qui lui était faite, les ruses et les ménagements qu'elle lui imposait, c'était un prodige de conserver à la fois sa vie et son honneur. Dans cette dernière circonstance, son attitude fit un singulier contraste avec celle du duc d'Alençon : autant le roi de Navarre avait montré de noblesse et de prudence, autant celui-ci fit voir de timidité et d'indiscrétion. Compromis par la déclaration de ce triste prince et par celles des deux victimes qui ont laissé leur nom à cette conspiration, la Mole et Coconas, Condé put cependant se sauver d'Amiens au moment où on allait l'arrêter ; il parvint à gagner Strasbourg ; là, les franchises des villes impériales le mettaient à l'abri de tout péril.

<small>Prise d'armes des mécontents et des protestants. Condé est proclamé leur chef (juillet 1574).</small>

Dès qu'il eut atteint cet asile, il écrivit au roi une lettre respectueuse, et il en reçut une réponse beaucoup plus bienveillante qu'il n'aurait pu l'attendre : Charles IX l'excusait, l'engageait à rester fidèle à la foi catholique et à se rendre auprès du roi de Pologne, qui lui avait ouvert ses États. Mais Condé avait l'âme trop haute pour accepter cette hospitalité, qu'il savait être un piège tendu à son honneur, et sa piété était trop vive pour qu'il pût continuer la pratique d'un culte qu'il abhorrait : à peine libre, il était revenu publiquement et avec joie à la religion qu'il n'avait jamais cessé de professer dans son cœur. Il était pauvre et sans ressources ; mais il comptait sur l'assistance des princes protestants : il s'adressa à la reine Élisabeth, au Palatin; il écrivit aussi à ses coreligionnaires de France[1]. Dans tout le Midi, dans l'Ouest, ceux-ci étaient en armes. C'était le jour même où le complot devait éclater, le mardi gras, que les arrestations avaient été faites à la cour; le temps manqua pour donner contre-ordre dans les provinces, et le mouvement commença partout. Les protestants, cette fois, n'étaient pas seuls ; les Montmorency avaient été trop compromis par les aveux du duc d'Alençon et de la Mole, pour qu'il leur fût permis de reculer : l'aîné de la famille, François, était en prison ; mais deux de ses frères, Thoré et Méru s'étaient réfugiés en Allemagne, où ils levaient des soldats, et le plus puissant de tous, Damville,

---

[1]. On trouve dans l'*Histoire* de la Popelinière un grand nombre de dépêches et de mémoires écrits ou signés par le prince de Condé pendant ces deux ans qu'il passa en Alsace et en Suisse. M. de Bastard (mort en Chine depuis que ces lignes ont été écrites, et fort regretté) en a publié d'autres dans sa *Vie de Jean de Ferrières*. Le plus grand nombre est resté inédit.

qui exerçait dans son gouvernement de Languedoc l'autorité des grands vassaux du moyen âge, finit par se déclarer après quelques hésitations. Le duc d'Alençon et le roi de Navarre étant toujours retenus à la cour, Condé était le seul prince que les mécontents pussent mettre à leur tête. Proclamé d'abord par l'assemblée de Milhaud (juillet 1574) « chef et gouverneur général des Églises de France », il fut ensuite reconnu « protecteur de l'association du clergé et des catholiques paisibles avec les Églises réformées du royaume » (janvier 1575).

Condé commence ses opérations assez tard, et y réussit assez mal. Cinquième édit de paix (mai 1576).

Toutefois il ne put ou ne sut pas faire ce qu'on attendait de lui. Tandis que Damville guerroyait en Languedoc, Montbrun en Dauphiné et la Noue en Poitou, nous le voyons errer pendant plus de deux ans entre Strasbourg, Berne et Bâle, fort affairé toujours, conférant fréquemment avec le vieux Bèze; recevant, haranguant des députations, des ministres venus de la Rochelle; expédiant de tous côtés le vidame de Chartres, Beauvoir la Nocle, et les autres agents infatigables qui depuis douze ans couraient l'Europe en quête d'alliés pour les huguenots; enrôlant des Suisses, concluant avec le Palatin un accord odieux quand il n'eût pas été absurde et inexécutable [1], puis envoyant

---

1. Entre autres concessions exorbitantes, il garantissait à ce prince allemand la possession des Trois-Évêchés, que l'Empire

au Roi des ambassadeurs et d'interminables mémoires; en un mot, négociant, organisant beaucoup, mais ne parvenant pas à entrer en campagne. Son père, laissant à d'autres le soin de faire des traités et des levées, se fût jeté là où se donnaient et se recevaient les coups.

Jamais parti n'avait trouvé des circonstances plus favorables. Charles IX était mort. Après avoir passé plusieurs mois et dépensé des sommes énormes dans un fastueux voyage, Henri III s'occupait moins de remettre l'ordre dans le royaume, que de régler l'étiquette de sa maison et de présider à des cérémonies religieuses, qu'il entremêlait de cyniques débauches. Le duc d'Alençon avait pu fuir de la cour (septembre 1575), et, malgré les justes et vives défiances qu'inspirait son caractère, l'adhésion du frère unique d'un roi sans enfants donnait une grande force aux confédérés. C'était le moment d'agir. Grâce à l'or d'Élisabeth, Condé avait enfin réuni une petite armée ; mais, au lieu d'entrer en France avec tout son monde, il se

---

tenait tant à enlever à la France. L'original de ce traité se conserve à la Bibliothèque nationale (Colbert, V^e, 399); je ne crois pas qu'il ait été publié, mais il est fort connu. En le lisant, on ne sait qu'admirer le plus, ou de l'outrecuidance des prétentions du Palatin, ou de la naïveté avec laquelle il semble recevoir les chimériques engagements de ses alliés.

borna à détacher deux ou trois mille chevaux, qu'il envoya à Monsieur sous les ordres de Thoré. Ce mouvement incomplet et inopportun valut aux confédérés un grave échec, et un facile, mais éclatant succès à leurs ennemis. Thoré fut battu par le duc de Guise à Dormans; la plupart de ses reîtres s'engagèrent dans les rangs des catholiques; lui-même ne put joindre Monsieur qu'avec une poignée de cavaliers.

La ténacité du moins ne manquait pas à Condé : malgré l'échec de Thoré, il parvint à refaire une armée, et franchit enfin la frontière. Mais les sommes qui lui avaient été avancées par la reine d'Angleterre et par les princes protestants étaient complètement épuisées : « Je suis entré en Allemagne, disait-il, avec huitante-quatre écus; j'en suis sorti avec un florin. » Aussi ses soldats, n'étant pas payés, se livraient à des excès qui surpassaient tout ce qu'on avait encore vu. Il traversa ainsi la Lorraine, le Bassigny, la Bourgogne et le Bourbonnais, épuisant et désolant le pays, sans combat d'ailleurs. Mayenne, qui l'observait, avait trop peu de monde pour l'attaquer, et Condé était un général trop novice ou trop peu maître de son armée indisciplinée pour engager une action le premier[1].

1. Lui-même sentait son impuissance. Voyez sa lettre au Palatin du 9 avril 1576 (*Pièces et Documents,* n° VII)

Enfin il atteignit le but qu'il poursuivait, et fit sa jonction avec Monsieur, qui, sans coup férir, obtint le cinquième édit de pacification (mai 1576).

Quatre ans après la Saint-Barthélemy, les protestants recevaient les conditions les plus avantageuses qui leur eussent encore été accordées. Mais le libre exercice de la religion réformée n'était pas la seule concession que l'on eût arrachée au Roi. Les confédérés s'étaient assuré de scandaleux bénéfices, et Condé avait bien droit à une part dans ce pillage du Trésor et dans ce démembrement des attributions de la couronne. Le traité lui garantissait la restitution de son gouvernement de Picardie, avec Péronne comme place de sûreté, et une gratification de cinq cent mille livres. Cependant il ne toucha pas l'argent, son autorité ne fut pas reconnue en Picardie, et les portes de Péronne furent fermées à ses gens. Faiblesse et déloyauté tour à tour, c'est l'histoire du règne de Henri III : jamais on ne vit l'autorité royale tomber plus bas en France.

Nouveaux griefs de Condé frustré des avantages que lui garantissait le traité.

Condé se montra fort sensible à ce manque de foi. Le duc d'Alençon, comblé de faveurs et déjà nanti, devait faire une entrée triomphale à Bourges; il voulait que le prince l'accompagnât. « Monsieur, repartit Condé, je connois le peuple de Bourges si mal affectionné à ceux de ma religion;

il s'y pourroit trouver quelque coquin qui, faisant semblant de viser ailleurs, me donneroit dans la tête. Le coquin seroit pendu ; mais cependant le prince de Condé seroit mort. Je vous prie, Monsieur, que je ne fasse pas pendre ce coquin pour l'amour de moi »; et il s'en alla rejoindre le roi de Navarre en Guyenne.

<small>Défiances des protestants envers Navarre; leurs sympathies pour Condé.</small>
Bien que ce dernier fût hors de la cour depuis trois mois déjà, il n'avait pris aucune part à cette guerre sans combats et sans gloire ; il fut peu mêlé à ces négociations sans franchise. Comme il n'avait pas fait profession de protestantisme et qu'il n'avait pu s'entendre avec les confédérés, personne ne stipula pour lui, et la restitution officielle de son gouvernement de Guyenne ne fut que la conséquence d'une mesure générale. Il eût bien voulu conserver cette situation neutre et indépendante, qui convenait à son caractère et à ses opinions ; mais les Rochelois le forcèrent à se prononcer. Déjà il leur avait annoncé sa visite, lorsqu'on lui fit comprendre que la capitale des réformés ne pouvait ouvrir ses portes à un prince qui, depuis trois mois, vivait sans religion, et autour duquel on voyait « tant de gens qui avoient joué du couteau à la Saint-Barthélemy »[1]. Henri hésita d'abord. Ren-

---

1. D'Aubigné.

trer dans le giron de l'Église calviniste, c'était se séparer des seigneurs catholiques qui étaient avec lui et bien diminuer sa petite troupe; c'était aussi rendre bien difficile le rétablissement de son autorité en Guyenne. Mais, s'il était repoussé par la Rochelle, il perdait à jamais l'appui des protestants; or l'attitude de certains catholiques, dont l'ardente passion ne pouvait manquer d'entraîner la masse plus calme de leur parti, rendait une lutte générale prochaine et inévitable; que deviendrait-il dans ce conflit, s'il n'était à la tête des réformés? Le Béarnais n'aimait pas les résolutions extrêmes, mais il savait les prendre au besoin : comme chez lui la fermeté dans la foi n'était pas un obstacle, il se soumit à l'abjuration publique qu'on exigeait de lui et entra à la Rochelle.

L'accueil plein de défiance qu'il y trouva contrasta avec la réception chaleureuse qui fut faite à Condé dans cette même ville quelques jours plus tard. Celui-ci avait, en effet, tous les droits aux sympathies protestantes : on connaissait sa conduite après la Saint-Barthélemy; on savait qu'à peine libre il s'était empressé de revenir à la religion de son enfance; depuis, on l'avait vu négociant, agissant ouvertement pour servir la cause des réformés, et le dernier affront qu'il venait d'essuyer prouvait à quel point on le savait incorruptible et irrévocablement attaché à sa foi.

Aucun lien ne l'unissait au parti contraire. La reine de Navarre était catholique, elle vivait à la cour, mêlée à toutes les intrigues; mais Condé était veuf. Lors de son départ précipité, deux ans auparavant, il avait dû laisser derrière lui sa femme, grosse de plusieurs mois; les couches furent fatales à Marie de Clèves : elle mourut le 30 octobre 1574, en donnant le jour à une fille[1], qui fut l'héritière de ses grands biens. Quelque peu de valeur qu'on attache à l'élégie de Desportes, il est certain que cette première et courte union de Condé avait été malheureuse : si Marie de Clèves n'avait pas cédé aux poursuites de Henri III, elle n'était pas restée insensible à ses hommages; il semble même qu'elle ne repoussait pas l'idée d'une séparation qui aurait eu pour prétexte le retour de son époux à l'hérésie. Le Roi n'avait cessé de l'aimer : à Varsovie, sa principale consolation était de lui écrire avec son sang; à son retour, lorsqu'il la sut morte, il témoigna une vive douleur, qui se manifesta puérilement comme toutes ses passions : il portait, en signe de deuil, des têtes de mort accrochées à ses aiguillettes, et le cardinal de Bourbon dut faire enlever de Saint-Germain-des-Prés le

Marie de Clèves était morte en l'absence de son époux (octobre 1574).

1. Catherine de Bourbon, marquise d'Isles; elle mourut sans alliance en 1595.

corps de la princesse, le Roi ne voulant pas entrer dans l'abbaye tant que ces précieux restes y seraient déposés.

Nous avons laissé Condé à la Rochelle (août 1576). Il n'y fit qu'un séjour de courte durée. En compensation des avantages qui lui étaient garantis par l'édit de paix, mais qu'il n'avait pas reçus, il avait demandé au Roi un établissement en Saintonge, et avait obtenu une réponse favorable. Jugeant prudent d'assurer lui-même l'exécution de ces nouvelles promesses, il commença par saisir Cognac et Saint-Jean-d'Angely ; puis il acheta du sire de Pons l'importante place de Brouage. Après avoir pris possession de cette nouvelle acquisition, il voulut retourner à la Rochelle ; mais le parti protestant était ombrageux : il n'avait jamais supporté qu'impatiemment l'autorité du premier Condé, et, depuis la mort de ce héros, il s'était habitué à se passer des princes. Celui-ci, qui avait été accueilli avec transport quand il arrivait seul et dépouillé, se vit fermer les portes dès qu'il eut acquis un commencement de puissance. Il dut négocier, et ne put entrer dans la ville qu'avec une suite de sept gentilshommes. La Rochelle était une petite république constituée à la façon des cités antiques : il fallait y parler sans cesse devant le peuple assemblé. Comme son père,

Établissement de Condé à la Rochelle et dans l'Ouest. Il sert de prétexte à l'organisation de la Ligue.

Condé maniait la parole avec grâce et facilité, et, cette fois, « son éloquence passa l'homme de guerre[1] ». Dans une série de discours fort habiles[2], il remua profondément les cœurs des bourgeois, parvint à mettre en suspicion la fidélité du maire et des échevins à la cause protestante ; puis, se posant en prince clément et ennemi de la discorde, il fit cesser les poursuites intentées aux prétendus agents de la cour. Au bout de deux mois, il était véritablement le maître, et il put sans inquiétude faire des excursions à Saint-Jean-d'Angely ou ailleurs, la Rochelle restant son quartier général.

Tout cet établissement dans l'Ouest avait été conduit avec beaucoup d'art et de résolution, mais ne s'étendait pas hors des places que nous avons nommées. Condé retrouvait en Saintonge les mêmes obstacles qu'il avait rencontrés en Picardie. C'est pour lui résister dans cette dernière province que Jacques de Humières avait organisé la confédération qui devint la Ligue, et, dès qu'on le vit en Saintonge, Louis de la Trémouille, duc de Thouars, se mit à la tête de la noblesse et des villes catholiques, qui s'empressèrent d'adhérer à la Sainte-Union. La réaction antiprotestante

1. D'Aubigné.
2. La Popelinière en cite plusieurs, t. II, liv. XLI.

était partout très vive : mécontents, indignés des conditions de la paix, ceux qui étaient restés neutres jusqu'alors consentaient maintenant à signer la Ligue, et cette association, dont Condé s'était ainsi deux fois trouvé le prétexte, commençait à recevoir l'organisation puissante qui devait la rendre si redoutable. C'est au milieu de ce mouvement que se firent les élections pour les états généraux.

Cette assemblée se réunit à Blois vers la fin de l'année. Ses dispositions ne pouvaient être douteuses ; mais la violence de la majorité dépassa toute prévision, et des catholiques très fervents en furent effrayés. Le duc de Montpensier essaya en vain de modérer ces entraînements ; il détestait cependant l'hérésie ; il passait, non sans raison, pour cruel et fanatique, et, depuis quinze ans qu'il faisait la guerre aux huguenots, il l'avait toujours faite sans pitié ; mais il était ennemi de l'intrigue, des perfidies et des agitations inutiles ; il avait refusé de prendre part à la Saint-Barthélemy, et, aujourd'hui, il travaillait sincèrement, mais infructueusement, au maintien de la paix. Cependant il obtint que des députés fussent envoyés au roi de Navarre et au prince de Condé. Condé ne voulut pas entendre ces ambassadeurs, déclarant « qu'il ne reconnoissoit pas les états gé-

<small>Irritation générale. États de Blois. Négociations officielles et secrètes.</small>

néraux du royaume dans une assemblée pratiquée et corrompue, disait-il, par les ennemis du royaume ». Le roi de Navarre, comme toujours, fut moins tranchant : il refusa de se rendre à Blois, et répondit en termes vagues, mais courtois, et qui ne témoignaient pas d'une grande ferveur protestante. A côté des ambassades publiques, les intrigues secrètes continuaient. L'opiniâtreté de Condé était bien connue, et, soit qu'on renonçât à le fléchir, soit qu'il excitât des haines trop vives, les agents de la cour ne tentèrent rien auprès de lui ; mais on espérait mieux de son cousin, et on réussissait complètement avec d'autres. La confédération de l'année précédente était déjà toute désorganisée par ces menées. Le duc d'Alençon était gagné. Damville, qui en public était toujours le même, « démaçonnoit la porte par derrière » [1], et faisait traiter sa réconciliation par sa femme. Navarre était plus ferme et moins vénal ; mais il laissait négocier les catholiques qui étaient encore auprès de lui. Condé le sut, et « cela descousit, sans déchirer, leur amitié » [2].

Nouvelle guerre. Mauvais succès de Condé ; divisions des partis ; paix

Cependant leur union officielle n'en fut pas troublée. La guerre recommençait de toutes parts. Condé appela aux armes la noblesse réformée de

1. D'Aubigné.
2 *Ibidem.*

Poitou et de Saintonge (1577), et fit ses procla- *inattendue (septembre 1577).*
mations au nom du roi de Navarre, dont il se dé-
clarait le lieutenant général; c'est à ce titre qu'il
reçut le serment des gens de guerre, et c'est aussi
d'accord avec son cousin qu'il expédiait messager
sur messager en Angleterre, pour solliciter l'assistance de la reine Élisabeth[1]. Mais il manœuvra
avec une complète indépendance, et réussit assez
mal dans ses entreprises : les troupes qu'il avait
levées étaient fort mauvaises, composées de gens
sans aveu, dont l'indiscipline irritait les bourgeois
de la Rochelle. Enfermé dans cette ville, il vit
Mayenne conquérir tout le pays à l'entour, et ne
put ni tenir la campagne ni secourir aucune
place. Des discussions avec les turbulents Rochelois, d'infructueux efforts pour obtenir d'eux de
l'argent et des ressources, pour organiser une
flotte avec des navires enlevés, sans respect du
droit des gens, à l'embouchure de la Charente,
absorbent tout son temps. La flotte resta quelque
temps à la mer, mais ne remporta aucun avantage,
ne prévint aucun revers; on ne put même sauver
Brouage. La prise de cette dernière ville décida
Condé à quitter la Rochelle pour se retirer en
Guyenne, où il rejoignit le roi de Navarre à tra-

---

1. Voyez (*Pièces et Documents,* n° VIII) une des lettres adressées par Condé au comte de Sussex, le 12 juin 1577.

vers de grands périls. Là, il eut avec son cousin une explication fort aigre : il voulait le rendre responsable du mauvais succès de ses opérations. Rien n'était plus injuste. C'était de lui plutôt que Navarre pouvait attendre du secours ; car c'était lui qui occupait les provinces les plus riches et les plus dévouées à leur cause. Sur ce même terrain, avec les mêmes ressources, son père et l'amiral avaient su créer, entretenir une armée, et continuer longtemps une lutte acharnée.

Les affaires des confédérés, qui formaient ce qu'on appelait la « contre-ligue », allaient fort mal : l'Ouest était perdu, la Charité prise ; Damville avait jeté le masque et s'était déclaré contre ses anciens amis ; Navarre se soutenait avec peine en Gascogne ; il n'y avait ni unité dans le commandement ni accord pour traiter ou combattre ; l'anarchie était extrême : chacun voulait faire la guerre à sa guise ; chacun négociait pour son compte, avait près de la cour ses députés spéciaux, qui soutenaient des prétentions diverses et souvent contradictoires. Mais ce fractionnement infini des partis est la conséquence inévitable des longues discordes, et les divisions n'étaient pas moindres de l'autre côté. Aussi, la confusion étant à son comble, l'impuissance de la royauté et des partis valut aux confédérés un nouvel édit de pacification (17 septembre 1577).

Cette paix ressemblait à toutes les autres : c'était la même série de promesses et de concessions. Mais, après chacun de ces traités dérisoires, le mépris d'engagements si souvent et si impunément violés augmentait. L'édit, solennellement enregistré, demeurait une lettre morte, et n'apportait aucun soulagement aux souffrances des peuples. On renvoyait les étrangers quand on pouvait ; les grandes armées se séparaient ; les gentilshommes retournaient pour quelque temps à leurs affaires ou à leurs plaisirs ; mais les bandes restaient en armes ; les entreprises particulières se succédaient comme pendant la guerre ; les surprises de villes, de châteaux, les assassinats, les pillages continuaient de désoler le pays. Cependant cette trêve, si singulièrement observée qu'elle fût, changea l'aspect de la petite cour du roi de Navarre : « elle se fit florissante en brave noblesse et en dames excellentes »[1]. Marguerite avait rejoint son époux. On ne voyait que fêtes à Nérac, on n'y parlait que de galanterie, « et l'aise y amenoit les vices, comme la chaleur les serpents »[2]. Condé y parut rarement : son humeur austère s'accommodait mal d'un tel genre de vie. D'ailleurs, il

Refroidissement des deux cousins; Catherine veut les séparer complètement. Condé surprend la Fère (novembre 1579).

1. D'Aubigné.
2. *Ibid*

croyait avoir à se plaindre de son cousin, et vivait retiré à Saint-Jean, faisant de fréquentes visites à ses fidèles amis de la Rochelle, lorsqu'un nouveau grief vint ajouter encore à son mécontentement. Il désirait que Navarre le nommât son lieutenant général en Languedoc; mais ce titre fut donné au vicomte de Turenne, et le prince, déjà mal disposé pour ce dernier, en fut vivement blessé [1].

Le refroidissement des deux cousins n'était ignoré de personne; Catherine, que le Roi son fils laissait intriguer à sa guise, résolut d'en tirer parti. La Reine mère avait passé plusieurs mois auprès de Navarre, et son œil exercé avait bien lu dans le cœur de ce prince. Elle l'avait trouvé si peu engourdi par le plaisir, qu'il répondait coup pour coup à toutes ses entreprises, et déjouait toutes ses menées. Lui enlevait-elle la Réole par une trahison, il surprenait Fleurance, tandis qu'elle le croyait au bal. Discutait-elle avec lui les articles de la conférence de Nérac, elle rencontrait sous l'enveloppe de la bonhomie une finesse égale à la sienne et une fermeté que son astuce ne pou-

---

[1]. Les secrétaires de Sully *(Œconomies royales)* prétendent que le prince provoqua le vicomte en duel; mais cette assertion ne se retrouve ni dans les *Mémoires* de Turenne ni ailleurs. Cette provocation s'accorderait mal avec l'opinion exprimée par Condé sur les duels, dont nous parlerons plus loin.

vait désarmer. Depuis, elle l'observait avec une inquiétude mêlée de haine : tandis qu'on le croyait livré tout entier aux charmes de la belle Fosseuse, elle le suivait assurant sans bruit et avec patience son établissement en Guyenne, nouant des relations tout autour de lui. Déjà il avait reconquis à son parti l'appui de Damville, le puissant gouverneur du Languedoc, que la mort de son frère aîné venait de faire duc de Montmorency, et que nous désignerons désormais par ce nom. Catherine reconnut qu'il n'y avait plus rien à faire de ce côté. Elle se retourna vers Condé, et mit tout en œuvre pour le détacher entièrement de son cousin. Elle lui écrivit pour lui offrir la main de la belle-sœur du Roi, mademoiselle de Vaudemont[1], avec un établissement considérable et la restitution du gouvernement de Picardie. Elle le priait aussi de veiller à l'exécution des articles consentis à Nérac. Condé refusa le mariage, « quoyque ce luy fust un très grand honneur, voyre tel qu'il n'eust osé l'espérer ; mais les ministres assemblés en synode luy avoyent faict response que pour la diversité de religion il n'y pouvoit entendre ». Quant aux articles de Nérac, il rappelait qu'il n'avait rien à y voir, « cela ayant esté traité par le roi de Navarre

---

1. Celle qui, en 1581, épousa le duc de Joyeuse.

seul ». Il espérait « que Leurs Majestez le remettroient en son gouvernement, et s'en remettoit à elles pour le regard des biens ». Du reste, il était toujours prêt « à monter à cheval pour exécuter les commandements de Leurs Majestez » [1]. Bien que le ton de ces réponses témoignât de l'attachement du prince à la religion protestante, il y perçait cependant une aigreur contre Navarre et un désir de s'accommoder, qui donnèrent quelques espérances. On le surveilla moins ; on renouvela les promesses. Catherine croyait être certaine de réussir, lorsqu'au moment où elle recevait de lui la lettre la plus rassurante, elle apprit tout à coup qu'il était maître de la Fère. Parti de Saint-Jean-d'Angely sous un déguisement, il avait traversé Paris sans être découvert, et s'était emparé de cette place à l'aide d'un stratagème habile (29 novembre 1579).

Quoique préparé avec secret et adresse, quoique exécuté avec résolution, ce coup de main n'était pas une heureuse entreprise. Condé quittait la

1. Lettre autographe à la Reine mère, datée de Saint-Jean, 13 novembre 1579. (Archives de Condé.) C'est cette lettre qui dut arriver à la cour avec la nouvelle du coup de main de la Fère ; mais elle ne doit guère différer de celles qui l'avaient précédée, et que nous n'avons pas. Nous avons reproduit quelques passages de celle-ci, parce qu'ils expriment bien la nature de la négociation. (Voyez *Pièces et Documents,* n° IX.)

Saintonge, où il comptait de nombreux amis, où il pouvait trouver d'abondantes ressources, pour s'établir dans une ville forte, il est vrai, mais isolée au milieu d'un pays hostile, sans moyens d'y établir son autorité ou d'y soutenir la lutte, sans communications avec les provinces affectionnées au parti : il pensait sans doute qu'après avoir pris pied en Picardie, il obtiendrait de la faiblesse et de l'impuissance du Roi ce qu'il ne pouvait espérer de sa loyauté; c'était ainsi qu'avait commencé son établissement en Saintonge trois ans plus tôt. En effet, le Roi parut d'abord agréer les assurances pacifiques que le prince de Condé lui adressait, et se borna à le blâmer, non pas de s'être saisi d'une place dans le gouvernement dont il était titulaire, mais d'avoir traversé Paris sans le venir saluer. Le jeune prince de Conti fut chargé d'aller porter ces bonnes paroles à son frère, et la Reine mère vint jusqu'à Chauny dans l'espoir de pouvoir nouer quelque intrigue avec ce dernier; mais elle s'aperçut bientôt que Condé était toujours le même, et ne voulait entendre à rien.

Cet état de choses dura quelques mois. On laissait le prince tranquille dans sa conquête; mais il n'exerçait aucun pouvoir en dehors de la Fère : il dut se contenter d'augmenter les fortifications de cette place et d'en compléter la garnison. Bientôt

« Guerre des amoureux. Condé, forcé de fuir, demande du secours dans les Pays-Bas. en Angleterre, en

Allemagne. Son traité avec le Palatin.

d'ailleurs, la guerre recommença dans le Midi : le moment était venu où, aux termes des conventions, le roi de Navarre devait rendre les places de sûreté qui lui avaient été accordées. Comme il ne pouvait le faire sans se perdre, il se plaignit que le traité de Nérac n'avait pas été exécuté, et prit subitement les armes (avril 1580). Cette levée de boucliers fut mal comprise et sévèrement jugée, même parmi les protestants, toujours pleins de défiance pour l'aîné des Bourbons : on n'y voulut voir que le résultat d'une intrigue galante, et le nom de « guerre des amoureux » lui resta. La Rochelle, le Languedoc refusèrent de suivre le mouvement; la Noue le blâma, et Condé, qui n'avait rien su d'avance, s'en plaignit amèrement. Le renouvellement des hostilités, qu'il aurait bien dû prévoir, ruinait tous ses projets d'établissement en Picardie : sans armée, sans argent, il ne pouvait s'y maintenir. Aussi, après une tentative infructueuse pour obtenir l'assistance d'Élisabeth[1], il quitta la Fère (mai 1580), et, ne pouvant ou ne voulant pas rejoindre son cousin, il passa la frontière. A la nouvelle de son départ, le Roi lança contre lui une déclaration, qui fut enregistrée le 3 juin, et, tandis que Biron entrait en Gascogne

---

1. Condé à Burleigh, 12 avril 1580. (Voyez *Pièces et Documents*, n° X.)

et Mayenne en Dauphiné, une troisième armée marcha contre la Fère, sous les ordres du maréchal de Matignon.

Ainsi engagé dans la lutte et voulant la continuer pour son compte, Condé avait plus que jamais besoin de l'assistance étrangère. Reprenant le rôle peu digne qu'il avait déjà accepté une première fois, il se chargea de négocier en personne avec ceux de qui il croyait pouvoir espérer quelque appui. Il s'adressa d'abord aux insurgés des Pays-Bas, qui étaient, comme on sait, en armes depuis longtemps. Mais ceux-ci étaient aux prises avec les plus grandes difficultés : l'administration habile du duc de Parme avait détaché les catholiques des protestants, séparé la Belgique de la Hollande ; les villes et provinces qui formaient l'union d'Utrecht devaient lutter à la fois contre les Espagnols et les Wallons : elles avaient grand besoin de secours, loin d'en pouvoir donner. Condé ne fit donc à Anvers qu'un séjour de courte durée, et gagna l'Angleterre, pour y porter lui-même des sollicitations si souvent renouvelées. Il ne réussit pas davantage : toute l'attention d'Élisabeth était fixée sur les Pays-Bas. La « guerre des amoureux », qui ne lui permettait plus de compter sur le concours de la France, dérangeait toutes ses combinaisons et lui déplaisait fort ; aussi Condé n'en put-il rien tirer. Il repassa la mer, et courut auprès de Jean-Casimir, qu'il savait toujours disposé à prêter son armée aux protestants français ; mais il avait aussi appris par expérience à quel prix ce prince vendait son concours. Cette fois, afin d'être plus sûr du payement, le Palatin demanda, avant de remuer un homme, à être mis en possession des salines lucratives du Languedoc, de la place d'Aigues-Mortes et du fort de Pecquais. Condé promit tout, et, dans son impatience de satisfaire son avide allié, il partit en toute hâte pour faire exécuter lui-même les engagements qu'il venait de prendre. La mauvaise fortune qui le poursuivait toujours le traversa encore cette fois. Dépouillé par des brigands comme il passait près de Genève, il dut se sauver à pied, presque nu, à travers les montagnes, et arriva ainsi en Dauphiné chez Lesdiguières, qui lui donna des chevaux et des habits pour passer en Languedoc.

Il est forcé de subir le traité de Fleix (novembre 1580); ses relations avec Navarre et avec les protestants exaltés. Les protestants de cette province se montrèrent plus jaloux que lui de la richesse nationale et de l'intégrité du territoire : tout en consentant à le reconnaître pour leur chef, ils refusèrent de ratifier les promesses qu'il avait faites à l'électeur palatin. Condé dut renoncer à l'armée allemande et tenta de conquérir pour son compte les Cévennes et le Vivarais. Mais la guerre cessait partout : la Fère avait capitulé; Mayenne avait pacifié le Dauphiné, et le roi de Navarre venait de signer le traité de Fleix (26 novembre 1580). Condé refusa d'abord d'y adhérer, et récrimina hautement contre son cousin; ses plaintes trouvèrent de l'écho. A la Rochelle, à Genève, on avait reproché au roi de Navarre d'avoir pris les armes pour des motifs qui semblaient frivoles; on ne le blâma pas moins pour les avoir prématurément déposées. Au contraire, on savait gré à Condé d'avoir fait bon marché de sa dignité personnelle, d'avoir préféré les intérêts de « la cause » à ceux de la France, et Navarre, écrivant à Bèze, dut se justifier d'avoir conclu la paix sans consulter son cousin[1]. Cependant, malgré leurs préférences et en dépit de leurs préjugés, les protestants, même les plus exaltés, ne pouvaient se faire illusion sur la situation respective des deux princes. Soit comme négociateur, soit comme chef de parti, Condé n'avait eu aucun succès : il avait perdu ses places; il n'avait pas amené un soldat. Navarre, au contraire, disposait d'une petite armée; il était obéi dans ses États héréditaires, dans une grande partie de la Guyenne, et le traité de Fleix lui laissait la

1. « Quant à mondit cousin, je n'avois oy de ses nouvelles depuis son retour d'Angleterre, et estois incertain du lieu de son séjour. » (Le roi de Navarre à Bèze, fin de novembre 1580.

possession des villes qui avaient fait l'objet de la guerre. Condé n'avait eu qu'une bonne chance durant sa tournée dans les cours protestantes. En revenant d'Angleterre, il s'était trouvé à Gand comme les Espagnols attaquaient cette place, et il avait pris part à la défense, combattant « des premiers, une pique à la main ». Son courage personnel fut remarqué. Mais, dans le même temps, le roi de Navarre donnait une bien autre preuve de sa « vertu guerrière ». Par la prise de Cahors[1] (mai 1580), il s'était placé au premier rang parmi les meilleurs capitaines de son temps, et, quand il sortit vainqueur, « tout sang et poudre »[2], de cette terrible lutte de quatre jours, pendant laquelle il avait tout prévu, tout dirigé, il était devenu un objet d'admiration pour les siens et de terreur pour ses ennemis[3]. Désormais le premier rang lui

---

1. « ... Surprise honorable sur toutes celles de ce siècle.. où la vertu et l'honneur guerrière du roi de Navarre commença à se desnouer. » (D'Aubigné.) — C'est à la prise de Cahors que la pièce d'artifice connue sous le nom de *pétard* fut employée pour la première fois.

2. « ... Je ne me despouilleray pas, combien que je sois tout sang et pouldre.... » Le roi de Navarre à madame de Batz, 31 mai 1580.

3. In questa impresa diede grandissima meraviglia a ciascuno l'animo intrepido del ré di Navarra : che havendo nell' altre sue operazioni dato saggio di grande vivacità, in questa, con molto spavento di nemici e grand' ammirazione

appartenait sans partage, et Condé ne tarda pas à reconnaître qu'une rivalité ouverte était impossible. Le vicomte de Turenne ayant été envoyé en Languedoc pour y faire exécuter l'édit, le prince, après une courte entrevue avec ce seigneur, quitta la province, où il ne voulait pas voir publier la paix malgré lui, il s'en alla enfin trouver son cousin, qui l'accueillit cordialement[1].

La rupture n'avait jamais été publique, la réconciliation ne fut jamais complète. Pendant les quatre années de paix anarchique qui suivirent le

de suoi, si fece conoscere per cosi bravo e feroce combattitore. (Davila.)

1. Selon d'Aubigné, l'entrevue eut lieu à Cadillac (26 kilom. S.-E. de Bordeaux); selon Turenne *(Mémoires),* à Montauban. Le roi de Navarre séjourna plusieurs fois à Cadillac, dans les mois de janvier, février et mars 1584 *(Comptes manuscrits de la dépense ordinaire du roi de Navarre,* cités par M. Berger de Xivrey dans l'itinéraire qu'il donne à la fin du second volume des *Lettres missives).* Il fut à Montauban dans le mois de mai, et il résulte d'une de ses lettres (22 mai) qu'il y vit le prince de Condé. Enfin nous lisons, dans le *Journal des guerres de Castres* par Faurin *(Pièces fugitives,* publiées par le marquis d'Aubais, t. II) : « Le 9e avril au soir (1584), Henri de Bourbon, prince de Condé, allant trouver le roi de Navarre..., arriva à Castres...; il y resta jusqu'au mercredi 12e, après dîner, qu'il en partit pour aller à Puilaurens... » Il est donc certain que les deux princes eurent plusieurs entrevues entre le milieu du mois de mars et la fin de mai 1584, et il est vraisemblable que Condé aura d'abord été en Guyenne faire la première visite au roi de Navarre.

traité de Fleix, les deux princes échangèrent de courtoises visites, et dans toutes les circonstances importantes, à la surprise de Mont-de-Marsan (novembre 1583) comme à l'assemblée générale des Églises réformées de France (1584),les documents contemporains[1] font figurer Condé le premier dans la suite du roi de Navarre. Mais, soit de Saint-Jean-d'Angely, où il résidait habituellement, soit de différentes villes du Languedoc, où il faisait de fréquents voyages, appelé, disait-il, par le recouvrement de certaines créances sur les receveurs de la couronne, il entretenait une correspondance suivie avec Genève[2] et des relations constantes avec les ministres de la Rochelle, comme avec les plus turbulents des réformés du Midi. Il restait leur instrument et leur organe, et, par son inquiétude calculée, son opposition sourde, causait de continuels embarras à son cousin. Celui-ci cependant était

1. *Lettres missives de Henri IV,* avril 1581, février 1582, novembre 1583. — *Mémoires* du président de Thou. — Faurin, *Journal des guerres de Castres.* — Charbonnières, *Journal des guerres de Béziers.* — *Histoire de la guerre civile du Languedoc.*

2. Les archives de Genève contiennent vingt et une lettres originales adressées par ce prince aux seigneurs de Genève, depuis le 2 août 1574 jusqu'au 25 mars 1584; plusieurs de ces lettres ont pour objet de réclamer des visites de Bèze; quelques-unes sont de simples assurances d'affection et dévouement Nous en publions une. (*Pièces et Documents,* n° XI.)

sur ses gardes : il déjoua toutes ces menées. Ses visites au prince, le soin qu'il prenait de l'appeler souvent près de lui, tout en témoignant de sa déférence pour le favori « des Églises », lui donnaient aussi le moyen de l'observer et de le contenir. Par sa fermeté, sa vigilance et sa modération, il put en même temps se défendre contre les entreprises de ses adversaires, et neutraliser le mauvais vouloir qu'il rencontrait autour de lui. La vie de Henri IV (« car on peut déjà l'appeler ainsi, puisque ce nom est si célèbre et si cher, et qu'il est devenu un nom propre[1] »), la vie de Henri IV fut une lutte continuelle : il lui fallut tout conquérir, tout jusqu'aux sympathies et à l'appui de son propre parti. Mais ce qui distinguait ce grand esprit entre tous les autres, c'était sa rare aptitude à user à propos, suivant les circonstances, de ses facultés si puissantes et si diverses : guerrier et politique tour à tour, rivalisant de finesse avec les plus rusés, d'audace avec les plus téméraires, de prudence avec les plus sages, et toujours loyal quoique toujours habile, aujourd'hui, comme il le dit lui-même, « c'est par patience et cheminer droit qu'il vaincra les enfants de ce siècle »[2].

1. Voltaire, *Essai sur les mœurs*.
2. *Lettres missives*

Situation de la France, des Bourbons et des partis, après la mort du duc d'Anjou (1584). Le Roi, contre son gré, se livre à la Ligue par le traité de Nemours et l'édit de juillet (1585).

Entre autres grands événements accomplis dans cette période, il en était un qui, en ouvrant au chef de la maison de Bourbon de nouvelles et bien hautes destinées, augmentait pour le moment les difficultés et les périls de sa situation. Le duc d'Anjou était mort (1584); Henri III était usé et maladif; les rapports des médecins et la vertu connue de la Reine ne permettaient pas de croire qu'il pût avoir d'héritiers directs. Le roi de Navarre était l'aîné des descendants mâles et légitimes de Hugues Capet et de saint Louis. Mais, d'une part, il était hérétique et relaps; de l'autre, il était parent si éloigné du Roi, qu'il n'eût pu hériter de lui dans une succession civile. Cette dernière objection avait peu de valeur : les règles étroites qui sont suivies dans les affaires privées ne sauraient résoudre les grandes questions qui touchent au repos et au bonheur des peuples. Si peu définie qu'elle fût, la loi salique était comprise et respectée de tous; un principe a une grande force quand il répond à l'instinct public, et le droit des Bourbons à la succession du trône était si peu contestable, qu'après de vaines tentatives pour le mettre en doute, les plus ambitieux de leurs adversaires renoncèrent à l'attaquer. C'est au nom de la religion seule qu'on pouvait exclure Navarre : la France était et voulait rester catholique; elle ne pouvait subir un roi protestant. Les meneurs de la Ligue comprenaient que ce sentiment, très général et assez vif, pouvait devenir un levier puissant, mais que, pour le soulever, il fallait éviter de froisser l'amour-propre national; ils crurent avoir trouvé le moyen d'y réussir. Après Navarre, l'aîné de la maison royale était le cardinal de Bourbon, son oncle : les Guise le saluèrent héritier du trône et premier prince du sang, sous la protection du pape et du roi d'Espagne. Ce dernier n'hésita pas à promettre son appui par un traité solennel[1], croyant par là se rapprocher du but et faciliter le dénouement probable de ces sanglantes querelles. Il semblait impossible qu'on sauvât la monarchie française; peut-être même la crise dernière n'attendrait-elle pas la mort de Henri III. Philippe II pouvait se croire sûr de recueillir cette succession tant contestée, soit que le royaume se démembrât, soit que le duc de Guise parvînt à saisir la couronne pour la garder comme vassal du roi d'Espagne. Mais ces desseins n'étaient pas mûrs encore; en mettant en avant le cardinal de Bourbon, on pouvait espérer de les masquer plus longtemps; ce vieillard, faible d'esprit et peu respecté, n'était qu'un fantôme incapable de de-

---

1. Traité de Joinville, 31 décembre 1584.

venir un obstacle le jour où l'on aurait intérêt à le laisser de côté.

La ruse était donc bien grossière : elle ne trompa que ceux qui tenaient à être trompés ; Henri III ne s'y méprit pas. Éclairé depuis quelque temps déjà par des témoignages positifs et des indices certains sur le péril qui le menaçait, il vit où portait le coup, et, quoiqu'il affectât d'en rire, il comprit qu'on en voulait à « sa couronne et à son État ». Ce n'est pas l'intelligence qui faisait défaut chez lui ; c'était l'énergie, la persévérance, le dévouement. Il en fallait beaucoup pour soutenir la lutte. Cependant, nous l'avons dit, dans toutes les classes de la nation, le plus grand nombre voulait maintenir l'unité française comme l'unité catholique, n'aimant pas la réforme, mais également opposé aux prétentions ultramontaines et à l'ambition espagnole. Si cette majorité, froide et presque indifférente, se laissait facilement effrayer, parfois même entraîner par les meneurs d'une faction ardente et puissamment organisée, c'est que nul n'essayait de la diriger ; car, pour la soustraire à la tyrannie des ligueurs, les éléments ne manquaient pas. Dans cette foule qui, livrée à elle-même, jouait un rôle si souvent passif et médiocre, on trouvait les serviteurs de la couronne, nombreux et fidèles, la magistrature presque entière, si influente sur le tiers état, les meilleurs chefs de guerre, comme Biron et Matignon, d'autres encore, plus ambitieux, portant les premiers noms de France, qui hésitaient entre les partis extrêmes et qui passaient de l'un à l'autre, prenant le plus souvent conseil de leur intérêt particulier, quelquefois aussi obéissant à un certain instinct de l'intérêt public : le duc de Nevers n'était entré dans la ligue qu'avec des réserves ; Montmorency s'était ouvertement déclaré contre elle. Mais, loin qu'une main forte et habile cherchât à rassembler ces éléments épars et à rallier tant d'esprits incertains, ce grand parti, qu'on appelait déjà le parti politique, flottait sans chef et sans lendemain. Il était paralysé dans le présent par le mépris qu'on ressentait pour le Roi ; et la répugnance qu'inspirait la profession de foi du légitime héritier du trône semblait ôter tout espoir pour l'avenir.

Henri III avait besoin du roi de Navarre : il eût bien voulu faire disparaître l'obstacle qui le séparait de lui, et il tenta une démarche pour ramener ce prince à la religion catholique. Ces efforts ne pouvaient réussir. L'abjuration du Béarnais devait être une satisfaction donnée à la France, le gage d'un pacte nouveau entre la nation et sa race, non pas une concession faite à des ennemis menaçants. Nullement impie, encore moins hypocrite[1], mais placé entre un double fanatisme dont les excès réciproques l'indignaient, il doutait, il doutait sincèrement, et, l'incertitude de sa foi n'étant ignorée de personne, sa conversion, à l'époque qui nous occupe, n'eût été attribuée qu'à de tristes motifs. En accomplissant brusquement, prématurément le grand acte qui devait mettre fin à nos longues discordes, il n'eût recueilli que la ruine et le déshonneur : sans calmer aucune inquiétude, sans désarmer aucune haine, il se fût séparé de sa petite armée ; pas un soldat, pas un ami ne serait resté auprès de lui. Il refusa donc de se rendre au vœu du Roi ; mais les démarches faites auprès de lui n'avaient pu rester secrètes, et furent, dans son propre parti, l'objet de commentaires peu bienveillants. Si les catholiques avaient leurs ligueurs, les protestants avaient leurs zélés ; dans l'une comme dans l'autre de ces minorités violentes, on se préoccupait assez peu de la patrie, de son unité et de son indépendance ; de vagues désirs se mêlaient à de sincères et aveugles convictions. On prévoyait un prochain bouleversement, et, loin de chercher à le prévenir, ceux-là

---

[1]. Voyez, dans les *Lettres* de saint François de Sales, celle où il parle de la mort de Henri IV, et le récit du siège de Montmélian dans les *Œconomies royales*.

concevaient une France amoindrie et vassale du roi d'Espagne, ceux-ci rêvaient à une confédération protégée par la reine d'Angleterre. Des deux parts, sous l'empire de passions et d'espérances analogues, on voulait pousser les choses à l'extrême, et rendre toute conciliation impossible. Aussi les huguenots ardents qui se groupaient autour de Condé témoignèrent-ils une inquiétude très vive, jouée ou réelle, sur le résultat des conférences qui avaient eu lieu entre le roi de Navarre et le duc d'Épernon. Pour les rassurer, il fallut en faire publier le récit par Mornay, et Henri III, ne pouvant rien opposer à cette publication, qui justifiait toutes les récriminations des catholiques, y répondit par le traité de Nemours et par l'édit de juillet (1585); ces deux actes annulaient tous les édits de tolérance, et mettaient à la disposition de la Ligue toutes les ressources et toutes les forces de la monarchie.

Ainsi les animosités religieuses, les espérances des factions plus vives que jamais ; toutes les ambitions coupables excitées ; une succession contestée avant d'être ouverte ; un roi assez clairvoyant pour comprendre le péril, mais n'ayant, pour le conjurer, ni énergie ni autorité ; les réformés divisés plutôt que réunis ; les ligueurs pleins d'audace et d'ardeur, ouvertement soutenus par le plus puissant monarque d'Europe, qui déjà enserre la France de toutes parts; nulle direction donnée, nul port ouvert aux serviteurs sincères et désintéressés de la couronne et de l'État, et, chez le plus grand nombre, les scrupules religieux servant de prétexte à l'inertie, ou étouffant de patriotiques appréhensions; la ruine de la monarchie française imminente, vaguement désirée par quelques-uns et attendue de beaucoup avec un profond découragement : telle était la situation peu de mois après la mort du duc d'Anjou. Henri IV raconta depuis à l'historien Mathieu qu'en recevant la nouvelle du traité de Nemours, il médita plusieurs heures, tenant sa tête penchée entre ses mains, et que, quand il la releva, sa moustache avait blanchi[1].

Mesures prises par Navarre pour soutenir la lutte; sa fidélité aux intérêts nationaux; modération de son langage.

Cependant, depuis quelque temps déjà, il prévoyait que le Roi ne pourrait pas maintenir son indépendance vis-à-vis de la Ligue. Dès le mois de mai, alors que Henri III semblait tout prêt à combattre les Lorrains, il avait convoqué à Guitres les principaux chefs protestants, pour les consulter sur la conduite à tenir, et, là, il fut résolu que leurs troupes, en servant la cause du Roi, ne se mêleraient pas à son armée. Navarre avait eu l'art de

1. Il fit aussi la même confidence à la Force. Voyez les *Mémoires* publiés par M. de la Grange.

ne pas provoquer la décision prise et de paraître suivre les conseils de ses lieutenants, de Condé entre autres, qui, nous n'avons pas besoin de le dire, appuyait toutes les résolutions extrêmes. Tandis qu'en prenant cette attitude il effaçait les divisions du parti protestant, le Béarnais resserrait, par le concordat de Magdebourg, le lien religieux qui l'unissait à la reine d'Angleterre et aux princes d'Allemagne. Déjà, par des ambassades fréquentes et d'habiles messages, il avait préparé ce résultat; mais, contrairement aux précédents de son parti, il n'avait pas fait une promesse, pas une concession, que des sujets pussent lui reprocher un jour[1]. En même temps, il s'unissait à Montmorency, le plus puissant des politiques : c'était un gage de ses dispositions conciliantes; pas une parole sortie de sa bouche, pas un mot tombé de sa plume, n'ôtaient aux catholiques modérés l'espérance de le voir un jour se convertir. Ainsi, tandis qu'il agit pour le présent, ses yeux sont toujours fixés sur l'avenir; le découragement n'a pas gagné son cœur, et l'extinction de la lutte ne trouble jamais sa haute raison. Ses actes sont souvent

1. On sait que, plus tard, au plus fort de ses embarras, il s'exposa à périr, en retardant indéfiniment l'arrivée du secours d'Angleterre, plutôt que de livrer le port de Brest, impérieusement réclamé par Élisabeth.

d'un chef de parti, son langage est toujours tolérant et digne, tel qu'il convient au chef futur d'une grande nation. Quand on retrouve cette pensée si prévoyante et si magnanime, non seulement dans ses adresses aux grands corps de l'État, mais dans les lettres qu'il écrit à de simples gentilshommes, quand on suit, dans le détail de chaque jour, cette activité que rien ne fatigue, cette présence d'esprit que rien n'égare, alors on comprend qu'il ait pu sortir vainqueur de cette lutte formidable et si inégale, mais où il entrait « ayant Dieu pour protecteur et la France pour juge »[1]. Dieu ne l'abandonna pas, et l'arrêt de la nation fut en sa faveur : au bout de dix ans, il posa les armes, catholique et roi de France.

Brutum fulmen. Commencement des hostilités (septembre 1585). Succès de Condé en Saintonge.

Au milieu de toutes ces difficultés, l'attitude de Condé n'était pas une des moindres préoccupations de Navarre. On a vu que, pour empêcher ce prince de s'isoler et d'entraîner avec lui tous les huguenots mécontents, il avait fallu expliquer l'ambassade du duc d'Épernon par un manifeste qui avait précipité la crise. Depuis, l'habile direction donnée à la conférence de Guitres avait enlevé au prince, vis-à-vis de son parti, tout le mérite de la résolution prise dans cette réunion ; enfin,

1. Lettre du roi de Navarre à Messieurs les gens tenant la cour du parlement pour le Roi à Paris, 11 octobre 1585.

pour dissiper tout nuage entre son cousin et lui, Navarre lui promit l'héritage de ses biens et la main de sa sœur. Bientôt un acte émané de la cour de Rome vint effacer toutes les nuances. Après avoir paru peu favorable à la Ligue et indigné de ses tendances factieuses, le nouveau pape, Sixte-Quint, avait lancé contre le roi de Navarre et le prince de Condé une bulle d'excommunication, où la violence des termes le disputait à l'arrogance des prétentions. En outrageant les princes « vautrés en la bourbe », en les déclarant « déchus de leurs fiefs et seigneuries, incapables de succéder à la couronne de France », le pontife n'enlevait pas un ami aux Bourbons, ne donnait à leurs ennemis aucune ardeur nouvelle ; mais il produisait une vive réaction dans une partie du clergé, dans la magistrature, chez tous les royalistes, blessait le sentiment national, consolidait l'union des deux princes qu'il avait voulu atteindre, et ralliait le parti réformé autour de ses chefs.

Les pamphlétaires protestants répliquèrent avec non moins de véhémence, et donnèrent à la bulle du pontife ce nom de *Brutum fulmen* que la postérité lui a laissé. Une courte réponse fut affichée dans Rome même ; au-dessous de la signature du roi de Navarre, on y lisait : « Autant en proteste le prince de Condé. » Du reste, la sentence lancée du haut du Vatican avait eu ce premier résultat certain de mettre le feu aux poudres : la guerre avait commencé immédiatement (septembre 1585). Contre toute attente, les huguenots furent prêts les premiers. Le Roi, en se rangeant du côté de leurs adversaires, n'avait pas caché ses répugnances; il ralentissait et embarrassait l'action des ligueurs. Un des princes lorrains, le duc de Mercœur, irrité de ces retards, ne voulut pas attendre que les autres armées catholiques fussent en marche : sortant de son gouvernement de Bretagne, il passa la Loire pour ravager le Poitou et la Saintonge. Le commandement de ces deux provinces était échu à Condé, tandis que le roi de Navarre devait défendre la Guyenne et la Gascogne, Montmorency le Languedoc, Lesdiguières le Dauphiné. Averti des mouvements de Mercœur, le prince réunit à Saint-Jean-d'Angely les quatre régiments d'infanterie qui faisaient toute sa force, appelle à lui la noblesse, et s'avance contre les ligueurs. Il les surprend une nuit à Fontenay, et les force à décamper dans le plus grand désordre; Mercœur repasse la Loire. Enhardi par le succès, assisté par les Rochelois, Condé augmente son armée et commence le siège de Brouage ; c'était une entreprise difficile et importante : la place était bonne, occupée par une forte garnison, et bravement défendue par Saint-Luc. Cependant les progrès étaient rapides : tous les partis catholiques répandus dans la province étaient battus ou détruits; une partie des dehors était déjà enlevée, lorsque Condé se lança étourdiment dans une entreprise désastreuse.

Il avait envoyé outre Loire Clermont d'Amboise, un des officiers protestants les plus capables et les plus hardis, pour faire quelques levées et tenter quelques coups de main en Anjou et en Normandie. Un des compagnons de Clermont, nommé Rochemorte, réussit à s'emparer par surprise du château d'Angers; mais il ne put y introduire avec lui que seize hommes; la ville resta aux catholiques, et se garnit si bien, que Clermont, étant parvenu à rassembler un petit corps de six cents chevaux, ne put en approcher, ni donner aucune assistance à Rochemorte. Ces nouvelles causèrent un grand émoi dans l'entourage du prince. D'Aubigné offrit de prendre un millier d'arquebusiers d'élite et de partir immédiatement, avec la mission « de tout perdre ou de mettre des hommes dans le château ». Condé y consentit d'abord, puis sa tête s'échauffa : ses flatteurs lui reprochèrent de confier à un simple mestre de camp une entreprise aussi importante; lui seul,

Désastreuse entreprise d'Angers (octobre 1585). Fuite de Condé à Guernescy.

ajoutait-on, était capable de la conduire à bien, et il pouvait la tenter sans lever le siège de Brouage; car « les plus grandes louanges de César avoient été méritées, parce que, sans désassiéger, il donnoit des batailles ». Enflé par ces discours, le prince se mit à « disposer de la conqueste d'Anjou, à la façon de Picrocole, parmi ses valets de chambre »[1], et il prit le parti d'aller lui-même au secours de Rochemorte. Dans l'entraînement de sa vanité, il se voyait réalisant le rêve de son père et de l'amiral, ramenant la guerre sous Paris, éclipsant pour jamais l'astre du roi de Navarre.

La maladresse de l'exécution répondit à la folie du projet. Le prince, laissant son infanterie et sa flotte devant Brouage, partit le 8 octobre avec six cent cinquante gendarmes, tous gentilshommes, et seize cents arquebusiers à cheval. La Loire fut passée sans difficulté; on rallia Clermont d'Amboise; mais la lenteur des préparatifs avait tant fait différer le départ, et des incertitudes, des changements continuels avaient tellement retardé la marche, que, lorsqu'on se présenta sous les

---

1. « Car, ajoute le témoin oculaire (d'Aubigné) qui nous a laissé ces détails, le conseil de la chaise percée, vers la plupart des grands, renverse tout autre ». (Voyez aussi, dans les *Mémoires de la Ligue*, t. II, les *Discours du voyage d'Angers*.)

murs d'Angers (21 octobre), Rochemorte était tué et le château rendu depuis deux jours : c'était miracle qu'il eût tenu si longtemps ; d'Aubigné, si on l'eût laissé partir, fût sans doute arrivé à temps pour secourir la petite garnison. Cependant tout le pays à l'entour était rempli de détachements ennemis : c'est là que se concentraient les différentes armées royales destinées à opérer dans le Midi. Le prince, malgré les renforts qu'il avait reçus, n'avait pas avec lui plus de trois mille hommes. Il voulut essayer d'enlever Angers de vive force : l'attaque, tentée deux jours de suite, échoua, et, quand enfin la retraite fut décidée, elle s'exécuta avec de telles hésitations, que Joyeuse, qui commandait la principale armée catholique, put atteindre la Loire en même temps que le prince. A peine l'avant-garde protestante avait-elle traversé le fleuve que la cavalerie ennemie parut en grand nombre sur les deux rives ; tous les bateaux étaient enlevés : le passage ne put continuer. Condé aurait voulu s'ouvrir un chemin jusqu'à Sancerre par la rive droite de la Loire ; mais les places qui bordent le fleuve sont toutes aux catholiques ; les colonnes de l'armée royale sont en marche de tous côtés. Pendant quelques jours, la petite troupe erre à l'aventure, tombant d'un péril dans un autre et diminuée à chaque pas par les désertions. Enfin, près de Vendôme, quelques argoulets amènent au prince un cavalier qui, à leur *qui vive?* avait répondu : *vive le Roi!* On reconnaît avec surprise le baron de Rosny, qui voyageait sous un déguisement pour aller rejoindre Navarre. Il fait connaître à ses amis le réseau qui les enveloppe et que luimême a traversé miraculeusement : Joyeuse est sur leurs traces; ils ont Mayenne en tête, Biron sur leur flanc; une seule chance de salut leur reste, c'est de se disperser immédiatement pour tâcher de passer isolément à travers les mailles de ce filet. Ce parti est aussitôt adopté; aussi bien, plusieurs des principaux de l'armée, Rohan entre autres, n'avaient attendu, pour le suivre, ni les conseils de Rosny ni l'ordre de Condé. Ce dernier aurait voulu se mêler aux serviteurs du baron, qui continuait sa route vers la Gascogne; mais Rosny ne voulut pas se charger d'une pareille responsabilité. Le prince, resté seul avec neuf gentilshommes, fut assez heureux pour gagner SaintMalo, et s'y embarqua pour Guernesey. Ce qui est remarquable, c'est que presque tous les siens se sauvèrent comme lui : on ne perdit guère que des chevaux et du bagage. Mais l'Ouest était dégarni, Brouage restait aux catholiques, et ce beau noyau d'armée, qui pouvait s'établir solidement en Saintonge et dans l'Aunis, renforcer le roi de Navarre ou prendre en flanc ceux qui marcheraient contre lui, était détruit sans combat.

De Guernesey, Condé espérait pouvoir se rendre en Angleterre pour y solliciter l'assistance d'Élisabeth [1] ; mais cette reine, « qui de son naturel eût mesuré ses faveurs envers le prince affligé selon sa pitié et piété, fut contrainte de les régler à l'aune de son conseil et de ses affaires » [2] ; c'est-à-dire que le prince n'obtint rien d'elle. Il était fort triste, et comme bloqué dans cette petite île par le manque de ressources, lorsqu'il vit arriver deux vaisseaux parfaitement équipés qui le venaient querir. Ce secours inattendu lui était envoyé de la Rochelle par une noble demoiselle qui avait à peine dix-sept ans, Charlotte de la Trémouille [3].

Cette jeune femme avait eu pour père un des

Retour de Condé

1. Condé à Burleigh, Guernesey, 20 novembre 1585. (Musée Britannique, *Cotton*.)

2. D'Aubigné. Cet historien laisse entendre, quoique d'une façon assez obscure, que Condé alla jusqu'en Angleterre. Mais nous avons préféré suivre le récit fait par un des gentilshommes du prince, le sieur de Tiefbrun, qui le vit débarquer à la Rochelle, et qui raconte l'histoire de son mariage dans le préambule du *Véritable discours de la naissance et de la vie de Monseigneur le prince de Condé* (Henri II). Cet ouvrage, dont nous possédons un manuscrit, a été publié, depuis que cette note a été écrite, par M. Halphen, qui y a joint une bonne introduction et de curieux documents (Paris, Aubry, 1864).

3. Elle était née en 1568.

en Saintonge. Son mariage avec Charlotte de la Trémouille (mars 1586).

premiers et des plus ardents ligueurs, un des plus violents adversaires de Condé, le duc de Thouars; mais ce seigneur était mort depuis une dizaine d'années, et Charlotte de la Trémouille habitait avec sa mère l'importante forteresse de Taillebourg. Elle était belle et romanesque, sa famille illustre et puissante. Très peu de temps avant le dernier renouvellement des hostilités, Condé, bien que du parti contraire et de l'autre religion, alla faire visite à Taillebourg; il vint sans escorte, avec une confiance qui toucha la jeune châtelaine, et se montra plus galant qu'à son habitude. Enfin il plut, et lui-même s'éprit; ne comptant guère sur les vagues espérances matrimoniales qui lui avaient été données par le roi de Navarre, il offrit sa main et fut agréé. Les hostilités recommencèrent; Condé dut se mettre à la tête des troupes. Après le désastre d'Angers, la vieille duchesse de Thouars, effrayée, voulut retirer son consentement; mais Charlotte tint ferme; les difficultés exaltèrent son imagination, et, quand la mère voulut ouvrir les portes de la forteresse à l'armée royale, la fille y introduisit les réformés avec un sang-froid et une résolution qui furent admirés. Après cet acte de dévouement à la cause de son fiancé, elle se rendit à la Rochelle, et fit armer à ses frais les deux navires qu'elle envoya à Guernesey. Le prince revint plein de reconnaissance (janvier 1586), et, deux mois après (16 mars), le mariage fut conclu. La nouvelle princesse de Condé se fit protestante, ainsi que son frère, le jeune duc de Thouars. Grâce à cette importante alliance, Condé put réorganiser sa petite armée, et reprit la campagne avec assez de succès.

Les protestants n'étaient entamés nulle part ; les généraux catholiques n'avaient tiré aucun parti de la déroute d'Angers ; le roi de Navarre, Montmorency, Lesdiguières se soutenaient avec avantage. Aussi les ligueurs se plaignaient-ils vivement du Roi et des hommes qu'il employait. A les croire, si Biron s'était avancé avec les troupes qu'il commandait en Poitou, il eût arrêté les progrès de Condé en Saintonge, et, d'un autre côté, le maréchal de Matignon, secrètement d'accord avec Navarre, avait, par son mauvais vouloir, paralysé le duc de Mayenne ; si bien que ce dernier avait dû quitter l'armée, malade et mécontent, sans avoir rien pu faire, et que le Béarnais, dégagé de tout souci pour ses États héréditaires, avait pu venir à la Rochelle se réunir à Condé (mai). Les protestants, à leur tour, n'approuvaient guère l'attitude du roi de Navarre : ils lui reprochaient de « jouer un rôle nouveau, ne parlant plus que de conserver l'État, et mettant les passions huguenotes en

Les partis extrêmes également mécontents du Roi et du roi de Navarre.

croupe » [1]. Pour nous, nous ne l'en blâmerons pas ; mais nous regretterons les sentiments peu charitables qui s'étaient manifestés dans la petite cour de Nérac à la nouvelle du désastre d'Angers. Ç'avait été à qui en rirait le plus. Navarre, moins affligé de l'échec subi par les armes protestantes que satisfait d'avoir vu rabattre l'orgueil de son cousin, avait lâché la bride à sa verve satirique et donné le premier le signal des quolibets. Justement blessé de ces railleries, Condé avait refusé de se rendre à l'appel de Navarre [2], qui avait convoqué à Bergerac une assemblée des Églises. Aussi ce dernier, toujours vigilant et empressé à prévenir les divisions sans cesse renaissantes de son parti, profita-t-il du premier moment de relâche que lui laissèrent les opérations de ses ennemis en Guyenne, pour venir à la Rochelle, comme nous l'avons dit, et y prendre lui-même la direction de la guerre.

Armistice (août 1586). Négociations infructueuses.

La présence de l'aîné de la maison de Bourbon donnait trop d'importance à ce qui se passait en Saintonge pour que l'inaction de Biron fût plus longtemps tolérée ; c'était du moins l'opinion des meneurs de la Ligue, qui n'avaient pas attendu ce

1. D'Aubigné.
2. Lettre du roi de Navarre au prince de Condé, vers le 10 mars 1586.

moment pour gourmander ce général sur sa froideur; mais le mécontentement se changea en indignation quand on le vit s'arrêter, après quelques entreprises peu importantes, et conclure un armistice (août 1586). L'année s'acheva en négociations qui ne pouvaient aboutir. La cour avait envoyé d'abord le duc de Nevers, qui, sans avoir rien obtenu du roi de Navarre, resta frappé de la sérénité de son esprit et de la modération de son langage[1]. Le Béarnais le prit de plus haut avec la Reine mère, quand il la rencontra à Saint-Bris; vainement Catherine déploya-t-elle toutes les finesses de son esprit; vainement s'était-elle fait accompagner de ses plus charmantes filles d'honneur : elle ne put ni séduire Navarre ni le brouiller avec ses lieutenants. Condé, qui accompagnait son cousin, et que la Reine avait voulu voir à part, comptant bien exploiter les dissentiments de la famille, se montra particulièrement intraitable; comme Catherine le plaisantait de le voir en cuirasse sous son manteau : « C'est encore trop peu, reprit-il, d'une cuirasse et d'un plastron pour se couvrir contre ceux qui ont faussé l'édit du Roi; d'ailleurs, nos biens ayant été mis à l'encan, il ne nous reste plus que nos armes, et nous les

1. Voyez, dans les *Mémoires* de Nevers, la relation très piquante et très curieuse de cette entrevue.

avons prises pour défendre nos têtes proscrites. »

Formation de trois nouvelles armées royales. Espérances de Henri III.

Tous les expédients auxquels, dans son indécision, Henri III avait recours pour gagner du temps, ne faisaient qu'augmenter les difficultés de sa situation. Après les conférences de Saint-Bris, tout espoir étant perdu de s'entendre avec Navarre, il fallut donner aux ligueurs de nouveaux gages d'une adhésion sincère à leur cause. Le Roi prétendit que les négociations n'avaient eu d'autre but que d'amuser les huguenots, renouvela spontanément, le jour de la cérémonie du Saint-Esprit, le serment de ne reconnaître qu'une seule religion dans ses États, et donna avec ostentation tous les ordres nécessaires pour la formation de trois armées : celle de Champagne, confiée au duc de Guise, était opposée aux troupes que les princes protestants d'Allemagne, échauffés par le vieux Bèze, venaient de mettre sur pied, et que d'un jour à l'autre on s'attendait à voir paraître en Lorraine; le duc de Joyeuse fut dirigé sur le Poitou avec six mille hommes de pied et deux mille chevaux ; enfin le Roi devait se tenir sur la Loire avec un corps de réserve. Ce n'est pas sans arrière-pensée que Henri III avait pris ces dispositions : il savait depuis longtemps où visait le duc de Guise, et l'audace chaque jour croissante de la faction de Lorraine ne pouvait lui laisser aucun doute sur l'imminence du péril qu'il courait de ce côté. Joyeuse n'était guère à craindre; mais il n'y avait pas à compter sur lui : quoiqu'il eût été longtemps un des « mignons » du Roi, et qu'il eût récemment épousé la sœur de la Reine, ce jeune seigneur, rêvant aujourd'hui d'autres succès, et ne trouvant pas dans la faveur de son faible maître une satisfaction suffisante pour son ambition, s'était rapproché des ligueurs. Le Roi le savait, et, autant pour le surveiller que pour guider son inexpérience, il lui adjoignit Lavardin comme maréchal de camp : c'était un brave soldat, sans convictions d'aucun genre, qui avait suivi quelque temps la fortune du Béarnais, et qui n'avait aucune liaison avec les Lorrains; il lui fut recommandé d'éviter tout engagement général et « d'empescher » seulement le roi de Navarre sans l'écraser. Henri III pouvait donc espérer que les deux armées qui allaient se rencontrer en Poitou se paralyseraient réciproquement. Quant au duc de Guise, il semblait fort improbable qu'à lui seul il réunît assez de monde pour en finir avec les dix-huit mille hommes qui se rassemblaient sous Strasbourg. Le Roi, placé au centre avec les meilleures troupes, se serait trouvé maître de la situation. Détruire ainsi ses ennemis les uns par les autres, c'était le rêve favori de Henri III; on le voyait se promener à grands pas dans le Louvre, répétant sans cesse : *De inimicis meis vindicabo inimicos meos*. Mais il avait affaire à de rudes joueurs, et, pour gagner une semblable partie, il eût fallu laisser là le bilboquet, les petits chiens, et d'autres plaisirs futiles ou honteux qui absorbaient encore le temps et l'attention du Roi.

<small>Opérations de Joyeuse en Poitou; il quitte son armée (août 1587). Navarre et Condé reprennent la campagne.</small>
La direction donnée d'abord aux opérations de Joyeuse permet de croire que Lavardin, son lieutenant et son conseil, avait bien compris le rôle qu'il devait jouer. A l'approche de l'armée royale, les deux Bourbons, qui, depuis le commencement de l'année, avaient obtenu quelques avantages et pris quelques villes en Poitou, s'étaient retirés, Navarre à la Rochelle, et Condé à Saint-Jean-d'Angely (juin 1587). Mais Joyeuse, malgré la prépondérance de ses forces, borna ses exploits à enlever quelques détachements et quelques places insignifiantes sur les bords de la Sèvre. Au bout de trois mois, il n'avait remporté aucun succès important, et ne s'était guère signalé que par d'atroces cruautés; son armée, inerte et découragée, était décimée par la maladie; lui-même, laissant le commandement à Lavardin, partait en poste pour Paris, afin de solliciter de nouveaux ordres et d'obtenir des renforts (fin d'août). Les deux princes, au contraire, avaient repris la campagne; les protes-

tants de Poitou et de Saintonge étaient accourus sous leur bannière ; Turenne leur amenait la fleur de la noblesse de la Gascogne et du Périgord. Laissant Lavardin se retrancher à la Haye (sur la Creuse), pour y attendre le retour de son général, le roi de Navarre rassembla tout son monde, et marcha rapidement vers la Loire, afin d'obtenir un résultat qu'il poursuivait depuis longtemps, la réunion auprès de sa personne de presque tous les princes de sa famille.

Depuis la mort de leur père, les fils cadets du dernier prince de Condé vivaient à la cour ou près de leur oncle le cardinal, nous l'avons déjà dit ; élevés dans la religion catholique, ils n'avaient conservé aucune relation avec leur frère aîné ; mais le roi de Navarre, plus habile que son cousin et n'étant pas retenu, comme celui-ci, par les préjugés religieux, avait su établir des rapports avec ces jeunes gens. Récemment, le comte de Soissons avait obtenu de lui un passe-port pour aller régler des affaires d'intérêt qui l'appelaient en Guyenne. Navarre le vit dans ce voyage ; il lui trouva de l'ambition, de l'intelligence, et une grande lassitude de la vie qu'il menait. Quelques paroles d'encouragement suffirent : le comte de Soissons s'engagea dans ce parti qui semblait être traditionnellement celui de sa famille. De retour à Paris, il fit adopter sa résolution au prince de

Navarre marche sur la Loire, pour rallier son cousin le comte de Soissons. Le prince de Conti va chercher l'armée d'Allemagne.

Conti, qui était plus âgé que lui, mais bègue et faible d'esprit. Peu après, Conti se dit malade et s'en fut au Lude (sur le Loir) pour se rétablir; son frère demanda la permission de lui faire visite, et obtint l'agrément de Henri III, qui, dit-on, n'ignorait pas et approuvait leur dessein. Navarre, prévenu, s'approcha de la Loire; il attachait un grand prix au succès de cette entreprise : avoir dans son armée des princes du sang catholiques, c'était montrer à tous que la cause pour laquelle il combattait n'était pas seulement celle d'une secte religieuse, mais bien celle de la nation royale et en quelque sorte de la monarchie française. Arrivé à Montsoreau, il détacha Turenne avec la cavalerie légère, et peu après Turenne revint, amenant le comte de Soissons, ainsi qu'un gros de gentilshommes protestants de Normandie et de Beauce, qui s'étaient joints à lui. Quant au prince de Conti, il partit déguisé pour Strasbourg, où il devait se mettre à la tête de l'armée étrangère. Condé avait brigué ce commandement, le plus important de tous après celui du Poitou; mais le roi de Navarre lui répondit qu'il ne pouvait se passer de son bras droit, soit qu'il se méfiât de ses allures indépendantes, soit qu'il voulût ménager la susceptibilité des généraux allemands en leur donnant un chef nominal; car le prince de Conti ne pouvait être autre chose.

Le roi de Navarre s'éloignait à peine de la Loire que Joyeuse rejoignit ses troupes ; il arrivait tout animé par le grand accueil que lui avaient fait les ligueurs de Paris, et rapportait l'ordre de livrer bataille ; quelques renforts avaient réparé les pertes que les maladies et la petite guerre des mois précédents avaient fait subir à l'effectif de son armée. Il avait sept canons, quatre régiments de gens de pied, vingt-quatre compagnies de gens d'armes, six de chevau-légers français, et deux d'Albanais, en tout six mille hommes de pied et deux mille chevaux. Un avis qu'il reçut du maréchal de Matignon, commandant en Guyenne, lui montra ce qu'il pouvait entreprendre. Joyeuse, renforcé, marche vers Libourne, où l'attend Matignon.

Matignon savait que le roi de Navarre avait donné des rendez-vous en Gascogne, qu'il comptait y acheminer ses troupes, s'y renforcer, et remonter ensuite vers le Berry pour donner la main à l'armée étrangère. Il engageait Joyeuse à descendre vers la Dordogne, offrant de l'attendre sur les bords de cette rivière avec quatre mille hommes d'élite : tous deux réunis barreraient aisément la route au Béarnais. Joyeuse accepta, promit au maréchal d'être à Libourne du 20 au 25 octobre, et se mit en marche pour le joindre par Poitiers, Ruffec et Barbezieux.

Les renseignements fournis par Matignon étaient Après avoir rallié

164 LES PRINCES DE CONDÉ.

son armée. Navarre marche parallèlement à Joyeuse, et le devance à Coutras (19 octobre). Résolution de donner bataille.

exacts. Navarre était à la Rochelle, occupé à faire équiper les deux pièces qui composaient toute son artillerie, et à tout préparer pour opérer sa jonction avec les Allemands. Un moment, pendant son récent séjour à Montsoreau, il avait eu le projet de marcher au-devant de ses alliés par la rive droite de la Loire; mais, incertain sur leurs mouvements, frappé des difficultés de tout genre que présentait cette route, il avait abandonné ce projet et adopté celui que Matignon avait pénétré. Les mouvements de Joyeuse le décidèrent à presser l'exécution; dès qu'il connut la marche des royaux, il envoya sa petite artillerie à son armée, postée près de la Charente et que le vicomte de Turenne commandait en son absence; lui-même le rejoignit peu après à Pons, se dirigeant vers Montlieu. Déjà Condé était accouru de Saint-Jean-d'Angely, craignant que Turenne ne cherchât à donner bataille tout seul, « et voulant oster au roi de Navarre ce que le vicomte lui voulait desrober. Mais le troisième fust averti à temps de ce que vouloient les deux premiers »[1], et, quand un peu après il désigna Turenne, sur sa demande, pour exercer la charge de sergent de bataille[2], il

1. D'Aubigné.
2. Le sergent de bataille avait une grande partie des attributions d'un chef d'état-major.

ajouta avec intention : « Mais sous mon œil. »

Les deux armées se côtoyèrent quelques jours. Joyeuse, tenant à fermer la route de Gascogne et à se rapprocher de Matignon, passa la Dronne près de Châlais et descendit la rive gauche de cette rivière. Le 19 octobre, tandis que, selon son habitude, il s'arrêtait à la Roche-Châlais pour y faire grande chère, il envoyait en avant Lavardin avec la cavalerie légère, pour saisir la position de Coutras, situé au confluent de l'Isle et de la Dronne.

Or, selon son habitude aussi, le Béarnais était à cheval, tandis que son adversaire festoyait. Il avait prévenu Joyeuse, et, quand Lavardin approcha de Coutras, il trouva la ville occupée par l'avant-garde protestante, et n'eut que le temps de se replier sur la Roche-Châlais.

Maître de Coutras, pouvant y passer la Dronne et l'Isle, le roi de Navarre n'avait qu'à continuer sa marche pour traverser la Dordogne au-dessus de Libourne, où était posté Matignon. Mais, étant si près de Joyeuse, il devait s'attendre à être attaqué par ce dernier durant le passage des rivières, et, ainsi ralenti, il se trouvait exposé à être en même temps pris de front par Matignon. Il était donc dans les règles d'en venir aux mains avec Joyeuse, avant que la jonction des deux armées catholiques fût possible. Cependant la plupart des chefs protestants hésitaient : il leur semblait hardi de se battre, ayant les rivières à dos et sachant Matignon établi à quelques lieues en arrière; d'ailleurs, la fortune, qui leur avait souri plus d'une fois dans les engagements de détail, leur avait toujours été contraire dans les batailles rangées. Le roi de Navarre n'en persista pas moins dans le parti qu'il avait pris; la supériorité de son jugement, la fermeté de son esprit et de son caractère imposèrent sa volonté à tous, et il fut décidé qu'on donnerait la bataille le lendemain, soit que, l'ennemi continuant sa marche, il fallût recevoir l'attaque près de Coutras, soit que, l'ennemi séjournant, il fallût aller le chercher dans ses quartiers. Le Roi poussa immédiatement sa cavalerie légère à une lieue et demie en avant, au village des Pointures, la faisant soutenir par quatre-vingts salades postées à mi-chemin. Dans la nuit, toutes ses troupes entrèrent à Coutras, à l'exception de son artillerie et de trois régiments d'infanterie restés sur la rive droite de la Dronne, et qui devaient passer cette rivière au point du jour.

<small>Dans la nuit, Joyeuse (sept mille hommes) marche sur Coutras.</small>

Avec un peu d'activité dans la journée du 19, le duc de Joyeuse eût pu occuper Coutras avant les protestants. Mais, dès que le retour de Lavardin lui apprit qu'il avait été prévenu, une impatience fébrile succéda à son inertie : au lieu de donner à ses troupes un repos nécessaire, il voulut partir aussitôt, et fit battre aux champs dès onze heures du soir. La marche fut si mal ordonnée, qu'il mit plusieurs heures à franchir l'espace (trois lieues et demie) qui le séparait des Pointures, et que la grand'garde protestante put repousser d'abord sa tête de colonne, puis se retirer lentement en disputant le terrain.

L'armée protestante (cinq mille cinq cents hommes) prend une bonne position.

Longtemps avant le lever du soleil, le roi de Navarre, accompagné de Condé et des principaux de son armée, s'était avancé sur la route de la Roche-Châlais. Bientôt le bruit de la mousqueterie lui apprit que sa grand'garde était attaquée, et les premières clartés du jour la lui firent voir se repliant en bon ordre et assez mollement suivie. Plus loin, on découvrait la longue file de l'armée catholique, qui marchait en une seule colonne vers Coutras.

Dejà les troupes protestantes sortaient du bourg, et le vicomte de Turenne, remplissant son office, les formait en ordre de bataille. Mais le Roi, trouvant que la position choisie était mauvaise, peu appuyée sur les côtés, et coupée par un chemin garni de buissons, en reconnut lui-même une plus rapprochée du bourg; et, comme on lui remontrait que, pour revenir l'occuper, il faudrait prêter le flanc à l'ennemi, il répondit avec raison qu'il n'y avait pas de charge à craindre d'une armée arrivant sur une seule colonne, par une route étroite et boueuse, après une longue marche de nuit et une assez forte escarmouche. Il ramena donc ses troupes sur cette nouvelle position ; le terrain était bien choisi et proportionné au nombre de combattants dont il disposait ; l'ordre de bataille ne fut pas moins bien adapté au terrain.

Coutras est adossé, vers le nord, à la rive gauche de la Dronne ; les maisons encadrent la route qui de la Roche-Châlais conduit à Libourne et qui suit les sinuosités de la rivière : le bourg forme ainsi comme une rue circulaire, qui vers l'ouest aboutit au confluent de la Dronne avec l'Isle. Au nord-est, coule un ruisseau nommé le Pallard, affluent de la Dronne ; un petit bois, qui touchait aux dernières maisons du bourg, bordait ce cours d'eau. Au sud-est, s'élevait un beau château, bâti par Lautrec, dont le parc, avançant dans la plaine, se terminait par une garenne et par des taillis clos de haies, récemment coupés et disposés pour la chasse. Entre ce parc et le Pallard, une colline peu élevée décrivait une légère courbe, d'une étendue d'environ six cents mètres ; en avant, s'ouvrait la plaine, couverte de cultures et de broussailles, traversée par des chemins, mais ne présentant aucun point d'appui.

C'est sur cette ondulation de terrain, dont la convexité était opposée à la plaine, que le roi de Navarre déploya son armée, forte d'environ cinq mille cinq cents hommes. Presque toute l'infanterie était à l'extrême droite, dans la garenne et dans les bois qui dépendaient du château. Auprès d'elle était la cavalerie légère de la Trémouille (deux cents chevaux), puis les cavaliers gascons de Turenne (deux cent vingt à deux cent cinquante). La gendarmerie était répartie en trois escadrons, commandés par les trois Bourbons : celui du Roi, qui était au centre, au sommet de la colline, et celui du prince de Condé, placé à sa droite, forts chacun de trois cents chevaux, étaient formés sur six rangs ; l'escadron du comte de Soissons (deux cents chevaux) était adossé aux dernières maisons du bourg, et couvert sur son flanc gauche par deux cents arquebusiers embusqués dans les broussailles qui bordaient le Pallard. Les deux canons qu'amenaient Clermont d'Amboise et Rosny furent dirigés sur le centre auprès de l'escadron royal. A mesure qu'arrivaient les trois régiments d'infanterie qui avaient gardé l'artillerie pendant la nuit, ils se rangeaient derrière la droite, qui se trouva ainsi portée à trois mille huit cents ou quatre mille hommes de pied. Enfin cent cinquante arquebusiers d'élite furent placés, par carrés de vingt-cinq, entre les différentes troupes de cavalerie, ou, comme on disait alors, « aux estriers des escadrons ». Cette dernière combinaison, toute nouvelle, et qu'il ne serait peut-être pas toujours prudent d'imiter, fut d'un très heureux effet dans cette journée.

Bataille de Coutras (20 octobre); canonnade; succès peu important de l'avant-garde royale.

Ces diverses positions furent occupées en silence et avec précision : le mouvement était terminé avant que l'armée catholique eût pris son ordre de combat, ce qu'elle fit avec assez de confusion. La cavalerie légère (quatre cents chevaux), conduite par Lavardin, était entrée en ligne la première, et faisait face à la droite protestante; elle avait à sa gauche les régiments d'infanterie Picardie et Tiercelin (deux mille huit cents hommes), et à sa droite cinq cents gendarmes commandés par Montigny. La cornette blanche du duc de Joyeuse était suivie de près de douze cents lances : c'était le plus magnifique escadron qui se pût voir; il commençait à se déployer, et faisait place aux troupes de l'arrière-garde (environ deux mille cinq cents hommes) qui devaient se ranger à sa droite, quand l'artillerie protestante ouvrit son feu. Il pouvait être huit heures du matin.

Les canonniers catholiques voulurent répondre; il semblait que leurs sept pièces dussent bientôt faire taire les deux canons de leurs adversaires; mais ils s'étaient mal mis en batterie, et, quand enfin leur feu commença, il n'eut d'autre effet que de tuer le cheval d'un page de Condé. Au contraire, les boulets protestants labouraient les rangs de la cavalerie ennemie, et enlevaient des files entières du régiment de Picardie; si bien que Lavardin courut au duc de Joyeuse : « Monsieur, s'écria-t-il, nous perdons pour attendre, il faut jouer. — Monsieur le maréchal dit vrai », repartit le duc. Lavardin retourne aussitôt à son poste, et conduit à la charge les deux escadrons de la gauche. La Trémouille d'abord et Turenne sont rompus; la cavalerie légère des catholiques pousse jusqu'à Coutras. Leurs gens de pied étaient moins heureux; Picardie et Tiercelin voulurent enlever la garenne, où était logée l'infanterie protestante; mais, bien que Picardie eût attaqué avec sa valeur habituelle, ces deux régiments furent repoussés avec perte. En même temps, la cavalerie battue par Lavardin, se jetant de côté, venait se rallier derrière l'escadron de Condé. Les chevau-légers catholiques, les Albanais surtout, trouvant dans le bourg les bagages des réformés, s'acharnaient au pillage, et refusaient de retourner au combat.

Ainsi cette première charge des royaux avait ouvert une brèche dans la ligne des protestants, mais sans déloger leur droite et sans leur faire essuyer de pertes sensibles, tandis qu'au contraire les escadrons vainqueurs étaient comme perdus pour leur armée. Cependant ce succès, plus apparent que réel, avait semblé le prélude d'une victoire complète. Quelques cavaliers protestants passent la Dronne, et s'en vont porter en Gascogne la nouvelle de leur défaite. De tous les rangs catholiques s'élèvent de joyeuses clameurs. Condé, voyant renverser l'escadron qui était à sa droite, veut fondre sur ceux qui l'ont rompu; mais un vieux capitaine, appelé des Ageaux, qui était auprès de lui, saisissant les rênes de son cheval : « Ce n'est pas là votre gibier, lui dit-il ; le voici venir ! » et il lui montrait le gros escadron de Joyeuse, qui allait s'ébranler.

Harangue de Navarre. Il renforce sa gauche.

A ce moment solennel, le roi de Navarre appelle auprès de lui ses cousins, ses principaux officiers; puis, de sa voix mâle et sonore, il harangue ses gendarmes. « Mes amis, voicy une curée qui se présente bien autre que vos butins passés. C'est un nouveau marié qui a encore l'argent de son mariage en ses coffres; tout l'élite des courtisans est avec luy. Vous laisserez-vous emporter par ce beau danseur et ces mignons de cour?... Mais non ! ils sont à nous, s'écrie-t-il en terminant. J'en juge par l'envie que vous avez de combattre.

Pourtant nous devons tous croire que l'événement est en la main de Dieu : prions-le qu'il nous assiste. Cet acte sera le plus grand que nous ayons faict; la gloire en demeurera à Dieu, le service au Roy nostre souverain seigneur, l'honneur à nous, et le salut à l'Estat. » Henri se découvre ; les ministres Chandieu et Damours entonnent la prière de l'armée, et les gens d'armes répètent en chœur le 12e verset du 118e psaume :

> « La voicy, l'heureuse journée
> Que Dieu a faict à plein desir[1]. »

Comme chacun courait à son poste, le Roi arrête encore ses cousins : « Messieurs, leur crie-t-il, je n'ai qu'une chose à vous dire : soüvenez-vous que vous êtes de la maison de Bourbon. Vive Dieu ! je vous ferai voir que je suis votre aîné ! — Et nous vous montrerons de bons cadets », répondit Condé.

Le vrai combat va commencer. Avant qu'il s'engage, Navarre parcourt des yeux l'ensemble du champ de bataille : voyant que l'arrière-garde

---

[1]. Traduction de Marot. *Hæc est dies quam fecit Dominus : exultemus et lætemur in ea.* (Ps. cxvii, verset 24 de la Bible orthodoxe.)

« C'est ici la journée que l'Éternel a faite : esgayons-nous et nous réjouissons en elle. » (Ps. cxviii, verset 24 de la Bible protestante de Charenton.)

catholique est entrée en ligne et menace sa gauche, il fait immédiatement renforcer cette aile par trois cents arquebusiers tirés de la droite, et, comme son armée décrivait un arc convexe, ce mouvement s'exécuta derrière sa ligne, rapidement, et à l'insu de l'ennemi.

<small>Combat décisif du centre. Déroute de l'armée royale.</small>

La gendarmerie de Joyeuse formait deux longues « hayes ». Il était au centre, suivi de sa cornette et entouré d'un groupe de seigneurs; toute cette noblesse était armée de lances et dans le plus brillant équipage. Le duc donne le signal, et, quoique encore loin de l'ennemi, sa troupe part au galop de pied ferme. Quand elle fut à bonne distance des protestants, elle reçut d'abord une salve meurtrière des « arquebusiers de l'estrier », puis presque aussitôt le choc de la cavalerie. Il fut terrible. Au commandement du roi de Navarre, ses trois escadrons s'étaient avancés au pas, puis au trot; enfin, « le signal donné à toute bride », ils arrivèrent sur les catholiques de toute la vitesse de leurs chevaux. Ceux de leurs adversaires, au contraire, hors d'haleine, ralentis par la pente, avaient perdu tout leur élan; aussi les lances ne furent-elles presque d'aucun effet. La longueur de la course avait désuni les rangs : le désordre fut bientôt complet. Cependant les gentilshommes catholiques se battirent avec courage; le roi de Navarre fut exposé aux plus grands dangers; ses armes, celles de ses deux cousins, furent bientôt toutes martelées de coups. Mais, dans la mêlée, les protestants, formés en troupes compactes, munis de pistolets et d'épées, avaient tout l'avantage sur leurs adversaires, éparpillés, embarrassés par leurs lances et plus encore par les pennons de soie qui pendaient aux hampes; si bien qu'après un court combat, plus de quatre cents gentilshommes de l'armée royale, et, parmi eux, le duc de Joyeuse et son frère, avaient mordu la poussière; les autres étaient en fuite.

A la gauche, le succès des protestants n'était pas moins complet. Le détachement, envoyé si à propos par le roi de Navarre, était arrivé à temps pour prendre l'offensive; l'audace avait suppléé au nombre, et l'arrière-garde catholique, surprise par une brusque charge, venait d'être rompue. La cavalerie des réformés victorieuse, se répandant ensuite dans la plaine, fit un grand carnage de l'infanterie ennemie; le régiment de Picardie, qui, dans le reste de la campagne, avait été le principal exécuteur des cruautés de Joyeuse, fut presque complètement détruit.

Sur la fin de la journée, pendant la poursuite, un des plus braves soldats de l'armée royale, d'Esdinay-Saint-Luc, sentant que son cheval ne pour-

Rencontre de Condé et de Saint-Luc.

rait le tirer d'affaire, et ne voulant pas se rendre sans s'être signalé par quelque action, aperçoit le prince de Condé isolé au milieu de la plaine, fond sur lui la lance en arrêt, et le charge si rudement, que le prince est renversé avec son cheval. Aussitôt Saint-Luc saute à terre, le relève, et, lui présentant son gantelet : « Monseigneur, lui dit-il, Saint-Luc se rend à vous, ne le refusez pas. » Condé, tout meurtri, l'embrasse et lui pardonne : c'était d'autant plus généreux que Saint-Luc, ancien mignon de Henri III, mais devenu depuis peu fougueux ligueur, et commandant dans Brouage, avait fait au prince, durant l'année précédente, une rude guerre en Saintonge.

On rapporta Condé au logis royal. Là se passait une scène semblable à celle qui avait suivi la bataille de Jarnac : le corps de Joyeuse était étendu sur une table, dans la salle même où avait été préparé le souper de son vainqueur; mais Navarre, bien différent du duc d'Anjou, donna l'ordre de sortir à tous ceux qui étaient dans la chambre, fit porter son couvert ailleurs, et rendit avec respect les restes du vaincu au vicomte de Turenne, son proche parent. Henri jouissait simplement et modestement de son éclatant triomphe : depuis vingt-cinq ans que la guerre civile avait commencé, il était le premier général protestant qui eût gagné une bataille rangée; il n'avait à regretter que vingt-cinq hommes tués; l'ennemi en avait perdu plus de trois mille, et lui avait abandonné son canon avec vingt-neuf drapeaux ou enseignes. La victoire était d'autant plus glorieuse qu'elle était remportée sur une armée supérieure en nombre et presque égale en qualité. Elle était due à la valeur du Roi, à sa décision, à sa vigilance, à son coup d'œil, à son intelligente tactique, à cet instinct créateur qu'il appliquait à la politique comme à la guerre, et qui devait l'inspirer si heureusement dans les beaux combats défensifs d'Arques, à la journée d'Ivry et dans tant d'autres occasions. Les rares qualités militaires de Henri IV sont trop peu connues : le côté brillant, aimable, de cette imposante figure a toujours été mis en lumière; le double génie qui l'animait est souvent resté dans l'ombre. Tout le monde connaît le prince galant, spirituel, le vaillant soldat, le hardi partisan; mais c'est l'habile capitaine, l'administrateur fécond, c'est le grand roi qui mérite la reconnaissance de la patrie et l'admiration de la postérité.

Les opérations qui suivirent la bataille de Coutras ne répondirent pourtant pas à l'importance du succès qui venait d'être obtenu. Après la destruction complète de l'armée de Joyeuse, le vainqueur

<small>Séparation de l'armée. Projets de Condé. Il se retire malade à Saint-Jean-d'Angely. Sa mort (5 mars 1588).</small>

ne devait rien négliger pour joindre les troupes étrangères ou agir de concert avec elles. Mais, dans l'ivresse de leur joie, les volontaires protestants brûlaient d'aller recevoir les félicitations de leurs familles et de porter chez eux leur part du butin ; d'ailleurs, presque tout le bagage avait été perdu ; quatre cents chevaux avaient été tués : il était indispensable de refaire les équipages, et chefs et soldats demandaient à grands cris que l'armée se séparât. Navarre se rendit à leur désir ; l'empressement avec lequel il alla présenter lui-même à la belle Corisande les drapeaux pris à Coutras a fait penser, avec quelque vraisemblance, qu'un motif futile ne fut pas étranger à cette résolution.

Condé avait vainement insisté pour faire continuer les opérations ; toujours sous l'empire de ses préoccupations personnelles, excité par la Trémouille, visant à consolider son établissement dans l'Ouest et à s'y rendre presque indépendant, il voulait qu'on marchât sur Saumur, ce qui n'eût été d'aucun secours pour les reîtres. Après la séparation de l'armée, chargé d'emmener les contingents de Poitou et de Saintonge, il essaya de reprendre ce projet pour son compte ; mais sa troupe se débandait. Lui-même, d'ailleurs, était malade : depuis le coup de lance qu'il avait reçu de Saint-Luc, il se plaignait de fréquentes douleurs dans le côté ; son état s'aggravait. A Saintes, la fièvre le prit ; il fut obligé de s'y arrêter quelque temps. Enfin, dans les premiers jours de 1588, il put gagner Saint-Jean-d'Angely, sa résidence habituelle, où l'attendait la princesse sa femme. Bientôt il eut une rechute compliquée de maux d'estomac. Imprudent, et passionné pour les exercices du corps, il n'eut pas plus tôt senti quelque amélioration dans sa santé, qu'il voulut se remettre en selle. Le 3 mars, il courut longtemps la bague sur un cheval difficile et qui se cabra plusieurs fois. Mais laissons parler Henri IV[1] : « Jeudy, ayant couru la bague, il soupa, se portant bien. A minuict, luy print un vomissement très violent, qui luy dura jusques au matin. Tout le vendredy, il demeura au lict. Le soir, il soupa, et, ayant bien dormi, il se leva le samedy matin, dîna debout, et puis joua aux eschecs. Il se leva de sa chaise, se mit à promener par sa chambre, devisant avec l'un et avec l'autre. Tout d'un coup, il dit : « Baillés-moi ma chaize, je sens une grande foi« blesse ». Il n'y fut assis qu'il perdit la parole, et soudain après il rendit l'âme (5 mars 1588). Les marques de poison sortirent soudain ».

Cette lettre est du 10 mars. Le lendemain, le Soupçons d'em-

1. Lettre à Corisande, du 10 mars.

roi de Navarre quittait Nérac pour aller à Saint-Jean complimenter la veuve de son cousin, et « pourvoir à ce qui concernoit cette mort[1] ». Sur sa route, il reçut de nouveaux renseignements : les médecins croyaient à un empoisonnement ; tous les gens du prince avaient été arrêtés ; deux d'entre eux avaient disparu. C'était un page de seize ans, appelé Belcastel, et un valet de chambre, appelé Corbais. Tous deux étaient au service de la princesse. On ne put retrouver leurs traces ; mais on sut qu'ils s'étaient enfuis sur des chevaux placés depuis plusieurs jours dans une hôtellerie du faubourg par un nommé Brillaud. Ce Brillaud était un ancien procureur de Bordeaux, que la princesse avait fait entrer dans la maison comme contrôleur, et qui y gouvernait tout. Mis à la torture, il fit des aveux importants, qui chargeaient la veuve de son maître. L'opinion publique se prononça aussitôt contre elle. Navarre la croyait coupable : « Souvenés-vous de ce que je vous ay dict d'aultres fois, écrivait-il à Corisande dès le 13 mars : je ne me trompe guères en mes jugements ; c'est une dangereuse beste qu'une mauvaise femme[2]. »

1. Lettre à M. de Scorbiac, du 11 mars.
2. La princesse douairière de Condé écrivit aussi, le 9 avril, une lettre fort dure à sa belle-fille. M. Halphen l'a publiée

Des commissaires furent nommés pour instruire le procès des accusés; Belcastel fut exécuté en effigie; Brillaud fut aussi déclaré coupable, convaincu de plusieurs autres forfaits antérieurs, et subit le dernier supplice. La princesse fut arrêtée, et, quoique le parlement de Paris eût évoqué l'affaire comme représentant la cour des pairs, le roi de Navarre avait ordonné de passer outre, et faisait apporter dans cette affaire d'autant plus de rigueur que la calomnie ne l'avait pas épargné[1] : ses ennemis avaient laissé entendre qu'il n'était pas étranger à la mort de son cousin. Aussi les commissaires continuaient-ils leurs poursuites,

dans l'introduction du *Véritable discours* de Fiefbrun (Paris, Aubry, 1864).

1. « ... A cela je suis contrainct d'adiouster, cognoissant à quoy vous pourroyt amener quelque sinistre conseil et votre clémence et bonté naturelle, que vos ennemis ayant osé, par une impudence et meschanceté du tout désespérée, semer le bruict que cest acte si détestable *(la mort du prince de Condé)* estoit procédé de vous, vous ne pouuez, ny ne debvez nullement fleschir en ce faict, sans faire une brèche irréparable à vostre réputation, mais au contraire en poursuyvre le iugement et l'exécution, qui ferme la bouche à ces détestables calomniateurs devant Dieu et devant les hommes... » (Bèze au roi de Navarre, s. d., minute originale; Bibliothèque de Genève). Voyez *Pièces et Documents*, n° XII. Nous publions aussi la lettre autographe par laquelle le roi de Navarre informa Bèze de la mort de son cousin. Cette pièce, qui a échappé aux savantes recherches de M. Berger de Xivrey, est conservée dans la bibliothèque de Gotha (Vol. ms. 405, p. 502).

lorsque la grossesse de la princesse, déclarée peu après, les fit suspendre. Cependant elle resta sept ans étroitement détenue. Nous verrons plus loin comment et dans quelles circonstances fut rendu l'arrêt du parlement de Paris qui la déclara innocente. Nous ajouterons seulement ici que, si un ensemble de circonstances mystérieuses avait dû la faire soupçonner, il n'y eut jamais contre elle d'autre preuve que les dépositions de Brillaud, obtenues par la torture.

On a prétendu que, grosse des œuvres du page Belcastel, et ne pouvant plus dissimuler son état, elle avait empoisonné son mari pour échapper à une juste vengeance; mais aucun fait, aucune déclaration ne vint à l'appui de cette allégation. La mort de Condé pourrait bien être attribuée à un crime de quelque agent du parti ligueur, et les mœurs du temps ne rendent pas cette supposition improbable. Cependant il faut dire encore que le prince était notoirement malade depuis plusieurs mois, et que les hommes de l'art ne furent pas unanimes à constater l'empoisonnement : plusieurs soutinrent que les taches remarquées dans l'estomac pouvaient provenir d'une autre cause; la faculté de Montpellier fut de cet avis.

Sentiments de Henri IV pour son cousin.

Quelle que fût en réalité la « façon de cette mort », elle fit sur le roi de Navarre une profonde impression. Dans ce même temps, plusieurs ten- *Jugement sur prince.* tatives étaient dirigées contre sa vie ; il se voyait seul en butte aux perfidies de ses ennemis, et, dans les nombreuses lettres où il parle de cette obscure affaire, il règne un ton de tristesse qui ne lui était pas habituel. Publiquement il témoigna une extrême douleur, et ne tarit pas en éloges sur l'ami qu'il avait perdu, et qu'il appelait « le second œil des Églises de France »[1]. A la jeune fille que Condé avait eue de Marie de Clèves[2], il promit de « servir de père », pour remplacer celui qu'il « tenoyt et aymoit comme son propre frère »[3]. Mais dans l'intimité, avec Corisande, ses regrets sont moins vifs : on voit qu'il a gardé le souvenir de ses relations, toujours si difficiles, avec son cousin. « Je le plains comme ce qu'il me devoit estre, non comme ce qu'il m'estoit[4]. » En effet, il avait plus souvent trouvé dans Condé un embarras qu'un appui, et, si ce prince eût vécu, nul doute que son goût pour l'isolement, ses allures indé-

---

1. *Summo scelere carissimum nobis fratrem, illustrissimum principem Condœum, alterum veluti oculum Gallicarum ecclesiarum, nuper e medio sustulerunt.* (Le roi de Navarre à Christian, duc de Saxe, 22 mars 1588.)

2. Catherine de Bourbon, marquise d'Isles. Elle mourut le 30 septembre 1595, sans avoir été mariée.

3. Lettre du roi de Navarre fin de mars 1588.

4. Lettre à Corisande.

pendantes n'eussent créé à Henri IV des difficultés plus sérieuses encore; car, après l'abjuration du Roi, dont il n'eût probablement pas suivi l'exemple, il aurait exercé bien plus d'empire sur les protestants, dont il avait déjà toutes les sympathies, toutes les préférences. Peut-être même fut-il plus sincèrement regretté des réformés que ne l'avait été son père, bien qu'il n'eût pas rendu à leur cause d'aussi éclatants services. Mais il avait épousé avec ardeur leurs passions et leurs préjugés, et c'est bien souvent ce dont les partis savent le plus de gré à ceux qui les suivent ou qui les dirigent. D'ailleurs, il méritait leur respect par la sincérité de ses convictions religieuses. Il était austère dans ses mœurs, ferme dans ses principes. De Thou, dînant un jour chez lui en Languedoc, l'entendit gourmander ses officiers qui louaient la coutume des duels, et blâmer cet usage invétéré avec une chaleur assez surprenante pour l'époque, et que la valeur bien connue du prince ne permettait pas de mal interpréter. Il était brave, décidé, opiniâtre et « imploiable partisan [1] ». Mais le discernement lui manquait en politique comme à la guerre : il avait l'esprit étroit, médiocrement juste, et ne possédait pas « cette rare partie du roy de Navarre d'estre

---

1. D'Aubigné.

présent à tout[1] ». Il ne réussit à presque aucune de ses entreprises; sa vie privée et sa vie publique furent également malheureuses, et cependant « il avoit un cœur royal[2] », il était « libéral, gracieux, éloquent[3] », comme son père, mais avec un peu de timidité que lui donnait « le défaut de l'oreille »[4]. Peut-être, dans une autre situation, les qualités dont il était doué se fussent développées; mais sa naissance, comme son mérite, le reléguait au second rang. Henri IV tient une telle place dans l'histoire, que ceux qui y figurent à côté de lui sont singulièrement effacés.

1. D'Aubigné.
2. Lestoile.
3. Brantôme.
4. *Ibid.*

CHAPITRE II

HENRI II DE BOURBON, TROISIÈME PRINCE DE CONDÉ

1588 a 1610

Coup d'œil sur les principaux évènements qui suivirent la mort du second prince de Condé. — Jonction de Henri III et du roi de Navarre. — Siège de Paris. Mort de Henri III (août 1589). — Premiers actes de Henri IV. — Sa marche sur la Normandie. — Il s'établit à Dieppe. — Position d'Arques; beaux combats livrés pour la défendre (septembre 1589). — Le Roi est renforcé; Mayenne se retire. Le Roi reparaît sous les murs de Paris. — Marche habile sur Tours. Progrès des affaires du Roi. — Effort des ligueurs et de leurs alliés. Bataille d'Ivry (14 mars 1590). — Blocus de Paris, levé par le duc de Parme (septembre 1590). — Difficultés de la situation du Roi; il fait face à tout. Siège de Rouen, commencé en décembre 1591, et levé par le duc de Parme en avril 1592. — Retour offensif du Roi; belle retraite du duc de Parme; sa mort. — Tiers parti. États de la ligue. Abjuration de Henri IV (juillet 1593). — Entrée du Roi à Paris (mars 1594). — Soumission de Lyon et de Rouen; guerre sur les frontières; combat de Fontaine-Française (juin 1595). — A Dijon, le connétable remet au Roi un placet en faveur de la princesse de Condé.
Naissance du troisième prince de Condé, Henri II de Bourbon, le 1er septembre 1588, à Saint-Jean-d'Angely. Longue détention de sa mère; animosité de sa famille. — De Thou obtient du Roi qu'il reconnaisse le jeune prince et le fasse élever dans la religion catholique. — La princesse de Condé est mise en liberté sous cau-

tion (juillet 1595). — Le marquis de Pisani, nommé gouverneur du jeune prince, l'amène à Saint-Germain, où il est déclaré héritier du trône (novembre 1595). — Éducation du jeune prince : d'Haucourt, sous-gouverneur; Lefèvre, précepteur. — Acquittement et abjuration de la princesse de Condé (1596). Son caractère; sa lutte avec Pisani; fâcheuse influence sur l'éducation de son fils. — Éloges publics donnés au jeune prince : le cardinal de Florence; l'avocat général Dollé; Grotius. — Doutes persistants sur la naissance de Condé; état de l'opinion; incidents. — Divorce et second mariage de Henri IV. — Changement de la situation du jeune prince. — Mort de Pisani (octobre 1599); il est remplacé par Belin. — L'éducation de Condé s'achève assez tristement; son caractère; ses dispositions; sa vie à la cour. — Présentation de Charlotte-Marguerite de Montmorency. Effet produit par sa beauté. Henri IV rompt le mariage projeté entre elle et Bassompierre. — Le prince de Condé fiancé à mademoiselle de Montmorency (décembre 1608); marié le 17 mai 1609.— La passion du Roi éclate. Altercations entre lui et Condé. Ce dernier se retire à Valery avec sa femme. — Malherbe chante les amours du Roi.— Après une apparition à la cour, Condé retourne à Valery, d'où il se rend à Muret. Incidents de son séjour en Picardie. — Mandé à la cour, il y vient seul; le Roi veut le « démarier ». Intervention de de Thou et du secrétaire Virey. — Emportement du Roi. Condé part, annonçant son prochain retour avec la princesse (25 novembre 1609). — Le Roi est informé que Monsieur le Prince emmène sa femme en Flandre (29 novembre). Mesures aussitôt prises pour arrêter le fugitif. — Condé arrive à Landrecies (30 novembre). Il y est rejoint par les agents du Roi. Embarras des magistrats.— Après quelque hésitation, les archiducs autorisent la princesse à se rendre à Bruxelles; mais Condé doit quitter les Pays-Bas, et se rend à Cologne, où il arrive le 8 décembre. Démarches de Praslain et de Virey. La princesse mise en sûreté à Bruxelles dans le palais d'Orange. — Suite des mesures prises par Henri IV. Sentiment des ministres espagnols, et notamment de Spinola. — Condé, appelé à Bruxelles, y arrive le 21 décembre. — Tristesse de la princesse; ses rapports avec son mari. Dispositions et démarches de sa famille. Intrigues du Roi. Négociations infructueuses pour ménager un accommodement entre lui et Condé, qui se livre davantage aux Espagnols. — Ambassade du marquis de Cœuvres (janvier 1610); démarches directes et indirectes du Roi pour émouvoir et intimider la cour de Bruxelles. — Mission secrète du marquis ; il doit enlever la princesse. — Virey découvre les projets de Cœuvres, et s'entend avec Spinola pour les déjouer. Alerte de la nuit du 13 au 14 février 1610. — Sommation en forme adressée à Condé par l'ambassadeur de France. — Condé se décide à quitter Bruxelles. Il confie sa femme aux archiducs, part déguisé le 21 février, et arrive à Milan le 31 mars. Attitude prise par l'Espagne vis-à-vis de ce prince et de Henri IV. — Le connétable réclame sa fille. Mission de Preaulx. Réponse des archiducs. — Requête de la princesse pour sa mise en liberté. Nouvelles démarches du Roi auprès des archiducs. On croyait qu'il les appuierait par une démonstration militaire. — Nouveaux vers de Malherbe. Malgré les assertions contraires, la passion du Roi est plus démonstrative que profonde. — Véritable but des armements de Henri IV. Sa politique ; alliances et ressources qu'il s'est préparées. — Il fait demander aux archiducs le passage par le Luxembourg pour son armée. — La cour de Bruxelles offre de renvoyer la princesse de Condé. Vains efforts pour arrêter Henri IV. — Bullion, ambassadeur de France à Turin, est chargé de surveiller Condé, qui habitait Milan. — Démarches faites auprès de Condé pour le décider à se rendre à Rome. Il renonce à ce projet sur la nouvelle de l'entrée des Français en Lombardie. — Il apprend la mort de Henri IV (mai 1610), quitte Milan, et arrive à Bruxelles le 18 juin. — Il se soumet à la Régente, refuse de voir sa femme, et arrive à Paris le 16 juillet 1610.

<small>Coup d'œil sur les principaux événements qui suivirent la mort du second prince de Condé.</small>

Avant de revenir au berceau de l'enfant que Charlotte de la Trémouille portait dans son sein lorsqu'elle perdit son mari, il nous faut bien suivre la chaîne des faits historiques qui s'accomplirent après la mort du second prince de Condé, et résumer les principaux événements qui devaient exercer une si grande influence sur les destinées de son fils.

<small>Jonction</small>

L'année 1588 commençait tristement pour les

réformés : la catastrophe de Saint-Jean-d'Angely de Henri III et du roi de Navarre. n'était pas le seul malheur qu'ils eussent à déplorer ; l'armée étrangère, sur laquelle reposaient tant d'espérances, avait été détruite. La Ligue seule triomphait : revers ou succès, tous les incidents de la guerre profitaient à la faction de Lorraine, et la victoire du Béarnais à Coutras n'avait pas causé plus de dommage au roi Henri III, ne lui avait pas attiré plus de sarcasmes ou d'insultes que la déroute des reîtres protestants. Quelques mois plus tard, il suffisait au duc de Guise de se présenter à Paris pour en chasser son souverain (mai 1588). Henri III crut prendre sa revanche des « barricades » par le double assassinat de Blois (décembre 1588) ; mais un crime ne pouvait lui rendre l'autorité qu'il avait laissé échapper de ses mains : le « martyre des deux frères » souleva une indignation générale, et le Roi, bloqué dans Tours, plus isolé que jamais, n'eut bientôt d'autres ressources que d'appeler à lui les réformés et leur chef, le roi de Navarre. « Il y a cinq mois, écrivait ce dernier[1], on me condamnoit hérétique et indigne de succéder à la couronne ; j'en suis asteuré le principal pilier. »

Et ce fut, en effet, l'arrivée des vieux soldats Siège de Paris;

1. A Corisande, le 18 mai 1589, de Blois.

mort de Henri III (août 1589).

huguenots qui sauva peut-être « la couronne de France ». Les portes de Tours n'étaient plus défendues que par une poignée d'arquebusiers, et, malgré la valeur proverbiale de Crillon, les ligueurs allaient pénétrer dans ce dernier asile du « Valois », quand ils furent arrêtés par l'avant-garde protestante, que Châtillon amenait en toute hâte. Henri III s'était senti si près de sa perte, que le brillant combat du faubourg Saint-Symphorien et la retraite de Mayenne ne purent lui rendre la confiance. Il restait hésitant, découragé, voulait abandonner la Loire et se réfugier en Bretagne, laissant à ses troupes disséminées le soin de soutenir la lutte partout où elle serait possible. Mais « les irrésolutions ne sont plus de saison [1] »; Navarre l'a compris : il persuade au Roi de renoncer au voyage de Bretagne et au désastreux système de guerroyer partout; il le décide à se mettre à la tête de toutes ses forces réunies et à prendre énergiquement l'offensive sur le point le plus important : « Pour reguagner vostre royaulme, lui disait-il, il faut passer sur les ponts de Paris [2]. »

Le plan tracé par le Béarnais avec tant de justesse et de fermeté s'exécutait avec bonheur. On avait trouvé des ressources dont on ne soupçon-

1. Lettre du roi de Navarre à Mornay.
2. Lettres du 6 et du 7 juin.

naît pas l'existence; l'armée royale était belle et nombreuse; celle de la Ligue était déjà resserrée dans Paris; les parents du duc de Guise n'avaient pas hérité de son influence et de sa popularité; les chefs de la faction étaient divisés, jaloux les uns des autres; le peuple mécontent. Le siège de la capitale commençait, et ses progrès étaient rapides, lorsque Henri III fut assassiné.

Tout était remis en question. Les soldats seuls n'avaient pas hésité à reconnaître le nouveau roi : « Vous êtes le roi des braves, lui avait dit Givry en lui conduisant les capitaines des gardes françaises, et vous ne serez abandonné que des poltrons. » Mais les chances de Henri IV paraissaient bien faibles, et les ambitieux, les égoïstes, les timides n'étaient pas aussi faciles à entraîner que de simples gens de guerre. Plusieurs quittèrent immédiatement le quartier royal, sans dissimuler leurs intentions hostiles. Le plus grand nombre s'arrêtait à la question religieuse, les uns par calcul, les autres agités de scrupules sincères; tous cherchaient à gagner du temps avant de prendre un parti. L'instinct public était décidément contraire au roi protestant : or le droit le mieux établi perd sa force devant la résistance du sentiment national. Henri IV le comprenait : il ne pouvait ni ne voulait abjurer dans cet instant suprême; mais il

Premiers actes de Henri IV. Sa marche sur la Normandie.

n'hésita pas à promettre hautement qu'il maintiendrait la religion catholique, s'y ferait instruire lui-même, et gouvernerait selon les anciennes lois du royaume. C'est sous la réserve de cet engagement formel, consacré par un acte authentique, que les princes et les grands officiers de la couronne lui prêtèrent serment de fidélité.

Cette déclaration avait une grande portée; mais pour le moment elle ne modifiait guère la situation. Les opérations militaires entreprises par le feu roi ne pouvaient continuer; les rangs de l'armée, diminués par les premières défections, s'éclaircissaient de plus en plus. Le Roi était accablé de demandes de congé; il n'en refusait aucune, car il savait qu'on se serait passé de sa permission; aussi le séjour devant Paris devenait-il impossible. On pressait Henri IV de repasser la Loire, pour recommencer, dans les provinces qu'il connaissait et où il était connu, la petite guerre qui lui avait si bien réussi depuis dix ans; c'était le parti qui paraissait le plus simple, mais le Roi le repoussa. Il forme deux grands détachements : l'un doit agir en Picardie sous les ordres du duc de Longueville; l'autre, en Champagne, sous les ordres du maréchal d'Aumont. Cette séparation des troupes royales n'est qu'apparente; le fond de ces deux armées nouvelles est la noblesse de ces provinces, qu'on ne pouvait en tenir éloignée plus longtemps et dont on utilisait ainsi le concours. Le Roi conservait auprès de lui tout ce qu'il pouvait retenir, les gardes françaises, les Suisses, les protestants, quelques seigneurs et régiments catholiques. A la tête de cette troupe peu nombreuse, mais d'une solidité éprouvée, il quitte Saint-Cloud le 16 août, conduit d'abord à Compiègne le corps de son prédécesseur, puis s'achemine vers la Normandie. Ses amis, ses anciens conseillers croyaient qu'il allait à sa perte; mais ce mouvement hardi était un trait de génie. En se retirant derrière la Loire, il restait le roi de Navarre, bloqué par ses ennemis dans un coin du royaume, sans communications avec ses alliés ou ses lieutenants. En marchant sur la Normandie, il faisait acte de roi de France, il s'appuyait à la mer et s'assurait le précieux concours d'Élisabeth; il pouvait coopérer avec les forces que le duc de Longueville commandait en Picardie : son instinct politique et militaire ne pouvait mieux l'inspirer.

Après s'être montré devant Rouen, qui tenait pour la Ligue comme presque toutes les grandes villes de France, le Roi se dirige vers Dieppe, où il est reçu avec enthousiasme par une population énergique. Il y établit son quartier général, mais sans y rester inactif. Tandis qu'on travaille Le Roi s'établit à Dieppe. Position d'Arques Beaux combats livrés pour la défendre (septembre 1589) aux défenses de la place, il occupe ses troupes par des courses aux environs : Eu, Arques, d'autres petites villes, sont enlevés dans ces expéditions. Cependant Mayenne était sorti de Paris avec une armée triple au moins de l'armée royale; la renommée la grossissait encore, et plus d'un cœur faiblissait auprès du Roi; on lui conseillait de s'embarquer pour l'Angleterre : « Sire, lui dit Biron, il n'y a pas de roi de France hors de France. » Henri IV était de cet avis, et sa conduite le prouva.

Mayenne avait passé quinze jours à rassembler son armée dans Paris; il lui en fallut quinze autres pour arriver devant Dieppe. Tandis qu'il s'amusait à reprendre Neufchâtel, Gamaches, et qu'il se reposait dans le beau château d'Eu, qui appartenait à sa famille, le Roi étudiait et fortifiait le terrain où il comptait recevoir l'attaque des ligueurs.

La longue et haute falaise qui sépare l'embouchure de la Somme de celle de la Seine ouvre passage à un certain nombre de cours d'eau qui coulent au fond de vallées étroites et verdoyantes. Le plateau large et uni qui couronne la falaise se trouve ainsi coupé par autant de tranchées profondes, et, comme ces ruisseaux, sans cesse barrés par la marée montante, inondent deux fois par jour les prairies qui les bordent, chacune de ces petites vallées devient un obstacle infranchissable hors des chaussées construites près des centres d'habitation. Le port de Dieppe, comme tous ceux de cette côte, est creusé à l'embouchure d'un de ces cours d'eau, la rivière d'Arques, formée par trois ruisseaux, l'Aulne, la Béthune et la Varenne, qui confondent leurs ondes à six kilomètres de la mer, auprès du frais village dont la rivière tire son nom. Ce cours d'eau, qu'aucune chaussée ne traverse entre Dieppe et Arques, servait de ligne de défense à l'armée royale. Le gros de l'armée était à la droite, établi dans le bourg d'Arques, couvert par des ouvrages judicieusement tracés ; un château situé sur la hauteur, et dont les ruines majestueuses dominent encore la vallée, formait le réduit de ces retranchements. Le faubourg du Pollet, situé sur la rive droite, entre le port de Dieppe et la falaise, fortifié à la hâte et occupé par un détachement, flanquait la gauche de la ligne. Entre ces deux bastions, la longue courtine formée par le marais était observée par de petits postes et protégée par quelques batteries.

Le 15 septembre, l'armée de la Ligue s'établit sur le plateau, au nord-est de Dieppe, la droite devant le Pollet, la gauche à Martin-Église, en face d'Arques, mais séparée de ce bourg par les trois ruisseaux qui se réunissent un peu au-dessous.

Elle était forte de dix-huit mille hommes, dont trois mille cavaliers, soutenus par quatre bouches à feu. Le Roi n'avait que cinq à six mille hommes et moins de mille chevaux; mais il était plus fort en artillerie, surtout en pièces de position, qui devaient lui être d'un grand secours pour le genre de combat qu'il allait soutenir.

Confiant dans sa grande supériorité numérique, Mayenne attaqua par les deux extrémités de sa ligne; mais le mouvement de sa gauche vers la chaussée d'Arques était plutôt une démonstration : l'attaque sérieuse était dirigée, contre le Pollet. C'était bien là le point faible quelques jours plus tôt, et le succès eût été probable, si la marche, assez bien dirigée, de l'armée de la Ligue avait été plus vive. Mayenne avait l'esprit juste et savait la guerre; en général, ses combinaisons étaient bonnes; mais il était lent et paresseux, tandis que Henri IV était surtout d'une activité infatigable et d'une rare promptitude dans l'exécution de sa pensée. Cette fois, les ligueurs ne purent déboucher de Martin-Église, et il fut reconnu que le Pollet était à l'abri d'un coup de main. Repoussé aux deux ailes, Mayenne voulut reconnaître le centre de la ligne. Il essaya de forcer un mauvais gué qui traversait la rivière en face de Bouteille, à peu près à mi-chemin entre Dieppe et Arques;

mais il fut arrêté par un retranchement que le Roi avait fait construire et armer d'artillerie.

Le mauvais succès de ces attaques décousues diminuait la confiance des ligueurs : leur chef sentit qu'une action générale était nécessaire pour relever les courages et que ce ne serait pas trop de toutes ses forces pour déloger les troupes royales de la position d'Arques. Il concentra son armée sur la gauche, mais il prit ses dispositions avec sa lenteur habituelle : ce ne fut que dans la nuit du 20 au 21 qu'il se trouva en mesure d'engager le combat en avant de Martin-Église.

Ce village est à cheval sur l'Aulne. Le chemin qui conduit à la chaussée d'Arques descend d'abord la rive gauche du ruisseau, puis, après le confluent de l'Aulne et de la Béthune, remonte le cours de cette dernière rivière jusqu'à sa réunion avec la Varenne. Sur cette longueur d'environ deux mille mètres, la route est dominée d'un côté par des pentes escarpées que couvrent les épais taillis de la forêt d'Arques, de l'autre elle est bordée par les prairies marécageuses au milieu desquelles serpentent les deux cours d'eau. Au plus étroit du passage et à environ mi-chemin, le Roi avait fait construire une traverse, dont une maladrerie fortifiée formait le saillant. Plus loin, un second ouvrage, composé d'une courtine et de deux demibastions, couvrait le hameau des Archelles, ainsi que la tête de la chaussée qui traverse la Béthune et la Varenne à leur confluent; l'autre extrémité de la chaussée aboutissait aux retranchements qui enveloppaient le village et le château d'Arques. L'artillerie qui armait le château étendait ses feux jusqu'à la rive droite de la Béthune. Ainsi, un défilé long d'une demi-lieue, bordé d'obstacles à peu près infranchissables, et dont la plus grande largeur n'excédait pas quatre cents mètres, intercepté par trois lignes d'ouvrages et battu par l'artillerie, tel était le terrain que l'armée royale allait avoir à défendre : il était impossible d'en trouver un plus favorable et d'en tirer meilleur parti pour compenser l'infériorité du nombre.

Mayenne espérait surprendre le Roi; mais ses mouvements avaient été aperçus, et tout était prêt pour le recevoir avant le lever du soleil. L'à-propos et la vigueur avec lesquels se succédèrent les charges de la cavalerie et les salves de l'infanterie qui occupait le premier retranchement, arrêtèrent longtemps l'avant-garde des ligueurs ; le reste de leur armée ne pouvait se déployer. Cependant leurs lansquenets, s'étant glissés dans les bois qui dominaient la route, feignent de vouloir se rendre au Roi, se mêlent avec ses troupes, puis retournent subitement les piques, et, par ce stratagème peu loyal, livrent à Mayenne la maladrerie et la traverse qui s'y rattache. Il y eut alors un moment de faiblesse, et le Roi, « malgré sa douceur, fut forcé de dire qu'il n'était pas content[1] ». Sans sa valeur toujours égale et toujours brillante, sans la fermeté du régiment suisse de Galory, la journée était perdue. Enfin on se rallia tant bien que mal, et le combat recommença dans les mêmes conditions entre la maladrerie et les Archelles. Bientôt un épais brouillard, qui jusque-là avait enveloppé les combattants, se dissipa complètement, et permit à l'artillerie royale d'ouvrir son feu ; celle qui garnissait le second retranchement et celle du château tonnèrent en même temps. La cavalerie ennemie, cherchant un passage, appuie à droite et s'engage dans un marais impraticable, dont elle ne ressort qu'à grand'peine, décimée par les boulets. A ce moment, Châtillon arrivait de Dieppe avec cinq cents hommes tirés de la garnison du Pollet. Il est des instants à la guerre où le moindre renfort produit un effet décisif ; ce fut le cas dans cette journée : grâce à ce secours, le Roi put empêcher le ralliement de la cavalerie ennemie. Le premier retranchement est repris et les ligueurs sont refoulés avec grande perte dans Martin-Église. Henri

1. *Mémoires* de Charles de Valois, duc d'Angoulême.

ne poussa pas plus loin : satisfait du résultat obtenu, il jugea prudent de ne pas dépasser la portée de ses canons, qui lui avaient été d'un si puissant secours.

Le Roi est renforcé. Mayenne se retire. Le Roi reparaît sous les murs de Paris.

Trois autres jours s'écoulèrent sans que Mayenne renouvelât l'attaque infructueuse du 21; de son côté, le Roi n'était en mesure ni de prendre l'offensive ni même de défendre sa position si l'ennemi faisait mine de la tourner. Aussi ne tarda-t-il pas à évacuer son camp retranché d'Arques : laissant garnison dans le château, il se retira à Dieppe. Le grand point pour lui était d'éviter les échecs, de disputer le terrain, d'user les forces de son adversaire; le temps le servait : il attendait des renforts, dont l'arrivée prochaine devait réduire la disproportion du nombre, tandis que les ligueurs, partis de Paris avec la confiance d'un prompt et complet triomphe, n'avaient rien préparé pour soutenir une lutte prolongée. Ceux-ci cependant firent encore un effort : la rivière d'Arques fut franchie, et le village de la Barre, qui couvre le château de Dieppe, fut enlevé. Mais les tentatives dirigées contre cette dernière ville furent repoussées; une partie du secours promis au Roi par Élisabeth venait aussi de le rejoindre : douze cents Écossais avaient débarqué dans le port de Dieppe; un autre corps allait les suivre. D'autre part, le comte de Soissons et le maréchal d'Aumont s'avançaient à grandes journées, à la tête des armées réunies de Picardie et de Champagne. Mayenne allait se trouver à son tour dans une situation assez périlleuse, et, n'osant l'affronter avec ses troupes découragées, il s'éloigna de Dieppe. Le Roi crut d'abord qu'il allait combattre le comte de Soissons, et se hâta de marcher sur ses traces, moins peut-être pour dégager l'armée de secours que par crainte de voir son turbulent cousin combattre et vaincre sans lui. Mais le duc, tournant au nord, s'enfonça en Picardie, afin de faire exécuter le traité récemment conclu par son parti avec le roi d'Espagne, et de hâter l'arrivée des régiments promis par ce prince, en faisant remettre à ses officiers les places qui devaient lui être cédées. Le Roi ne le suivit pas, reprit Eu et Gamaches, où il rallia les troupes de d'Aumont et du comte de Soissons; puis, renforcé d'un nouveau contingent anglais, il descendit rapidement sur la vallée de la Seine, et passa cette rivière à Meulan ; le 1er novembre, il enleva tous les faubourgs de la capitale sur la rive gauche.

Ce coup de main causa une profonde stupeur dans Paris. Lorsque Mayenne en était parti, trois mois plus tôt, on louait déjà des fenêtres pour voir passer le Béarnais chargé de chaînes, et voici que le Béarnais reparaissait, non pas captif, mais à la tête de ses soldats victorieux. Le Roi cependant

Marche habile sur Tours. Progrès des affaires du Roi.

n'avait ni les moyens ni l'intention d'attaquer sérieusement la grande ville : il avait tenu à se montrer au cœur du royaume et à donner ainsi une preuve éclatante de ses derniers succès ; il dut s'éloigner (14 novembre) dès que Mayenne rentra dans Paris ; mais il fut assez heureux et assez habile pour ôter à son départ toute apparence fâcheuse, en dirigeant vers Tours la marche de son armée. C'est dans cette ville qu'avait été transféré le siège du parlement ; là se trouvaient réunis les membres des cours souveraines qui avaient pu ou voulu quitter Paris, et il était essentiel que le nouveau Roi s'entendît avec les dépositaires fidèles de son autorité. Tirer ainsi parti d'un mouvement rétrograde, rattacher une retraite nécessaire à l'ensemble des opérations qui doivent conduire au but, c'est résoudre un des problèmes les plus difficiles de la politique comme de la guerre.

L'armée royale ne resta pas inactive pendant l'hiver de 1589 à 1590. La Ligue perdit un grand nombre de places en Touraine et en Normandie ; ses chefs étaient paralysés par des dissensions devenues publiques, et qui discréditaient leur cause :

> A tant de roitelets ensemble
> Six Frances ne suffiraient pas [1].

[1]. *Hymne du clergé de Tours.*

L'opinion, au contraire, devenait plus favorable au Roi : il était peu connu au nord de la Loire avant son avènement; on savait vaguement qu'il avait assez bien fait la guerre en Gascogne ; mais tout au plus passait-il pour un bon capitaine de carabins; le résultat de sa première campagne eut tout l'éclat d'un succès inattendu, et frappa les esprits non moins vivement que ses qualités aimables et brillantes charmaient les cœurs. On prenait confiance dans ce roi-soldat, « le prince des gens d'armes ». Déjà un vague instinct le désignait au peuple comme celui qui seul pouvait mettre un terme aux maux de la patrie, et le choriste de Saint-Martin de Tours ne croyait ni si bien répondre au sentiment public ni prédire si juste, lorsque, dans son enthousiasme royaliste et national, il terminait ainsi son hymne célèbre.

> Quand tu auras fini la guerre,
> Le bœuf ira fendre la terre,
> Le marchand ira voyager,
> L'artisan ouvrira boutique,
> Le procureur aura pratique
> A chaque tour de messager.
> O Henry, prince des gens d'armes,
> Fais pendre aux râteliers les armes,
> Donne la paix en ta saison;
> Fais, durant ton règne paisible,
> Qu'aux gens de bien il soit loisible
> Vivre en repos en leur maison.

Efforts des ligueurs et de leurs alliés. Bataille d'Ivry (14 mars 1590).

C'était maintenant aux ligueurs à demander partout du secours : le pape, le duc de Lorraine furent vivement sollicités, et de nouvelles concessions furent faites à l'avide Philippe II. Le pontife répondit le premier par l'envoi d'un large subside ; l'armée de l'Union put reprendre la campagne. Il devenait urgent de faire un effort pour arrêter les progrès du Roi ; car le cercle de ses conquêtes se resserrait autour de Paris. Cependant la première tentative ne réussit pas : Mayenne essaya vainement de reprendre Meulan. Ce coup manqué, il remonta vers le nord, rallia un détachement espagnol que le comte d'Egmont amenait des Pays-Bas, puis un contingent fourni par le duc de Lorraine, et, ainsi renforcé, revint offrir le combat au Roi. Celui-ci assiégeait Dreux, lorsqu'il apprit que l'ennemi avait passé la Seine à Mantes et marchait contre lui avec dix-sept mille hommes. Il lève aussitôt le siège et traverse l'Eure à Nonancourt, pour faire le tour de la forêt qui est au nord de cette ville.

Le 12 mars 1590 au soir, Henri IV avait dessiné lui-même son ordre de bataille, et l'avait expliqué à ses principaux officiers, comptant en venir aux mains dès le lendemain ; mais, le 13, les deux armées se trouvèrent en présence trop tard pour que l'action s'engageât. Le 14, au lever du jour, le Roi s'avança avec son armée pour reconnaître la position des ligueurs ; voyant qu'ils restaient immobiles, il « résolut de faire le voyage entier, en bonne intention de leur en faire payer la dépense »[1].

Il avait depuis longtemps reconnu les inconvénients des lignes longues et des masses peu maniables. Suivant des principes bien adaptés à la nature des armes employées alors et à la manière de combattre, il avait subdivisé ses troupes, infanterie et cavalerie, en fractions plus ou moins fortes, rangées chacune en ordre profond, qui, se prêtant un mutuel appui, pouvaient se rallier plus facilement, et mieux résister à l'entraînement d'une déroute. Si nous voulons chercher une comparaison dans la tactique moderne, imaginons une ligne de bataillons en masse entremêlés de régiments de cavalerie en colonnes serrées, et nous aurons une idée de l'ordre de bataille adopté par Henri IV à Ivry. En somme, c'étaient des dispositions analogues à celles qui lui avaient si bien réussi à Coutras. Seulement, cette fois, bien qu'il eût encore trois ou quatre mille hommes de moins que son adversaire, il avait formé une réserve, qui comprenait la plus grande partie de son infanterie,

[1]. *Discours véritable de la victoire obtenue par le Roy en la bataille d'Évry;* Tours, MDLXXXX.

et qu'il avait confiée au plus expérimenté de ses capitaines, au maréchal de Biron. Enfin son artillerie avait conservé sa supériorité; elle était plus nombreuse et mieux servie; ce fut encore elle qui engagea l'action.

L'aile droite des ligueurs ne peut supporter longtemps ce feu bien dirigé : elle cherche à s'y soustraire en courant à l'ennemi. Elle est repoussée, mise en déroute, et les fuyards, revenant sur le centre, y causent quelque émotion. Cependant le vaillant comte d'Egmont répare cet échec par une charge des plus brillantes. Si Mayenne l'avait soutenu, la journée était peut-être à lui; mais, occupé qu'il était à rétablir l'ordre dans son centre ébranlé, il perdit cet instant favorable, cette occasion qu'à la guerre surtout il faut saisir par les cheveux, et qui échappe pour toujours à qui l'a une fois manquée[1]. Le Roi eut le coup d'œil plus prompt et plus juste. Il avait laissé passer les escadrons espagnols; quand il vit d'Egmont s'arrêter devant l'imposante réserve de Biron, il laissa à d'autres le soin de défaire cette troupe épuisée, et fondit à son tour sur Mayenne. La valeur entraî-

---

1. Calvus, comosa fronte, nudo corpore,
Quem si occuparis teneas, elapsum semel
Non ipse possit Jupiter reprehendere.
(Phœdrus, l. v, f. 8.)

nante de Henri eut en cette rencontre le même succès qu'à Coutras, et, quand la fumée et la poussière, se dissipant après la mêlée, laissèrent voir son panache qui flottait en avant de tous, l'armée, remplie d'admiration, le salua d'un grand cri de : « Vive le Roi! » La bataille était gagnée.

Le Roi passa l'Eure à Anet avec sa cavalerie, suivit Mayenne jusqu'aux portes de Mantes, et coucha à Rosny. De son côté, Biron, resté à la tête de l'infanterie, arriva sur le soir devant Ivry; les barricades que les fuyards avaient élevées à la hâte furent forcées, et tout ce qui s'y trouvait fut pris. Les lansquenets, coupables de la trahison d'Arques, furent passés par les armes. Mais deux régiments suisses, Pfiffer et Berlinger, qui, par contravention à la paix perpétuelle, avaient combattu pour l'Union, furent reçus à quartier par le Roi et reconduits avec égards dans leurs cantons. Ce bon procédé toucha profondément les Suisses, qui s'en montrèrent toujours reconnaissants.

Les ligueurs avaient perdu près de quatre mille hommes tués, un plus grand nombre de prisonniers, leurs canons, leurs bagages et beaucoup de drapeaux. Il ne manquait pas plus de cinq cents hommes à l'armée royale.

La route de Paris était libre; le vainqueur la suivit assez lentement. D'abord, par la prise de Blocus de Paris levé par le duc de Parme (septembre 1590).

Vernon et de Mantes, il compléta l'occupation des cinq ponts qui traversaient la Seine entre Rouen et la capitale; puis, faisant le tour par Chevreuse, il alla s'emparer de Corbeil, de Lagny, de Melun, et termina l'investissement de Paris (avril et mai 1590). Le blocus fut assez mollement conduit : le Roi y apportait une douceur qu'on a souvent niée; mais une lettre, où Élisabeth lui reproche en termes assez vifs sa clémence intempestive, lève tous les doutes à cet égard. Cependant, malgré la longanimité de l'assiégeant, le fanatisme et la fermeté de l'assiégé, la lutte était près de finir, quand le duc de Parme parut avec l'armée espagnole des Pays-Bas (fin d'août). Le Roi quitte ses lignes et marche au-devant de lui; l'escarmouche s'engage près de Claye; l'ennemi semble avoir accepté la bataille pour le lendemain; tout était prêt pour la livrer. Mais le duc de Parme, dérobant sa marche, file entre la Marne et les hauteurs, et, tandis que son adversaire, après l'avoir attendu dans la plaine, se heurte au camp retranché où il a laissé une partie de son armée, Farnèse enlève le poste important de Lagny (5 et 6 septembre); le blocus est levé, et le secours de Paris assuré.

Difficultés de la situation du Roi. Il fait face à tout. — Il semble que Henri IV eût entrepris l'œuvre de Pénélope : après chaque succès, des difficultés nouvelles lui en font perdre le fruit. Vainqueur à Ivry, il presse le siège de Paris; la ville est aux abois, quand le duc de Parme la délivre. Bientôt ce grand capitaine est rappelé dans les Pays-Bas par les progrès des Hollandais; le Roi rallie son armée, suit vivement la retraite des Espagnols (novembre et décembre), culbute plusieurs fois leur arrière-garde, puis revient assiéger Chartres : l'avantage est de nouveau pour lui. Mais la longue résistance de Chartres et le débarquement des Espagnols en Bretagne compromettent encore sa cause. Puis ce sont les Suisses qui ne veulent plus marcher si on ne les paye, Élisabeth qui exige des ports de mer en échange de nouveaux secours, les catholiques qui réclament la conversion du Roi, les protestants qui se plaignent de n'être pas protégés. Il fallait relever les courages, contenter les uns, rassurer ou réprimer les autres, ménager ses alliés, s'en tirer avec peu d'argent et sans sacrifier aucun intérêt national. Henri suffisait à tout, à la guerre et aux négociations, aux grandes et aux petites affaires. Prenait-il une mesure importante et favorable aux réformés, lorsque, par exemple, en juillet 1591, il rapporta officiellement l'édit de juillet et les autres édits de persécution, il avait soin de faire concourir son cousin le cardinal de Bourbon[1]

---

1. C'était le troisième fils de Louis Ier, prince de Condé Nous avons déjà dit qu'il avait été élevé dans la religion catho-

et d'autres seigneurs catholiques à cet acte si simple et si équitable au fond, mais si délicat dans la situation du Roi ; de longues dépêches l'expliquaient à Nevers, à Montmorency, aux principales villes du royaume. Sa plume était aussi active que son épée. La collection de ses lettres est pleine de charmants billets, adressés à des gentilshommes dont les noms sont à peine connus, soit pour les convoquer aux prises d'armes, soit, ce qui était plus épineux, pour réclamer leur assistance pécuniaire, et il mettait dans cette correspondance une verve, une bonne grâce qui n'ôtaient rien à la dignité du commandement. L'opinion publique, déjà puissante, déjà avide de nouvelles, n'était pas négligée : tous les deux ou trois mois, une petite publication sous le titre de « Discours... Récit véritable... Relation de tout ce qui s'est passé en l'armée du Roy », était répandue avec profusion, faisait connaître les noms des villes prises, présentait sous un jour favorable les mouvements des armées, l'état des négociations avec le pape ou avec d'autres, et rendait

lique. Entré dans les ordres et revêtu de la pourpre, il fut d'abord appelé cardinal de Vendôme. Mais il venait de prendre le nom de cardinal de Bourbon depuis la mort de son vieil oncle, « le roi de la ligue » (9 mai 1590). Ajoutons que ce dernier, vers la fin de sa vie, avait tout à fait abandonné les idées chimériques dont on avait rempli sa faible tête, et qu'il n'appelait jamais Henri IV que « le roi mon neveu ».

la confiance aux amis du Roi dans les circonstances critiques.

Ce fut ainsi qu'à force d'activité, de patience et d'adresse, Henri parvint à relever sa fortune, à rallier son parti, et qu'à la fin de l'année 1591, il se trouva en mesure d'entreprendre une opération importante. Tandis que Mayenne était retenu à Paris par sa lutte avec les Seize, le Roi commençait le siège de Rouen (décembre 1591). Il était à la tête de la plus belle armée qu'il eût encore réunie : elle montait à plus de vingt-cinq mille hommes. Ce n'était pas trop ; car la place était bonne, la garnison nombreuse, bien commandée par Villars, et énergiquement secondée par la population. Le siège durait depuis plusieurs mois, lorsque le Roi apprit que Mayenne avait enfin fait comprendre au duc de Parme la nécessité de sauver Rouen à tout prix : trente mille Espagnols et Français ligueurs venaient d'arriver sur la Somme. Rouen cependant était aux abois ; Henri ne put se décider à perdre le fruit de tant d'efforts : il laissa toute son infanterie devant la place sous les ordres de Biron, et partit avec son excellente cavalerie, espérant ralentir assez l'ennemi pour donner à son lieutenant le temps d'achever sa conquête. Mais il avait affaire à un rude jouteur : trop confiant dans la valeur de sa troupe, et ne faisant pas assez de compte du bel

Siège de Rouen, commencé en décembre 1591, et levé par le duc de Parme en avril 1592.

ordre dans lequel le duc de Parme tenait toujours son armée, il s'engagea imprudemment auprès d'Aumale (5 février 1592), fut blessé, et faillit être pris dans une retraite précipitée. La fortune cependant le servit mieux que son habileté : malgré le mauvais succès de ses tentatives, il vit l'armée ennemie, paralysée par les dissensions de ses chefs, se replier sur la Somme. Toutefois les divisions n'étaient pas moindres dans l'armée royale; en l'absence du Roi, elles devenaient funestes : le jour où les régiments huguenots étaient de tranchée devant Rouen, les catholiques les laissèrent écraser par une sortie de la garnison. A son retour, Henri, dont la blessure n'avait pas diminué l'activité, répara cet échec. Le siège était poussé avec une nouvelle vigueur, lorsque le duc de Parme reparut. Le Roi crut un moment qu'il pourrait lui barrer le passage et le contraindre enfin à livrer bataille; mais il ne réussit pas mieux que devant Paris : Farnèse l'amuse avec sa cavalerie, et entre dans Rouen (20 avril). La position n'était plus tenable : cette campagne d'hiver avait épuisé les ressources de tous ceux qui servaient auprès du Roi; depuis quelque temps déjà, les rangs de son armée se dégarnissaient tous les jours : ce dernier échec fut le signal d'une désertion générale. Resté seul avec un petit corps de troupes régulières et quelques gentilshommes, Henri dut se retirer rapidement sur Pont-de-l'Arche. Le duc de Parme ne le suivit pas : toujours circonspect, il voulut avant tout s'établir solidement sur la basse Seine et mit le siège devant Caudebec, qui ne devait guère l'arrêter; mais il reçut, durant cette opération, une blessure grave qui le força de remettre le commandement à Mayenne.

Celui-ci, confondant la lenteur avec la méthode, resta quelque temps inactif; il n'avait pas quitté son insignifiante conquête, lorsqu'il apprit à sa grande surprise que Henri IV venait de reparaître à Yvetot (20 avril); l'armée royale était plus nombreuse que celle qui s'était séparée dix jours auparavant. La noblesse avait eu honte d'abandonner son vaillant chef dans une conjoncture aussi critique : elle était revenue en foule pour l'aider à sortir de ce mauvais pas. Bientôt les ligueurs sont poussés sur la Seine et resserrés dans le fond du pays de Caux; les vivres leur manquaient; Mayenne ne savait que faire : il fallut aller chercher des inspirations et des ordres auprès du lit de douleur où le duc de Parme était cloué par sa blessure. Mais la fièvre qui le dévore n'a pas abattu les forces de sa grande âme : il sème adroitement le bruit qu'il est décidé à engager une action générale, et qu'au moins avec sa cavalerie il s'ouvrira

Retour offensif du Roi. Belle retraite du duc de Parme. Sa mort.

le chemin de Flandre; cependant il prépare une de ces surprises, disons mieux, une de ces leçons que lui seul savait à donner à Henri IV. Le 21 mai, au point du jour, le Roi découvrit l'armée ennemie en bataille sur la rive gauche de la Seine. Tout avait été conduit avec tant de mystère, de prévoyance et d'habileté, que le passage de cette large rivière avait été exécuté dans cette seule nuit, sans que rien l'eût annoncé la veille, et les dispositions étaient si bien prises, que l'arrière-garde même ne put être entamée. Henri voulait marcher rapidement sur Pont-de-l'Arche pour y traverser la Seine, devancer l'ennemi sur l'Eure et lui fermer le chemin de Paris. Les résistances qu'il rencontra autour de lui, peut-être aussi une secrète hésitation, la crainte de se trouver encore une fois le jouet de quelque impénétrable combinaison, lui firent abandonner ce plan. Il se décida à laisser libre la route de Paris, et tâcha seulement d'intercepter celle de Bruxelles. Il n'y réussit pas davantage : l'armée espagnole regagna tranquillement la frontière. La litière où gisait Farnèse expirant emportait le plus redoutable adversaire de la cause royale, celui dont l'habileté pouvait seule balancer la fortune du Béarnais, son maître, il faut le dire, dans plusieurs parties essentielles du grand art qui décide du sort des empires.

Henri IV savait admirablement la guerre, telle qu'on la faisait de son temps et dans son pays. En tactique, il était créateur : pour ranger ses troupes et s'en servir sur le terrain, il était sans rival alors, et, dans la direction générale des opérations, il avait souvent des inspirations de grand capitaine; mais il n'essaya jamais ces combinaisons de mouvements qui préparent, retardent ou amènent les batailles : la stratégie lui était inconnue. Il était réservé à d'autres de pénétrer et de révéler les secrets de cette science, qui de tout temps n'a été accessible qu'à un petit nombre de grands esprits, qui avait déjà inspiré un Annibal, un César, mais qui avait disparu avec la légion romaine. Toutefois les hommes de premier ordre qui, à cette époque, se succédèrent à la tête des armées espagnoles, semblaient avoir retrouvé les rudiments de cette « partie divine[1] » de l'art militaire, et pendant longtemps ils eurent comme le monopole de la stratégie. Nous aurons à parler plus en détail de cette grande école de guerre qui commence avec Pescaire et qui finit avec les vieux *tercios* dans les plaines de Rocroi et de Lens : qu'il nous suffise de dire que Henri IV, très supérieur à tous les capitaines français de cette époque, ne sut faire échouer

---

1. *Mémoires* de Napoléon.

aucun des plans du duc de Parme. Peut-être, dans une lutte plus prolongée, la puissance de son esprit l'aurait-elle initié à la méthode de son rival ; peut-être aussi Farnèse, dans un jour de bataille, aurait-il pu difficilement résister aux promptes résolutions, à la vigueur de son adversaire. L'Espagne et la Ligue n'en avaient pas moins perdu leur plus vaillant champion ; pourtant il restait encore au Roi de sérieux obstacles à surmonter.

Tiers parti ; états de la ligue. Abjuration de Henri IV (juillet 1593).

Trois ans s'étaient écoulés depuis qu'il avait promis de se faire instruire dans la religion catholique, et rien n'indiquait encore qu'il se préparât à remplir cet engagement. La situation où il s'était trouvé, l'importance et l'activité des opérations militaires avaient jusqu'alors suffisamment expliqué ce retard ; mais la guerre avait récemment changé de caractère. Le Roi avait remporté d'éclatants succès ; aucune grande armée ne tenait plus la campagne contre lui ; rien ne semblait plus s'opposer à ce qu'il tînt sa promesse ; cependant il l'éludait toujours : il avait des ménagements à garder avec Élisabeth et les protestants ; il voulait faire de son abjuration la condition d'un accommodement avec la cour de Rome, qui ne cherchait guère à aplanir les difficultés ; enfin il hésitait à accomplir un acte toujours très pénible lorsqu'il n'est pas le résultat d'une forte conviction. Cette indécision redoublait l'ardeur de ses ennemis, arrêtait les adhésions nouvelles, décourageait, divisait ses anciens partisans. On se plaignait avec aigreur de son obstination, qui prolongeait la guerre et les maux de la patrie; on doutait de sa loyauté. Ceux du clergé et de la noblesse catholique qui s'étaient déjà réunis à lui ne cachaient pas leur mécontentement. Un tiers parti, formé de prélats et de seigneurs royalistes, se groupait autour des cousins de Henri IV, le cardinal de Vendôme et le comte de Soissons, l'un médiocre et intrigant, l'autre brave, intelligent, mais d'un caractère inquiet, turbulent, et qui, d'ailleurs, avait contre le Roi de justes sujets de plainte. L'objet avoué de ce tiers parti était d'élever un de ces princes au trône, si l'aîné de leur maison ne rentrait promptement dans le giron de l'Église. Enfin les députés des villes et des provinces appelés à Paris par Mayenne s'y réunissaient pour procéder à l'élection d'un roi. La *Satyre Ménippée* a livré les états de la Ligue à un immortel ridicule; mais, quelque décriée que fût cette assemblée et qu'elle méritât de l'être, elle décida la conversion de Henri IV : il ne le cache pas dans ses dépêches. Il sentait que tout prince, proclamé avec une apparence de légalité, pourrait, dans ce moment de lassitude et de doute, rallier autour de lui une grande partie de la nation, et, pour ôter tout prétexte à cette élection, il entra en conférence avec les théologiens catholiques. Après des discussions très sérieuses et beaucoup plus approfondies que ne le ferait croire une plaisanterie devenue proverbiale[1], il abjura le 25 juillet 1593 entre les mains de l'archevêque de Bourges. La Ligue avait reçu le coup de grâce. Peut-être eût-il été possible d'abréger son agonie, si le Roi s'était prêté à traiter avec son chef comme de puissance à puissance; mais, inspiré par son admirable bon sens, il s'y refusa toujours. « J'ayme beaucoup mieux, écrivait-il à Rosny, qu'il m'en couste deux fois autant en traictant séparément avec chaque particulier, que de parvenir à mesmes effects par le moyen d'un traicté général faict avec un seul chef, qui peust par ce moyen entretenir toujours un parti formé dans mon Estat[2]. »

Entrée du Roi à Paris (mars 1594). Nous n'avons pas à faire l'histoire de ces divers traités particuliers, triste histoire, d'ailleurs, et qui appartient à tous les temps : nous dirons seulement que les négociations qui devaient ouvrir au Roi les portes de Paris durèrent plusieurs mois. En vain avait-on changé le gouverneur de la ville et remplacé Belin, dont on se méfiait, par Brissac, que d'anciens engagements liaient à la maison de

. « Paris vaut bien une messe. »
2. Lettre du 8 mars 1594.

Lorraine ; en vain avait-on persécuté les magistrats, renforcé la garnison étrangère, enflammé l'imagination du peuple par la prédication la plus passionnée : rien n'arrêtait les progrès des serviteurs du Roi, ni la dissolution du parti ligueur. Brissac fit son traité sans y mettre beaucoup de mystère ; plusieurs milliers d'individus étaient dans le secret ; des indices certains éclairaient le légat, le duc de Féria et les autres meneurs sur ce qui se passait ; mais il est des événements devenus nécessaires que tout le monde prévoit, dont l'heure est en quelque sorte marquée d'avance, et dont rien n'empêche l'accomplissement. Il faut lire dans l'Estoile le récit de cette nuit décisive du 23 mars 1594. On suit avec anxiété cette ronde d'officiers espagnols qu'une différence de quelques minutes, une distance de quelques pas, pouvaient rendre fatale. On partage les émotions de ces honnêtes bourgeois sortis de leurs maisons pleins de courage, mais dont la résolution s'évanouit à la moindre alerte : on les voit se rencontrer en silence, s'effrayer de leur propre audace quand ils distinguent sur la poitrine de leur voisin l'écharpe blanche qu'ils portent eux-mêmes, cacher ces couleurs proscrites avec une comique terreur, et se réjouir, en grelottant, du froid brouillard qui les protège. Enfin le cri de » Vive le Roi ! » poussé aux barrières, rassure les politiques inquiets et réveille les ligueurs. A quatre heures du matin, Henri IV était entré dans Paris par la Porte-Neuve, qui avait vu fuir le dernier des Valois. Brissac l'y attendait avec le prévôt des marchands, Luillier. Quand ce dernier s'avança pour remettre au Roi les clefs de la ville, Brissac lui dit en raillant : « Allons, Monsieur le prévôt, il faut rendre à César ce qui appartient à César. — Le lui rendre, Monsieur, répliqua froidement le prévôt, mais non pas le lui vendre. » Les rieurs ne furent pas du côté de Brissac. Luillier avait raison : les seigneurs, les hommes haut placés se vendaient au Roi ; les simples gentilshommes, les bourgeois se donnaient à lui sans faire de marché. Henri cependant fit semblant de ne pas entendre, et, passant son écharpe au cou de Brissac, le salua maréchal de France. Les étrangers surpris ne combattirent pas ; un seul corps de garde de lansquenets, ayant refusé de poser les armes, fut taillé en pièces ; le Roi le regretta : il eût voulu que pas une goutte de sang ne fût versée en ce beau jour. Les troupes royales occupèrent la ville sans désordre, sans pillage ; on ne fit même pas d'arrestations ; seulement une centaine d'individus reçurent l'ordre de quitter Paris. Le Roi ne s'attachait qu'à effacer le souvenir d'une aussi longue lutte ; et le sentiment du peuple répondait au sien ; car, le soir même de son entrée, lorsqu'il sortit de Notre-Dame, la foule qui couvrait le parvis et les quais l'accueillit par d'immenses acclamations : il semblait que tout le monde eût oublié ce qui existait la veille et ce qui s'était passé depuis vingt ans.

La soumission de Lyon avait précédé la révolution de Paris; celle de Rouen suivit presque immédiatement; bientôt le Roi eut reconquis la plupart des grandes villes, la plupart des hommes importants de son royaume. Le duc de Lorraine avait fait la paix, Guise sa soumission. Quelques villes du Midi tenaient encore pour la Ligue; mais on peut dire que la guerre civile avait cessé; c'est la guerre étrangère seule qui continuait en Bretagne et sur les frontières : Mayenne et Mercœur n'étaient plus que les lieutenants de Philippe II. Battu devant Laon, Mayenne gagna la Franche-Comté, où le connétable de Castille venait d'amener une partie de l'armée d'Italie; les Espagnols de ce côté furent maîtres de la campagne; les efforts de deux braves gentilshommes lorrains, Tremblecourt et d'Haussonville, que Henri IV avait pris à sa solde, ne purent arrêter leurs progrès, et la petite armée de Bourgogne, commandée par Biron, était sérieusement menacée, lorsque survint le Roi. Il se rendait à Lyon, où il promettait depuis plusieurs mois sa visite et où il avait donné rendez-vous à

Soumission de Lyon et de Rouen. Guerre sur les frontières. Combat de Fontaine-Française (juin 1595). A Dijon, le connétable remet au Roi un placet en faveur de la princesse de Condé.

Montmorency, récemment élevé à la dignité de connétable. Apprenant ce qui se passe à la frontière, il y court, se trouve bientôt en présence des ennemis à Fontaine-Française, les attaque, « à peine armé », avec la plus audacieuse valeur, et « par ce coup hasardeux, les reschasse en leur Comté »[1] (5 juin 1595). Peu de jours après, le connétable arrivait à Dijon, et, après avoir prêté entre les mains du Roi le serment de son office, il lui remit un placet en faveur de sa nièce, veuve du dernier prince de Condé[2].

Le moment était bien choisi pour recommander cette princesse à la justice et à la bonté de Henri IV ; il est probable que la démarche de Montmorency, homme particulièrement prudent et égoïste, avait été concertée avec le Roi et approuvée par lui.

Naissance du troisième prince de Condé, Henri II de Bourbon, le 1er septembre 1588, à Saint-Jean-d'Angely. Longue détention de sa mère. Animosité de sa famille.

Nous avons raconté la mort mystérieuse du second prince de Condé; nous avons dit quels soupçons s'étaient élevés contre Charlotte de la Trémouille, sa veuve, quel fut à cet égard le sentiment de Henri IV, enfin comment les poursuites intentées à la princesse furent interrompues sur la déclaration de sa grossesse. Environ six mois après

1. Henri IV au connétable; seconde lettre du 8 juin 1595.
2. La mère de cette princesse, Jeanne de Montmorency, étai une sœur du connétable.

la mort de son mari, le 1ᵉʳ septembre 1588, elle avait donné le jour à un fils qui reçut le nom de son père et du glorieux chef de sa maison. Malgré les phénomènes d'heureux augure qui, au dire d'un grand historien[1], accompagnèrent la naissance de Henri de Bourbon, troisième prince de Condé, il n'eut d'abord d'autre demeure que la prison où sa mère était détenue, à Saint-Jean-d'Angely, sous la garde de Saint-Memme. L'instruction commencée n'avait pas été reprise ; les commissaires chargés de la diriger avaient été dispersés par les incidents de la guerre civile, et le parlement de Tours, arrêté par des ordres royaux, n'osait évoquer la cause. L'affaire resta ainsi oubliée pendant plusieurs années : la princesse demeurait captive, ne pouvant obtenir ni un jugement ni sa mise en liberté, assez rudement traitée par tout le monde, et s'adressant en vain à sa famille, aux seigneurs ses voisins, à tous les individus de quelque importance que le hasard amenait de loin en loin dans cette petite ville. Son frère, le duc de Thouars, n'avait pu lui refuser une visite et une promesse d'appui ; mais, bien qu'elle le fît stimuler par sa mère, il avait borné l'emploi

1. On remarqua que le tonnerre avait grondé sans que la sérénité du ciel en fût troublée, *et coruscationes lœti ominis visœ*. (Thuanus, xc, 6.)

de son autorité à un petit coup d'État ecclésiastique : la princesse avait été outrageusement exclue de la cène par les ministres ; Claude de la Trémouille l'y fit admettre, ce qui donna lieu à une vive protestation. Elle put aussi voir au passage son cousin, le duc de Bouillon, un jour qu'il se rendait dans le Midi ; mais elle eut beau lui rappeler cette entrevue, elle ne reçut que de vagues assurances de secours. Les lettres fort humbles qu'elle écrivait à son oncle Montmorency, au duc d'Épernon, qui résidait tout près d'elle, étaient restées sans résultat[1]. Parents et grands seigneurs, tous réservaient leur influence pour quelque objet qui les touchât plus directement. Ce fut un étranger, un magistrat, personnage éminent d'ailleurs et homme de bien par excellence, le président J.-A. de Thou[2], qui seul s'intéressa à cette cause abandonnée.

En 1589, de Thou se rendait en Allemagne avec Schomberg, chargé d'une mission par le Roi; la position des armées ennemies le força de faire un détour qui le conduisit à Saint-Jean. La princesse captive, ne pouvant ni donner ni de-

---

1. Lettres de la princesse à sa mère *(Archives du château de Serrent)*, aux ducs de Bouillon, d'Épernon et de Montmorency *(ms. Conrart)*. Voyez *Pièces et Documents,* n° XIII. — Protestation du ministre Damours *(Véritable discours,* publié par M. Halphen, Paris, 1861).

2. L'historien.

mander une audience officielle, envoya vers les voyageurs sa fille Éléonore, avec son fils, qui n'avait pas un an, et les fit prier d'accorder leur protection à ces enfants[1]. Le digne président fut très ému de la visite; il promit de faire tous ses efforts pour procurer un sort meilleur à ces rejetons de la race royale; mais les circonstances l'empêchèrent longtemps de témoigner sa bonne volonté. Henri III était mort; son successeur était mal disposé pour la princesse, et de plus graves affaires absorbaient ses soins. Cependant Henri IV ne semblait pas contester la légitimité du jeune prince : il consentit à lui servir de parrain, et lui accorda indirectement le titre de gouverneur de Guyenne, dont lui-même avait été revêtu avant son avènement[2]. Cette reconnaissance implicite était insuffisante : il était évident qu'une sentence rendue contre la princesse pouvait atteindre les droits de son enfant; tant que l'innocence de la mère n'était pas officiellement proclamée, la situation du fils restait incertaine et précaire. Aussi,

1. J.-A. *Thuani commentarii de vita sua.*
2. Il n'y eut pas alors de lettres de provision en faveur du jeune prince; mais, par lettre du 28 juillet 1590, le Roi annonça au maréchal de Matignon qu'il lui envoyait les pouvoirs de son lieutenant général en Guyenne, « en l'absence de son cousin, le prince de Condé, laquelle ne sauroit durer moins d'une vingtaine d'années ».

dès qu'un peu de calme fût rétabli, dès que l'autorité du Roi fut mieux assise, après sa conversion et la soumission de Paris, les attaques contre Condé et sa mère recommencèrent avec une nouvelle fureur. Les frères du feu prince se montraient surtout acharnés contre sa veuve et son fils. On pressait le Roi d'en finir, de faire juger la mère et de rejeter l'enfant de la succession : « Mes frères et moi, disait le cardinal de Bourbon[1] à Sully, nous croyons en conscience qu'il n'est pas de race royale »; et il ajoutait que le Roi devrait se hâter « de donner des enfants au royaume ». Ainsi, pour frapper encore plus l'esprit déjà prévenu de Henri IV, on rattachait cette affaire à une question qu'il avait alors fort à cœur, celle de son « démariage »; c'est, en effet, vers cette époque que commencèrent, tant auprès du saint-siège qu'auprès de la reine Marguerite elle-même, les négociations dont l'objet était de rompre une stérile et malheureuse union. Le Roi n'inclinait que trop dans le sens des accusateurs de la princesse de Condé; il accueillit avec faveur le nouvel argument qu'on lui fournissait pour faciliter son divorce. Mais le pape, qui avait jusqu'alors refusé

1. En 1594, peu avant sa mort. Nous ajouterons que Sully, très passionné contre Condé, n'est jamais, en ce qui le concerne, un témoin très digne de foi.

de lui donner l'absolution, voulait encore bien moins entendre à rompre son mariage. Quant à la reine Marguerite, si elle avait trop besoin de l'indulgence et des bonnes grâces de son mari pour lui résister ouvertement, elle essayait cependant de retarder ce divorce, qui, dans les circonstances présentes, eût assuré le triomphe de Gabrielle; elle cherchait des moyens dilatoires et ne consentait qu'à demi; fort peu patriote, nullement jalouse, obéissant à un pur instinct de vanité, elle rendait, à son insu, un éminent service à son époux et à la France.

Cependant les périls qui entouraient le Roi semblaient, malgré ses victoires, augmenter chaque jour. Sa vie, qu'il exposait sans cesse sur les champs de bataille, était encore menacée par les implacables rancunes qu'avaient créées la guerre civile et les passions religieuses. Les plus grands services rendus à la patrie, le plus rare mérite ou les vertus les plus respectables ne suffisent pas toujours à désarmer les fanatiques. Déjà Barrière (août 1593) et Châtel (décembre 1594) avaient cherché à tuer le Roi; ce dernier l'avait grièvement blessé; on s'attendait à voir renouveler d'exécrables tentatives. L'épée d'un cavalier espagnol ou le couteau de quelque endurci ligueur pouvait replonger la France dans un abîme de maux. Que

De Thou obtient du Roi qu'il reconnaisse le jeune prince et le fasse élever dans la religion catholique.

ne devait-on pas craindre, si la couronne venait à échoir à un enfant à peine connu, élevé dans la religion protestante, et dont les droits étaient contestés? D'autre part, le pape refusait péremptoirement de donner l'absolution au Roi, tant que l'héritier apparent du trône n'appartiendrait pas à la communion catholique. L'accord avec la cour de Rome était impatiemment attendu; il était regrettable de le voir ainsi différé; c'était une source de difficultés nouvelles pour le Roi. Le parlement même se montrait soupçonneux et mécontent : en janvier 1595, le Roi ayant, par un acte spécial, confirmé et étendu les provisions de l'article 19 de l'édit de pacification de 1577, qui admettait les réformés aux charges publiques, l'enregistrement de l'ordonnance rencontra une vive opposition. Cette circonstance permit à de Thou de servir utilement ses illustres clients. Jusqu'alors, il n'avait pu tenir qu'imparfaitement l'engagement qu'il avait pris avec la princesse; non par manque de courage, car, bravant la colère des princes et le mécontentement du Roi, il n'avait cessé de la défendre; mais ses démarches étaient rendues vaines par des adversaires plus puissants, et il n'avait pu donner de soins efficaces qu'aux intérêts privés des enfants[1]. Or, quand il vit l'embarras où les

1. Le 27 novembre 1594, Henri IV lui écrivait au sujet de

dispositions du parlement jetaient Henri IV, il proposa de faire passer l'édit, si le Roi voulait garantir que le jeune prince serait élevé dans la religion catholique. Henri accueillit cette ouverture avec humeur; puis, songeant à tous les ennuis que cette affaire lui causait à Paris et à Rome, il céda. Les gens du Roi annoncèrent à la cour que le prince de Condé « seroit prochainement retiré des mains de ceux de la religion pour être nourri en la romaine ». Cette déclaration amena l'enregistrement de l'édit; elle assurait aussi la délivrance de la princesse; car reconnaître les droits du fils, c'était proclamer l'innocence de la mère. Il ne restait plus qu'une question de forme à régler : on ne trouva rien de mieux que de faire adresser au Roi une supplique par les parents de la princesse. C'était le placet que le connétable remit à Henri IV dans les premiers jours de juillet 1595.

Les noms qui figuraient au bas de la requête appartenaient à tous les partis : elle était signée par Diane légitimée de France[1], Henri duc de

La princesse de Condé mise en liberté sous caution (juillet 1595).

la tutelle de sa nièce Éléonore, fille aînée de Madame la Princesse.

[1]. Fille naturelle de Henri II, belle-sœur du connétable, veuve de François duc de Montmorency, et ainsi tante de la princesse de Condé.

Montmorency, connétable de France, le comte d'Auvergne[1], le duc de Bouillon[2], Charles de Montmorency[3], Claude de la Trémouille[4], Charles de Cossé-Brissac[5], Jean de Lévis-Mirepoix[6], etc. Le Roi décida que la cause serait renvoyée au parlement de Paris, que la princesse serait tenue de se présenter sous quatre mois devant ladite cour, et que, les signataires de la requête se portant caution pour elle, elle serait mise immédiatement en liberté. Presque au même temps, le Roi donna un

---

1. Charles de Valois, comte d'Auvergne, plus tard duc d'Angoulême, fils de Charles IX et de Marie Touchet, marié en 1591 à Charlotte de Montmorency, fille du connétable et cousine de la princesse.

2. Henri de la Tour, vicomte de Turenne, puis duc de Bouillon, neveu du connétable par sa mère, et cousin de la princesse.

3. Charles de Montmorency, oncle de la princesse et frère du connétable, longtemps connu sous le nom de seigneur de Méru. Il avait pris le titre de baron de Damville depuis que son frère l'avait quitté pour prendre celui de duc de Montmorency. Il fut créé duc de Damville par Louis XIII. Il était amiral de France.

4. Duc de Thouars, frère de la princesse et neveu du connétable par sa mère.

5. Deuxième du nom, pair et maréchal de France, celui qui avait remis Paris au Roi. Charles de Montmorency-Damville avait épousé sa grand'tante : il était ainsi cousin de la princesse.

6. Jean de Lévis, sixième du nom, sieur de Mirepoix. Sa mère, Louise de la Trémouille, était tante de la princesse de Condé.

gouverneur au jeune prince de Condé, et nomma à cet office le marquis de Pisani[1]. Ce choix ne laissait plus de doutes sur les intentions de Henri IV.

Pisani appartenait à la première noblesse de France; il était Vivonne. Depuis longtemps, il exerçait des emplois publics importants : tantôt comme ambassadeur à Rome ou en Espagne, tantôt comme colonel général de la cavalerie légère, à la guerre ou dans les missions diplomatiques, sous les derniers Valois et sous le premier des Bourbons, il avait acquis la meilleure et la plus pure réputation. Catholique exact et sincère, mais royaliste et patriote, il avait des premiers reconnu Henri IV, et, quoique âgé de plus de soixante ans, il continuait de le servir avec l'activité d'un jeune homme. Négociateur loyal et habile, brave soldat, administrateur intègre, cavalier accompli, raffiné sur le point d'honneur, et à ce titre nommé par Brantôme dans son *Discours des Duels*[2], il avait conquis l'estime de Sixte-Quint par son énergie et sa franchise, et Henri IV avait coutume de le citer comme un modèle de l'ancienne valeur fran-

Le marquis de Pisani, nommé gouverneur du jeune prince, l'amène à Saint-Germain (novembre et décembre 1595), où il est déclaré héritier du trône.

---

1. Jean de Vivonne, dit de Torettes, marquis de Pisani, seigneur de Saint-Gouard, chevalier des ordres du Roi, colonel général de la cavalerie légère.

2. Il y est appelé Saint-Gouard : c'est le nom sous lequel il avait été longtemps connu.

çaise[1]. En confiant à un homme de ce rang et de ce caractère l'éducation du jeune prince, le Roi indiquait assez quelle destinée il réservait à cet enfant, et, en effet, le traitement assigné à Pisani fut celui de gouverneur du Dauphin.

Le marquis se rendit à Saint-Jean-d'Angely, pour y prendre charge de son futur élève et de la princesse douairière, jusqu'alors confiés à Saint-Memme ; il devait les ramener aussitôt à la cour. Cependant on craignait que leur départ ne rencontrât quelque résistance. Des troubles assez graves agitaient la Saintonge ; l'établissement de nouveaux impôts, des contestations entre la province et le lieutenant de roi, des violences commises par les catholiques, avaient rallumé un feu à peine éteint : la noblesse des deux religions était en armes[2]. On pouvait croire que les réformés du pays, nombreux et actifs (nous l'avons vu dans les chapitres précédents), profiteraient de cette situation pour tâcher de retenir au milieu d'eux celui que tacitement ils regardaient comme leur chef futur. En effet, les protestants n'avaient pas appris sans émotion que le jeune prince allait être élevé dans la religion catholique ; différentes rumeurs circu-

1. *Antiquæ virtutis Franciæ pro exemplo nobilitati datus.* (Thuanus, CXII.)
2. Lettres de Mornay.

laient à ce sujet parmi eux; on allait jusqu'à dire qu'il serait envoyé au pape « pour ostage de la conversion du Roy ». Le patriarche du parti, Théodore de Bèze, fut consulté : « Faites, conseilla-t-il, toute instance pour qu'on attende que ce tant jeune enfant soit en quelque âge et degré de discrétion et puisse déclarer librement son intention...; remonstrez en toute révérence, mais bien expressément, le tort inexcusable devant Dieu et devant les hommes que Sa Majesté, commandant ou approuvant de telles choses, feroit à soy-mesme, à son sang, voire à tout l'estat de son royaulme... Mais, si tout cela ne peut empescher un tel acte, quelque grief et lamentable qu'il soit, si ne vois-je point qu'on puisse passer oultre ce que dessus[1]... » Ainsi Bèze ne voulait pas qu'on allât au delà d'une représentation respectueuse, et regardait la résistance comme dangereuse et inutile. A plus forte raison Mornay était-il de cet avis : bien plus modéré que Bèze, placé presque sur les lieux, à Saumur, aimant tendrement le Roi malgré bien des dissentiments, et continuant de le servir avec tristesse, mais avec une fidélité inébranlable, Mornay ne se faisait aucune illusion. « Vous aurez sceu l'absolution (du Roi), écrivait-il le 14 oc-

[1]. Mémoire inédit, adressé par Théodore de Bèze aux Églises réformées du Poitou, communiqué par M. Jules Bonnet.

tobre 1595 à M. de la Fontaine; il y a de mauvaises conditions : le concile de Trente, la messe en Béarn, la nourriture du petit prince à la romaine. Le parlement disputera sur le premier; les états de Béarn sur le second; le marquis de Pisani est déjà à Saint-Jean pour le troisiesme, et croy qu'il n'y trouvera résistance. J'en plains cette espérance ostée à nos Églises, mesme une chère âme distraicte de la voie de ses père et grand-père. »
Tout se passa, en effet, comme il l'avait prévu. Une nouvelle concession calma les protestants. Comme l'enregistrement de l'édit qui les admettait aux charges publiques ne s'était pas fait avec toutes les formalités ordinaires, et que notamment le procureur général avait fait constater son opposition dans l'arrêt même, ils en témoignaient beaucoup de défiance; mais le Roi, sur ces entrefaites, rendit un nouvel édit plus large que le premier, et apaisa ainsi, au moins pour un temps, leur mécontentement. Aucune résistance ne fut opposée au départ du « petit prince », comme on l'appelait : il quitta tranquillement Saint-Jean et s'achemina à petites journées avec sa mère et Pisani. Les gouverneurs généraux et particuliers, les maires et échevins des villes le saluaient à son passage; les honneurs qu'il recevait partout faisaient un singulier contraste avec le dénuement dans lequel

il avait vécu jusqu'à ce jour, et qui n'avait pas encore cessé ; car, écrivait au Roi le marquis, « il n'a nulle sorte de meuble, et couche avecque Madame sa mère[1] ». Un seul incident marqua ce voyage. La compagnie d'ordonnance qui escortait Condé fut accueillie à coups d'arquebuse par les bourgeois de Montlhéry. Pisani, qui s'était arrêté à Châtres[2], accourut au bruit ; mais tout s'expliqua. Le logement des gens de guerre était alors une source de vexations inouïes, et personne ne se soumettait de bonne grâce à l'obligation de recevoir des hôtes aussi incommodes. Pour s'y soustraire, les uns obtenaient des exemptions des gouverneurs de province, d'autres employaient la force quand ils se croyaient en mesure de résister avec impunité. Ceux de Montlhéry, protégés par une méchante muraille, avaient, à ce qu'il paraît, l'habitude de recourir, non sans succès, à ce dernier moyen : ne voyant dans la troupe qui se présentait qu'une simple compagnie de gendarmes, ils l'accueillirent avec « leur insolence ordinaire », c'est-à-dire que d'une décharge ils mirent trois hommes par terre[3]. Mais, quand les habitants surent à qui ils avaient

1. Pisani au Roi, Saint-Germain-en-Laye, 4 décembre 1595. Archives de Condé. — Voyez *Pièces et Documents*, n° XIV.
2. C'était le nom qu'on donnait alors à la ville d'Arpajon.
3. Lettre de Pisani déjà citée.

affaire, ils s'empressèrent de se soumettre avec force excuses; les plus mutins furent arrêtés et envoyés au Châtelet. Le lendemain (3 décembre 1595), Condé arriva à Saint-Cloud, où le chancelier de Bellièvre, MM. de Sancy, de Schomberg, et autres du conseil, vinrent le complimenter, et « le trouvèrent fort beau et spirituel[1] ». De là, il s'en fut au château de Saint-Germain, qui provisoirement lui était assigné pour lieu de résidence. Tout était préparé pour sa réception par les soins de de Thou, qui continuait de veiller aux intérêts de ses clients sans se laisser troubler par les perfides insinuations des envieux. Sur ses instances, le Roi, qui était alors à guerroyer sur la frontière, avait prescrit au parlement de Paris d'aller saluer son neveu, « desirant qu'il soit recogneu et révéré de vous comme premier prince de nostre sang et héritier présomptif de cette couronne, jusques à que Dieu nous ayt donné des enfants[2] ». Conformément à cet ordre, la cour de parlement se rendit à Saint-Germain; là, le premier président de Harlay harangua le jeune prince avec une fierté qui était de tradition dans la magistrature française, et qui, dans cette circonstance, ajoutait peut-

---

1. Pisani au Roi, Saint-Germain-en-Laye, 4 décembre 1595. Archives de Condé. — Voyez *Pièces et Documents*, n° XIV.
2. Lettre du 7 novembre 1595.

être encore à l'importance de la démarche :
« Quand Dieu, lui disait-il, vous donnera avec
l'âge la connoissance de vos affaires, vous jugerez
combien aura été grand l'honneur que vous recevez en ce moment, non de nos personnes, mais de
la première cour souveraine en la justice, que nous
représentons et dont vous êtes conseiller-né. Car
encore que nous sachions l'intention du Roy être
que vous soyez honoré comme le premier prince
de son sang, toutefois la soumission que nous vous
faisons par son commandement est due à lui seul,
et n'a jamais été faite à autre de la maison royale,
dont vous êtes, qu'à vous... Monsieur, notre
compagnie vous offre sa bonne volonté; vous êtes
obligé de l'aimer; elle desire l'accroissement de
vos jeunes ans en tout heur et félicité, comme
chose importante à l'État du Roy, utile et nécessaire au repos et tranquillité de ses sujets[1]. » Il
était impossible que les droits de Condé fussent
plus solennellement reconnus et établis.

Le Roi pourvut lui-même à tout ce qui regardait son éducation. Le cardinal évêque de Paris,
Pierre de Gondy, fut chargé de son instruction
religieuse, et commença aussitôt à le « catéchiser
selon que son âge le pouvoit porter »[2]; le 24 jan-

Éducation
du jeune prince :
d'Haucourt,
sous-gouverneur;
Lefèvre,
précepteur.

1. Manuscrits de Luillier. Archives de Condé.
2. L'Estoile.

vier 1596, il alla à la messe pour la première fois. Comme Pisani ne pouvait pas toujours demeurer avec lui, on lui donna un sous-gouverneur, Nicolas d'Aumale, sieur d'Haucourt ; c'était un gentilhomme huguenot, qui peut-être était déjà attaché à sa personne ou à sa famille ; il est probable que le Roi n'avait pas voulu rompre entièrement le lien qui unissait cet enfant aux anciens amis de ses père et grand-père. Mais, quel que fût le motif de de ce choix, la fermeté bien connue des opinions religieuses du marquis, auquel d'Haucourt était subordonné, semblait une garantie suffisante de la direction catholique qui serait donnée à l'éducation du jeune prince. Restait à lui trouver un précepteur; car le soin de l'instruire n'était dans les attributions ni du gouverneur ni du sous-gouverneur, et ils en eussent été sans doute fort peu capables; Pisani surtout, malgré les emplois qu'il avait remplis, et quoiqu'il dût donner le jour à la reine des beaux esprits, à la « divine Arthénice »[1], était d'une remarquable ignorance, au dire de son ami de Thou. Ce fut encore ce dernier qui, dans son zèle affectueux, se chargea de combler cette lacune. Il pensa d'abord à l'érudit le plus célèbre

1. La célèbre marquise de Rambouillet. La femme de Pisani était une Fiesque, Julia Savelli, que Catherine de Médicis lui avait fait épouser.

et le plus fécond de l'époque, à Scaliger[1], qui venait récemment de se fixer à Leyde pour occuper à l'Université la chaire de Juste Lipse. La princesse douairière écrivit à Scaliger une lettre pressante, le priant avec vives instances d'accepter les fonctions qu'on lui destinait auprès de son fils; elle s'adressa aussi à Maurice de Nassau pour le supplier de faciliter le retour du grand homme que la Hollande venait d'enlever à la France[2]. Mais, soit que Scaliger ait répondu par un refus, soit que le Roi ait vu quelque inconvénient à confier cet emploi à un protestant, ces démarches n'eurent pas de suite. De Thou chercha alors le précepteur de Condé dans un petit cercle de magistrats lettrés qui l'entouraient, et désigna Nicolas Lefèvre, conseiller des eaux et forêts.

Fils d'un bourgeois de Montlhéry, Lefèvre avait fait ses classes au collège de la Marche, et s'y était crevé un œil en taillant une plume, puis avait appris le droit dans les célèbres universités d'Italie, d'où il avait rapporté un goût très vif pour l'antiquité. L'étude, mais l'étude la plus variée, car il menait de front la théologie, la jurisprudence, la philo-

1. Joseph-Juste Scaliger, fils de J.-C. Scaliger, né à Agen en 1540, mort en 1609.
2. Lettres de la princesse de Condé à Scaliger, au comte Maurice. Mss. Conrart.

sophie, les sciences, les lettres et les langues, l'étude, disons-nous, était sa seule joie, sa seule passion ; il n'avait jamais voulu se marier, et vivait du modique produit de sa charge, qui lui laissait assez de loisirs pour continuer ses travaux favoris. Tout le temps qu'avait duré la domination des Seize et des Lorrains, il l'avait passé dans une docte et prudente retraite, complètement étranger au monde, et renfermé dans la maison de Pierre Pithou, auquel l'unissaient une parfaite communauté de sentiments et d'habitudes et une fraternelle affection. C'était, pour tout dire, un homme d'un immense savoir, très honnête, très timide, catholique exact et même fervent, quoiqu'il eût toujours détesté la Ligue, et très sincèrement royaliste, quoique incapable de résister aux ennemis du Roi. Quand on lui annonça à quelles nouvelles fonctions il était appelé, il se récria vivement : il fallait quitter son vieil ami, rompre toute l'économie de cette vie si régulièrement et si paisiblement occupée. Cependant, par esprit de soumission, autant que par déférence pour les conseils de de Thou et du premier président de Harlay, il accepta[1].

1. *Nic. Fabri vita,* par François le Bègue, avocat du Roy en la cour des monnayes. Cette notice précède les opuscules latins de Lefèvre, publiés après sa mort par ce même le Bègue. — Lefèvre fut plus tard précepteur de Louis XIII, et mourut en 1612, âgé d'environ soixante-neuf ans.

Tous ces choix étaient fort bons, et malgré les origines, les opinions diverses de toutes ces personnes qui devaient concourir à une même fin, l'éducation du jeune prince suivit d'abord une marche assez régulière. Le modeste Lefèvre se renfermait scrupuleusement dans les attributions de son office et s'appliquait à le remplir avec un rare dévouement. M. d'Haucourt était un galant homme, très simple et très réservé, qui se conformait volontiers aux directions de Pisani. Mais la princesse douairière, qui, dans les premiers temps, s'était éloignée de son fils, revint auprès de lui vers la fin de 1596, après son acquittement solennel[1] et son abjuration[2]; aussitôt la lutte commença entre elle et le gouverneur. Invoquant, mais exagérant peut-être les justes droits d'une mère, elle voulait tout régler elle-même, et changeait constamment les ordres qui avaient été donnés par le marquis. Celui-ci était bizarre, impérieux, et défendait avec emportement les prérogatives d'une charge qui lui avait été confiée, non par la princesse, mais par le Roi. Il se plaignait amèrement du peu d'affection que la princesse témoignait pour Henri IV : « Elle ne

Acquittement et abjuration de la princesse de Condé (1596). Son caractère; sa lutte avec Pisani. Fâcheuse influence sur l'éducation du jeune prince.

1. Arrêt du 24 juillet 1596.
2. Elle abjura à Rouen entre les mains du légat Alexandro de Médicis, qu'on appelait le cardinal de Florence.

peut voir ni sentir, disait-il, chose qui vienne ou soit du Roy ». En effet, Charlotte de la Trémouille ne pouvait oublier le traitement qu'elle avait reçu de Henri IV ; elle se rappelait les poursuites dirigées contre elle par ses ordres, et n'ignorait pas que des motifs purement politiques avaient seuls amené la fin de sa détention ; elle était donc peu disposée à inspirer à son fils des sentiments de tendresse, de reconnaissance et de soumission envers le Roi, ni elle-même à respecter beaucoup ses volontés. Naturellement portée vers les petites intrigues, elle ne négligeait aucun moyen de faire prévaloir son influence. Tantôt elle piquait la susceptibilité de M. d'Haucourt, lui disant qu'on se méfiait de lui parce qu'il était huguenot, et qu'il n'était pas traité et considéré comme il devrait l'être. Tantôt elle s'adressait au connétable, le suppliant d'intervenir dans les affaires de son fils et d'empêcher que l'on ne réduisît sa pension, dénonçant le désordre qui régnait dans la maison du jeune prince, et faisant suivre ces plaintes de louanges emphatiques accordées à d'Haucourt et à Lefèvre, ce qui était une manière de dénonciation contre Pisani[1] ; et puis, contrecarrant à leur tour le sous-gouverneur et le

---

1. Lettre de la princesse de Condé au connétable, s. d.; *Archives de Condé.* — Voyez *Pièces et Documents,* n° XV.

précepteur dont elle faisait si haut l'éloge, elle voulait mêler à l'éducation son aumônier, Joseph Texeira. C'était un dominicain portugais, ancien prieur de Santarem, qui avait quitté son pays avec don Antonio lors de la conquête espagnole, et qui, ayant adopté la France comme sa nouvelle patrie, s'était attaché à la princesse au moment de sa conversion; du reste, homme assez distingué, qui avait beaucoup voyagé, beaucoup écrit[1]; « grand généalogiste, ajoute Lestoile, et assez docte pour un moine ». Mais, quel que fût le mérite de Texeira, quelque fondés que pussent être les griefs de la princesse, tous ces conflits étaient fort dommageables au jeune prince. « C'est pitié, écrivait Pisani[2] avec l'exagération d'un esprit chagrin et froissé, c'est pitié de voir comme ce petit prince est conduit, servy et traicté. Je tiens pour moy que, s'il est bien conduit, Sa Majesté en aura contentement; mais, comme il a esté mesnagé jusqu'à ceste heure,

1. Entre autres, plusieurs ouvrages pour la défense de la princesse de Condé et des droits de son fils.
2. A M. de Villeroy, le 5 mars 1598. Voyez la troisième édition de Tallemant des Réaux et l'excellent *Commentaire* de M. Paulin Pâris, I, 55. — Le même jour, il écrivait aussi au Roi pour se plaindre, avec plus de mesure dans la forme, mais non moins de vivacité au fond. (Original autographe; *Archives de Condé.*)

j'ay grand'peur qu'il demourra court, et au blasme et mespris de ceux qui auront la charge de son éducation. »

<small>Éloges publics donnés au jeune prince : le cardinal de Florence ; l'avocat général Dollé; Grotius.</small>

Malgré cet horoscope un peu sombre, les éloges publics ne manquaient pas au jeune prince. Lorsque, au mois de juillet 1596, le cardinal de Florence, Alexandre de Médicis, légat du pape, fit son entrée à Paris, Henri IV, pour ajouter à la pompe de la cérémonie (c'était le premier légat accrédité auprès de lui), envoya l'héritier du trône au-devant du prélat. Tout le monde, dit de Thou, admira la bonne grâce de l'enfant, et le cardinal le loua hautement[1]. L'année suivante, le Roi ayant accordé à Condé des lettres de provision pour le gouvernement de Guyenne (gouvernement dont il n'était pas encore officiellement investi, quoique le maréchal de Matignon l'exerçât en son nom), l'avocat général Louis Dollé requit l'enregistrement de ces lettres, et prononça à ce sujet[2] une harangue boursouflée; après avoir comparé Pisani au phénix, il ajoutait, en parlant de l'élève du marquis : « Vous ne voyez rien de puéril en lui que le visage; ses paroles sont déjà viriles, sa contenance grave, son jugement mûr, ce qui est

---

1. *Quo officio egregiæ indolis puer decenter et magna cum legati ipsius lætitia defunctus est.* (Thuanus, CXVI, 16.)
2. Le 17 mars 1597. — L'Estoile. — *Recueil N*

néanmoins assaisonné d'une admirable douceur. »
Enfin, deux ans plus tard, une édition de Martianus Capella paraissait à Leyde[1], dédiée avec force éloges au royal enfant, par un enfant à peu près de son âge ; ce commentateur précoce n'était autre que l'illustre Hugues Grote, plus connu sous le nom de Grotius. Dès le début de ses études, Grotius avait étonné ses maîtres par sa facilité. Étant venu en France en 1598 avec les ambassadeurs des Provinces-Unies, il avait été présenté à la cour comme un petit prodige, comme « le miracle de la Hollande ». Henri IV lui avait fait don d'une chaîne d'or, avec le titre honorifique de secrétaire du prince de Condé, auprès duquel il avait été admis plusieurs fois. En reconnaissance de ce gracieux

---

[1]. *Martiani Capellæ satyricon libri, omnes et emendati et notis sive februis Hug. Grotii illustrati.* 1599. — Les exemplaires en sont rares, et contiennent deux jolis portraits du prince et de Grotius gravés par Gheyn. Celui de Condé est bien authentique, et avait été fourni par Texeira. Les panégyristes du petit prince n'étaient pas heureux dans le choix de leurs comparaisons. Nous venons de voir Dollé transformant Pisani en phénix. Voici un des distiques que Grotius adressait à Lefèvre avec son *Capella* ; il envoyait sa muse en France, à Saint-Maur, à la cour du prince de Condé :

> Huic Faber hoc præstat quod Chiron priscus Achilli
> Præstitit, aut Magno magnus Aristoteles.

Lefèvre comparé à Aristote, c'est déjà un peu fort, mais au centaure Chiron !

accueil, Grotius, de retour en Hollande, mit en tête de son *Capella* une préface toute remplie des éloges qu'il avait entendu donner au jeune prince par ses gouverneurs et précepteurs : *Et nosmet ipsi vidimus ingenium supra œtatem et eruditionem supra fidem.*

<small>Doutes persistants sur la naissance du jeune prince. État de l'opinion; incidents.</small>
Nous n'insisterons pas sur ces dithyrambes officiels et sur ces louanges de dédicace, dont la banalité est proverbiale. On ne saurait y chercher ni une indication sûre ni un reflet de la véritable opinion des contemporains. Il est certain que, lorsque le jeune prince paraissait en public, il y était accueilli avec plus de curiosité que de sympathie. L'acquittement solennel de la princesse n'avait pas convaincu tout le monde de son innocence; le récit de sa liaison avec le page Belcastel, le bruit de l'empoisonnement du feu prince, continuaient de circuler et trouvaient encore du crédit; d'autres prétendaient que son fils était né treize mois après la mort de son mari, ce qui détruisait la fable du page; mais la calomnie ne discerne pas. Certains symptômes trahissaient la disposition malveillante des esprits. Un distillateur grec qui fréquentait la maison de Pisani s'était adressé à des barbiers pour se procurer du sang humain. Aussitôt le bruit se répandit dans Paris que, le petit prince étant fort malade, on faisait tuer des jeunes enfants afin

de le baigner dans leur sang encore tiède et de le guérir par cet atroce remède. C'était un vieux conte dont on s'était dejà servi quand on voulait animer le peuple contre François II; mais cette rumeur prit assez de consistance pour motiver deux lettres de Henri IV, une à Sully, et une à Biron (6 et 10 juin 1599).

Le Roi donnait des ordres très sévères pour mettre un terme à ces menées; car on peut donner ce nom à des bruits périodiquement renouvelés et systématiquement propagés. Mais, malgré la protection et les honneurs dont il entourait son neveu, peut-être n'était-il pas encore définitivement fixé sur le sort qu'il assurerait à cet enfant. Il venait de recueillir le fruit de cette politique conciliante qu'il savait si bien associer à l'énergie dans l'action; il avait achevé la première partie de son œuvre. Dans une même année (1598), il avait terminé la guerre civile comme la guerre étrangère, et il avait détruit le germe des troubles en établissant, en réglant la liberté de conscience : au printemps, il avait reçu la soumission de Mercœur et signé l'édit de Nantes; au mois de juin, il concluait la paix de Vervins avec l'Espagne et la Savoie. Il lui restait à consolider l'édifice, à relever les finances, à fermer les plaies ouvertes par la guerre, plus tard à rendre à la France le rang qu'elle devait occuper

Divorce et second mariage de Henri IV. Changement dans la situation du jeune prince.

dans le monde. Or, en recommençant en quelque sorte cette nouvelle carrière, une certaine inquiétude devait le saisir, lorsqu'il songeait que sa mort pouvait tout perdre, que la succession pouvait être contestée, et que, malgré des actes publics, des déclarations solennelles, tous les doutes qui planaient sur la naissance de son héritier naturel n'avaient pas été dissipés. D'ailleurs, il n'avait guère d'affection pour cet enfant : la reconnaissance de ses droits avait été surtout pour lui un expédient politique, sur lequel il lui aurait peu coûté de revenir. On a raconté qu'au commencement de 1599, lorsqu'il envoya Sillery comme ambassadeur extraordinaire à Rome pour conclure la négociation relative à son divorce, il l'autorisa par des instructions secrètes à déclarer au pape que le petit prince était bâtard, et que nul de son sang ne le reconnaîtrait jamais pour roi. Aucune trace certaine de ces instructions n'est venue jusqu'à nous ; mais la pensée intime du Roi perce peut-être dans une lettre fort courte où il annonçait à Sillery la mission qu'il lui confiait : Il importait, disait-il, « qu'il pût avoir des héritiers et donner à ses peuples des princes sous lesquels ils pussent vivre en quelque repos ». Quel que fût à cet égard le sentiment véritable de Henri IV, cette longue et importante négociation s'acheva sans qu'il fût question de Condé, au moins publiquement. La mort de Gabrielle (10 avril 1599) avait fait disparaître le dernier obstacle qui entravait le divorce; la reine Marguerite y donna son consentement, et le contrat de mariage du Roi avec Marie de Médicis fut signé très peu après.

Bien que cet événement dût changer les destinées du jeune prince, il conservait cependant jusqu'à la naissance d'un Dauphin le rang et les honneurs qui lui avaient été accordés. Pisani continuait de remplir ses fonctions auprès de lui avec la même vigilance, lorsque la mort le frappa (octobre 1599). Une épidémie violente venait d'éclater à Paris. On avait en toute hâte conduit le jeune prince à Saint-Maur-des-Fossés, ancienne abbaye sécularisée, en 1533, par l'évêque de Paris, du Bellay, puis vendue par lui en 1563 à Catherine de Médicis, et tout récemment acquise par la princesse douairière[1]. Situé sur les bords de la Marne, dans une contrée riante, un peu au delà du bois de Vincennes, le château de Saint-Maur, rebâti dans les dernières années par Philibert Delorme, devait rester une des résidences favorites

<small>Mort de Pisani (octobre 1599). Il est remplacé par Belin.</small>

---

[1]. En 1612, cette princesse céda ce domaine à son fils avec quelques autres terres, sous la condition d'acquitter ses dettes, et avec quelques autres réserves. — Comptes et titres divers, dossier de Saint-Maur. *Archives de Condé.* — *Gallia Christiana.* — *Debtes et créances de Catherine de Médicis,* publiées par l'abbé Chevalier; Paris, Techener, 1862.

des Condé, et fut fort agrandi plus tard. Mais déjà ce séjour était renommé pour la pureté de l'air qu'on y respirait, et semblait devoir être exempt de la contagion, qui cependant vint chercher Pisani dans cette retraite. Le Roi était à Fontainebleau ; informé de ce funeste accident par une lettre de Madame la Princesse, il s'empressa de mander le connétable, afin qu'il l'aîdât à trouver un nouveau gouverneur pour leur commun neveu, « charge, ajoutait-il, que je ne tiens pas pour une des moins considérables de mon royaume[1]. » Mais le choix qui fut fait ne répondit pas à ce que l'on devait attendre d'un pareil langage : l'emploi fut donné au comte de Belin[2].

C'était un ancien ligueur. En 1591, les chefs de l'Union lui avaient confié le poste important de gouverneur de Paris. Il y était commode à Mayenne, qui le traitait sans façon, mais qui croyait pouvoir compter sur lui, lorsque, après la conversion du Roi, Belin prit une autre attitude. On l'entendait faire l'éloge du Béarnais, et se louer des bontés qu'il avait reçues de lui, étant son prisonnier, lors de la bataille d'Arques. Ces propos furent rapportés aux chefs ligueurs, et, au commencement de janvier 1594, le bruit se

1. Le roi au connétable. Fontainebleau, 10 octobre 1599.
2. Jean-François de Faudoas, comte de Belin par alliance.

répandit que le duc de Féria exigeait l'expulsion de Belin : ce dernier était persécuté, disait-on, pour avoir déclaré qu'il ne se ferait jamais Espagnol et resterait toujours Français. Le parlement s'émut de cette rumeur, et fit auprès de Mayenne plusieurs démarches fort honorables pour Belin, mais sans rien obtenir que de vagues déclarations. Enfin le comte fut chassé de Paris, et en sortit le 17 janvier 1594, fort relevé dans l'opinion par cette disgrâce et par le motif qu'on lui attribuait. Depuis, il avait rendu des services au Roi pour la reddition de Paris, et ce fut sans doute pour l'en récompenser, qu'à la mort de Pisani le choix de Henri IV tomba sur lui. Néanmoins cette nomination causa un vif étonnement : Belin n'avait jamais passé ni pour brave ni pour loyal, et tout récemment (1596) il avait capitulé dans Ardres avec une promptitude qui avait été sévèrement jugée. Quelques personnes en firent l'observation au Roi, qui répondit : « Quand j'ai voulu faire un roi de mon neveu, je lui ai donné Pisani ; quand j'ai voulu en faire un sujet, je lui ai donné Belin. » Il était impossible de faire un plus bel éloge de Pisani ; mais la comparaison n'avait rien de flatteur pour Belin, et la pensée n'était guère bienveillante pour Condé.

Le nouveau gouverneur se montra plus facile

que son austère et inflexible prédécesseur; il s'entendit surtout fort bien avec la princesse, qui put désormais tout régenter à son gré dans la maison. L'accord se fit aux dépens du sous-gouverneur d'Haucourt, qui cessa d'être écouté et soutenu, comme il l'avait été jusqu'alors. Habitué à recevoir de la princesse un traitement si distingué qu'on avait cru à un mariage secret, ce dernier se plaignit un peu d'un refroidissement si soudain[1]. Pourtant le joug de Belin était léger : d'Haucourt se soumit et garda sa place. En somme, la paix régna dans cet intérieur; mais ce qui convenait à la mère fut très nuisible au fils : la rudesse de Pisani avait moins d'inconvénients que la complaisance de son successeur; le caractère et les habitudes de l'élève se ressentirent toujours de ce funeste changement. L'éducation cependant s'acheva sans autre incident, mais ne put recevoir ce complément, indispensable alors et toujours utile, qu'on appelle les premières armes. La France jouissait d'une paix profonde, et nulle occasion ne se présentait où Condé pût être initié au métier de la guerre. Quand il fut sorti de l'adolescence, le Roi le retint habituellement

---

[1]. La princesse de Condé à M. d'Haucourt; deux lettres sans date, mais postérieures à la nomination de Belin. Bibliothèque de l'Arsenal. — Voyez *Pièces et Documents,* n° XVI.

auprès de sa personne, moins par amitié que pour le soustraire à d'autres influences : Henri IV mettait une application constante à enlever aux ambitieux tout moyen de reformer des partis dans l'État. La princesse douairière, bien que d'humeur assez accommodante, assurait-on, pour les caprices amoureux du Roi, continuait d'être fort mal en cour. Brouillée avec madame de Verneuil, elle avait espéré relever sa fortune par le crédit naissant d'une autre favorite, sa cousine, Jacqueline de Bueil, qu'elle-même avait élevée, et qui avait supplanté un moment l'orgueilleuse marquise; mais la nouvelle comtesse de Moret n'accorda pas à son ancienne protectrice l'appui que celle-ci avait assez humblement sollicité : une hostilité éclatante succéda aux relations de dépendance ou d'amitié, et Henri IV, toujours faible avec ses maîtresses, toujours rempli d'ailleurs des mêmes préventions, saisit cette occasion pour défendre à la princesse de paraître devant lui ou devant la Reine. Condé reçut la pénible mission de signifier à sa mère cette espèce d'exil[1].

Il passa ainsi les premières années de sa jeunesse inoccupé, essuyant de fréquents dégoûts, sans amis, sans parents affectueux. La monotonie

1. La princesse de Condé à la comtesse de Moret et à son fils. Bibl. de l'Arsenal. — Voyez *Pièces et Documents,* n° XVII.

de son existence n'était interrompue que par les cérémonies où son rang l'appelait et par les fêtes de la cour : il figura souvent dans les ballets, fort à la mode alors, qui se dansaient devant le Roi. C'était un jeune homme de moyenne taille, fortement constitué, et d'une figure régulière, quoique un peu maussade. Grâce à l'assiduité et à la persévérance de Lefèvre, il avait acquis un fonds d'instruction assez solide : il savait assez bien la langue latine, la géographie, un peu de mathématiques ; il écrivait correctement le français, et le parlait avec facilité quand il pouvait surmonter un certain embarras naturel ; mais il n'avait rien de ce qui pouvait le faire briller dans une cour où la galanterie était arrivée aux dernières limites de la licence. Il n'était pas riche, il était timide, gauche et nullement galant. Cependant on remarqua un trait qui indiquait de la fierté et du courage. Il n'avait pas dix-neuf ans, que, blessé de quelques paroles échappées au duc de Nevers, il le fit appeler. Nevers alla au rendez-vous, et peu s'en fallut qu'ils n'en vinssent aux prises, lorsque le Roi informé les envoya séparer et les « accorda » après leur avoir adressé une verte réprimande (4 février 1607)[1].

1. L'Estoile. L'année suivante, le Roi dut « l'accorder » aussi avec le prince de Joinville. (Henri IV à Sully, 25 octobre 1608.)

Vers le même temps parut à la cour une jeune femme dont la beauté précoce fut admirée de tous et particulièrement remarquée par Henri IV. C'était la dernière fille du connétable, Charlotte-Marguerite de Montmorency; elle avait alors quinze ans[1]. Comme elle avait perdu sa mère, elle était conduite par sa tante, Madame d'Angoulême. Elle fut aussitôt entourée d'hommages, et, dans cette foule d'adorateurs, elle distingua, assure-t-on, le hardi et brillant Bassompierre. Du moins leur mariage semblait-il arrêté : le Roi y avait consenti, et voulait même donner au marié, comme cadeau de noce, la charge de premier gentilhomme de sa chambre. Mais le duc de Bouillon, titulaire de cette charge, trouva fort mauvais que le Roi voulût en disposer sans son agrément; irrité d'avoir appris par la voix publique le mariage de sa nièce Mademoiselle de Montmorency, il cachait mal son dépit : « J'y brûlerai mes livres, disait-il, mais Bassompierre n'aura ni ma charge ni ma nièce. » Feignant d'ignorer tout ce qui se projetait, il se mit à parler au Roi de Monsieur le Prince, auquel l'unissaient les liens de la parenté, lui fit remarquer qu'il était en âge d'être établi, que pour bien des raisons on ne pouvait songer à lui donner la

Présentation de Charlotte de Montmorency. Effet produit par sa beauté. Henri IV rompt le mariage projeté entre elle et Bassompierre.

---

1. Elle était née en 1593.

main d'une étrangère, et qu'en France il n'y avait de partis pouvant lui convenir que la fille de Mayenne ou celle du connétable. Or les souvenirs de la Ligue étaient trop récents pour que le Roi consentît à ce que le premier prince du sang se mariât avec une fille de la maison de Guise ; il fallait donc tâcher de lui faire épouser Mademoiselle de Montmorency. Le caractère de Bouillon était fier, turbulent, vindicatif, peu affectueux et nullement bas ; il est permis de croire qu'en cette circonstance il ne cherchait qu'à nuire à Bassompierre, et ne songeait ni à sa nièce ni à Condé, encore moins à flatter la passion naissante du Roi. Toujours est-il que son ouverture fut assez bien accueillie. Sur ces entrefaites, Henri IV eut un accès de goutte ; les dames venaient le voir ; Madame d'Angoulême était parmi les plus assidues ; toujours elle était accompagnée de sa charmante nièce, et le Roi prenait de plus en plus plaisir à l'entretenir. Enfin, une nuit que Bassompierre était de service dans sa chambre, il lui dit, après quelque préambule, qu'il voulait lui faire épouser Mademoiselle d'Aumale, et rétablir le duché d'Aumale en sa faveur. « Vous voulez donc me donner deux femmes ? répondit le courtisan surpris. — Écoute, reprit le Roi, je veux te parler en ami. Je suis devenu non seulement amoureux, mais furieux et outré de

Mademoiselle de Montmorency. Si tu l'épouses et qu'elle t'aime, je te haïrai; si elle m'aimoit, tu me haïrois. » Puis il lui annonça qu'il voulait la marier à son neveu : « Il n'a que vingt ans, ajoutait-il; il aime mieux la chasse que les femmes. Elle sera la consolation et l'entretien de la vieillesse où je vais entrer, et je ne veux autre grâce d'elle que son affection [1]. » Bassompierre était frivole, débauché, et médiocrement épris; d'ailleurs, courtisan avant tout, il comprit qu'il fallait céder, et ne chercha qu'à faire valoir son sacrifice. Condé était sans expérience, insouciant, peu clairvoyant encore; il avait une certaine crainte du Roi, et, quand ce dernier lui eut fait connaître sa volonté, il se soumit plus facilement qu'on ne l'avait espéré.

Les fiançailles se firent immédiatement dans la galerie du Louvre (décembre 1608); le connétable donna cent mille écus à son gendre, et s'entendit avec son frère pour assurer à sa fille un mince revenu de cinq mille livres; le roi accorda à son neveu une augmentation de pension et une gratification de cent cinquante mille livres [2]. La fiancée

1. *Mémoires* de Bassompierre.
2. L'Estoile dit que le connétable donna l'Isle-Adam à sa fille et que le Roi promit d'ériger cette terre en duché-pairie. Il parle aussi d'un don de Madame d'Angoulême. Rien de semblable ne se trouve dans le contrat de mariage, dont on peut lire l'analyse parmi les *Pièces et Documents,* n° XVIII.

reçut de Sa Majesté un magnifique présent de pierreries et de splendides habits de noce [1]. Des réjouissances publiques eurent lieu; un édit concéda la « création et érection d'une maîtrise jurée de chacun art et métier en toutes les villes, bourgs et faubourgs et lieux du royaume et pays de l'obéissance du Roy » [2].

Quant à la cérémonie nuptiale, elle fut retardée de quelques mois, parce qu'on attendait la dispense du pape. Les lettres de Rome arrivèrent au mois d'avril (1609) [3], et, le 17 mai, le mariage fut célébré à Chantilly, chez le connétable, « avec peu de frais, mais avec bien de la gaieté » [4].

La passion du Roi éclate. Scènes entre lui et Condé. Ce dernier se retire à Valery avec sa femme.

Cette joie fut de courte durée. Le Roi avait bien dit qu'il ne demanderait jamais à la nouvelle princesse de Condé que de l'affection et des consolations pour sa vieillesse. Il était sincère quand il parlait ainsi; mais il ne fut pas longtemps maître de lui. Il oublia ce qu'il avait su rappeler avec sa verve éloquente, qu'il était « roi, barbe grise

---

1. *Œconomies royales.* — *Lettres missives.*
2. L'Estoile.
3. Lettre du Roi au connétable. Le contrat avait été signé le 2 mars, au Louvre.
4. Lettre de Malherbe à Peiresc, mai 1609. Le connétable avait désiré que le célèbre écuyer Pluvinel pût quitter le Louvre pour assister aux noces de sa fille; le Roi l'avait accordé comme une faveur particulière. (Henri IV au connétable, 16 mai.)

et victorieux [1] ; il oublia ce qu'il se devait à lui-même, ce qu'il devait à un prince de sa race, à un si proche parent, dont il aurait pu être le père, et cet amour, que tout lui commandait d'étouffer, éclata publiquement. Il ne pouvait s'éloigner de la jeune princesse, et cherchait à lui plaire par mille moyens. On le vit, lui toujours si simple et presque négligé dans son costume, se parer et s'habiller avec recherche, et il ne craignait pas, pour séduire cette jeune femme, de recourir à d'inexcusables manœuvres. Le scandale fut grand ; à la ville même, on se répétait les plus obscènes plaisanteries, et « l'on ne parloit que trop licencieusement de Sa Majesté et des corruptions et vilenies de sa cour » [2]. Condé ne pouvait plus se faire illusion sur le danger que courait son honneur ; mais il se montra « peu disposé à supporter patiemment l'infortune commune » [3] : son exacte vigilance déjoua le complot formé contre la vertu de sa

---

1. « Je ne vous ay point appelez comme faisoient mes prédécesseurs, pour vous faire approuver leurs volontez : je vous ay assemblez pour recevoir vos conseils, pour les crere, pour les suivre, bref pour me mettre en tutelle entre vos mains ; envie qui ne prend guères aux roys, aux barbes grises, et aux victorieux. » (Harangue de Henri IV aux notables réunis à Rouen, le 4 novembre 1596. Brouillon de sa main.)

2. L'Estoile.

3. Ibidem.

femme. Bientôt les obsessions furent telles qu'il dut demander au Roi congé de se retirer en une de ses maisons. Il fut fort mal reçu, mais répliqua avec une noble fermeté, et, la discussion s'échauffant, laissa échapper le mot de tyrannie ; à quoi le Roi, hors de lui, répondit qu'il n'avait jamais fait qu'un acte de tyrannie dans sa vie, c'était lorsqu'il l'avait fait reconnaître pour ce qu'il n'était pas, et il le renvoya durement. Son injuste colère ne se calma même pas quand le prince fut sorti : il écrivit au connétable pour se plaindre que « son gendre faisoit le diable » [1], et défendit à Sully, non seulement de lui solder le terme échu de sa pension, mais même de continuer à payer ses dettes [2]. Cependant ces violences n'étaient ni dans le caractère ni dans les habitudes de Henri IV : il ne put soutenir longtemps ce triste rôle, et, quelques jours après cette scène, le prince partait avec sa femme pour son château de Valery, sans qu'il y fût mis obstacle.

Malherbe chante les amours du Roi.

Mais le Roi semblait inconsolable, et, pour charmer ses ennuis, il voulut faire chanter ses amours ; Malherbe consentit à « abaisser sa muse au métier d'entremetteur » [3]. Dans les premières stances

---

1. Lettre au connétable, 12 juin 1609.
2. Lettre à Sully, du même jour.
3. Commentaire d'André Chénier dans la bonne édition de Malherbe donnée par MM. de Latour.

composées à cette occasion, le poëte semblait chercher à ramener le Roi au sentiment de ses devoirs; il lui rappelait ce respect des lois qui honorait son caractère et son règne, et que le cardinal de Retz glorifiait encore soixante ans plus tard [1] :

> Donc cette merveille des cieux,
> Pource qu'elle est chère à mes yeux,
> En sera toujours éloignée ;
> Et mon impatiente amour,
> Par tant de larmes témoignée,
> N'obtiendra jamais son retour?
> . . . . ,
> N'ai-je pas le cœur aussi haut,
> Et pour oser tout ce qu'il faut
> Un aussi grand desir de gloire,
> Que j'avois lorsque je couvri
> D'exploits d'éternelle mémoire
> Les plaines d'Arques et d'Ivri?
>
> Mais quoi! ces loix dont la rigueur
> Tiennent mes souhaits en langueur
> Règnent avec un tel empire,
> Que si le ciel ne les dissout,
> Pour pouvoir ce que je desire
> Ce n'est rien que de pouvoir tout.

Cet avertissement indirect fut sans doute peu goûté de celui auquel il s'adressait; de nouvelles stances furent demandées au poëte; cette fois, il ne fut question ni des lois ni d'Arques et d'Ivry : un heureux succès était promis à l'amoureux Alcandre

---

1. « Henri IV, qui ne se défioit pas des lois, parce qu'il se fioit en lui-même. » *(Mémoires* du cardinal de Retz.)

dans des vers où l'élévation de la forme couvre à peine le cynisme de la pensée :

> N'en doute point, quoi qu'il advienne,
> La belle Oranthe sera tienne;
> C'est chose qui ne peut faillir;
> Le temps adoucira les choses,
> Et tous deux vous aurez des roses,
> Plus que vous n'en saurez cueillir.

Les vicissitudes du royal amour laissaient peu de repos à la muse de Malherbe; toute l'année 1609, elle fut ainsi à l'œuvre. La princesse reparaît-elle un moment à la cour, le poète reprend sa lyre et fait de nouveau parler Alcandre :

> Revenez, mes plaisirs, ma dame est revenue;
> Et les vœux que j'ai faits pour revoir ses beaux yeux,
> Rendant par mes soupirs ma douleur reconnue,
>   Ont eu grâce des cieux.

Après une apparition à la cour, Condé retourne à Valery, d'où il se rend à Muret. Incidents de son séjour en Picardie.

En effet, soit que Condé espérât quelque heureux changement dans l'humeur du Roi, soit qu'il eût été effrayé de quelques menaces ou qu'il se tînt pour obligé d'assister au mariage du fils légitimé de Henri IV, il était venu à Fontainebleau avec sa femme pour les noces du duc de Vendôme et de Mademoiselle de Mercœur. Mais la passion du Roi était plus vive que jamais; les tentatives se renouvelaient; les plaisanteries aussi avaient recommencé de plus belle. Le prince prit son parti et reconduisit sa femme à Valery. Le Roi employa tous les moyens pour le rappeler; il y perdit sa peine : « Beaumont revint hier, écrivait-il le 25 septembre au connétable ; il a trouvé nostre homme plus meschant que jamais... Il part ce matin de Valery pour aller à Muret. » Muret est aux environs de Soissons; c'était une des terres du prince; pour s'y rendre de Valery, qui est près de Sens, le trajet était long, et fut franchi lentement. Condé, justement inquiet des projets qu'il supposait au Roi, modifiait son itinéraire, suivait des chemins détournés et prenait mille précautions. Il arriva en Picardie pour la saison des chasses; ces divertissements lui servirent de prétexte pour changer souvent de résidence. M. de Traigny, gouverneur d'Amiens, l'invita à venir fêter la Saint-Hubert dans son château, aux environs de Breteuil; le prince y vint vers le commencement de novembre. Un matin qu'il était à la chasse, sa femme, montant en carrosse, jeta les yeux sur un fauconnier qui attendait dans la cour son oiseau sur le poing, et se rejeta au fond de la voiture en poussant un cri; la princesse sa belle-mère, qui l'accompagnait, fit partir le carrosse aussitôt. Au retour, au coin d'un bois, la même figure reparut sous le costume d'un valet de chien conduisant un limier. C'était le Roi : averti par Traigny, il avait quitté Paris, déguisé, avec deux ou trois confidents, et venait d'arriver à Breteuil à franc étrier. Il est permis de supposer qu'il ne recherchait que le puéril plaisir d'entrevoir un moment celle qu'il aimait. Toujours est-il que, se voyant reconnu, il disparut aussitôt. Monsieur le Prince s'empressa de retourner à Muret; ses perplexités augmentaient; il n'y avait plus de lieu dans le royaume où il pût se croire à l'abri des poursuites du Roi.

<small>Mandé à la cour, Condé y vient seul.
Le Roi veut le « démarier ».
Intervention de de Thou et du secrétaire Virey.</small>

Cependant la Reine était enceinte, et la fin de sa grossesse approchait. Condé fut appelé à la cour pour assister à ses couches, et ne pouvait se dispenser d'y aller. Le Roi, un peu honteux de sa dernière équipée, lui avait écrit de sa main, d'un ton moitié badin, moitié menaçant. Après s'être plaint des propos que tenait le prince : « Vous me devez assez congnoistre, ajoutait-il, pour croire que je ne m'estonne pas pour le bruict. Je prends pour juges de nostre différend ma cousine vostre mère et mon cousin vostre beau-père. S'ils me condamnent, je vous satisferay à vostre contentement. Si c'est vous, je ne veux pour satisfaction que vostre subjection auprès de moy et une affection aussy grande à ma personne que vous l'avez rendue au libertinage depuis cinq ou six mois... Sy vous eussiez esté aussy sage que vous ne l'estes pas, je vous eusse faict l'honneur de ma présence à vostre Sainct-Hubert, et eusse faict enrager le gros comte, à qui je me recommande[1].... » Condé répondit en protestant de sa soumission et en annonçant sa prochaine arrivée. Il vint en effet, mais seul. A peine est-il au Louvre, que la Reine le fait appeler et le prie de mander sa femme, se chargeant de veiller sur elle et même de la garder dans sa chambre. Condé balbutia quelques mots d'excuse et se retira sans répondre. Avec le Roi, il n'eut pas d'explication ; mais Henri IV fit appeler Virey, secrétaire du prince, et lui ordonna d'aller dire à son maître qu'il ne s'opposait pas à l'exécution du projet dont il avait entretenu M. de Villeroy, et qu'il se chargeait même de procurer le consentement des parents. Or ce projet n'était qu'un mot échappé à Condé dans un moment d'irritation : quelques mois auparavant, sortant tout ému de chez le Roi, qui l'avait fort malmené, il avait rencontré Villeroy sur l'escalier et n'avait pu lui cacher la cause de son trouble ; mais, avait-il ajouté, plutôt que de consentir à son déshonneur ou de s'exposer plus longtemps à la colère du Roi,

1. La copie de cette lettre est insérée avec la réponse dans le *Véritable discours de la naissance et de la vie de Monseigneur le prince de Condé jusques à présent* (1611) *et à lui dédié par le sieur de Fiefbrun*. Nous avons déjà cité cet ouvrage : voyez ci-dessus, p. 153, note 2.

il se ferait « démarier ». C'est ce mot qui, rapporté depuis à Henri IV, venait d'être converti en demande de divorce. Le lendemain, Virey apporta une réponse écrite de la main du prince : il ne désavouait pas ce qu'il avait dit à M. de Villeroy, et il était prêt à profiter de la permission que le Roi lui donnait; il le priait donc de lui accorder tels conseils qu'il voudrait pour l'assister dans cette instance délicate, et, jusqu'à ce qu'elle fût jugée, il pensait que le Roi trouverait bon que sa femme ne sortît pas de sa maison. Ce n'était pas là ce qu'attendait Henri IV, et cette réponse dérangeait tous ses plans; mais il n'y avait rien à répliquer; car le mémoire était fort bien fait. Le Roi, en le relisant, ne put s'empêcher de dire : « Voilà une réponse de droit canon, et qui sent le président. » Il avait reconnu la plume exercée de de Thou, qui avait, en effet, rédigé le mémoire, et qui, dans toutes ces affaires, était le conseil du prince, comme Virey son énergique instrument.

Claude-Enoch Virey était un de ces hommes formés tout à la fois par l'étude et par une vie de périls, qu'on rencontrait assez souvent alors, et dont le type semble perdu aujourd'hui. Antiquaire, poète, soldat, docteur en droit, homme de cour, il apportait partout le même courage, la même verve, les mêmes façons un peu rudes, et, malheureusement pour ses vers, il s'embarrassait aussi peu des entraves de la prosodie et de la langue que des difficultés de la vie. Fils d'un capitaine d'infanterie, il avait fait ses humanités aux Jésuites de Dijon, sa philosophie à Paris, au collège de Navarre, son droit à Padoue. Très attaché à la foi catholique, mais très indépendant de caractère, il avait dès l'abord pris parti contre la Ligue. Aux barricades, il défendait la vie du courageux président de Harlay; pendant trois ans, il combattit comme volontaire dans l'armée royale, et se trouva aux journées les plus chaudes et les plus glorieuses, à Arques, à Ivry, aux sièges de Paris et de Rouen. Puis il avait parcouru toute l'Italie, d'où il rapporta le bonnet de docteur. A son retour, Harlay reconnaissant le fit attacher à l'éducation du jeune Condé, et, quand plus tard on forma la maison de ce prince, il y fut maintenu comme secrétaire de la main, avec le brevet de secrétaire du Roi. S'il fallait chercher, parmi les portraits connus et contemporains, une figure qui ressemblât à la sienne, sans attacher à cette comparaison une importance qui est loin de notre pensée, nous dirions qu'on retrouvait en lui plusieurs des traits de l'immortel Cervantes; seulement, s'il n'eut ni le génie ni la gloire du héros qui nous a laissé *Don Quichotte*, il eut beaucoup plus de bonheur, car il termina sa vie, riche, honoré, maire de sa ville natale[1].

Emportement du Roi. Condé part, annonçant son prochain retour avec la princesse (25 novembre 1609).

Henri IV, qui le connaissait bien (car il l'avait servi dans un temps où il n'était guère difficile au Roi de connaître tous les volontaires catholiques de son armée), Henri IV attribuait à son influence la ferme attitude que conservait Condé et lui en savait très mauvais gré. Aussi, laissant de côté le mémoire qu'il venait de lui remettre, il le prit à partie et lui reprocha amèrement les conseils qu'il donnait au prince, le menaçant de toute sa colère s'il ne changeait promptement de conduite. Virey répliqua avec fermeté; car son attachement à la cause royale n'avait en rien diminué l'indépendance de son caractère, et il était homme de bien avant tout. Puis le Roi se mit à parler avec indignation des mauvais traitements que Condé, prétendait-il, faisait essuyer à sa femme, et s'emporta jusqu'à dire que, s'il n'était encore que roi de Navarre,

1. Chalon-sur-Saône. Il n'était pas né dans la ville même, mais aux environs, à Sassenay, en 1566. Il mourut le 25 juillet 1636. Ses poésies n'ont pas été imprimées; plusieurs sont conservées dans un manuscrit de la bibliothèque de l'Arsenal *(ms. latins,* n° 58), entre autres le récit en vers latins de la fuite du prince de Condé, sous ce titre : *Raptus innocuus, sive Henrici Borbonii Condæi, primarii sanguinis regii Francorum principis, clandestina cum uxore Carola Margarita Mommorantia in Belgium fuga, et ex Belgis in Insubriam per Germaniam occulta profectio, Mediolani commoratio, ejusque in Galliam felix reditus; Claudius Enoch Virey Cabilonensis ad*

il se ferait le chevalier de la princesse et se battrait pour elle avec son neveu. Enfin il congédia Virey avec force menaces, et le chargea de dire à son maître que, s'il ne se rendait à ses volontés ou s'il se permettait la moindre violence contre sa femme, il saurait bien l'en faire repentir. Condé parut céder, et demanda congé d'aller chercher la princesse. Le Roi, comme on peut croire, le lui accorda facilement. Sully seul avait été d'un avis contraire : le prince lui avait récemment fait visite, et, dans le langage de son interlocuteur, le clairvoyant ministre avait cru démêler des intentions que l'on était loin de soupçonner. Mais, comme on le savait fort malveillant pour le prince, auquel il ne pouvait pardonner quelques plaisanteries innocentes, on n'attacha pas d'importance à son opinion. Condé quitta Paris le 25 novembre.

Quatre jours après, le 29, vers onze heures du soir, le Roi étant au jeu, le chevalier du guet en-

Le Roi est informé que Monsieur le Prince

Samonam, principis a secretis; carmen itinerarium. Suit la traduction en vers français du premier chant de ce poème, qui nous a fourni une grande partie des détails que nous donnons. Malgré la rudesse de la forme et la construction bizarre des phrases, à laquelle nous faisions allusion tout à l'heure, les œuvres de Virey sont loin de manquer de mérite littéraire. — Depuis que cette note a été écrite (1856), M. Halphen a publié l'*Enlèvement innocent de Virey,* c'est-à-dire la traduction en vers français que l'infatigable secrétaire avait faite du premier chant de son poème latin (Aubry, 1859).

tra subitement et lui dit quelques mots à l'oreille. Le Roi changea de couleur, se leva et passa dans son cabinet. On venait de lui apprendre que, le matin même, le prince avait quitté Muret, emmenant sa femme en carrosse et la conduisant, disait-il, à une chasse de sanglier aux toiles, mais qu'en réalité il avait pris la route des Pays-Bas ; un de ses gentilshommes appelé Rochefort[1], qui avait été élevé avec lui et ne l'avait jamais quitté, Virey, son secrétaire, deux demoiselles et trois domestiques formaient toute leur suite. C'était leur guide, nommé Laperrière, qui, effrayé de s'exposer à la colère du Roi, avait dépêché en poste son propre fils, archer de la garde du corps, pour tout raconter à Paris. A peine informé, Henri fit appeler en toute hâte ceux dont il croyait pouvoir attendre soit un avis, soit un renseignement. Le président de Thou, ami et conseil du prince, et son ancien précepteur Lefèvre furent convoqués des premiers. Brusquement interpellé, de Thou déclara n'avoir rien su des projets de Condé ; puis, avec un certain courage, il ajouta que son départ ne pouvait être mal interprété, et que sans doute il se retirait auprès de son beau-frère, le prince d'Orange. Quant à Lefèvre, le Roi n'en obtint que des larmes, et le

---

1. Louis d'Aloigny, marquis de Rochefort.

trouble de cet excellent homme avait quelque chose de si comique, que la nature enjouée de Henri IV l'emporta un moment sur sa colère; il ne put s'empêcher de rire et de railler. Cependant ses ministres et ses confidents se rendaient à ses ordres. Ils trouvaient le Roi se promenant à grands pas dans sa chambre, la tête basse, les mains derrière le dos; les courtisans se rangeaient en silence contre la muraille, s'interrogeant de l'œil, mais n'osant se parler. De temps à autre, le Roi relevait la tête; s'il apercevait quelque nouveau visage, il demandait aussitôt conseil, et exigeait une réponse sans laisser le temps de réfléchir; puis, sans réfléchir lui-même, sans discuter, il se rendait au dernier de ces avis qui lui étaient ainsi donnés comme au hasard[1]. Il était méconnaissable; on aurait dit qu'une sorte de vertige troublait cette raison toujours si calme, cet esprit toujours si lucide. Les ordres se succédaient contradictoires ou ridicules. Ainsi, dans la nuit même, sans songer qu'il était à peu près impossible d'atteindre le prince, sans se soucier des conséquences que pouvaient avoir les mesures prescrites, il écrivit à Balagny, gouverneur de Marle, à du Pesché, gouverneur de Guise, de mettre leurs garnisons en campagne pour arrê-

---

1. Voyez le récit de cette soirée dans les *OEconomies royales*.

ter le fugitif « en quelque lieu qu'il fût »[1]. Puis il expédiait la Chaussée, exempt des gardes, avec ordre de suivre le prince au delà des frontières ; « et, le trouvant en une ville hors du royaume, Sa Majesté a commandé audit la Chaussée de s'adresser aux gouverneur et magistrats d'icelle, pour leur faire entendre la charge que Sa Majesté luy a donnée par la présente ordonnance, les requerir et prier faire arrester en leur ville ledit prince et sa suite, les mettre en seure garde, s'assurant Sa Majesté qu'ils feront service très agréable à MM. les archiducs...[2] » La Chaussée était à peine parti que le chevalier du guet recevait des instructions analogues, et devait se mettre en route à l'heure même[3]. Rodelle, d'Elborre, d'autres encore, furent dépêchés dans la nuit. Tous ces ordres étaient déjà donnés, quand Sully, que le Roi avait fait réveiller à son grand déplaisir, entra dans le cabinet. Il conseilla de ne rien faire : c'était le seul avis raisonnable qui eût encore été ouvert ; ce fut le seul qui ne fut pas suivi. Le lendemain matin, on s'occupa de régula-

1. Ordres du Roi à Balagny, à du Pesché, datés du 29 novembre au soir. (Bibliothèque nationale.) Imprimés dans le recueil des *Lettres missives de Henri IV*

2. Patente de par le Roy, même date ; copie remise aux magistrats de Landrecies. (Archives de Belgique.)

3. Ordre du Roi, même date. (Bibliothèque nationale.)

riser les mesures qui venaient d'être prises avec tant de précipitation et d'incohérence. Il fallait avant tout donner quelques explications aux archi ducs qui gouvernaient les Pays-Bas[1], et leur adresser une réclamation officielle. Cette mission fut confiée à Praslain, capitaine des gardes, qui partit dans la journée.

Ce même jour (30 novembre), à trois heures du matin, Condé atteignait le territoire des Pays-Bas, et, à sept heures, il s'arrêtait avec sa petite troupe dans la première place espagnole de la frontière, Landrecies. Depuis le départ de Muret, c'est à peine si l'on avait pris quelques minutes de repos dans une auberge de village, et la pluie n'avait pas cessé de tomber; il avait fallu laisser sur les bords de la Somme le carrosse qui portait les dames, et la princesse venait de passer quinze heures sur la croupe du cheval de Rochefort; elle

Condé arrive à Landrecies (30 novembre). Il y est rejoint par les agents du Roi. Embarras des magistrats.

1. Par un acte daté de Madrid, le 6 mai 1598, Philippe II avait cédé les Pays-Bas, la Franche-Comté et le Charolais, à titre de fief réversible, à sa fille Isabelle-Claire-Eugénie. L'archiduc Albert, frère de l'empereur Rodolphe, qui gouvernait déjà les Pays-Bas sous le nom de cardinal d'Autriche, renonça à l'Église pour épouser cette princesse. En fait, Albert et Isabelle exerçaient une sorte de vice-royauté avec des pouvoirs très larges. Les contemporains les appelaient toujours *les archiducs*. Les principaux souverains de l'Europe, le pape, l'Empereur, le roi de France, avaient des ambassadeurs à la cour de Bruxelles.

était mouillée jusqu'aux os, épuisée de fatigue et incapable d'aller plus loin. Le prince, se croyant en sûreté, se décida à faire un séjour de vingt-quatre heures ; mais, le lendemain matin, comme il allait se remettre en route, on refusa de lui ouvrir les portes. L'exempt des gardes, la Chaussée, avait trouvé ses traces, l'avait suivi dans tous ses détours et venait d'arriver à Landrecies. Il exhiba aussitôt au gouverneur la patente dont il était muni, et réclama son concours pour arrêter Condé. Grand fut l'embarras des magistrats ; car le cas n'était pas prévu. Il semblait impossible de laisser un officier de police français exercer son ministère sur les terres du roi d'Espagne ; mais l'exempt était pressant ; l'ordre dont il était porteur indiquait l'importance que le roi de France attachait à cette mission, et le gouverneur de Landrecies pouvait encourir une responsabilité bien grande, si par sa résistance il engageait son maître dans une nouvelle querelle avec son puissant voisin. Placés devant cette alternative, les magistrats se décidèrent à en référer immédiatement à leurs supérieurs, et à retenir Condé jusqu'à ce qu'ils eussent reçu de nouvelles instructions[1]. Ils permirent seulement à Rochefort, gentilhomme du prince, de se rendre

1. Les magistrats de Landrecies à l'archiduc Albert. Archives de Belgique.

auprès de Leurs Altesses, pour leur demander asile et protection.

La nouvelle de l'arrivée de Condé dans les Pays-Bas était venue surprendre les archiducs dans leur charmante retraite de Marimont, et leur causa d'abord quelque humeur : on a beau exercer le pouvoir, on cherche toujours à échapper aux ennuis qui en sont inséparables. Ainsi les archiducs refusèrent, non seulement de donner audience à Rochefort lorsqu'il se présenta à Marimont, mais encore de recevoir la lettre que ce fidèle serviteur leur apportait de la part de son maître. Lettre et gentilhomme, tout fut renvoyé au duc d'Arschcot, gouverneur de la province[1]. Celui-ci se garda bien de prendre sur lui une décision aussi grave, et à son tour il ne voulut pas voir Rochefort avant de connaître les intentions de Leurs Altesses[2]. Trois jours s'écoulèrent ainsi en courses, en pourparlers, en incertitudes. Cependant il fallait se prononcer. Praslain venait d'arriver à Bruxelles, et se montrait fort pressant; Landrecies se remplissait d'officiers et de soldats français : Balagny, le chevalier du

Après quelque hésitation, les archiducs autorisent la princesse à se rendre à Bruxelles; mais Condé doit quitter les Pays-Bas, et se rend à Cologne, où il arrive le 8 décembre.

1. Condé aux archiducs; les archiducs au duc d'Arschcot, 1er décembre 1609. Archives de Belgique. — Le marquis de Guadalete au roi d'Espagne. Papiers de Simancas. — Voyez *Pièces et Documents*, nos XIX et XX.

2. Le duc d'Arschcot aux archiducs, 2 décembre 1609. Archives de Belgique — *Pièces et Documents*, no XIX.

guet, d'autres agents du Roi, y étaient successivement entrés avec leur escorte. Ils y devenaient assez incommodes, tour à tour sollicitant et menaçant les magistrats, ou s'adressant au prince lui-même pour l'engager à se soumettre de bonne grâce. Condé laissait percer quelque inquiétude, et il lui échappa de dire « qu'il s'étoit embarqué sans biscuit »[1]. Mais Virey soutenait son courage, et enfin, dans la nuit du 2 au 3 décembre, Rochefort revint avec la décision attendue. Les prétentions de Henri IV n'étaient pas admises : il était permis à la princesse de se rendre à Bruxelles, auprès de sa belle-sœur, la princesse d'Orange ; quant à Condé, la faveur qu'il avait un peu humblement demandée « de baiser la main de Leurs Altesses »[2], ne lui était pas accordée ; il devait quitter les Pays-Bas sous trois jours. La petite cour de Bruxelles espérait ainsi témoigner de sa déférence pour le roi de France, tout en faisant respecter le droit des gens. Dès que cet ordre fut connu des magistrats de Landrecies, ils conseillèrent au prince de quitter immédiatement leur ville ; il profita de cet avis, et, sans attendre le jour, il prit la route de Namur ; puis, par Liège,

---

1. Henri IV à M. de Vaucelas, son ambassadeur à Madrid, 5 décembre 1609.

2. Lettre de Condé aux archiducs, déjà citée.

Aix-la-Chapelle et Juliers, il gagna Cologne, où il arriva le 8 décembre, et où il s'arrêta sous la protection des vieilles libertés germaniques.

Quelques heures après le départ de Condé, sa femme quittait aussi Landrecies avec une faible escorte, et, le même soir, elle descendait à l'hôtel du prince d'Orange à Bruxelles. Le fidèle Virey, qui s'était séparé de son maître pour veiller sur elle, était dévoré d'inquiétude. Aucun ordre n'avait été donné par les archiducs; ils étaient encore à Marimont; le prince et la princesse d'Orange n'étaient pas revenus de Bréda, et leur palais était désert. Obscur, inconnu, forcé de se cacher sous le costume d'un soldat italien, Virey ne pouvait donner aucune protection à la princesse, et il craignait que Praslain, profitant de la première surprise, ne terminât brusquement sa mission par un coup de main. Mais Praslain n'était ni préparé ni décidé à violer le droit des gens d'une façon aussi éclatante; il eût au moins voulu, pour faire une tentative de ce genre, avoir l'assentiment du prince d'Orange, et, ne désespérant pas de l'obtenir, il partit aussitôt pour Bréda.

Démarches de Praslain et de Virey. La princesse mise en sûreté à Bruxelles dans le palais du prince d'Orange.

Fils et frère de héros, Philippe-Guillaume de Nassau[1] était pour sa part très peu enclin aux

1. Philippe-Guillaume de Nassau, fils aîné du grand Guillaume d'Orange et de sa première femme l'héritière de Buren,

actions héroïques : une captivité de vingt-huit ans avait engourdi son caractère et amorti ses passions ; il n'aspirait qu'à jouir en repos de ses grands biens. Praslain comptait qu'en invoquant les anciennes et bonnes relations de Henri IV avec la maison de Nassau, il amènerait facilement le prince d'Orange à se prêter au désir du Roi. Mais il ne rencontra pas Philippe-Guillaume ; il ne put parler qu'à sa femme, Éléonore de Bourbon[1], sœur aînée de Condé, princesse d'un caractère fier, énergique, très dévouée à son frère, et dont l'accueil décida Praslain à une prompte retraite. De retour à Bruxelles, celui-ci reconnut qu'un coup de main était devenu impossible. Virey n'était pas resté inactif ; il s'était mis en relation avec l'intendant du prince d'Orange, nommé Kerman,

---

reçut à sa naissance, en 1554, le titre de comte de Buren. Filleul de Philippe II, il faisait ses études à l'école de Louvain, lorsque le duc d'Albe le fit enlever (1567) et conduire en Espagne, où il resta vingt-huit ans prisonnier. En 1584, par la mort de son père, il avait succédé au titre de prince d'Orange. Rendu à la liberté, il épousa, en 1606, Éléonore de Bourbon, et mourut sans lignée en 1618. Il ne joua pas de rôle politique. L'héritier du génie et de l'autorité de son père fut son frère cadet, Maurice de Nassau, l'un des plus grands capitaines des temps modernes ; Maurice était fils de la seconde femme de Guillaume, Anne de Saxe.

1. Éléonore de Bourbon, princesse d'Orange, née le 30 avril 1587, morte au château de Muret, le 20 janvier 1619.

et celui-ci avait obtenu qu'une garde protégeât l'hôtel de son maître. Bientôt, d'ailleurs, Philippe de Nassau arriva à Bruxelles ; les archiducs étaient attendus d'un moment à l'autre. Praslain comprit que sa mission était terminée, et retourna à Paris, où le Roi ne lui fit qu'un médiocre accueil.

L'emportement de Henri IV ne se calmait pas. Déjà la fuite de Condé avait fait l'objet de deux longues dépêches envoyées à ses ambassadeurs auprès des cours de Madrid et de Rome[1] ; une circulaire avait été adressée[2] aux gouverneurs de province pour dénoncer « la résolution sy indigne » du prince : le Roi se déclarait décidé à réprimer la désobéissance de son neveu, l'accusait d'avoir fomenté des troubles qui venaient d'éclater en Saintonge, et insinuait que sa fuite était concertée avec les éternels ennemis du royaume; depuis longtemps, ses relations avec l'ambassadeur d'Espagne avaient été dénoncées à Sully[3]. Mais les désordres de Saintonge avaient un caractère purement local : ils furent facilement réprimés. Quant à l'accusation de complot avec la cour de Madrid, les hésitations et l'attitude des archiducs en justifiaient pleinement Condé. Cepen-

1. 5 et 9 décembre 1609.
2. 17 décembre 1609.
3. *Œconomies royales,* VIII, 98.

dant les mesures prises par Henri IV produisirent un résultat tout différent de celui qu'il paraissait attendre. L'envoi de si nombreux agents, le ton si vif de ses dépêches semblaient indiquer que la fuite du prince pouvait lui causer de sérieux embarras, et donnaient à cet événement une véritable importance politique. Trouvant malhabile de n'en pas profiter, les conseillers espagnols des archiducs, ceux qui représentaient à Bruxelles l'opinion de la cour de Madrid, blâmèrent la résolution prise à Marimont à l'égard du prince. D'ailleurs, l'honneur castillan était blessé de ce refus d'asile fait à un illustre fugitif. Condé n'inspirait qu'un médiocre intérêt; l'infortune dont il se plaignait n'était pas de celles qui excitent beaucoup la pitié des hommes ; la beauté de sa femme disposait bien des cœurs à l'indulgence pour Henri IV, et, quant aux violences qu'il reprochait au Roi, aux dangers dont il se prétendait menacé, la clémence bien connue de Henri IV empêchait tout le monde d'y croire[1]. Mais les Espagnols ne pouvaient comprendre qu'un prince du sang français

---

1. Era cosa nota ad ogn' uno che'l Rè non haveva mai trattati i suoi amori, se non per le vie ordinarie; e frà le sue virtù, niuna era predicata più che quella della clemenza. (Bentivoglio, *Relazione della fuga di Francia del principe di Conde.*)

ne trouvât point de refuge sur les terres du roi d'Espagne, et il leur semblait inouï qu'une semblable concession fût faite au roi de France, alors que celui-ci accordait publiquement sa protection à tous les criminels espagnols[1] et sa bienveillance particulière à un ministre infidèle, Antonio Perez, justement proscrit par le maître qu'il avait offensé. L'organe le plus vif et le plus influent de cette opinion était le marquis Ambroise Spinola.

Il serait difficile de rencontrer dans l'histoire une carrière semblable à celle de Spinola. Né à Gênes en 1571, issu d'une famille illustre, mais qui, depuis près d'un siècle, avait renoncé aux affaires publiques pour s'appliquer exclusivement au commerce du Levant, Spinola avait subitement quitté son comptoir à l'âge de trente ans, et consacré son immense fortune à lever une armée qu'il offrit au roi d'Espagne. Bientôt les vieilles bandes de Flandre virent, avec surprise, arriver un renfort de neuf mille hommes organisés, équipés, et commandés par un marchand italien; la surprise fut bien plus grande quand on vit ce marchand,

---

1. *Todos los delinquentes de España.* — Lettres du marquis de Guadalete et du marquis Spinola au roi d'Espagne, décembre 1609; procès-verbal de la séance du conseil d'État de Madrid, 13 février 1610. *Papiers de Simancas.* — Voyez *Pièces et Documents*, n° XX.

nourri de l'étude de la guerre et inspiré par une puissante intelligence, réussir là où tous les autres avaient échoué, et donner aux armes espagnoles cette direction habile qui leur manquait depuis la mort de Farnèse. Seul, il s'était montré capable de lutter contre Maurice de Nassau et de terminer le siège d'Ostende. Arrêté dans le cours de ses exploits par la trêve récemment conclue avec la Hollande, il supportait impatiemment l'inaction qui lui était imposée, et il eût plutôt fait naître que manqué une occasion de conflit entre la France et l'Espagne. Avide de gloire, aimant les luttes difficiles, il lui tardait de se trouver aux prises avec cet autre grand capitaine qui gouvernait alors la France. On lui a prêté encore un autre mobile : on a supposé, et Henri IV a feint de croire, que, devenu amoureux de la princesse de Condé, le vaillant Génois était disposé à tout faire pour la retenir à Bruxelles. Les chroniqueurs du temps accordent à la princesse des attraits si irrésistibles, que tous ceux qui approchaient d'elle en restaient épris. Le cardinal Bentivoglio décrit les charmes de cette blanche et gracieuse figure[1] avec une complaisance qui ferait soupçonner ce

---

1. Era bianchissima, piena di gratia negli occhi e nel volto, etc. (Bentivoglio, *Relazione,* etc.)

prélat un peu mondain de n'avoir pas échappé au péril commun; quant au timide archiduc, il ne levait jamais les yeux lorsqu'il parlait à cette dangereuse beauté[1]. Spinola fut-il moins réservé que l'archiduc, ou plus maître de lui que Bentivoglio? c'est ce qu'il importe peu d'approfondir. Quelle que fût sa pensée secrète, l'opinion d'un tel homme devait être d'un grand poids, surtout lorsqu'elle était d'accord avec l'honneur et les intérêts de la monarchie espagnole; l'archiduc, malgré sa répugnance à rentrer dans les embarras dont la trêve avec la Hollande venait à peine de le tirer, dut se ranger à cet avis.

Il fut décidé que Condé serait invité à se rendre à Bruxelles; voici sous quel prétexte: Villeroy avait exprimé à l'ambassadeur de Flandres à Paris combien le Roi regrettait que Praslain n'eût pu parler à son neveu; il était convaincu qu'un entretien avec le capitaine des gardes eût décidé le prince à un prompt retour en France. L'ambassadeur ayant recueilli de la bouche du Roi lui-même la confirmation de ce langage, on feignit d'y voir un encouragement à rappeler Condé en Flandre; seulement l'archiduc ne voulut pas lui écrire; il laissa ce soin à Spinola et à l'ambassadeur d'Es-

Condé, appelé à Bruxelles, y arrive le 21 décembre.

---

1. *Lettres* de Malherbe

pagne, afin de bien établir que le prince était l'obligé du roi catholique. Un messager porta ces lettres à Cologne ; Condé en partit aussitôt, et arriva à Bruxelles le 21 décembre.

<small>Tristesse de la princesse; ses rapports avec son mari. Dispositions et démarches de sa famille. Intrigues du Roi. Négociations infructueuses pour ménager un accommodement entre lui et Condé, qui se livre davantage aux Espagnols.</small>

On lui rendit tous les honneurs prescrits par l'étiquette espagnole. Il fut reçu avec égards par les archiducs, avec affection par sa sœur et son beau-frère, avec froideur par sa femme. Jamais les deux époux ne s'étaient témoigné beaucoup de tendresse : ils s'étaient mariés par devoir. Condé n'était pas d'humeur très aimable; il était jaloux, et, si la princesse n'avait rien fait pour encourager la passion du Roi, du moins est-il permis de croire qu'elle n'était pas insensible aux hommages d'un si grand prince. Longtemps après, dans sa vieillesse, retirée à Chantilly pendant la captivité de son fils, elle évoquait ce souvenir et en parlait à Lenet avec orgueil et émotion. Quand il fallut quitter Muret, elle ne put retenir ses larmes, et, depuis son arrivée à Bruxelles, elle était d'une tristesse que ses premières communications avec sa famille n'étaient pas de nature à dissiper. Soit qu'ils crussent réellement aux mauvais traitements dont on accusait son mari envers elle, soit plutôt par une complaisance peu honorable pour le Roi, tous les siens affectaient de se plaindre hautement de Monsieur le Prince, et le connétable, bien qu'assez peu tendre de sa nature, s'apitoyait sur les malheurs de sa fille et soupirait après son retour. Il expédia à Bruxelles un de ses parents, M. de Boutteville, dont le nom devait être illustré par une sanglante catastrophe et par de glorieux exploits[1]. Boutteville remit à l'archiduc une lettre du connétable qui suppliait Son Altesse de « favoriser sa requête » et de lui faire renvoyer sa fille[2]. A la princesse il portait de l'argent et des consolations; mais sans doute aussi il était chargé pour elle de quelque message de Henri IV, qui, d'ailleurs, s'était ménagé d'autres intermédiaires. La princesse d'Orange n'avait pu fermer son palais à la femme de l'ambassadeur de France, Brûlart de Berny; celle-ci était souvent admise auprès de la princesse de Condé, et lui parlait sans cesse du Roi, qui l'avait chargée « de l'assister et lui bailler tout ce dont elle auroit besoin, mais surtout de façon à ce que Monsieur le Prince, ni une de ses femmes n'en sachent rien »[3]. Condé

1. Louis de Montmorency-Boutteville, vice-amiral de France, mort en 1614. Son fils, François de Montmorency-Boutteville, fut décapité à Paris comme duelliste en 1627, et son petit-fils devint le maréchal de Luxembourg.
2. Le connétable à l'archiduc, 12 décembre 1609. *Archives de Belgique.*
3. Henri IV à M de Berny; sans date, mais probablement de la fin de 1609.

était au courant de toutes ces menées : aussi refusa-t-il de rencontrer Berny. Quant à Boutteville, qui ne s'attendait pas à le voir revenir sitôt, « il ne reçut guère bon visage de lui », et s'empressa de retourner à Paris, où il ne fut pas mieux traité par le Roi ; « les grands, ajoute Malherbe, qui racontait tout cela fort en détail à son ami Peiresc, les grands ne louant rien que par l'événement »[1]. Cependant le prince ne voulut pas rompre avec les Montmorency : il adressa quelques lignes affectueuses au connétable, une longue et cordiale lettre à de Thou, dont l'amitié ne s'était pas démentie ; enfin il répondit aussi à sa mère, qui lui avait écrit pour lui témoigner sa douleur et l'engager à se soumettre ; on disait même que cette princesse, dans son désir de regagner les bonnes grâces du Roi, avait offert de se rendre à Bruxelles pour en ramener son fils[2]. La réponse du prince était digne et respectueuse, quoiqu'il y perçât quelque humeur de l'attitude prise par sa mère. Mais il renvoya, sans la lire, une longue

1. *Lettres* de Malherbe. — Boutteville au secrétaire du connétable, Bruxelles, 23 décembre 1609. *Archives de Condé.*

2. Les parents et amis de la princesse douairière de Condé étaient à peu près unanimes à blâmer la conduite de son fils. Voyez la lettre de la princesse douairière d'Orange à la duchesse de Thouars, *Pièces et Documents,* n° XXI.

épître de Sully. C'était une sorte de manifeste très hautain que Condé connaissait déjà, Sully ayant depuis plusieurs jours rempli Paris des copies de cette pièce. Le prince déclara qu'il n'aurait aucune communication avec « un homme de cette humeur, dont la coutume ordinaire est d'offenser tout le monde »[1]; mais il protestait qu'il recevrait avec respect « les propositions qu'il plairoit à Sa Majesté de lui faire, étant toujours son sujet et très humble serviteur ». C'est dans ce sens qu'était rédigé un mémoire explicatif remis par lui aux différents ministres des cours étrangères présents à Bruxelles, ainsi qu'une lettre au pape, où il implorait la protection de Sa Sainteté. Le nonce Bentivoglio, se conformant aux instructions qu'il avait reçues de Rome, lui offrit alors ses bons offices pour ménager son accommodement avec le Roi. L'archiduc en fit autant ; il craignait les difficultés et se défiait de la mobilité du caractère français : convaincu que Condé se déciderait à rentrer en France non moins facilement et non moins brusquement qu'il s'était décidé à en sortir, il eût voulu éviter de s'engager avec lui et le pressait fort de céder ; Henri IV le sut, et le re-

---

[1]. Sully à Condé, 9 décembre 1609. Condé à sa mère, 26 décembre 1609. (Bibliothèque impériale, collection Dupuy.)

mercia « de la peine qu'il avoit prise envers son neveu pour le rendre sage »[1]. Les agents du roi catholique eux-mêmes se mettaient à l'unisson et affichaient aussi des dispositions conciliantes : charmés au fond de voir prolonger une situation qu'ils croyaient embarrassante pour Henri IV, ils redoutaient cependant sa puissance et n'osaient pas rompre ouvertement avec lui. Le marquis de Guadalete, retournant de Bruxelles à Madrid, n'avait pas voulu traverser Paris sans saluer le Roi, à qui il avait déjà été présenté. Durant l'audience, Henri IV lui dit que, si Condé n'était promptement renvoyé, il prendrait ce procédé pour un des plus grands *agravios* qu'il pût recevoir, et il se servit avec intention du mot espagnol, qui rendait mieux sa pensée. Le marquis s'inclina, et répondit par un proverbe espagnol dont le sens était : « A bon entendeur peu de mots suffisent »; puis il s'étendit sur la conduite ridicule que Condé tenait à Bruxelles, l'accusant de courir les plus bas cabarets, bras dessus bras dessous avec ses laquais, et d'y parler follement des grandes choses qu'il accomplirait un jour en France. Telle était du moins la version que le Roi donnait du discours de Guadalete; mais tout le

---

[1]. Henri IV à l'archiduc, janvier 1610

monde savait, ajoute le chroniqueur anonyme de qui nous tenons ces détails[1], que, « si Sa Majesté recueillait une anecdote de la bouche d'autrui, elle ne manquait jamais de l'améliorer en la répétant ». Cependant tout ne devait pas être inexact dans le récit de Henri IV, et il y avait en ce moment, dans l'esprit de certains ministres espagnols, une réaction défavorable à Condé. Aussi le pressaient-ils d'indiquer lui-même les termes d'un arrangement. Mais il était impossible d'obtenir du prince une réponse précise : son esprit inquiet, incertain, ne s'arrêtait à aucun parti. Tantôt il déclarait qu'il ne rentrerait jamais en France pendant la vie du roi actuel[2]; tantôt il se disait prêt à revenir, s'il obtenait une place de sûreté dans son gouvernement de Guyenne. Sur cette dernière donnée cependant, on fit une ouverture au Roi, qui la rejeta formellement. Il ne voulait plus entendre parler de places de sûreté : de toutes les concessions arrachées à la faiblesse des derniers Valois, nulle n'avait causé plus de troubles et n'avait été plus féconde en abus que ces sortes de garanties ; Henri IV avait longtemps refusé de

1. Récit en italien sans titre. Archives de Condé.
2. L'archiduc Léopold au roi d'Espagne; Spinola au même; décembre 1609 et janvier 1610. Papiers de Simancas. — *Pièces et Documents,* n° XX.

laisser aux protestants, malgré leurs sollicitations persistantes[1], les villes qu'ils occupaient déjà; or Condé n'était pas en situation d'obtenir ce qui n'avait été accordé aux réformés qu'après un long usage, et encore à titre temporaire, avec de nombreuses restrictions. Aussi le Roi déclara-t-il qu'il exigeait son retour immédiat, sans condition aucune, promettant seulement de lui tout pardonner.

Cette réponse accabla Condé; Spinola, qui ne cessait de l'entourer de prévenances et qui avait déjà pris un certain empire sur son esprit, profita de la disposition où il le voyait pour le décider à réclamer directement l'appui du roi d'Espagne. Le conseil d'État de Madrid émit unanimement un avis favorable à cette demande[2]; tout ce qui avait été fait jusqu'alors à Bruxelles avec l'intention réelle de grossir et d'envenimer l'affaire, mais sans rompre avec la France et tout en ayant l'air de ménager un accommodement, fut approuvé. Le roi catholique chargea son ambassadeur à Paris, don Innigo de Cardeñas, d'informer le roi très chrétien qu'il avait pris le prince de Condé sous

---

1. Quand ceux-ci invoquaient les précédents, il répondait : « Mes prédécesseurs vous craignoient et ne vous aimoient pas; moi, je vous aime et ne vous crains pas. »

2. Papiers de Simancas.

sa protection : « Vous direz à ce roi, ajoutait la dépêche, que j'agis ainsi parce que ce prince est de son sang; mon but est de servir de médiateur dans cette affaire, et de contribuer de tous mes efforts au repos et bonheur du roi très chrétien ; si je tenais une autre conduite, je croirais manquer aux sentiments d'amitié et de fraternité qui m'unissent à lui »[1]. Le reste de la dépêche, qui s'adressait au seul ambassadeur, ne laissait aucun doute sur les sentiments très peu fraternels dont le roi catholique était animé à l'égard de Henri IV. En même temps, Philippe III écrivait lui-même à Condé pour l'assurer de sa sympathie et accréditer auprès de lui un des membres de son conseil de guerre, le comte d'Añovar, spécialement chargé de veiller aux intérêts du prince[2]. De son côté, Condé dut s'engager à ne pas traiter sans l'agrément de la cour de Madrid[3]. C'était un premier pas fait dans une voie où il est toujours difficile de s'arrêter.

Vers la même époque (fin de janvier 1610), arrivait à Bruxelles un ambassadeur extraordinaire de Henri IV. Depuis quelque temps déjà,

Ambassade du marquis de Cœuvres (janvier 1610).

---

1. Le roi d'Espagne à don Innigo de Cardeñas, 22 janvier 1610. Papiers de Simancas. — *Pièces et documents*, n° XX.
2. Le roi d'Espagne au prince de Condé, 26 janvier 1610. Bibliothèque impériale.
3. *Poëme* de Virey.

on savait à Paris que le Roi voulait envoyer en Belgique un grand personnage de sa cour, qui pût à la fois et soutenir avec autorité sa réclamation auprès des archiducs, et traiter directement avec le prince de Condé. Les amis de ce dernier, et même les parents de la princesse, auraient désiré que cette mission fût donnée au duc de Bouillon, qui possédait la confiance des deux époux; mais le Roi ne voulut pas entendre parler de ce choix et parut songer au président Jeannin. A ce nom, les amis du prince jetèrent les hauts cris: c'était le président Jeannin qui avait été chercher le maréchal de Biron! Henri IV n'insista pas et désigna le marquis de Cœuvres[1], qu'il fit partir aussitôt. C'était un homme d'un caractère énergique et peu scrupuleux, grand favori du Roi, qui aimait surtout en lui le frère de celle qu'il regrettait toujours, la charmante Gabrielle. Cœuvres avait aussi été très lié avec Condé, qui s'était empressé de lui écrire, comme à un de ses plus sûrs amis, après son retour de Cologne[2]; mais il semblait avoir complètement oublié ses anciennes relations avec le prince, et, pendant son séjour à Bruxelles, il ne témoigna qu'un dévouement aveugle, absolu,

---

1. François-Annibal d'Estrées, marquis de Cœuvres, plus tard maréchal de France, né en 1573, mort en 1670.
2. *Lettres* de Malherbe.

aux volontés et à la passion de Henri IV. Tout d'abord, il renouvela la déclaration récemment faite par ce monarque, puis il ajouta, non sans causer aux Flamands une vive surprise et un certain mécontentement, que, si Monsieur le Prince ne voulait se soumettre, le Roi entendait qu'on le fît immédiatement sortir de Flandre, tandis que la princesse serait renvoyée à son père; c'est sous cette condition, prétendait-il, que Monsieur le Prince avait été rappelé à Bruxelles, ce que l'archiduc niait absolument. Le prince d'Orange voulut intervenir alors pour faire accepter une transaction : après s'être assuré du consentement de son beau-frère, il demanda que le Roi voulût bien désigner, en Italie ou en Allemagne, une ville où Condé devrait se retirer, et où il recevrait les arrérages de sa pension. Cœuvres refusa de transmettre cette proposition au Roi; on la lui fit alors présenter par Pecquius, ambassadeur de Flandre à Paris.

Henri IV donna audience à cet envoyé le 3 février. Il commença par déclarer qu'il n'accorderait à son neveu ni pension ni pardon, tant qu'il serait hors de France. Puis il essaya, à plusieurs reprises, de prouver que l'archiduc avait promis d'expulser le prince fugitif, s'il ne se soumettait pas. Mais Pecquius vit le piège, et toute l'adresse du Roi ne

Démarches directes et indirectes du Roi pour émouvoir et intimider la cour de Bruxelles.

put « l'attirer dans ses filets, ni l'amener à quelque confession de promesse ». Changeant alors de terrain, le Roi se plaignit amèrement de la conduite du gouvernement et des agents espagnols, qui se permettaient les propos les plus injurieux contre lui, et ne cessaient de donner à Condé, non seulement des encouragements, mais des subsides en argent. Enfin, après quelques allusions à de prétendues manœuvres qui auraient eu pour but de soulever les huguenots, il congédia Pecquius en tâchant de lui faire sentir que les menées de l'Espagne pourraient bien attirer quelque gros orage sur les paisibles archiducs[1].

Aucun moyen n'était négligé pour intimider ou émouvoir la petite cour de Bruxelles et son ambassadeur à Paris. Après que le Roi avait parlé, menacé, il envoyait le connétable, qui venait en pleurant conter à Pecquius que Monsieur le Prince maltraitait sa fille et « la rabrouoit de ce qu'elle ne caraissoit pas assez Spinola »; que Rochefort, « entrant dans la chambre de la princesse, où estoit aussy celle d'Orange, avoit tiré en leur présence et à leur grand effroy des coups de pistoletz, dont il va garny en ses poches, disant que c'estoit pour

---

1. Pecquius à l'archiduc Albert, 4 février 1610. Archives de Belgique. — *Pièces et Documents,* n° XIX.

quiconque vouloit du mal à son maistre »[1]. Aux lamentations de Montmorency succédaient celles de Mme d'Angoulême, les exhortations des ministres du Roi, et celles, moins attendues, de son confesseur, car le père Cotton lui-même vint, non sans quelque embarras et sans bien s'expliquer, supplier Pecquius de s'entremettre et d'adoucir les choses pour le bien de la chrétienté[2]. Le pape aussi était vivement pressé de hâter le retour en France de Condé et de sa femme, s'il voulait maintenir la paix du monde[3].

Malgré le nombre et l'activité de ces démarches, Henri IV se faisait sans doute peu d'illusions sur le succès qui les attendait ; il semble même que la mission officielle de Cœuvres n'eut d'autre objet que d'en couvrir une autre, secrète et plus sérieuse, celle d'enlever la princesse de Condé. On croyait être assuré à Paris que Charlotte de Montmorency ferait peu de résistance ; les intrigues de tout genre, qui avaient pour objet de la détacher de plus en plus de son mari, avaient continué.

Mission secrète du marquis de Cœuvres; il doit enlever la princesse

---

1. Pecquius à l'archiduc Albert, 10 février 1610. Archives de Belgique. — *Pièces et Documents,* n° XIX.
2. Don Innigo de Cardeñas au roi d'Espagne, 27 janvier 1610. Papiers de Simancas.
3. Papiers de Simancas, et aussi Correspondance de Pecquius, *passim.*

Mme de Berny, éloignée par la vigilance du prince, ne pouvait plus guère visiter la princesse ; mais les deux femmes qui ne l'avaient pas quittée depuis le départ de Muret avaient été gagnées[1]. Un secrétaire du connétable, nommé Girard, allait et venait sans cesse entre Paris, Chantilly et Bruxelles, portant des lettres, des avis, des instructions. Le Roi était l'âme de ces manœuvres ; toute la famille de la princesse en était complice. Celle-ci se fatiguait chaque jour davantage de la triste vie qu'elle menait à Bruxelles, où aucun plaisir, aucune distraction ne venait rompre la monotonie d'une étroite surveillance. Isolée, séparée des siens, de sa tante, Mme d'Angoulême, qui avait été pour elle comme une seconde mère et dont elle reconnaissait les soins par une tendre affection, elle regrettait sa patrie, sa famille, le beau séjour de Chantilly, et cette brillante cour de France, où elle n'avait paru qu'un moment. Elle hésitait encore, retenue par les liens du devoir et de l'honneur, mais déjà ébranlée et assez disposée à se laisser forcer la main.

Virey découvre les projets de Cœuvres, et Une lettre de Paris vint donner l'éveil aux serviteurs de Monsieur le Prince : sur un avis donné par

---

[1]. « Asseures Chasteauvert et Filipote que je ne les abandonne point. » Henri IV à M. de Preaulx (fin de février 1610). Cf. *Mémoires* de Fontenay-Mareuil ; Bentivoglio, *Relazione della fuga del principe di Conde,* etc.

de Thou, avec tous les ménagements que lui commandaient sa position et son caractère, Harlay de Beaumont écrivit à Virey qu'un pèlerinage projeté aux environs de Bruxelles pour la Chandeleur devait servir d'occasion à l'enlèvement. Le pèlerinage fut contremandé, et Virey redoubla de vigilance. Son cœur cependant était rempli d'inquiétude et de douleur : on lui avait dit que sa femme avait été arrêtée, conduite à la Conciergerie, et confondue avec les filles de mauvaise vie ; on ajoutait que son fils, âgé de neuf ans, avait été aussi jeté en prison. On trouvait ainsi moyen d'aggraver encore la conduite déjà fort dure et injuste du Roi : la femme de Virey n'avait pas été menée à la Conciergerie, mais donnée en garde au grand prévôt de l'hôtel, puis envoyée à Châlons, chez son père, qui dut répondre d'elle ; son fils avait été remis à un de ses amis, Dollé, qui s'était chargé de le garder chez lui. Ces rigueurs ne faisaient que redoubler l'activité de l'honnête et courageux secrétaire : il épiait avec soin les démarches de Girard, et se tenait sans cesse aux aguets. Bientôt un des agents qu'il avait dû recruter pour l'assister dans cette surveillance, un sieur de Vallobre, gentilhomme avignonnais fixé à Bruxelles, ancien page du connétable, véritable coupe-jarret qui avait dû quitter la France pour se soustraire à des poursuites judiciaires,

s'entend avec Spinola pour les déjouer. Alerte de la nuit du 13 au 14 févrio: 1610.

l'informa que le marquis de Cœuvres venait de le prendre à son service ; les renseignements que le marquis lui avait demandés sur le pays, sur la ville, les instructions qu'il lui avait données ne permettaient pas de douter qu'un coup de main ne se préparât. Spinola seul fut averti par Virey, et, d'après ses conseils, Vallobre s'engagea de plus en plus avec Cœuvres. On apprit qu'un trou devait être percé dans les murailles de la ville, qu'on enrôlait des hommes, qu'on cherchait des chevaux, enfin que des intelligences avaient été pratiquées jusque parmi les gardes des archiducs. Vardes, gouverneur de la Capelle, venait d'arriver à Bruxelles avec un lieutenant de la compagnie du duc de Vendôme : il était appelé, disait-il, par des affaires particulières ; mais on tenait pour certain qu'il avait mission de conduire la princesse dans son gouvernement[1]. Le péril devenait imminent; il fallut prévenir l'archiduc. Quant à Condé, pour éviter un éclat, on ne lui fit qu'une demi-révélation : on se borna à lui donner d'assez vagues inquiétudes, afin de l'amener à demander que sa femme vînt habiter le palais archiducal ; ce qui fut facilement accordé, comme on en était convenu.

---

1. *Poème* de Virey. — Pecquius à l'archiduc, 18 février 1610. Archives de Belgique. — *Pièces et Documents*, n° XIX.

C'était déranger toutes les combinaisons de l'ambassadeur de France ; mais il n'avait pas de prétextes pour s'y opposer : il ne put chercher qu'à retarder ce changement de résidence et à gagner du temps pour achever ses préparatifs. Voici l'expédient auquel il eut recours : les femmes de la princesse étaient à sa discrétion ; elles donnèrent à leur maîtresse l'idée de faire à Spinola la demande en apparence la plus naturelle du monde, et qu'on ne soupçonnait pas le galant marquis de pouvoir lui refuser : elle pria Spinola de lui donner ce qu'on appelait « les violons », c'est-à-dire un bal dans le lieu même qu'elle habitait. Un délai de quelques jours serait sans doute nécessaire pour organiser cette fête ; il faudrait donc prolonger d'autant le séjour de la princesse à l'hôtel d'Orange ; car les divertissements de cette sorte n'étaient pas permis par l'étiquette du palais archiducal. Spinola vit le piège, et trouva des prétextes pour refuser. Cœuvres se décida alors à brusquer l'entreprise : le 14 février étant le jour fixé pour l'entrée de la princesse au palais, il fit ses dispositions pour l'enlever dans la nuit du 13 au 14. Spinola en fut informé quelques heures auparavant, et, cette fois, il fallut bien tout dire à Condé. Comme on s'y attendait, il ne put maîtriser son émotion : non content de demander une garde à l'archiduc, il remplit le palais de ses plaintes, et courut la ville hors de lui, implorant l'assistance de tout venant. Le prince d'Orange, non moins exaspéré, convoqua ses amis en armes, et voulait « tout prendre et tout tuer ». La nuit commençait ; les gens de guerre s'appelaient à haute voix ; des piquets de cavalerie parcouraient les rues, précédés par des torches ; autour du palais et de l'hôtel d'Orange on plaçait des postes, on allumait des feux ; tout Bruxelles était en émoi, et l'on disait déjà que le roi de France était aux portes.

<small>Sommation en forme adressée à Condé par l'ambassadeur de France.</small>

Le marquis de Cœuvres, assure-t-on, n'eut que le temps de se sauver de l'appartement de la princesse, où il s'était déjà introduit. Mais, comme on n'avait pu saisir aucune preuve de la tentative qu'il préparait, il résolut de tout nier, et il était homme à faire bonne contenance. Dès le lendemain, il se présenta chez l'archiduc pour se plaindre de l'affront qui avait été fait la veille au Roi, son maître, et des calomnies qu'on avait répandues contre lui. L'archiduc répondit, avec beaucoup de modération, qu'il n'avait ajouté aucune foi aux bruits que l'on avait propagés, mais qu'il n'avait pu refuser une garde aux sollicitations pressantes de Condé. Du palais, l'ambassadeur se rendit à l'hôtel d'Orange, pour y accomplir l'acte qui devait terminer sa mission. Là, avec beaucoup de solennité, accompagné du sieur de Berny, résident pour le service du Roi près Leurs Altesses de Flandre, du sieur de Preaulx, conseiller au Parlement, et de Manicamp, gouverneur de la Fère, il adressa au prince de Condé une sommation en forme, le déclarant coupable de lèse-majesté s'il ne se soumettait immédiatement au Roi, et il se retira, lui laissant un procès-verbal de cette sommation. Le prince prit aussitôt la plume pour répondre: il était toujours prêt, disait-il, à se rendre aux ordres du Roi dès qu'on lui donnerait les sûretés dont il avait besoin pour son honneur, ajoutant qu'il était incapable de jamais rien entreprendre contre le service de Sa Majesté. Cette déclaration fut rédigée dans la forme authentique par un notaire, qui alla la porter à l'ambassadeur. Cœuvres, distrait, la reçoit sans rien dire, puis y jette les yeux, court aussitôt après le notaire, et le force à la reprendre, en le menaçant de son épée. Acte fut dressé de ce refus[1].

A la suite de cette scène, Condé craignit ou feignit de craindre que le séjour de Bruxelles ne lui offrît plus de sécurité et qu'il y fût trop exposé aux conséquences de la colère du Roi; déjà Virey et Gi- *Condé se décide à quitter Bruxelles. Il confie sa femme aux archiducs, part déguisé le 21 février, et*

[1]. « Constitué par-devant nous, Michel Nourrisseur, notaire et tabellion, etc. » Copie du temps. Archives de Condé.

rard en étaient venus aux mains, et le maître d'hôtel du prince, appelé Charbonne, acheté ou effrayé, l'avait quitté pour rentrer en France. D'ailleurs, la situation de Condé à la cour des archiducs devenait presque ridicule, depuis le scandale causé par la tentative d'enlèvement : beaucoup de gens, à tort sans doute, soupçonnaient sa femme d'en avoir été complice. Il se décida à partir, laissant la princesse sous la garde des archiducs, qui lui jurèrent qu'elle ne quitterait pas leur palais sans qu'il y eût consenti. Ce point réglé, il fallait choisir le lieu de sa nouvelle retraite : l'Angleterre et la Hollande lui étaient fermées par leur intime alliance avec Henri IV; l'Allemagne n'offrait pas une protection très sûre; restaient les États du roi d'Espagne : le séjour de Madrid paraissant trop compromettant, il se décida pour Milan. On ne pouvait attendre que l'autorisation de Philippe III parvînt à Bruxelles; mais le ton des lettres reçues de Madrid, l'attitude prise à Paris par l'ambassadeur du roi catholique, et à Bruxelles par les ministres espagnols, ne permettaient pas de douter que ce consentement ne fût accordé avec empressement. Il fut résolu que le voyage se ferait avec tout le secret possible : l'archiduc, Spinola et le comte d'Añovar, qui avait été spécialement accrédité auprès de Condé par le roi d'Espagne, furent seuls mis dans la confidence. La suite du prince devait se composer de trois personnes, Rochefort, Virey et un des officiers de Spinola, nommé Fritima, qui avait beaucoup voyagé, parlait plusieurs langues et devait servir de guide et d'interprète. Condé eût bien voulu emmener aussi son capitaine des chasses, appelé Toiras, homme intrépide, robuste, infatigable, qu'il connaissait depuis son enfance (il avait été son page), et qui l'avait rejoint avec beaucoup de résolution pendant sa fuite de France; mais, une vive mésintelligence ayant éclaté entre lui et Rochefort, qui ne pouvait être sacrifié après les preuves de dévouement qu'il avait données, Toiras dut être éloigné et fut envoyé en France par le prince, sous un prétexte quelconque. La faveur que lui témoigna Henri IV dans les derniers mois de sa vie a fait supposer qu'il était à Bruxelles l'espion du roi. Mais il est permis de penser qu'il dut les bonnes grâces de ce monarque à ses qualités militaires déjà éprouvées (il avait fait la guerre en Hollande), et qui lui valurent plus tard le bâton de maréchal[1], peut-être aussi à sa grande intelligence de la chasse; car Henri IV passait parmi ses contemporains, non seulement pour le plus grand

1. J. du Caylard de Saint-Bonnet, seigneur de Toiras, né en 1585, fut fait maréchal de France en 1630, et mourut en 1636.

roi, mais aussi pour le premier veneur du monde[1].

Toutes ces résolutions furent prises assez promptement. Le 21 février, Condé sortit secrètement du palais, et s'en fut dans une maison particulière, où s'achevèrent les derniers préparatifs du départ. Dans la nuit, il quitta Bruxelles avec ses trois compagnons, habillés comme lui à la wallonne; une neige abondante, dont les flocons épais couvraient la trace des chevaux, favorisait leur fuite. Le voyage fut long et pénible; la saison était rude, les journées grandes, les gîtes mauvais; tout se passa pourtant sans encombre; l'incognito fut toujours bien gardé. Une seule fois, au milieu des Alpes, le prince fut reconnu par un négociant hollandais que le bouillant Virey voulait jeter au fond d'un précipice. Cet incident n'eut pas d'autre suite,

---

[1]. Sully arrivant en Angleterre comme ambassadeur extraordinaire après la mort d'Élisabeth, Jacques Ier lui envoya aussitôt la moitié d'un cerf, le premier qu'il eût encore pris à courre depuis son avènement au trône, « jugeant bien, écrivait Sully à Henri IV, que Vostre Majesté estoit le roy des veneurs, puisque la seule présence de celuy qui la représentoit en ce royaume lui avoit causé cette heureuse prise »; et le lendemain, à la première audience, Jacques Ier, revenant sur la prise du cerf, disait, raconte Sully, « qu'il ne l'avoit pas attribuée à moi, M. de Rosny, mauvais chasseur, mais comme à l'ambassadeur du plus grand roy et du plus grand veneur du monde ».

A propos du goût de Henri IV pour la chasse, voici une

et, le 31 mars, Condé entra dans le château de Milan.

Il y reçut un accueil dont la solennité et l'éclat étaient évidemment calculés. En effet, le gouvernement espagnol, qui d'abord avait paru décidé à garder, vis-à-vis de Henri IV, au moins les apparences de dispositions modérées et conciliantes, avait modifié ses premières résolutions. Le 13 février, le Conseil d'État de Madrid avait longuement délibéré sur les affaires du prince de Condé. Trompé par les rapports passionnés de l'ambassadeur don Innigo de Cardeñas, évoquant le souvenir du connétable de Bourbon, espérant contre toute vraisemblance que les huguenots, que Montmorency lui-même, épouseraient la cause du prince fugitif, trouvant à propos de donner des inquiétudes et des embarras au roi de France, qui ne s'était jamais interdit de créer mille difficultés à l'Espagne,

Attitude prise par l'Espagne vis-à-vis de Henri IV et de Condé.

---

anecdote qui fait bien ressortir les contrastes et les singularités de cette époque. Au plus fort de la guerre civile, au mois d'avril 1592, le Roi, objet de tant de haines, eut l'idée, ses veneurs lui manquant, de s'adresser à un de ses ennemis pour le prier de venir chasser avec lui, et il écrivit à un ligueur, M. de Vitry : « La présente receue, ne fais faulte me venir trouver pour courir le cerf, parce que la plupart de mes gens sont malades. » Cette lettre, ajoute un récit contemporain, fut montrée « à M. de Guise, qui le licencia d'y aller, parce que le Béarnais est bon chasseur », et Vitry s'en fut à Trye avec ses chiens.

le conseil avait insisté pour que l'on fît avorter toute tentative d'accommodement entre Henri IV et son neveu, pour que ce dernier fût retiré de Flandre, conduit à Milan, enfin sérieusement assisté par Sa Majesté catholique. Si le roi de France, ajoutait le conseil, voulait faire la guerre pour une cause aussi injuste, tout le monde, ses sujets même, seraient contre lui, et sa perte serait certaine [1]. Les ordres furent expédiés partout conformément à ces conclusions. Le comte de Fuentes, gouverneur du Milanais, venait de les recevoir, lorsque Condé arriva dans son gouvernement.

Les premières nouvelles que ce prince reçut de Flandres lui apprirent que le marquis de Cœuvres était parti de Bruxelles presque en même temps que lui. Henri IV avait témoigné à son complaisant ambassadeur très peu de satisfaction de sa conduite, et l'avait même, assurait-on, « traité de sot » à son retour ; *nimirum,* ajoutait un observateur, peu bienveillant il est vrai [2], *quia raptus Helenæ non successit.* En effet, la réalité du projet d'enlèvement n'était pas mise en doute ; Brûlart de Berny n'en faisait pas mystère, quoiqu'il pré-

1. Papiers de Simancas. — *Pièces et Documents,* n° XX.
2. Pecquius. Lettre du 1ᵉʳ mars 1610 au secrétaire Praets. Archives de Belgique. — *Pièces et Documents,* n° XIX.

tendît n'y avoir été pour rien ¹, et l'on avait découvert que, dès la veille, la suivante de la princesse avait porté à l'ambassade de France les habits de sa maîtresse ². Mais le mauvais succès de cette tentative ne découragea pas Henri IV : à peine avait-elle échoué, qu'il mit d'autres ressorts en œuvre, et que le docile connétable recommença ses instances auprès des archiducs.

D'abord Montmorency se plaignit de la façon dont sa fille était traitée dans le palais : on lui avait retiré les deux femmes qu'elle avait amenées de France, et on lui avait imposé la sœur de Kermann (le maître d'hôtel du prince d'Orange), dont les services lui étaient odieux ; enfin elle était forcée de subir les visites de Spinola, « le Génois, comme l'appeloit le connétable par manière de desdaing », ce qui n'était « bienséant » et donnait lieu à mille propos. Les archiducs répondirent que « ny le marquis ny autre quelconque n'auroient ny accès ny hantise auprès de la princesse ». Ils consentirent à éloigner la sœur de Kermann, mais refusèrent de rappeler les deux Françaises : on avait en main la preuve de leur infidélité. Alors Mme d'An-

Le connétable réclame sa fille. Mission de Préaulx. Réponse aux archiducs.

---

1. Pecquius à l'archiduc, 10 mars 1610. Archives de Belgique. — *Pièces et Documents,* n° XIX.

2. Les archiducs à Pecquius, 28 février 1610. *Ibidem.* — *Pièces et Documents,* n° XIX.

goulême proposa d'envoyer de Paris des demoiselles d'honneur qui pussent tenir compagnie à sa nièce. Nouveau refus : Leurs Altesses de Flandre, se doutant que le Roi aurait quelque part dans les choix de Mme d'Angoulême, trouvèrent dans l'étiquette de leur palais un prétexte pour rejeter aussi cette demande [1]. Sur le fond même, sur la prétendue captivité de la princesse, les sollicitations n'étaient pas moins vives : le connétable ne cessait de presser les archiducs et leur ambassadeur de ses réclamations écrites ou verbales. Cependant le rusé vieillard se comportait dans cette affaire comme jadis dans les guerres civiles, et, tandis qu'il renouvelait ses doléances publiques sur le malheur de sa fille, il disait tout bas à Pecquius qu'il aimait mieux la savoir chez l'Infante que de la voir dans sa propre maison [2] ; un autre jour, il avouait à don Innigo de Cardeñas que son honneur était sauf si le roi d'Espagne maintenait la réputation de ses aïeux [3]. Henri IV, non moins fin que Montmorency, avait vu clair dans son double jeu,

---

1. Lettres de Pecquius du 23 février, des archiducs des 28 février et 9 mars. Archives de Belgique. — *Pièces et Documents,* n° XIX.

2. Pecquius à l'archiduc, 23 février. *Ibidem.* — *Pièces et Documents,* n° XIX.

3. Don Innigo au roi d'Espagne, 5 avril 1610. Papiers de Simancas. — *Pièces et Documents,* n° XX.

et il écrivait que « son compère estoit froid plus que de saison ; » mais, ajoutait-il, « mon feu l'a dégelé »[1] ; en effet, les démarches officielles de la famille suffisaient au Roi, et aucune ne lui était refusée. La plus importante qu'il obtint fut la mission légale confiée à Preaulx.

Charles de l'Aubespine, abbé de Preaulx et conseiller au parlement, était un légiste habile, insinuant et résolu tout à la fois, prêt à employer tous les moyens pour parvenir, et qui devait arriver aux plus hautes dignités[2]. Il avait déjà rempli plusieurs missions à Bruxelles ; tout récemment, il y avait accompagné le marquis de Cœuvres, et il passait pour un des principaux organisateurs de la tentative d'enlèvement. Cette fois, il devait agir avec un caractère privé en quelque sorte, comme homme de loi représentant un père qui réclamait sa fille. Muni de pouvoirs en forme du connétable et de Mme d'Angoulême[3], il parut devant les archiducs, rappela les violences notoires, prétendait-il, de Monsieur le Prince envers sa femme, la façon dont il l'avait emmenée de France ; fit valoir

1. Henri IV à M. de Preaulx, vers le 20 février 1610.
2. Il est plus connu sous le nom de Châteauneuf, qu'il porta plus tard. Il devint garde des sceaux ; nous aurons à reparler de lui.
3. Original, s. d. Archives de Belgique.

l'injustice de la captivité dans laquelle il la retenait, et laissa même entendre que le mariage n'avait jamais été consommé. Tant de motifs justifiaient assez une demande de divorce, et la princesse ne pouvait être mieux qu'auprès de ses parents pour suivre cette instance. Les archiducs répondirent qu'il ne leur appartenait pas d'examiner les griefs de Madame la Princesse : elle était entrée dans leur palais de son bon gré et du consentement du marquis de Cœuvres ; elle n'en pouvait sortir que du consentement de son mari ; les archiducs en avaient pris l'engagement formel ; cependant, s'il paraissait nécessaire qu'elle allât résider ailleurs pour plaider son divorce, ils étaient prêts à soumettre la question à la décision du pape.

Requête de la princesse pour sa mise en liberté. Nouvelles démarches du Roi auprès des archiducs. On croyait qu'il les appuierait par une démonstration militaire.

Cette affaire devenait un gros embarras pour la petite cour de Bruxelles. Aux sollicitations très vives et quasi légales de Preaulx, la princesse joignait ses propres instances ; l'absence de son mari, l'ennui du séjour, les conseils de sa famille avaient triomphé de ses incertitudes, et elle alla jusqu'à signer une requête fort vive, qu'elle présenta elle-même aux archiducs avec une certaine solennité, en présence de deux témoins, qui n'étaient autres que Preaulx et Berny [1]. Dans cet acte,

1. L'archiduc au prince de Condé. Minute de lettre non expédiée, 14 mai 1610. Archives de Belgique.

après avoir remercié Leurs Altesses « de leur bon traictement depuis le temps qu'ilz l'ont retirée en leur palais », elle déclarait qu'elle aurait désormais « grande occasion de se plaindre s'ils luy reffusoient la licence de se retirer près de ceux qui luy sont sy proches ». C'est sous la réserve de cette liberté qu'elle était entrée au palais ; « aujourd'hui qu'elle estoit déliberée de représenter, sans plus user de remise, les plaintes que sa pudeur et quelques bons respectz l'ont empeschée jusques icy de descouvrir, entendant poursuivre sa séparation d'avec le prince son mary, elle supplioit Leurs Altesses de considérer qu'estant de la qualité qu'elle est et d'une vie toute innocente, elle ne peult estre retenue où elle est de présent contre son gré, sans luy faire trop grande injure, et à ceux auxquelz elle appartient, à qui elle aura recours, et partout ailleurs où elle pourra trouver quelque allégement à son mal »[1]. C'était assez clairement désigner le Roi. La princesse, en effet, n'était plus guidée que par les conseils de Preaulx, qui lui remettait des lettres passionnées de Henri IV, et l'on prétend même qu'il dut se charger aussi des réponses du « bel ange » à son « cher chevalier ». Par une singulière exigence,

[1]. Original, s. d. Archives de Belgique

le roi avait voulu que Marie de Médicis adressât, elle aussi, à l'infante Isabelle, une réclamation en faveur de la belle captive. La Reine s'en excusa, prétextant qu'il ne convenait pas de l'exposer à un refus. Henri IV n'insista pas ; mais il ne cacha guère sa mauvaise humeur [1].

Bientôt, incapable de se contenir, il se décida à écrire lui-même en termes très pressants à l'infante et à l'archiduc [2], « pour assister sa sœur la duchesse d'Angoulême et son cousin le duc de Montmorency en leur poursuite », rappelant « l'innocence de celle qu'ils réclament, les indignes traictements qu'elle a receus et doibt encore attendre de son mary », priant « affectueusement » les princes de délivrer les parents désolés « de l'anxiété en laquelle ils vivent ». Un nouveau prétexte était invoqué à l'appui de ces réclamations : Marie de Médicis allait être sacrée ; on ne pouvait empêcher une princesse du sang d'accomplir son devoir en assistant à cette cérémonie. Enfin cette espèce de sommation était accompagnée de quelques menaces. Villeroy, qui jusqu'alors avait toujours rassuré Pecquius lorsque celui-ci s'effrayait des boutades de Henri IV, lui rappelant que son

1. Don Innigo de Cardeñas au roi d'Espagne, 27 mars 1610. Papiers de Simancas. — *Pièces et Documents*, n° XX.
2. 19 avril 1610.

maître était « prompt de paroles, mais lent d'effet »[1], Villeroy aujourd'hui tenait un autre langage : « Le Roy, disait-il, était sérieusement et justement irrité du bruit que l'on avait fait à Bruxelles dans la nuit du 13 février. Parce que le gouverneur d'une place frontière (*Vardes*) était venu dans cette ville pour affaires particulières, toutes les troupes avaient été mises sur pied ; le comte d'Añovar avait parcouru les rues en criant alarme ; et, le lendemain, on n'avait pu trouver que dix-huit Français dans Bruxelles ! Tout ce tapage, on le savait, était venu de Spinola, qui avait voulu faire de l'homme de guerre (*sic*) ; mais les archiducs s'étaient rendus ses complices. Le Roi avait reçu un sérieux affront, et il pourrait bien en exiger réparation [2]. » Ce qui donnait à ces discours un caractère particulièrement grave, c'étaient les grands préparatifs de guerre qui se faisaient en France. Il ne manquait pas de gens pour dire que l'enlèvement de la belle princesse était l'objet de ce redoutable armement : Henri IV, assurait-on, avait « promis à son compère de lui prê-

---

1. Pecquius à l'archiduc Albert, 4 février 1610. Archives de Belgique. — *Pièces et Documents*, n° XIX.

2. Diverses dépêches (abrégées) de Pecquius, février et mars 1610. *Ibidem*. — Le chancelier et le président Jeannin tenaient le même langage que Villeroy. — Voyez *Pièces et Documents*, n° XIX.

ter son armée pour l'aider à reprendre sa fille » [1].

Nouveaux vers de Malherbe. Malgré les assertions contraires, la passion du Roi est plus démonstrative que profonde.

S'il fallait en croire Malherbe et ses vers, on ne pourrait douter que l'amour seul ne mît les armes aux mains de Henri IV :

> Mon soin n'est point de faire
> En l'autre hémisphère
> Voir mes actes guerriers,
> Et jusqu'aux bords de l'onde
> Où finit le monde
> Acquérir des lauriers.
>
> Deux beaux yeux sont l'empire
> Pour qui je soupire ;
> Sans eux rien ne m'est doux ;
> Donnez-moi cette joye
> Que je les revoye.
> Je suis Dieu comme vous [2].

Des témoignages plus sérieux sembleraient donner quelque autorité aux poétiques assertions de Malherbe. Dans les dépêches adressées par les ambassadeurs de Flandre et d'Espagne à leurs gouvernements respectifs, la passion du roi de France pour la princesse de Condé tient la première place. L'envoyé du roi catholique surtout, don Innigo de Cardeñas, croyait voir à chaque

---

1. *Lettres* de Malherbe. — Le même *on dit* est rapporté par Pecquius au secrétaire Praets (16 mars 1610. Archives de Belgique), et le Roi, dans divers entretiens, confirma la vérité de ce rapport. — Voyez *Pièces et Documents*, n° XIX.

2. *Poésies* de Malherbe, t. II, p. 29, édition Barbou.

instant Henri IV marcher sur Bruxelles avec un gros de cavalerie. Selon lui, le royaume était bouleversé par cet amour : les huguenots allaient se soulever ; la France entière était indignée ; la Reine était décidée à se mettre à la tête des mécontents. Il peint Henri IV comme un insensé, prêt à risquer sa couronne pour satisfaire sa passion, privé de raison et de sommeil, appelant sa belle la nuit, passant des journées entières à parler d'elle avec le maître d'hôtel qui venait de quitter Condé [1].

Le Roi lui-même prétendait être absorbé, anéanti par sa passion. « Je deschois si fort de mes mérangoises, écrivait-il à Preaulx, que je n'ay plus que la peau et les os. Tout me desplaist ; je fuis les compagnies ; et si, pour observer le droit des gens, je me laisse mener en quelqu'assemblées, au lieu de me réjouir, elles achèvent de me tuer. » C'est ce prétendu état de prostration que Malherbe exprimait en ces vers, les plus charmants peut-être que lui ait inspirés ce triste amour :

> Ainsi le grand Alcandre, aux campagnes de Seine,
> Faisoit, loin de témoins, le récit de sa peine,
>   Et se fondoit en pleurs ;

[1]. Ces détails, reproduits dans diverses dépêches de don Innigo, sont donnés avec des développements particuliers dans sa lettre au roi d'Espagne du 14 mars 1610. Papiers de Simancas. — *Pièces et Documents*, n° XX

> Le fleuve en fut ému; ses Nymphes se cachèrent,
> Et l'herbe du rivage, où ses larmes touchèrent,
> Perdit toutes ses fleurs[1].

Mais on n'est pas toujours forcé de chercher dans les poètes la vérité historique, et les dépêches diplomatiques elles-mêmes, source bien autrement sûre d'informations, doivent être lues avec discernement. Il faut tenir compte des opinions, du caractère et de la situation de ceux qui les écrivent. Dans une affaire de ce genre surtout, il faut se rappeler que peu d'hommes résistent, le cas échéant, à la tentation de répéter et d'amplifier un peu la chronique scandaleuse ; au plaisir qu'ils y trouvent eux-mêmes se joint le désir d'amuser ceux qui les lisent. Don Innigo était un homme vain, irritable et rempli d'illusions. Il savait très mal le français, et, comme Henri IV

---

[1]. *Poésies* de Malherbe, t. II, p. 27, édition Barbou. Mais l'éditeur est dans l'erreur lorsqu'il place la composition de cette pièce en 1609, avant la fuite à Bruxelles. Malherbe l'envoyait à Peiresc, le 5 janvier 1610, comme une nouveauté. Nous ne voulons pas multiplier les extraits de ce poète; citons cependant encore cette strophe (t. II, p. 29), qui semble la traduction de la lettre à Preaulx :

> Aussi suis-je un squelette,
>   Et la violette
> Qu'un froid hors de saison
> Ou le soc a touchée
>   De ma peau séchée
> Ft la comparaison.

était peu versé dans la langue espagnole, tous deux se parlaient sans comprendre la moitié de ce qu'ils disaient[1]; ces entretiens, semés de quiproquos, n'étaient pas faits pour donner des lumières très nettes à un esprit naturellement assez confus. Dans les procès-verbaux, parfaitement clairs, des séances du conseil d'État espagnol, on trouve la trace de la méfiance avec laquelle étaient accueillies les appréciations de cet ambassadeur[2]. L'envoyé de Flandre, Pecquius, n'était pas plus bienveillant pour Henri IV, et il se complaisait aussi à exagérer les emportements du Roi; parfois même il se payait de chimères, comme de croire qu'en cas de guerre il pourrait bien se faire livrer Lyon et Marseille[3]. Mais, en somme, il était beaucoup plus fin que son collègue, quoique celui-ci le traitât de balourd[4], et le danger immédiat qui menaçait son

1. Pecquius aux archiducs, 7 avril 1610. Archives de Belgique. — *Pièces et Documents,* n° XIX.
2. Voyez, entre autres, la délibération du 10 avril 1610. Papiers de Simancas.
3. Pecquius au secrétaire Praets, mars 1610. Archives de Belgique. — *Pièces et Documents,* n° XIX.
4. *Tengo como balordo el que aqui serve el archiduque.* Dépêche du 27 janvier 1610. Papiers de Simancas. — Don Innigo, qui sans doute ne reconnaissait pas au vassal de son maître le droit de se faire représenter à Paris par un ambassadeur, désigne habituellement Pecquius ainsi : « Celui qui sert ici l'archiduc. »

pays, en lui inspirant peut-être plus de haine au fond, lui imposait une modération apparente, que don Innigo traitait volontiers de mollesse. A l'inverse du fougueux Castillan, il se querellait rarement avec les ministres du Roi ; il les écoutait, et les observait mieux ; il s'étonnait de les trouver tout à la fois inquiets, sombres et insaisissables, mettant les choses au pis, mais échappant à toute discussion sérieuse. Quand ceux-ci, loin de dissimuler la passion de leur maître, semblaient la déplorer, et traçaient avec une émotion un peu affectée le tableau des maux qui menaçaient la chrétienté, les Pays-Bas surtout, si la princesse de Condé restait à Bruxelles, Pecquius ne pouvait s'empêcher de reconnaître qu'on voulait effrayer Leurs Altesses, « esbranler leur constance »[1]. Il restait confondu un jour qu'après avoir cherché avec Villeroy « le moyen de remédier au faict de la princesse et d'arracher cette grosse espine », celui-ci reprenait tout à coup : « Ce n'est pas pour la princesse, c'est pour le prince de Condé que vous aurez la guerre ; le Roi prend les armes parce qu'on veut faire de son neveu un instrument pour bouleverser son royaume[2]. — Que la princesse revienne en

---

1. Pecquius à l'archiduc, 19 avril 1610. Archives de Belgique. — *Pièces et Documents,* n° XIX.

2. 7 avril 1610 et *passim*.

France, lui disait une autre fois le chancelier, il suffira de trois ou quatre mille hommes pour arranger l'affaire de Juliers. » Mais à peine Pecquius paraissait-il entrer dans les vues de son interlocuteur, que le vieux ministre l'interrompait : « Surtout que Son Altesse ne fasse pas de semblant ni de démonstration de vouloir empescher le passage par ses pays à l'armée françoise ! car ce seroit tout gaster [1]. » L'ambassadeur parlait-il de renouveler la neutralité des deux Bourgognes ; on trouvait mille prétextes pour différer la convention [2]. Ce refus de rien conclure et même de rien préciser était un symptôme de nature à frapper l'esprit le plus prévenu : il s'agissait au fond d'intérêts bien autrement graves que la misérable affaire dont on faisait tant de bruit. Malgré ses efforts pour se persuader le contraire, malgré les rapports plus ou moins spontanés qu'il recevait de divers côtés, Pecquius devait sentir que l'ardeur amoureuse du Roi n'était pas le vrai mobile de sa politique. Il suffit de lire les dépêches de cet envoyé pour comprendre qu'il y avait parti pris tout à la fois d'alarmer les archiducs par des menaces et de les désarmer par des espérances, sans prendre vis-

1. Pecquius à l'archiduc, 30 avril 1610. Archives de Belgique. — *Pièces et Documents,* n° XIX.
2. Correspondance Pecquius, *passim.*

à-vis d'eux aucun engagement. Sans doute on voulait les amener à donner une prompte satisfaction aux réclamations du connétable ; mais on tâchait aussi de les empêcher de faire aucun préparatif pour s'opposer aux premiers mouvements des troupes françaises ; enfin évidemment, ni la concession que l'on exigeait d'eux ni l'attitude passive qu'on leur conseillait, ne pouvaient suffire à détourner l'orage qui menaçait la maison d'Autriche.

Quant aux assertions du Roi lui-même, il est certain qu'il ne fut jamais plus robuste, plus actif, plus apte au travail qu'au moment où il disait « deschoir de ses mérangoises ». La lettre à Preaulx était une lettre ostensible, destinée à exciter la « pitié du bel ange ». Les vers de Malherbe lui étaient commandés, et la correspondance du poète atteste l'impatience avec laquelle le Roi les attendait : il ne s'était pas contenté d'une ode, il avait demandé une élégie, puis une chanson ; il avait voulu s'occuper lui même du choix des airs, et il avait mis à l'œuvre plusieurs musiciens. Tout en écrivant au connétable pour lui donner des nouvelles de sa fille, il n'oubliait pas de rappeler à son compère « de bien faire mettre en haleine les chevaux qu'il lui avoit promis »[1]. Ce souvenir des

1. Le roi au connétable, 29 avril 1610. — On connaît la passion de Montmorency pour les chevaux ; il était lui-même

chevaux, cet empressement frivole, ces préoccupations musicales ne sont pas les caractères d'une passion bien exclusive. Non : si Henri IV trouvait une sorte de plaisir coupable à s'occuper de la princesse de Condé, s'il continuait de poursuivre, avec une chaleur un peu factice, la satisfaction de sa fantaisie sénile, son esprit cependant était redevenu calme et libre, sa politique ne changeait pas. Que les Pays-Bas dussent être envahis plus tôt ou plus tard, suivant les circonstances, cela ne peut faire de doute pour quiconque a étudié les plans de Henri IV. N'eût-il jamais aimé la princesse de Condé, le résultat général eût été le même. Que les ministres du Roi fussent divisés d'opinion, que les uns fussent affligés, d'autres effrayés de ses résolutions, qui n'étaient probablement d'ailleurs ni bien connues ni bien comprises de la plupart d'entre eux ; que cet état de leur esprit, que leur désir d'arrêter leur maître dans une voie pleine de périls se reflétassent dans leurs entretiens avec les ambassadeurs étrangers, c'est un fait qui s'est reproduit dans les conseils de tous les princes à la veille des grandes entreprises, et dont on ne saurait arguer pour juger ou dénaturer les véritables intentions de Henri IV. On pourrait croire, il est

un des plus habiles écuyers qu'on pût voir, et fut le patron du célèbre Pluvinel.

vrai, que le Roi, sans modifier ses grands projets, sans même en précipiter l'exécution, eût voulu profiter de l'entrée en campagne de son armée, marchant au vrai but, pour mettre fin par un coup de main à la prétendue captivité de la princesse de Condé. Mais, s'il avait réellement pensé, comme on l'assurait, à surprendre Bruxelles avec un gros de cavalerie, à pétarder les portes de la ville, et à en arracher de vive force celle dont il réclamait si impérieusement le retour, il était trop consommé dans le métier de la petite guerre pour laisser arriver jusqu'aux archiducs tant d'insinuations, tant d'avis positifs ou détournés[1], qui eussent rendu le succès impossible. Ces rumeurs, ces avertissements, donnés tantôt sous la forme de menaces, tantôt sous celle de révélations mystérieuses, faisaient partie du système d'intimidation qui devait amener la cour de Bruxelles à se décharger d'un dépôt de plus en plus embarrassant, et ce système réussissait assez bien ; car les archiducs se montraient chaque jour plus disposés à céder, à sortir pacifiquement de ce mauvais pas ; ils cherchaient seulement la transaction qui ménagerait le plus leur honneur. D'ailleurs, le Roi n'avait jamais

---

1. Voyez toute la correspondance de Pecquius pendant les mois de mars et d'avril, et surtout ses lettres à l'archiduc, des 28 et 30 avril. — *Pièces et Documents,* n° XIX.

renoncé à un enlèvement clandestin, accompli à prix d'or, et son dernier billet à Sully[1] nous le montre occupé de pourvoir aux dépenses d'une entreprise de ce genre. Ce n'était pas par les moyens les plus nobles, nous l'avouons, ni avec la franche et généreuse audace d'un Tristan ou d'un Lancelot, que Henri IV voulait reconquérir celle qu'il croyait aimer ; il pouvait s'amuser à faire broder sur ses habits de guerre le chiffre d'une dame[2], sans ressembler pour cela aux héros de la Table ronde. Mais aussi, nous avons le droit de le dire, ce n'était pas comme un paladin qu'il allait faire la guerre, c'était en grand capitaine et en grand roi. Nul caprice amoureux n'a inspiré ni modifié ses plans. Quand on étudie le détail et la perfection de ses préparatifs militaires, l'ensemble et la profondeur de ses combinaisons, quand on analyse les ressources qu'il avait accumulées, les alliances qu'il s'était de longue main assurées, quand on contemple enfin la situation de la France et de l'Europe, il faut bien déchirer le roman de chevalerie qu'on a voulu attribuer à cet esprit très peu romanesque.

Nous avons raconté, sans rien déguiser, la

1. 2 mai 1610.
2. Pecquius à l'archiduc, 16 avril 1610. Archives de Belgique. — *Pièces et Documents,* n° XIX.

triste histoire des dernières amours de Henri IV ; nous avons mis à nu ses faiblesses, sa conduite odieuse envers Condé : la vérité l'exigeait ; d'ailleurs, s'il est douloureux d'insister ainsi sur les fautes d'un grand homme, si vraiment populaire et si digne de l'être, il est salutaire de laisser voir qu'un libertinage invétéré peut endurcir les meilleurs cœurs, et aussi que les esprits les plus élevés, les plus fermes n'échappent pas à cette espèce de vertige produit par l'exercice d'un pouvoir sans contrôle. Reconnaissons pourtant qu'au milieu des désordres de sa vie privée, à quelque écart qu'il se laissât entraîner, Henri IV n'oublia jamais ses devoirs envers la nation. Nul souverain ne se montra, dans la conduite des grandes affaires de son pays, au dedans comme au dehors, plus exempt de motifs personnels.

Véritable but des armements de Henri IV. Sa politique; alliance et ressources qu'il s'est préparées.

Jamais la France n'avait été plus florissante : la prospérité qui succédait à quarante ans de guerre civile semblerait incroyable, si nous ne savions tous avec quelle merveilleuse rapidité notre patrie se relève de ses souffrances, répare ses fautes ou ses malheurs. Pour la première fois, le royaume était administré ; ses finances étaient conduites suivant des principes et des règles qui ont vieilli aujourd'hui, mais qui contrastaient tellement avec le désordre des âges précédents, que les résultats en parurent inouïs. L'agriculture, puissamment encouragée, prenait un si grand essor, qu'à aucune époque de notre histoire elle n'a fait de progrès pareils, et un agronome célèbre pouvait sans flatterie parler au Roi « du grand profit de votre peuple, lequel demeure en sûreté sous son figuier, cultivant sa terre, et comme à l'abri de votre Majesté, qui a à ses côtés la justice et la paix »[1]. La justice et la paix, c'étaient là les grands bienfaits du règne de Henri IV. Il y avait encore des mécontents, mais plus de factieux : un exemple sévère avait appris aux grands que les conspirations ne seraient plus tolérées ; la noblesse contenue, sans être opprimée ni humiliée, s'habituait à respecter les lois ; les notables avaient été réunis ; la magistrature était secondée, non asservie ; la bourgeoisie se sentait protégée et libre ; le peuple enfin savait que son roi voulait « que tout laboureur pût mettre la poule au pot le dimanche ». On pouvait reprocher au Roi bien des faiblesses et quelques duretés ; son gouvernement était imparfait sans doute ; mais il répondait aux besoins de l'époque ; rien n'était exagéré, et, si l'on eût toujours marché dans la même voie, bien des progrès étaient pos-

1. *Théâtre d'agriculture* d'Olivier de Serres.

sibles, bien des malheurs pouvaient être évités. Déjà la France, la France seule, jouissait de la première, de la plus sainte des libertés, la liberté de conscience : alors que, dans tous les pays de l'Europe, catholiques ou protestants, la croyance du plus petit nombre était persécutée sans merci, notre patrie donnait au monde ce grand exemple d'une législation dont la pratique sincère protégeait également les deux cultes.

Mais ce royaume que Henri IV s'appliquait à rendre si prospère et si fort était sous le coup d'un constant péril. Il suffisait d'un grand homme à Madrid, d'un roi médiocre ou de dissensions intestines en France, pour que tout fût bouleversé et l'indépendance de la nation sérieusement menacée. Les Pays-Bas et la Franche-Comté appartenaient au souverain qui régnait à Madrid, à Milan et à Naples, et qui disposait de l'or d'Amérique. Le roi d'Espagne était uni à l'empereur d'Allemagne par tous les liens de la parenté et d'une intime alliance. Ce n'était plus la monarchie de Charles-Quint; ce n'était même plus le concert, souvent habile, de Philippe II et de Ferdinand ; mais, malgré la médiocrité de leurs chefs actuels, les deux branches de la maison d'Autriche disposaient d'États si vastes et de ressources si considérables, leurs adversaires étaient si divisés, les ligues de petits princes qui leur étaient opposées étaient si souvent et si facilement rompues, qu'il fallut quarante ans de la plus sanglante guerre qui ait désolé l'Europe moderne pour conquérir les traités de Westphalie et des Pyrénées, premières bases de ce qu'on est convenu d'appeler l'équilibre européen.

C'est cet équilibre que Henri IV voulait établir. C'était là « le grand dessein » dont il parlait à ses confidents, la « république européenne » qu'il voulait créer; c'était là le but de cette politique dont il fut le véritable fondateur, politique que François Ier avait entrevue, mais que ni lui ni son fils n'avaient su appliquer avec suite, et que les guerres de religion avaient fait oublier; Richelieu devait la reprendre et la pratiquer avec plus de ténacité que de bonheur; continuée par Mazarin, soutenue par l'épée de Condé et de Turenne, elle triompha enfin, à l'honneur de la France; son exagération faillit perdre Louis XIV.

Les conceptions de Henri IV, telles qu'elles nous sont rapportées par Sully, peuvent présenter quelque chose de chimérique : sans doute, lorsqu'il s'entretenait avec son fidèle ami, il se laissait entraîner par son imagination méridionale; mais, dans cet esprit français par excellence, l'imagination était tempérée par le bon sens; la pratique chez lui eût toujours corrigé la théorie. Ardent sur le champ de bataille, il était patient en politique. Ce dessein d'affranchir l'Europe du joug de la maison d'Autriche et de donner à la France le rang qui lui appartient dans le monde, il le nourrissait depuis son avénement, et, tandis qu'il rétablissait l'ordre et la paix dans son royaume, il se préparait sans relâche à l'exécution de cette haute pensée, attendant pour agir que toutes les bonnes chances fussent de son côté. D'immenses ressources s'accumulaient ; la surintendance des finances et la grande maîtrise de l'artillerie étaient réunies dans les mêmes mains, et le Roi se faisait rendre un compte minutieux de la situation de ces deux services, confiés à la direction habile et ferme de Sully. Au commencement de 1610, la réserve en argent avait atteint le chiffre, fabuleux alors, de quarante-trois millions[1], et l'arsenal renfermait un dépôt de munitions et de matériel de guerre auquel rien ne pouvait être comparé en Europe. Les corps de cavalerie et les vieux régiments d'in-

---

1. Déposé à la Bastille . . . . 24,000,000 livres.
Entre les mains du trésorier de l'épargne. 8,800,000
Créances d'un remboursement facile et assuré. 10,338,490

Total. . . 43,138,490 livres

(État dressé le 10 janvier 1610. *Œconomies royales.*)

fanterie étaient soigneusement entretenus, et le royaume regorgeait d'hommes aptes au métier des armes, d'officiers formés dans les guerres civiles ou qui avaient achevé leur éducation militaire à l'excellente école de Maurice de Nassau. Enfin de nouveaux traités, conclus avec les Suisses et les Grisons, assuraient à la France seule le précieux concours de ces petites républiques, et permettaient au Roi d'augmenter rapidement le contingent que lui fonrnissaient déjà ces vaillants montagnards.

A l'extérieur, l'Angleterre était sympathique. On ne pouvait attendre de Jacques Ier le concours énergique et intelligent d'Élisabeth : il inclinait personnellement vers l'alliance espagnole; mais déjà l'opinion publique était trop prononcée et trop puissante dans ses États, pour qu'il lui fût loisible de prendre part à une guerre comme allié de la maison d'Autriche. En somme, Henri IV était sûr de trouver chez ce prince tout l'appui qu'on pouvait attendre d'un souverain irrésolu, timide, d'un caractère peu sûr, embarrassé d'ailleurs par des difficultés intérieures. Le Roi pouvait entièrement compter sur les Hollandais et les princes protestants d'Allemagne; il était plus difficile de les contenir jusqu'au moment opportun que de les pousser à l'action. En Italie, les succès diplomatiques paraissaient moins probables. De tous les souverains d'Europe, nul plus que le pape ne semblait devoir accueillir avec méfiance les projets de Henri IV ; quant au duc de Savoie, il avait, même après l'Espagne, prolongé le dernier la lutte contre la France. Mais quelques concessions promises, quelques espérances données au sujet du royaume de Naples, avaient désarmé les répugnances de Rome, et le Roi, faisant comme toujours bon marché de ses griefs personnels, n'avait rien négligé pour changer les dispositions du duc de Savoie : on avait réveillé chez ce prince l'ambition héréditaire de sa famille ; le Milanais lui avait été promis ; un double mariage devait unir les deux couronnes : aussi Charles-Emmanuel était-il devenu un des agents les plus actifs de la politique française. Venise et le duc de Mantoue avaient été entraînés dans le mouvement général. L'espoir de partager les dépouilles de l'Espagne avait ainsi assuré à Henri IV le concours de tous les États indépendants d'Italie.

Chaque jour, les fautes des princes autrichiens servaient les projets du roi de France. Certains symptômes trahissaient le peu d'union qui existait parmi les archiducs ; des troubles assez sérieux agitaient leurs États héréditaires ; des mesures intempestives portaient au comble l'irritation des princes protestants. L'Espagne donnait au duc de Savoie de justes griefs; elle augmentait ses propres embarras par l'expulsion des Morisques, acte aussi barbare qu'insensé. Enfin on allait procéder à l'élection d'un Roi des Romains et Henri IV ne désespérait pas d'arracher l'Empire à ses adversaires. Tout commandait d'agir : les préparatifs étaient achevés, les circonstances éminemment favorables. L'ouverture de la succession des duchés de Clèves et de Juliers vint fournir le prétexte qui manquait encore (fin de 1609)[1].

Aussitôt le travail souterrain, depuis si longtemps commencé, s'achève à ciel ouvert; plusieurs traités conclus dans l'espace de quelques mois révélèrent à l'Europe surprise le formidable système d'alliances que le Roi avait si habilement combiné. Tandis que l'union officiellement conclue à Hall entre la France et les princes protestants d'Allemagne jetait l'inquiétude dans les conseils de l'Empereur, la petite cour de Bruxelles apprenait, d'un côté, que les vieilles bandes hollandaises s'assemblaient et que Maurice de Nassau allait bientôt se trouver sur les confins des Pro-

[1] Le vieux duc de Clèves était mort le 24 mars 1609; mais ce fut seulement dans l'automne de cette même année que les actes et les mesures du gouvernement impérial rendirent la collision imminente.

vinces avec quinze ou vingt mille hommes d'excellentes troupes; de l'autre, qu'à Paris les préparatifs militaires étaient poussés avec beaucoup d'activité et que toutes les routes de France étaient sillonnées par les gens de guerre. On ignorait encore où le Roi porterait ses premiers coups; mais sa résolution de diriger lui-même une grande et lointaine entreprise ne pouvait être douteuse : il venait d'organiser un conseil de régence et de régler, pour le temps de son absence, le gouvernement du royaume.

Henri IV fait demander aux archiducs le passage par le Luxembourg pour son armée.

Bientôt toute incertitude cessa à Bruxelles : Henri IV avait fixé à Châlons le rendez-vous de son armée; son avant-garde était à Mézières. Il avait annoncé que ses troupes effleureraient le territoire de Leurs Altesses, et le traverseraient sur quelques points, en s'acheminant par Liège sur Juliers[1]. On lui fit demander indirectement s'il se contenterait de faire filer son monde successivement et par compagnies; il rejeta cette proposition, déclarant que cette façon de marcher serait indigne de « sa qualité » : il entendait que son armée s'avançât en corps. D'un jour à l'autre, il allait communiquer ses intentions à la régence des Pays-Bas par une dépêche officielle,

1. Juliers était déjà occupé par l'archiduc Léopold; mais il avait peu de monde.

et il considérait une réponse négative comme une déclaration de guerre[1]. Ces nouvelles causèrent une vive émotion aux archiducs. Comme elles arrivaient accompagnées des mêmes menaces pour le cas où la princesse de Condé ne serait pas promptement rendue à ses parents, quelques-uns des ministres d'Albert et d'Isabelle ouvrirent l'avis de désarmer le Roi par cette concession, qui paraissait lui tenir tant au cœur. Pecquius venait de transmettre une sorte de consultation casuistique, écrite de la propre main du père Cotton, et où le révérend jésuite, s'expliquant nettement cette fois, établissait que Leurs Altesses pouvaient, en toute sûreté de conscience, non pas renvoyer, mais laisser échapper celle qu'elles avaient promis de retenir[2]; une telle autorité était d'un grand poids auprès de princes aussi pieux. Cependant d'autres conseillers plus hardis auraient voulu qu'à toutes les requêtes comme à toutes les insinuations on répondît par un refus formel. Spinola insistait pour qu'on prît ce dernier parti et qu'on tentât immédiatement le sort des armes. Selon lui, une fois maître de Juliers, le Roi serait invincible : il occuperait une position dominante, d'où il pourrait

---

1. Pecquius à l'archiduc, 19, 26, 28 avril, etc. Archives de Belgique. — *Pièces et Documents,* n° XIX.

2. Le même au même, 28 avril. *Ibidem.*

prendre à revers et menacer d'une incursion irrésistible soit les Pays-Bas, soit l'Allemagne; il rallierait quinze ou seize mille vieux soldats hollandais, et ce renfort lui serait conduit par Maurice de Nassau, qu'il avait déjà désigné pour son lieutenant général. Or Spinola savait par expérience ce que vaudrait un pareil secours : capitaine de premier ordre, ingénieur et tacticien, Maurice de Nassau s'était initié, dans sa longue lutte avec les Espagnols, à tous les secrets de leur stratégie, et le Génois aurait préféré avoir affaire à un seul adversaire, qu'il était loin de mépriser, mais qu'il était peut-être trop porté à juger sur les échecs que lui avait infligés le duc de Parme[1]. Il ne tenait pas assez compte de l'esprit observateur du Roi, de l'expérience qu'il avait acquise; pourtant

1. Spinola attachait peut-être aussi trop d'importance à un assez bon tour que lui-même avait joué au Roi. Après la prise d'Ostende, dans l'hiver de 1604 à 1605, appelé à Madrid pour recevoir les félicitations de Philippe II, il avait passé par Paris. Henri IV voulut le voir, et le questionna négligemment sur ses projets pour la campagne prochaine. Spinola n'ignorait pas les relations du Roi avec Maurice de Nassau, et, pénétrant sa pensée, il lui exposa son véritable plan de campagne. Ce qu'il avait prévu arriva : Henri IV ne manqua pas de faire connaître sa conversation à Maurice, en ajoutant que le Génois ferait certainement tout le contraire de ce qu'il avait dit. Le Hollandais prit ses mesures en conséquence, et fut très désagréablement surpris en voyant son adversaire exécuter très exactement tout ce qu'il avait annoncé au Roi. Henri IV eut le mauvais

Spinola eût pu savoir des officiers espagnols eux-mêmes que Henri IV, dans ses dernières rencontres avec eux, s'était montré toujours aussi brave qu'aux sièges de Paris et de Rouen, mais beaucoup plus maître de lui. Dans les combats livrés auprès d'Amiens, lorsqu'il reprit cette ville en août et septembre 1597, il avait manœuvré avec un à-propos et une sagacité qui avaient rendu infructueuses toutes les tentatives du cardinal-infant pour secourir la place; car, comme il le disait à Sully, il n'avait pas oublié les tours que lui avait joués le duc de Parme. D'ailleurs, les forces déjà réunies à Châlons étaient imposantes, et bien supérieures à celles dont disposaient les archiducs. L'armée du Roi dépassait trente-cinq mille hommes avec trente canons bien attelés[1]; sa

goût de se montrer piqué de cette aventure. Peu après, quelqu'un lui ayant rapporté que la princesse de Condé douairière voulait aller à Bruxelles pour y être aimée, disait-elle, du Biron de Flandre (c'est ainsi qu'elle désignait le marquis), comme elle l'avait été du Biron de France, « c'est faire trop d'honneur à ce marchand, reprit aigrement le Roi, que de le comparer au maréchal ». Selon nous, la comparaison était surtout flatteuse pour Biron.

1. Ces chiffres ne s'appliquent qu'aux troupes réunies à Châlons. D'après les états donnés par Sully, le Roi disposait :

En troupes françaises et suisses, de 44,000 hommes de pied, 5,600 cavaliers et 50 canons;

En troupes fournies par les divers États confédérés (sans comprendre le pape, le roi d'Angleterre et plusieurs princes

cavalerie était magnifique, son infanterie parfaitement recrutée, et la foule de ceux qui briguaient l'honneur de servir sous ses ordres était telle, que des hommes haut placés et des officiers pleins d'expérience avaient dû accepter des positions inférieures. En face de semblables forces, la résistance ouverte étant impossible, les archiducs se décidèrent à essayer de l'expédient proposé pour arrêter le torrent.

<small>La cour de Bruxelles offre de renvoyer la princesse de Condé. Vains efforts pour arrêter Henri IV.</small>

Jusqu'alors, ils avaient défendu le terrain pied à pied; soutenus par les secrets encouragements du connétable, ils avaient montré une fermeté digne d'éloges. Aux premières réclamations portées par Girard, ainsi qu'aux sommations légales de Preaulx, aux lettres du Roi comme à la requête de la princesse, ils avaient toujours fait la même réponse et opposé l'engagement qui les liait au prince. Mais le péril devenait trop pressant : l'archiduc écrivit à Condé pour lui faire com-

d'Allemagne), de 54,000 hommes de pied, 7,000 cavaliers et 45 canons ;

Soit 110,000 hommes et 95 bouches à feu, qui devaient former les deux armées réunies sur la Meuse et sur les Alpes ;

Et si l'on y ajoute les corps qui devaient être mis sur pied par le Saint-Siège, l'Angleterre, etc., ainsi que l'armée destinée à opérer du côté des Pyrénées, mais qui n'était pas encore sous les armes, on peut évaluer le total des forces qui allaient entrer en action à plus de 220,000 hommes. (Voyez la savante *Histoire du règne de Henri IV*, par M. Poirson.)

prendre que le moment de céder était venu.
« Ayant considéré, lui disait-il assez durement,
le peu d'affection que la princesse descouvre envers vous, à ce point que depuis vostre partement il n'y a jamais eu moyen de luy faire recepvoir ni lire seulement aulcune lettre venant de
vous ; ce qu'ayant considéré, et le dégoust, ennuy
et desplaisir que ladicte princesse descouvre journellement de plus en plus de se veoir retenue chez
nous, nous avons esté occasionnés de vous en
donner compte, afin qu'y advisiez sérieusement, et
à donner au plus tot response et quelque sorte de
satisfaction sur la réquisition du connétable [1]. »
A Paris, le langage des agents diplomatiques était
d'accord avec le ton de cette lettre. Pecquius cherchait un accommodement avec plus d'ardeur que
jamais, et ne cachait pas que la princesse quitterait
bientôt la Flandre. Don Innigo de Cardeñas, subitement devenu conciliant, proposait d'écrire à
Condé pour lui conseiller de s'en aller à Rome et
de ne plus s'opposer au retour de sa femme en
France [2]. Mais ce changement d'attitude, ces ou-

1. Minute originale. Archives de Belgique. — La mort du Roi
étant survenue peu après, cette lettre ne fut pas expédiée, et
fut remplacée par une autre beaucoup plus courte et nullement
pressante.

2. Don Innigo au roi d'Espagne, 7 mai 1610. Papiers de Simancas. — *Pièces et Documents*, n° XX.

vertures ne modifièrent pas les dispositions de Henri IV. Il se radoucit, parla amicalement du roi d'Espagne [1], et ses armements n'en continuèrent pas moins. Il fallut bien reconnaître qu'il avait en tête autre chose que son amour, et que la délivrance de la belle captive ne tenait qu'une bien petite place dans ses projets. Lui-même ne le cachait plus. Le nonce, qui était, à ce qu'il semble, beaucoup plus dévoué que le pape à la politique espagnole, étant venu lui parler avec quelque émotion de ses grands préparatifs et du but qu'on leur supposait, le Roi répondit qu'il se préparait, en effet, à la guerre, mais à une « guerre d'État », et non de religion ou d'amour [2]. A Madrid, l'inquiétude succédait à la confiance : don Innigo, pressé de s'expliquer sur les espérances qu'il avait fait concevoir, fut forcé d'avouer que, malgré quelques accès d'humeur, les huguenots paraissaient devoir rester invariablement fidèles au roi de France, et qu'il n'y avait rien à attendre d'un vieillard aussi peu résolu que Montmo-

---

1. *Dixome el nuncio que echo de ver notablemente en el Rey mucha diferencia destos dios passados, por que lo hallo muy dulce y hablandole muy claramente en que deseava la amistad de V. M^d.* Don Innigo au roi d'Espagne, 7 mai 1610 Papiers de Simancads.

2. Don Innigo au roi d'Espagne, 18 mars et 27 avril 1610. *Ibidem.* — *Pièces et Documents*, n° XX.

rency¹. Il reçut l'ordre de tout mettre en œuvre pour ralentir et embarrasser Henri IV. Le père Cotton, qui était résigné à voir son royal pénitent s'occuper de la princesse de Condé, mais qui voulait à tout prix l'empêcher d'attaquer la maison d'Autriche, s'évertuait à le décourager : depuis longtemps, il avait donné l'assurance que ses frères et lui se considéraient comme sujets du roi d'Espagne². La Reine, qui subissait la même influence, voulut dire aussi son mot contre la guerre ; alors le Roi, s'emportant, lui répondit qu'à elle et aux pères jésuites on ne pouvait ôter du cœur le nom du roi catholique, et qu'avec cette folie elle se perdrait³. Évidemment Henri IV était inébranlable. Les archiducs le comprirent, et, ne songeant qu'à échapper à la violence des premiers coups, ils consentirent à ce que l'armée française, réunie en Champagne, traversât le Luxembourg⁴.

1. Don Innigo au roi d'Espagne, 5 avril 1610. Papiers de Simancas.

2. *Que eran sus hombres hijos de V. M^d.* 27 janvier 1610. *Ibidem.*

3. *El Rey respondio... que a la Reyna ni a los Padres Jesuitas no era posible sacalles del coraçon el nombre de V. M^d, y que ella por esta locura se havia de perder. Ibidem.*

4. Sully (*Œconomies royales*, c. 198, t. II, p. 338 B) rapporte les termes mêmes dans lesquels ce consentement aurait été accordé. Toutefois nous devons faire observer que la

Bullion, ambassadeur de France à Turin, est chargé de surveiller Condé, qui habitait Milan.

Cette armée n'était pas la seule que le Roi eût mise sur pied : la monarchie espagnole était menacée de toutes parts. Vers les Pyrénées, où allaient affluer les Morisques, un corps de troupes se rassemblait sous les ordres de la Force, et Lesdiguières était prêt à passer les Alpes avec quinze ou vingt mille hommes, qui devaient se réunir aux troupes du duc de Savoie. Ce prince allait prendre le titre de lieutenant général du Roi par delà les monts, et un négociateur habile, Bullion, qui venait de conclure les traités de Chérasque, devait représenter la France à Turin. Une autre mission avait encore été confiée à cet ambassadeur. En s'éloignant du royaume, Henri IV voulait aussi en éloigner tout élément de désordre. Condé, résidant à Milan, pouvait devenir entre les mains des Espagnols un instrument de troubles : Bullion fut chargé de le surveil-

demande officielle du passage ne fut signée par Henri IV que le 8 mai 1610, et que la réponse de Bruxelles ne pouvait guère être arrivée avant la mort du Roi, qui fut assassiné le 14. Y avait-il eu, dans les premiers jours de ce mois, une correspondance officieuse sur cet objet et un échange de notes entre les ambassadeurs? C'est ce qu'il nous a été impossible de vérifier ; car les lettres de Pecquius, du mois de mai 1610, ont disparu des archives de Bruxelles. Mais les dépêches précédentes ne montrent pas la régence des Pays-Bas disposée à la résistance, et rien n'infirme le témoignage de Sully.

ler et même de chercher à le faire partir de Milan [1].

Nous avons déjà dit combien la cour de Madrid, trompée par les rapports de son ambassadeur à Paris, s'était exagéré l'importance du prince : on croyait trouver en lui un auxiliaire aussi utile que l'était le duc de Savoie pour le roi de France. Philippe III avait de nouveau écrit à Condé pour lui promettre encore sa protection et son appui ; le duc de Lerme y avait joint les plus cordiales déclarations, et le comte de Fuentes continuait de rendre au prince les plus grands honneurs. Il avait été logé dans le palais ; un service somptueux avait été mis à sa disposition ; une garde veillait à sa porte et le suivait partout ; en un mot, il était traité comme l'eût été un archiduc. Mais il était astreint aussi à toutes les exigences de l'étiquette espagnole ; habitué qu'il était à la vie libre et sans façon de la cour de France, il supportait péniblement cette gravité imperturbable et cette pompe continuelle. Cependant, par le conseil de Virey, il se soumit de bonne grâce, sans toutefois pouvoir jamais se faire au *sossiego* [2] de ses

---

1. Instructions données au sieur de Bullion, etc. ; copie du XVIIe siècle. Archives de Condé.

2. Lettre à Mornay. *Sossiego* n'a pas d'équivalent dans la langue, ni surtout dans les habitudes françaises. C'est un état de repos physique et moral, de quiétude béate, qui a quelque

hôtes ; il les étonnait et les ennuyait de sa curiosité. A défaut de la chasse à courre ou à l'oiseau, qu'il regrettait amèrement, il visitait tous les monuments de Milan et des environs ; enfin, pour charmer ses loisirs, il s'essayait à traduire Tacite sous la direction de son savant secrétaire. C'est au milieu de ces distractions inoffensives, bien peu alarmantes pour Henri IV, que les agents de Bullion vinrent chercher le prince, et tenter auprès de lui les démarches dont ils étaient chargés.

Démarches faites auprès de Condé pour le décider à se rendre à Rome. Il renonce à ce projet sur la nouvelle de l'entrée des Français en Lombardie.

Le premier était un médecin appelé Foucquet ; il n'avait que des paroles vagues à transmettre, point de proposition sérieuse à faire : sa mission n'eut aucun résultat. Le second était un certain abbé Nozet, qui, comme le précédent, n'avait pas de caractère officiel, mais qui portait à Condé les assurances positives du bon accueil que lui ferait le pape, s'il consentait à se rendre auprès de Sa Sainteté. Nozet n'eut pas de peine à démontrer qu'il était bien plus digne d'un prince français de se placer sous la protection du père commun des fidèles que de rechercher l'appui de l'ennemi héréditaire de sa patrie et de sa race. Condé était ébranlé ; il consulta Fuentes sur son projet de voyage à Rome. L'Espagnol, trop habile pour

analogie avec le *far niente* italien, et qu'on peut comparer surtout au *kief* des Orientaux.

combattre ouvertement ce dessein, feignit même d'y entrer ; mais, tout en paraissant chercher avec lui les moyens de l'exécuter, il en fit ressortir les inconvénients et les dangers : « Le pape, lui disait-il, était un homme sans caractère, entièrement livré à l'influence de Henri IV ; que deviendrait le prince au milieu de dix mille Français répandus dans Rome et agités par le bruit que sa tête était mise à prix ? Déjà cette rumeur, propagée dans Milan, avait forcé les autorités de cette ville à prendre quelques mesures pour sa sûreté. » Cependant, malgré ces observations insidieuses, Condé inclinait à suivre les avis de Nozet, lorsqu'on lui annonça la prochaine entrée en Lombardie du duc de Savoie et de Lesdiguières. Craignant, soit de tomber entre les mains des troupes françaises, soit d'être arrêté par les Espagnols, il prit le parti de se livrer entièrement à ces derniers. Il fait appeler Nozet, et place entre ses mains une dépêche qu'il le prie de porter au pape. L'abbé y jette les yeux, et lit une lettre en espagnol, où le prince, déclinant les offres du pontife, déclarait que les conseils du roi d'Espagne, son protecteur, seraient désormais la seule règle de sa conduite. « Ce n'est pas Condé, c'est Fuentes qui parle ! s'écrie l'abbé indigné. — Et que puis-je faire aujourd'hui, sinon me mettre à la suite de Fuentes ? »

répliqua le prince. Nozet refusa de se charger d'un pareil message et partit en toute hâte.

<small>Condé apprend la mort de Henri IV (mai 1610), quitte Milan, et arrive à Bruxelles le 18 juin.</small>

Très peu de temps après, vers la fin du mois de mai de 1610, Virey vint une nuit éveiller Condé, et lui remit une lettre que le secrétaire particulier de Fuentes avait apportée pour qu'elle fût immédiatement présentée au prince. Condé la lit rapidement et la passe à Virey avec une émotion profonde : c'était un billet du gouverneur d'Alexandrie qui annonçait la mort de Henri IV, assassiné le 14 de ce mois. Après quelques moments de stupeur, le prince et son confident s'occupèrent de la conduite à tenir : il fallait se dégager des liens qui unissaient Condé aux Espagnols, et que la fatalité, autant que son imprudence, lui avait fait former. Mais on était entre leurs mains, et rompre subitement était impossible. Pour le moment, on n'avait à redouter que l'excès de leur bienveillance intéressée. Quelque incroyable que cela puisse être, il paraît certain que les ministres de Philippe III songèrent sérieusement à faire de Condé un candidat au trône de France. D'Estrées raconte que l'ambassadeur de Sa Majesté catholique à Rome fit au pape « de grandes ouvertures d'une pensée si extraordinaire » [1], et Virey affirme que

---

1. *Mémoires* de d'Estrées.

Fuentes vint chez le prince avec ses officiers pour le saluer comme « juste héritier » [1] de Henri IV. Condé feignit de ne pas le comprendre et de croire que ces hommages s'adressaient au régent du royaume. Il accepta ce titre : peut-être songeait-il à disputer le pouvoir à Marie de Médicis ; mais Virey prétend que cette attitude n'avait d'autre but que de désarmer la défiance des Espagnols, en leur laissant l'espoir « qu'il feroit mouvement » à son retour en France. En tout cas, les préparatifs de ce retour commencèrent immédiatement. Il parut à propos d'y mettre quelque mystère et d'éviter de parcourir toute la France dans ce premier moment d'incertitude et d'agitation. Rochefort étant en mission en Espagne, Virey seul dut accompagner le prince ; Fuentes lui donna un passe-port pour les Pays-Bas, avec un brevet de capitaine de chevau-légers comtois ; Condé devait passer pour son *alferez* [2]. Ils partirent de Milan le 9 juin, traversèrent rapidement la Suisse, la Franche-Comté, la Lorraine, et le 18 arrivèrent à Bruxelles, d'où le prince expédia son fidèle secrétaire à Paris, avec des lettres pour le Roi et la Reine régente. Sourd aux conseils des ministres

1. *Justus ut hæres*. (*Poème* de Virey.)
2. Nom du sous lieutenant de cavalerie dans l'armée espagnole.

espagnols, et même à ceux du nonce Bentivoglio [1], il était décidé à se soumettre.

Condé se soumet à la Régente, refuse de voir sa femme, et arrive à Paris le 16 juillet 1610.

Virey fut bien accueilli à la cour. On y était préoccupé de l'attitude que prendrait Condé, et tout le monde se réjouit de son prochain retour, les uns espérant qu'il donnerait une nouvelle force à l'autorité de Marie de Médicis, les autres comptant faire de lui l'instrument de leur ambition et de leurs dispositions turbulentes. Le messager rapporta au prince, avec les félicitations de la Régente, des lettres de ses amis et de sa mère ; déjà, avant son départ de Milan, le sieur de Coulanges Chastelux lui avait remis les premières dépêches de celle-ci. Elle l'engageait à se « mettre bien » avec Marie de Médicis ; mais elle l'excitait contre sa femme, lui racontant que, jusqu'au dernier moment, elle s'était prêtée aux désirs du Roi, l'engageant à ne pas la voir et à la laisser entre les mains de l'Infante. Condé suivit en partie cet avis. Il consentit à ce que le connétable « envoyât querir sa fille », et il ne parut témoigner aucun ressentiment de ce qui s'était passé [2]. Il reçut

---

1. *Mémoires* de d'Estrées.
2. Condé au connétable, à la duchesse d'Angoulême, deux lettres sans date, mais écrites après la mort du Roi. Bibliothèque impériale, fonds Saint-Germain. — *Pièces et Documents,* n° XXII.

Boutteville, à qui Montmorency venait de donner une mission bien différente de la première, et qui le trouva « en humeur de s'accommoder »; il s'entretint même confidentiellement avec le secrétaire de Berny, le même « qu'il avoit menacé du bâton, lors du vacarme de l'hôtel d'Orange », ce qui ne laissa pas de surprendre un peu [1]; mais il se refusa à toute rencontre avec sa femme. Lorsqu'il alla faire ses adieux à l'archiduc, celui-ci le reçut dans les jardins de Marimont, et le pria d'écouter une prière qu'il voulait lui adresser. Le prince, se doutant de ce qu'on avait préparé, supplia son illustre hôte de ne pas lui demander une chose qu'il ne pouvait accorder; puis, apercevant de loin la princesse, et craignant qu'on n'eût voulu ménager une réconciliation improvisée, il s'empressa de se retirer [2]. Le 8 juillet, il arriva à Mons, où il dit adieu à Spinola et à d'Añovar, et se sépara des Espagnols qui l'avaient servi en les récompensant magnifiquement. Le 15, il coucha à Louvres [3], et, le lendemain de bonne heure, il alla à Saint-

1. Montmorency à l'archiduc, 18 juin; l'Infante à Montmorency, 20 juin; Vandegies à Praets, 27-29 juin et 6 juillet; Pecquius à l'archiduc, 1er juillet. Archives de Belgique.
2. *Récit* de Virey. — Lettres de Praets et de Vandegies, 7, 8 et 9 juillet. *Ibidem.*
3. Voyez l'analyse du *Journal de voyage* du prince de Condé. — *Pièces et Documents,* n° XXIII.

Denis faire dire une messe pour le feu Roi. En revenant au Bourget, il trouva Monsieur le Grand [1], M. d'Épernon, M. de Sully, avec beaucoup de noblesse, qui faisaient bien treize cents chevaux. Après les premiers compliments, tout ce monde repartit en toute hâte pour précéder le prince auprès de Leurs Majestés. En effet, malgré les assurances données par Virey, on était assez inquiet à la cour. La veille, on avait demandé un nouveau serment à tous les capitaines des gardes, et on avait tenu à ce que le roi fût bien entouré. Cependant tout se passa tranquillement. Arrivé au Louvre, Condé salua fort respectueusement la Régente, et l'assura de sa soumission et de sa fidélité. Puis il retourna à son logis, en traversant les rues, remplies d'une foule immense, mais triste et silencieuse ; car le peuple n'était pas consolé de la perte irréparable que venait de faire la France [2].

1. Le grand écuyer.
2. Malherbe donne de grands détails sur cette entrée, dans ses lettres à Peiresc.

FIN DU DEUXIÈME VOLUME.

PIÈCES

ET

DOCUMENTS INÉDITS

N° I

LE PRINCE DE CONDÉ AU ROY.

Cinq lettres écrites dans l'intervalle de la seconde à la troisième guerre civile[1] (avril-août 1568).

Valery, 24 avril 1568.

Sire, j'ay reçeu la lettre qu'il a pleu à Vostre Majesté m'escripre pour me commander de faire tenir prestz les cinquante mil livres que nous devons fournir aux reystres aussitost qu'ilz seront à Auxerre, à ce que à faulte de cela, ilz ne séjournent ny arrestent rien d'avantage dans vostre royaume. Sur quoy, Sire, j'advertiray Vostre dicte Majesté que je y ay donné tel ordre que vous serez satisfaict en cest endroict comme je desire de le faire en tous autres; car j'ay accordé avec lesdicts reystres qu'ilz se contenteront d'avoir ladicte

---

1. On ne trouvera pas ici plusieurs pièces importantes citées dans le texte de notre ouvrage, mais qui ont déjà été imprimées dans la Popelinière, dans les *Mémoires* de Condé ou autres recueils. Nous ne publions ici qu'un choix de pièces, toutes inédites, ou du moins que nous croyons telles.

somme sur la frontière d'Allemaigne et de n'arrester aucunement pour cela jusques à ce qu'ilz y soient parvenuz. Dans le quel temps, je feray de mon costé telle diligence d'assembler et leur faire porter ceste somme que je ne leur fauldray de promission ny ne leur donneray occasion de faillir à celle qu'ilz m'ont faicte. Tellement que Vostre Majesté se peult asseurer que son intention sera pour ce regard suyvye comme elle sera toujours, Dieu aydant, en toutes autres choses de ma part. Au reste, Sire, sachant qu'en plusieurs endroictz de ce royaume l'on refuse à ceulx de la religion les passages sur les rivières et l'entrée aux villes d'où ilz sont, et qu'ilz ne peuvent demeurer en seureté en leurs maisons, il m'a semblé que par mesme moyen j'en devois donner advis à Vostre dicte Majesté pour le bien et repoz que je desire à vos subjectz. Et mesme, comme le Sr Desternay m'a faict entendre que le capitaine Foissy estoit prest de l'assiéger en sa maison de la Mothe, qui descouvre et faict paroistre de plus en plus qu'il y en a, ainsy que j'estime l'avoir desjà escript à Vostre dicte Majesté, qui n'ayant peu empescher la paix tant nécessaire qu'il vous a pleu mettre en vostre royaume, se mettent en devoir et efforcent de donner empeschement en l'establissement et jouyssance d'icelle chose, qui ne peult estre que d'une bien mauvaise et pernicieuse conséquence et apporter encore beaucoup de mal à voz pauvres subjectz, tant travaillez des calamitez passées et qui auroient bien meilleur besoing de jouyr de la tranquillité en la quelle il plaist à Vostre Majesté qu'ilz vivent que d'estre plus ainsy molestez contre voz expresses défenses. Et pour ce, Sire, que ce faict du dict Sr Desternay, entre les autres, pourroit estre cause qu'il regarderoit de s'accompagner pour essayer avec l'ayde de ses voysins et amys de repousser le dict Foissy et empescher qu'il ne luy face le tort et injure qu'il a déliberé de faire contre vostre intention et la teneur de voz édictz, je supplieray très-humblement Vostre dicte Majesté de vouloir obvier au plus tost par le remède qu'elle advisera plus prompt et convenable à ce qui en pourroit advenir, de peur qu'il n'en arrive de l'inconvénient et que d'autres par tel exemple ne prennent hardiesse d'entreprendre choses pareilles; mais que au contraire, quand l'on congnoistra la volonté que Vostre Majesté aura de faire jouyr vos subjectz du bénéfice de la paix, chacun se contienne en doulceur et modestie, sans user de telles voyes d'hostillité. Et, pourvoyant à ce faict particulier, il plaira à Vostre dicte Majesté vouloir faire de mesme pour les autres qui sont empeschez d'entrer en leurs maisons ou travaillés en icelles.

(Original. — Archives du département du Nord.)

Noyers, 11 juin 1568.

Sire, j'ay entendu, par la lettre qu'il a pleu à Vostre Majesté m'escripre par M. de Combault, vostre volunté et intention sur la satisfaction que je doibtz à l'obligation par moy faicte de faire payer les cent mil escuz et tout ce que se monteroit l'herryghelt et naustglet (*sic*) des reystres, à quoy, Sire, j'estimois bien pouvoir satisfaire plus amplement, si les moyens qui sont nécessaires pour y parvenir m'eussent esté plus tost ouvers; lesquelz estans donnez par Vostre Majesté, je mectray telle peine et diligence de mon costé, que sans aucun délay ou retardement elle en demourera contente, comme en toutes autres choses nous rendrons prompte obéissance à voz commandemens, ainsi qu'est le debvoir de tréshumbles et fidèles subjectz; mais, pour ce qu'il plaist à Vostre dicte Majesté se ramentevoir que, par les depputez pour la pacification, il n'a esté demandé autre chose que voz lettres patentes pour approuver et auctoriser la levée que nous ferions faire desd. deniers sur ceulx de la religion réformée qui m'avoient accompagné, et non sur les autres qui estoient demourez en leurs maisons, ne me pouvant bonnement recorder de cest accord, d'autant que je n'y estois présent et qu'il n'en a rien esté mis par escript, je faiz présentement une dépesche à M. le cardinal de Chastillon, lequel, pour y avoir assisté, pourra remarquer à Vostre Majesté toutes les particularitez, et luy présenter par mesme moyen la forme des provisions nécessaires pour la levée desd. deniers, affin qu'estant veue en vostre conseil l'avancement de cest affaire apparoisse bientost après les despesches faictes desd. provisions; j'adjousteray seullement sur ce point, Sire, une supplication très-humble, qu'il plaise à Vostre Majesté que faisant la levée desd. deniers, il ne soit faict distinction entre ceulx de lad. religion réformée qui m'ont accompagné et les autres qui sont demourez en leurs maisons, d'aultant que leur volonté estoit une et semblable; et si tous n'y estoient en personne, soit pour indisposition, faulte de moyens ou aultre empeschement, ilz ne laissoient d'y estre de cœur et d'affection, joinct aussy qu'ilz obbéiront pour le regard de lad. levée aussi voluntiers les uns que les autres, et la célérité en sera d'aultant plus grande que le fort portera le foible, et qu'ilz sentiront moins d'incommodité, prestans chacun l'espaule en cest affaire. Au reste, Sire, j'ay prié led. Sr de Combault faire entendre à Vostre Majesté ce que je luy ay remonstré des contraventions qui se font tous les jours à voz édictz en ce que vos pauvres subjectz de la religion réformée souffrent tant d'oppressions et injustices (qui n'est moindre à l'endroict de plusieurs que de perte de la vie), que le desbordement ne s'est jamais veu si grand, et toutes fois espèrent que vostre clémence et bonté les en mectra dehors et les embrassera, comme ceux qui n'ont aultre recours après Dieu qu'à Vostre Majesté; ce que je vous supplie très-humblement, Sire, prendre d'aussi bonne part comme de sincère affection et d'un cueur entier je suis poussé d'en parler à vous, Sire, auquel après Dieu, j'ay voué et consacré mon cueur, ma vie, mes biens, pour les employer du tout à vostre service, comme l'un de voz plus affectionnez subjectz et serviteurs.

(Bibliothèque nationale, ms. Colbert, 24, V°, 153.)

———

Noyers, 29 juin 1568.

Sire, j'eusse bien desiré avoir ung meilleur subject d'escrire à Vostre Majesté que celuy qui se présente maintenant pour vous relever de la peine et fascherie que je vous donneray par icelluy d'entendre mes plainctes et doléances; mais puisque vous estes seul qui y pouvez applicquer remède, j'ay tant plus de hardiesse et asseurance à le chercher vers vous-mesme que le faict me touche de si prez et regarde tant d'autres que je ne puys ny doibtz le celer à Vostre dicte Majesté. Il est tel, Sire, que depuis que je me suis retiré en ma maison de ce lieu avec ma femme et ma famille (en ceste volunté de m'estudier en tout et partout à vous faire paroistre par tous mes déportements ouvertz et manifestes que je n'ay autre but, comme je n'ay jamais eu ny n'auray, qu'à vous rendre très humble service et obbéissance), j'ay eu plusieurs advertissements que l'on faict journellement des menées contre moy. A quoy ne voulant adjouster foy, estant appuyé sur une bonne conscience et ne me pouvant défier de ceulx que je pense debvoir estre mes amys, pour m'y faire toucher au doigt, on m'a amené depuis deux jours ung espion, nommé Jacques de l'Escolle, serviteur du capporal Cagnart, de la compagnie du cappitaine la Verrière, envoyé en ceste ville par son maistre et par l'enseigne de ladicte compagnie, laquelle est en garnison à Courson, distant de huict lieues d'icy, et a confessé avoir charge de recognoistre la ville, la hauteur des murailles et ma compagnie. Autres me viennent dire qu'on me veult tuer et me designent à peu près ceux qui ont juré ma mort. Les garnisons qui sont en tous les environs d'icy viennent courir jusques à demye lieue de ceste ville, emmenant les chevaux de mes gens, font plusieurs outrages et violences, et disent tout haut qu'ilz vont contre le prince de Condé. Tout cela, Sire, n'a poinct puissance de m'estonner, encores moins les faulses et calomnieuses imputations qu'on mect en avant contre moy, car Dieu fera paroistre ma fidélité. Et s'il est question du zèle et affection à vostre service, il me fera la grâce d'en laisser beaucoup derrière moy, qui, ayant plus d'apparence que de vérité, s'efforcent d'esloigner de vous voz bons et loyaux serviteurs et subjectz. Je me resjouys que, oultre les preuves du passé, nostre obbéissance à Vostre Majesté s'est encores monstrée fraischement, en ce qu'ayant chacun ung petit bulletin en la main de voz commandemens, nous sommes retournez en noz maisons. Nostre patience se veoit en ce que la hayne ne fust jamais plus aigre ne plus aspre contre nous, ny les violences plus fréquentes, et néantmoins nous n'avons recours qu'à Vostre Majesté, laquelle je supplie très humblement, Sire, vouloir faire justice desd. entreprinses, me commander ce qu'il vous plaist estre faict dud. espion et empescher les insolences et débordemens desd. garnisons. Je ne veulx oublier, Sire, à vous demander aussi justice d'un meurtre cruel et inhumain commis depuis trois ou quatre jours en la personne d'un de mes escuyers, nommé Hercule, au lieu de Blandy, où il passait. Les informations en seront présentées à Vostre Majesté. C'est le troisième gentilhomme des miens qui ont esté tuez depuis la paix. Le premier, nommé le cappitaine Rapin, fut décapité à Tholose. Le second tué prez de Villerscosteretz, dont n'a esté faicte aucune justice. De ce troisième meurtre, je vous supplie très humblement, Sire, commander que la justice en soit faicte. J'adjousteray, pour la fin, une supplication très humble pour le cappitaine Dupré, lequel depuis ung mois a esté arresté prisonnier à Paris : s'il ne se trouve coulpable d'aucun crime, comme je m'asseure qu'il ne sera, ayant esté asseuré par plusieurs de son innocence, il vous plaira, Sire, commander qu'il soit mis en liberté.

(Archives du département du Nord.)

Noyers, 22 juillet 1568

Sire, le désordre qui se commect tous les jours contre nous, qui, soubz vostre obbéissance, vivons selon la religion réformée, nous donne ce subject de vous escripre nos doléances, et moy particulièrement, qui à ceste heure est plus recherché que les autres, sans sçavoir pourquoy; car on ne me peult mettre assus que je fasse rien contre voz édictz et ne faiz que vivre en ma maison, soubz la foy publicque qu'il a pleu à Vostre Majesté donner à voz subgectz et promis en la présence des princes estrangers. Nonobstant cela, nous nous voions tuez, pillez, saccagez, les femmes forcées, les filles ravies des mains de leurs pères et mères, les grands mis hors de leurs charges, les officiers hors de leurs estatz, et tous en général nommez ennemys de vous, Sire, et de vostre royaume. Et tout cela se faict sans veoir une seulle justice. Hélas! Sire, en quel estat sommes-nous réduictz? Veoir vostre peuple tuant et faisant ce que bon luy semble sur vos subgectz et sur vostre noblesse, sans estre reprins ny chastiez. C'est une grande conséquence que Vostre Majesté sçait trop mieux comprendre que moy, et qui pis est, ils disent qu'ilz ont le mot du guet, chose que ne puys et ne veulx croire. Et pour aux plus petitz le persuader, disent : « Ne voyez-vous pas bien que, quand ilz sont mortz, qu'on ne nous en demande rien? Et si le Roy en vouloit faire justice, tous les arbres seroient plus couvertz d'hommes que de fueilles. Vous sçavez bien qu'il n'entretient ses forces que pour les deffaire; car sans cela il nous osteroit les armes et ne permettroit jamais les veoir entre les mains du peuple, qui à la fin en pourroit abbuser. Regardez qu'à ceste heure qu'il permect que les villes et le peuple s'associent ensemble, s'il n'est pas vray ce que nous vous disons. » Voilà, Sire, les effectz et propos qui se tiennent et font en vostre royaume. Pour y pourvcoir, je m'en remetz à vostre gentil esprit; car vostre bon jugement vous dict assez que quand il seroit, ce qu'il n'est poinct, que fussions meschans, faudroit-il qu'il fust dict et pour jamais que soubz vostre règne on exerçast tous ces désordres et cruaultez? Qui est celuy qui peut asseurément vous conseiller rompre la foy publique? Je m'asseure, Sire, qu'il n'y a éloquent ny orateur qui peust faire croire que ce fust bien faict de faire le contraire de ce qu'estes obligé envers voz subgectz de leur administrer et faire bonne justice, et en quelle extrémité seroient réduictz vos princes et noblesse de se veoir hors d'espérance de justice. Je sçay, Sire, qu'il y en a qui pensent estre bien fiers, qui diront que l'on nous la faict. Mais s'ilz vous disent que l'on nous baille l'umbre pour le corps, ils diront vrai; car nous avons veu M. le M^{al} de Cossé en Picardie et en la ville d'Amiens, et puys c'est tout. Nous avons veu des maistres des requestes à Auxerre. Qu'est-ce qu'ilz ont faict? Rien. Voilà, Sire, l'umbre; mais rien ne s'est veu en effect. Je sçay, Sire, que Vostre Majesté ne trouvera mauvais la hardiesse que je prends de vous escrire ceste lettre et de vous envoyer les informations d'un soldat que j'ay prins icy, que le cappitaine Laguette, qui est en garnison à Auxerre, envoyoit icy pour adviser les moyens pour me faire une estrette; qui est une chose estrange veoir ainsy traicter les princes de vostre sang qui ne bougent de leurs maisons, et pour cela l'on cherche à les faire mourir. De cela je n'ay peur; car j'espère bien me garder d'eulx et de plus braves qu'eulx, quand il plaira à Vostre Majesté ne se mesler ny porter telz rustres contre moy. Et veoys qu'il n'y a que deux jours qu'aviez escript une lettre à M. de Tavannes, par laquelle vous luy faisiez entendre vostre volunté, qui est que vous vouliez qu'on me laissast en repos en ma maison, vivant sans rumpre ny enfreindre vos edditz et ordonnances. Mais je m'asseure, Sire, que led. Sr de Tavannes ne sçait rien de ceulx qui contre moy veullent quelque chose entreprendre ; car je le cognois de trop longue main ennemy de ceulx qui ne veullent qu'entretenir les troubles. Parquoy je croy que cecy se faict à son desceu. Mais touteffois, Sire, les choses passent ainsy. Suppliant très humblement Vostre Majesté de faire naistre quelque bel ordre pour changer la malheureuse discorde en concorde amyable, et l'horrible orage de guerre cruelle qui le tourmente et menace en tranquillité paisible. Ce faisant, Sire, vous verrez avecques vos vertuz reluire vostre royaume, qui est desjà pasle des peines passées et présentes.

(Archives du département du Nord.)

Noyers, 22 août 1568.

Sire, j'ay receu la lettre qu'il vous a pleu m'escripre par l'un de voz valletz de chambre, présent porteur ; m'esmerveillant bien fort que Vostre Majesté desire entendre quel ordre j'auray donné au recouvrement des sommes des deniers qui ont esté promises par ceulx de la Religion, lorsque l'édict de pacification fut conclud, attendu que cela deppend du bon plaisir de Vostre Majesté ; ne pouvant y pourvoir sans avoir les commissions de contrainctes qui sont nécessaires pour l'assiette et cottisation desd. deniers ; l'expédition desquelles il vous plaira commander, affin que je puisse user en cela de telle diligence que je sçay bien le faict le requérir, comme je feray en toutes autres choses qui concerneront vostre service. Quant à ce qu'il a pleu à Vostre Majesté envoyer pardevers le Sr de Tavannes pour luy faire entendre vostre intention sur le meurtre commis en la personne du Sr Damauzay à ce que la justice en soit faicte, Dieu vueille que Vostre Majesté puisse estre mieulx obéye en cela qu'elle n'a accoustumé, et qu'entre tant d'autres insolences qui ont esté commises et qui se commectent encores journellement par tous les endroictz de ce royaulme, on commence à faire chastiment et punition dud. meurtre, affin que l'audace des meurtriers soyt reffrénée qui s'augmente tous les jours, comme depuis peu de temps on a veu à Meaulx, où il en a esté tué beaucoup de ceulx de la Religion, et en Auvergne, d'où la pluspart sont fugitifz, et ceulx desquelz on a peu se saisir constituez prisonniers et dévalisez, en sorte qu'il est aisé à veoir qu'on tient fort peu de compte de voz commandemens et de vostre voulloir et intention ; et ce qui est cause que je ne puis espérer mieulx à l'advenir est qu'on faict acheminer par deça ung grand nombre de forces et que j'attends d'heure à autre d'estre assiégé en ce lieu pour recevoir semblable traictement que les autres et pire que je n'ay encores receu ; remectant à faire demain entendre à Vostre Majesté plus particulièrement par homme exprès les tortz, injures et indignitez qu'on me faict et les advertissemens que je reçoys de jour à autre des beaux desseings qui se préparent contre moy et contre tous ceulx de la Religion.

(Bibliothèque nationale, ms. Colbert, 24, V^e, 178.)

N° 11

Dépêches et pièces tirées du *State paper office* de Londres (papiers de France). — Période du 12 mai 1568 au 10 mars 1569.

NORREYS A CECIL

(EXTRAIT.)

12 mai 1568.

I receyvid your letter of the first of maye, right honorable, the 8 of the same, wherby I finde you desirous to understande wher the prince and the admirall are. Yt may please you to be advertised that the prince is now at Murrett, in Picardy, at the marques Rothelin, his mother in lawe's house, the admirall at Chastillon, the cardinall Chastillon at Brayle in Beuuoys, mons' d'Andelot at Tanley.

The thinges here goithe not to ther behalfe as I wolde wishe or desire; ffor that I finde thes here do the goo aboute to strenghten themselfs and weaken the Religion and the favorers therof what they may; insomiche as wher so ever they shall make eny attempt, yt shal be (as they thinck) to the advantage of the papists, and to the great hinderance of them of the Religion; and wherby ther devices which now they

Très-honorable, j'ai reçu le 8 de ce mois votre lettre du 1ᵉʳ, par laquelle je vois que vous désirez savoir où sont le prince et l'amiral. Vous saurez, s'il vous plaît, que le prince est maintenant à Muret, en Picardie, chez la marquise de Rothelin, sa belle-mère, l'amiral à Châtillon, le cardinal de Châtillon à Bresle en Beauvoisis(?), et M. d'Andelot à Tanlay.

Les choses ne vont pas ici à leur guise, comme je le voudrais ou désirerais, parce que je vois que ceux d'ici travaillent à se fortifier et à affaiblir la Religion et ses partisans autant qu'ils peuvent; d'autant plus que, partout où ils feront quelque entreprise, ce sera (à ce qu'ils pensent) à l'avantage des papistes, et au grand désavantage de ceux de la Religion; et pour que les desseins qu'ils méditent à présent ne

have in hande may not be disclosid, they have cassid all them to be of the Religion, withe intent to rydd the King's house of all that be suspectid therof.

All things are rulid by Monsr de Anjou, who, thoughe younge, yet a most ernest and cruell ennemy against the favorers of Religion, and now hathe his prevy counselers, the cardinall of Lorreine beinge the cheffest; he further hathe his chauncelor, whiche submithe and seatithe all soch things as the good olde chauncelor of the Kinges refusithe to seele, which thing he hathe so to harte, as he is retirid him home to his owne house in the towne of Paris; and wher as the King's chauncelor I meane, who nether for love, nor dread wolde seal eny thing against the statutes of the realme, or that might be prejudiciall to the same, this of M^r d'Anjou's refusithe nothing that is proferid to him. . . .

soient pas découverts, ils ont cassé tous ceux qui sont de la Religion, pour débarrasser la maison du Roi de tout ce qui peut en être suspect.

Tout est dirigé par M. d'Anjou, qui, quoique jeune, est le plus ardent et cruel ennemi des partisans de la Religion, et maintenant il a ses conseillers privés, dont le cardinal de Lorraine est le principal. Il a de plus son chancelier, qui soumet et scelle tout ce que le bon vieux chancelier du Roi refuse de sceller, ce que celui-ci a pris si fort à cœur qu'il s'est retiré chez lui dans la ville de Paris; et, tandis que celui-ci (c'est du chancelier du Roi que je parle) ne voudrait sceller, ni de bon gré ni par crainte, aucune chose contre les statuts du royaume, ou qui pût y être préjudiciable, celui de M. d'Anjou ne refuse rien de ce qu'on lui présente. . . .

NORREYS A LA REINE ÉLISABETH.

(EXTRAIT)

4 juin 1568.

. . . . Ther hathe lately passid divers letters from the cardinal de Lorreine to the prince of Condey, the wiche the said prince hathe answered partly by letters againe, and partly by

. . . Le cardinal de Lorraine a dernièrement adressé plusieurs lettres au prince de Condé; le dit prince y a répondu en partie par lettres, et aussi en partie de bouche. Entre autres,

worde of mouthe. Amongst other the cardinal wrotte the 28 of maye unto him, wherin he requirid the prince to treade all things paste onder fote, and to remember that they were nyghe allyed together, beside that for the comon pacis; sake, he wold gladly be reconcilyed unto him; moreover, that he doutid not but that the prince had harde meny things of him, has toching his good will towards him; more then was true. Wherunto the prince made a resolute answer, that the cardinal was an enemy, bothe to God and men, to the common tranquillite and peace of this realme, and that ther culde be no reconciliation betwixt them, unless the cardinall wolde departe the courte, and leave the perturbing of the common peace of the realme, which were the meanes to cause him the lesse to be offendid with him.

Mary, for the admitting him amongst the number of his ffrends, he wished him never to loke for it; but this the cardinall answerid that he had askid leave of the Kinge to departe the courte, but His Majesty wolde not suffer him so to doo, and therfor he required the prince not to be offendid withe his abiding ther. The prince replyed agein that soche deceites were not able to circumvent him, adding hereunto meny hothe words, insomuch as the cardinall, the last of maye, sent him

le cardinal lui écrivit le 28 mai, en le priant de mettre sous ses pieds tout le passé, de se rappeler qu'ils étaient proches parents, et de croire en outre que, pour la paix générale, il se réconcilierait volontiers avec lui; il ne doutait pas que le prince n'eût beaucoup entendu parler de ses bonnes dispositions à son égard; mais la vérité était encore plus forte que tout ce qui avait pu être dit. A quoi le prince répondit résolument: que le cardinal était un ennemi à la fois de Dieu et des hommes, de la commune paix et tranquillité de ce royaume, et qu'il ne pouvait y avoir de réconciliation entre eux, à moins que le cardinal ne quittât la cour et ne cessât de troubler la paix commune du royaume: ce serait le seul moyen de faire qu'il lui devint moins odieux.

Quant à être admis au nombre de ses amis, il lui conseillait de n'y jamais songer. A cela le cardinal répondit qu'il avait demandé au Roi la permission de quitter la cour, mais que Sa Majesté ne voulait pas le lui permettre, et qu'en conséquence il priait le prince de ne pas trouver mauvais qu'il y demeurât. Le prince répliqua que de pareils contes n'étaient pas capables de le tromper, ajoutant à cela beaucoup de paroles aigres, de sorte que le cardinal, le dernier de mai, lui envoya une réponse nette, dé-

a flatte answer, that he wolde not leave the courte, unless he were driven from thens. How these difference will succede, yt will appeare at the marishall Momorance's returne to the courte, who presently is gone to mett his brother Damville at Chantille, and is lokyd for here abowt the VIIth of this instant. I am given secretly to understand, at this repayer hether, that the IIII marishalls coming together will make nete opposicions ageinst the card. of Lorreine, and requier execution of justice, with redresse of some other disorder ; so as uppon his returne consistithe the hole matter.

Morover yt may like Your Maj. to be advertised that meny of the Religion that dwelte in the good townes, understanding with what cruelty the protestantes were usid, do not retyer to ther howses, but kepe them in the feldes, with ther captains, in trouppes in diverse places ; wheruppon the King hathe adressid his secrett letters to 212 places in this realme (for so meny are privily printed), wherof I send one unto Your Maj., to charge the governors, in case they finde eny accompenies or assemblees, to runne uppon them by force of armes, and putt them to the sworde, and if they retyer into the cities, that ther armes shuld be takin from them ; wherin Your Maj.

clarant qu'il ne quitterait pas la cour sans en être tiré de force. Comment finiront ces démêlés, on le verra au retour du maréchal de Montmorency à la cour ; il est allé maintenant trouver son frère Damville à Chantilly, et on l'attend ici vers le 7 de ce mois. On m'a donné secrètement à entendre qu'à son retour ici les quatre maréchaux, venant ensemble, feront nettement opposition au cardinal de Lorraine, et demanderont l'exécution de la justice avec le redressement de quelques autres désordres ; ainsi tout dépend de son retour.

Il plaira, de plus, à Votre Majesté d'être avertie que beaucoup de ceux de la Religion qui habitaient les bonnes villes, apprenant avec quelle cruauté on traitait les protestants, ne rentrent point chez eux, mais se tiennent dans la campagne, en divers lieux, en troupes, avec leurs capitaines ; sur quoi, le Roi a adressé des lettres secrètes à deux cent douze endroits dans ce royaume (car on en a imprimé autant secrètement), dont j'envoie une à Votre Majesté, pour charger les gouverneurs, au cas où ils trouveraient aucuns rassemblements ou conciliabules, de leur courir sus par la force des armes, et de les passer au fil de l'épée, et s'ils rentrent dans les villes de les désarmer ; par quoi

will judge ther is smale place of surety for them of the Religion, ether in towne or felde. Yt is forther to be notyd that, after the publications of the peace, the King sent prevy letters througheowt the realme, that the protestants returnyng to ther howses, they shuld be disarmed at ther entrey into the townes, wherof divers of them returning without armour, having lifte yt in the contrey with ther frendes, are not suffered to enter, but chargid to returne to fetche ther armes, and namely at Meaux, the first of june, divers were refusid for the same cawse.

At Lyons the peace was proclaymid the 15 of maye, and the day following came ther a curryar with the Kinge's letters, that His Maj. meanid not that ther shuld be eny preaching ther, whiche they of the Religion have ernestly sought here, and hathe wrought all good meanes to atteine the same. Here Your Maj. may perceyve how indirectly they mynde to procede in observing th'edicte of pacification.

On sondaye laste, the prince of Condey sent a gentilman to the Kyng, to besoache His Maj. to minister justice ageinst soche as murther them of the Religion, and as he entrid into the cite, ther were five slain in S¹ Anthonis streate, not farr from my

Votre Majesté jugera qu'il y a peu de sûreté pour ceux de la Religion, soit dans la ville soit dans la campagne. Il est de plus à remarquer qu'après les publications de la paix, le Roi a envoyé par tout le royaume des lettres secrètes pour que les protestants retournant chez eux fussent désarmés à leur entrée dans les villes. En conséquence de quoi, plusieurs d'entre eux revenant sans leurs armes, qu'ils avaient laissées à la campagne chez leurs amis, on ne les a point laissés entrer, mais on les a renvoyés chercher leurs armes, et nommément à Meaux, le 1ᵉʳ juin, on refusa à plusieurs l'entrée de la ville pour cette cause.

A Lyon, la paix a été proclamée le 15 mai, et le jour suivant arriva un courrier avec des lettres du Roi, disant que Sa Majesté n'entendait pas qu'il y eût là aucun prêche, bien que ceux de la Religion l'eussent ardemment désiré et eussent cherché à l'établir par tous les moyens avouables. Votre Majesté peut voir par là de quelle manière irrégulière ils veulent procéder dans l'observation de l'édit de pacification.

Dimanche dernier, le prince de Condé envoya un gentilhomme au Roi pour supplier Sa Majesté de faire faire justice de ceux qui mettent à mort ceux de la Religion, et comme cet envoyé entrait dans la ville, il y en eut cinq de tués dans la rue Saint-Antoine,

lodging. Of this cruel murther he complaynid to the Queene. She promisid justice shuld be executed uppon the offenders, but as yet nothing is done...

pas loin de mon logis. Il se plaignit à la Reine de ce cruel meurtre. Elle promit qu'on ferait justice des coupables, mais jusqu'ici on n'a rien fait encore.....

NORREYS A LA REINE ÉLISABETH.

7 juin 1568.

Yt may like Your most excellent Majesty that the 6 of this instant, Monsr admirall sent to me one of his purposly withe request that I shulde spedely advertise Your M. of that which he thoughte himselffe bounde in conscience to gyve Your H. to understand of, knowing Your M. to be te chefest favorer of Religion of your estat that lyvithe, so wolde he not but toching you so neere as this dothe, Your M. shuld be spedely advertised therof. As that the cardinall of Lorrein, who alone dothe all in every thing, hathe promizid to Monsr d'Anjou, the King's brother, two hundrid M ffrankes yerly of the clergy of Fraunce to sustein the romish religion, wherto the pope, the kinge of Spaine, and other papisticall princes, hathe promisid all helpe and succour in every thing that Monsr attempt to the ruin of them of the Religion; and the cardinall, the better to incorage him in this his enterprise, promisithe that the Q. of Scotts shall be brought into Fraunce, and

Plaise à Votre très-excellente Majesté, le 6 du présent, Monsieur l'amiral m'envoya un exprès pour me prier de vous avertir en hâte de ce qu'il se croyait obligé en conscience de faire connaître à Votre Altesse, sachant que, dans tous vos États, nul n'est plus dévoué à la Religion que Votre Majesté ; qu'ainsi il ne vous en avertirait pas aussi promptement si cela ne vous touchait pas de si près. C'est que le cardinal de Lorraine, qui seul fait tout en toute chose, a promis à Monsieur d'Anjou, frère du Roi, deux cent mille francs par an du clergé de France, pour soutenir la religion romaine ; sur quoi le pape, le roi d'Espagne et autres princes papistes, ont promis aide et secours en tout ce que Monsieur tenterait pour la ruine de ceux de la Religion, et le cardinal, pour mieux l'encourager dans cette entreprise, promet que la reine d'Écosse sera amenée en France, et qu'il lui fera céder au frère du roi tous les droits qu'elle a ou prétend avoir dans votre royaume d'An-

that he will cause her to yelde to the King's brother all hir estat that she hathe or pretendid to have to your realme of Inglande, trusting hereby as well to kindell Your Highnes realme ther, as he hathe done and daily dothe thers heere; so that the admirall's humble request to Your Honor is as it tochithe Your H. and your realme most nere, evin so that Your M. will most circumspectly consider therof in time, and as now the Q. of Scotts is in Your M. disposicion, so by ithe yt in you to frustrat the cardinal's expectacion, as to Your Highnes most grave and wise judgement shall seme most expedient.

Thus having delivered unto Your M. that which I was charged with all, yt may like Your H. further to understande of great practizes usid of late to surprize the nobilite here, as the prince of Condé was sought to have bin untrappid by Lavallete, Monsr l'admirall by Chavigny, his brother Dandelot by Tavan and Barbasius; but when they shuld cum to ther matters in execution, they founde ther conseil revelid, and them in soche order to receyve them, as beinge advertised therof, returnid witheowt making any attempt. Sins whiche time soche is the dowte of the fidelite they have of theres here, as they have cassid sundry of ther secretaris commises, thinking ther practises and others re-

gleterre, se flattant par là de mettre le feu au royaume de Votre Altesse aussi bien qu'il l'a fait et le fait tous les jours dans celui-ci; de sorte que l'amiral prie humblement Votre Honneur, comme cela touche de très près Votre Altesse et votre royaume, d'y faire à temps une très grande attention, et, comme à présent la reine d'Écosse est à la disposition de Votre Majesté, ainsi il est en vous de frustrer l'attente du cardinal, comme il paraîtra très à propos au jugement très sage et très grave de Votre Altesse.

Ma commission auprès de Votre Majesté étant ainsi faite, il plaira à Votre Altesse apprendre en outre la grande tentative dernièrement faite ici pour surprendre la noblesse, et comment le prince de Condé a failli être pris au piège par Lavalette, Monsieur l'amiral par Chavigny, son frère d'Andelot par Tavannes et Barbesieux. Mais quand ceux-ci en vinrent à l'exécution, ils trouvèrent leur dessein découvert, et les autres en si bon état de les recevoir, qu'en étant avertis ils retournèrent sans rien tenter. Depuis lors, ceux d'ici soupçonnent tellement la fidélité des leurs, qu'ils ont cassé plusieurs de leurs commis et secrétaires, pensant que leurs manœuvres ont été révélées par ceux des

velid by them being suspected to be of the Religion, insomiche that the recevyer of Senlitz, commise to Villeroy, and Sagot, commise to l'Obespine, are dischargid, and it is thought that divers others shal follow. And it may further like Your Highnes to understande that this practise is not alone in hande, as by the seight the cardinall of Lorrein caused the Pariziens to exhibitt to the Kinge that yt will please him to gyve the governement of the Isle of Fraunce and Paris to his brother, Mons{}^r d'Anjou, whiche heretofore the Momorancys hathe till now inyvid, and now in his absens, being in his diett, gotten from him, whiche is thought will cause moche unquietnes uppon his returne hether ageine; so as I thincke no lesse as farr as I can see into this ther trublid estate, but that I shall, er it be longe, advertise Your Highnes of new taking of armes ageinst the cardinall, who preparithe by all meanes to withstande the same, bothe by the King's force, now under Monsieur's government, under whom he note shrowdithe himselffe, as also his owne and all his ffrendes.

commis qu'on soupçonne d'être de la Religion. Ainsi le receveur de Senlis, commis de Villeroy, et Sagot, commis de l'Aubespine, sont renvoyés, et on croit que plusieurs autres suivront. Et il plaira encore à Votre Altesse savoir que ce projet n'est pas le seul en train; car le cardinal de Lorraine fit prier le Roi par les Parisiens, de donner le gouvernement de l'Ile-de-France et de Paris à son frère, Monsieur d'Anjou; jusqu'ici, les Montmorency ont toujours eu ce gouvernement, et maintenant, en l'absence du maréchal, pendant qu'il est chez lui, on le lui retire, ce qui, croit-on, causera beaucoup de trouble à son retour ici ; de sorte que, autant qu'on peut faire des prévisions dans ce royaume troublé, je pense qu'avant qu'il soit longtemps j'aurai à avertir Votre Altesse d'une nouvelle prise d'armes contre le cardinal, qui se prépare à la repousser par tous les moyens, et par les forces du Roi, maintenant aux ordres de Monsieur, sous lequel il s'abrite, et aussi par les siennes et celles de ses amis.

NORREYS A LA REINE ÉLISABETH.

(EXTRAIT.)

23 juin 1568.

. . . . The prince of Condey at this present lyethe at a towne of the princesse his wiffe in Burgundy, callid Noyers, fifty and fowre leages from Paris. The towne is stronge and closid withe a faire river, and a stronge castell in the same, which they doo daily fortifye. The prince hathe two hundrid soldiers to kepe the towne, besides divers well appointed gentilmen and capteins, and thirty miles about, the gentilmen of that countrey being for the moste part of the Religion doo kepe ther howses well accompanid, and are in a redines to waight on the prince when so he shall commaunde them therto.

Monsieur Dandelot lyethe at a castell of his callid Tanley, fowre leagues from the prince, wher he is also well accompanid withe divers capteins. The towne of Rochelle hathe now the thirde time bine admonished to render itself to the King again, and to receive soche garnison as the Kinge shulde appoint, but the chefe of the towne have aunswerid even as afore that, onlesse in other places they of the Religion be better receyvid and the peace more observid than it is yet, they were myndyd to receive

. . . Le prince de Condé est à présent dans une ville de la princesse sa femme, en Bourgogne, appelée Noyers, à cinquante-quatre lieues de Paris. La ville est forte et entourée d'une belle rivière, et il y a un fort château que l'on fortifie tous les jours. Le prince a deux cents soldats pour garder la ville, outre plusieurs gentilshommes et capitaines bien payés, et, à trente milles alentour, les gentilshommes du pays, étant pour la plupart de la Religion, tiennent leurs maisons bien gardées, et sont prêts à se rendre auprès du prince quand il le leur ordonnera.

M. d'Andelot est à un sien château appelé Tanlay, à quatre lieues du prince, où il est aussi bien accompagné de plusieurs capitaines. La ville de la Rochelle vient d'être sommée, pour la troisième fois, de se rendre au Roi et de recevoir telle garnison que le Roi voudra; mais le chef de cette ville a répondu comme auparavant que, à moins que dans les autres villes ceux de la Religion ne fussent mieux reçus et la paix mieux observée qu'elle ne l'est encore, ils étaient résolus à ne pas rece-

no garnison, and morover that they have bine so true always to ther kyngs, that when they were under the dominion of Inglande, of ther owne accorde and good will, they rendrid themselfs to the kinge of Fraunce, and aydid him ageinst the Englishe to ther powre, for the whiche then done they hadd divers privileges graunted them, which of late have bin violated and broken. The towne also callid Gyan, 13 miles from Orleans, hathe likewise refusid to take eny garnison, as also hathe Nymes and Montpellier, and as yet are for the prince. . . .	voir de garnison, et de plus qu'ils avaient toujours été si fidèles à leurs rois, que, quand ils étaient encore sous la domination de l'Angleterre, de leur propre consentement et volonté, ils s'étaient rendus au roi de France et l'avaient aidé contre les Anglais de tout leur pouvoir, pour quoi ils avaient reçu divers privilèges, qui dernièrement avaient été violés et méconnus. La ville de Gien aussi, à treize milles d'Orléans, a de même refusé de recevoir aucune garnison, comme aussi Nimes et Montpellier; jusqu'ici ces trois villes tiennent pour le prince . . . .

LE PRINCE DE CONDÉ A LA REINE ÉLISABETH.

La Rochelle, 15 septembre 1568.

(Mada)me, c'est bien à mon très grand regret (que je viens vous) faire entendre ung si triste et lamentable subiect et (que je suis) contrainct vous déclairer par le menu la pitié et désolation (dont je suis) tanct affligé. Mais, puisque la nécessité m'en convoye, (je crois devoir) despescher un personnaige éloquent et digne d'une grande charge, (le Sr) de Cavaignes, conseiller du Roy en sa court de parlement de (Paris? ou Bordeaux? pour) mieux vous exprimer les causes et raisons qui mont meues là (-dessus). Lequel je vous supplie très humblement voulloir croire et adjou(ter foi à ce) qu'il vous dira de ma part, comme vous vouldriés faire à moy-mes(me. Me) remectant sur la suffisance et capacité, je finiray ceste lettre (priant le) Créateur, Madame, qu'il vous augmente ses sainctes

grâces et maintienne (toujours en santé) très-bonne et longue vye.

Escript à la Rochelle le xv (septembre) 1568[1].

Vostre très-humble et très-obéyssant s(erviteur),

LOYS DE BOURBON

LE PRINCE DE NAVARRE A CECIL.

30 décembre 1568.

Monsieur Cecill, ayant entendu par les sieurs de Stuart et de Renty, l'affection et bonne volunté que vous portés à la juste et légitime cause par laquelle M. le prince de Condé, mon oncle, et moi, et plusieurs autres grands, seigneurs, cappitaines et autres de ce royaume, avons prins les armes, et aussi les bons offices que vous faictes envers la Royne, vostre souveraine, pour nous y favoriser et secourir, ainsi qu'elle a tousiours faict comme princesse chrestienne et très-vertueuse, je n'ay pas voulu falir de vous en remercier de tout mon cueur, regardant qu'en ceste cause commune à tous ceulx qui par la miséricorde de nostre Dieu sommes distraitz de la tyrannie du pape, il y va, oultre nostre particulière ruyne, de la gloire et honneur de Nostre-Seigneur Jésus-Christ, pour lequel il ne faut espargner chose qui soit au moyen et puissance des hommes. Quant audict Sr prince, mon oncle, et moy, qui avons embrassé la protection et deffense de ceste saincte querelle, nous sommes tous résolus d'y employer noz biens et vies, et si vous pouvez asseurer, Monsieur Cecill, que nous n'oblierons rien de nostre debvoir à vous racongnoistre voz bons offices, pour

---

1. La date du mois et tous les mots ou syllabes que nous avons placés entre parenthèses manquent dans l'original, qui a été endommagé par le feu. La lettre de Coligny, qui accompagnait celle-ci et dont l'original se trouve dans le même volume, est datée de la Rochelle, 14 septembre. — Cette pièce se conserve en original, signature et souscription autographe, au *British museum*, Cotton, Caligula, E, VI.

lesquelz aussi une grande et forte partie de la noblesse et des bons soldatz de la France vous demeureront en obligation et vous en feront volontiers le plaisir et service que vous vouldrés tirer d'eulx. Je ne vous feray point icy mention de ce qui s'est faict et passé depuis la prinse des armes, d'aultant que vous l'entendrés bien particulièrement et au vray par le discours qui en est envoyé par ce porteur. Bien avons-nous de quoy louer et remercier Dieu de l'assistance que nous avons trouvé en luy, le suppliant la nous vouloir continuer, et vous donner, Monsieur Cecill, en parfaicte santé, longue vie.

De Thouars, le xxxe de déc. 1568.

Vostre bien bon amy,

HENRY.

LE PRINCE DE CONDÉ A CECIL.

31 décembre 1568.

Monsieur Cecill, le plaisir et fauveur que nous avons receu de vous à toutes occasions qui se sont cy-devant présentées d'employer vostre crédit pour nous envers la royne d'Angleterre, nous ont faict espérer qu'à ce coup, et en ce temps auquel il semble que tous les ennemys de la relligion refformée ayent conjoinctement comploté et conjuré la ruyne d'icelle, vous continuerés ceste bonne affection et volunté envers nous, en quoy nous n'avons esté trompés, si ce n'est d'une chose, sçavoir est que nous ne pouvions ni debvions, pour le peu de moyens que nous avons eu de prendre nostre revanche du passé, espérer la moindre partie des bons et favorables offices qu'il vous a pleu nous despartir envers Sa Majesté pour obtenir le secours et assistance que nous luy avons demandée en ses derniers troubles, et dont monsieur Estuard nous a faict bien particulièrement et au long le récit. Dieu, qui est le rémunérateur de telles et si sainctes œuvres, le vous rendra en son paradis. De nostre part, nous vous prions croyre qu'il ne se présentera oncques occa-

sion de recognoistre ce plaisir faict si bien à propos, que nous ne l'acception de la mesme franchise et affection dont nous sçavons que vous uzés envers nous, et sur ce, après vous avoir présenté mes biens affectionnées recommandations, je prieray le Créateur vous tenir, Monsʳ Cecill, en sa saincte garde.

De Thouars en Poytou, le dernier de décembre 1568.

Vostre bien affectionné et obligé amy,

Loys de Bourbon.

G. NORTH A CECIL.

30 décembre 1568 et 11 janvier 1569.

¹ Greting, right honorable. To encreas my creditt after Plimouth broyles, I tendid my travell to Rochelle wher I arrivid the 26 of october, and hearing the princes of Navare and Condie were in campp before Pons, 14 leagues from thence, I presentid myself unto them the last of the same. The moroe, being the first of november, we herd that Monsʳ de Guyse, Monsʳ Briszack, and Monsʳ Martigo were cum within 6 leages with 3,000 horse and 10,000 fotemen. The prince leaving the chardge of Pons to Mʳ de Pile, went to encountar the enemye, who, not leonine but leporine, lyett turnid the brydell. We folowyd them fower dayes, and so near as count Montgomerie, who leads the poynct of the wauntgard, with whom by the prince commandement I continuallie was,

Salut, très-honorable. Pour accroître mon crédit après les troubles de Plymouth, je dirigeai mon voyage vers la Rochelle, où j'arrivai le 26 octobre, et, apprenant que les princes de Navarre et de Condé étaient campés devant Pons, à quatorze lieues d'ici, je me présentai à eux le dernier dudit. Le lendemain étant le 1ᵉʳ novembre, nous apprîmes que M. de Guise, M. de Brissac et M. de Martigue étaient venus à six lieues de nous avec trois mille chevaux et dix mille fantassins. Le prince, laissant la garde de Pons à M. de Piles, alla au-devant de l'ennemi, qui, agissant non en lion, mais en lièvre, tourna bride. Nous le suivîmes quatre jours, et de si près, que le comte de Montgomery, qui commande l'avant-garde, et avec qui, par l'ordre du prince, je fus continuellement,

as appieryth by his lettars to Your Honour, sundrie tymes dislodgid them, fynding theyr supper prepared, but we guests unlokid, for they wanted curradge to abyd and bed us welcome, never loking back till they came to Chavonie (*Chauvigny*), 7 leagues from Chatelero, and 8 from Poytiers, wher the count with 10 cornets of horsmen onlie presented them battell the 4 of november, which they refusid, and truge the gard of a bridge well one hundrid passe over. That nyght we wonne the same, forcid the enemie to abandon the town, leaving 5 ensignes of footmen in the castell.

The 5 of november, by break of daye, we passid over owr vauntgard, folowyng the enemie as afore, leaving the castell to the prince cumming, which was uppon the first summons rendrid.

The 6 we came within one miell of Chastelero, wher the Kyng's brother was with 3,000 horse and 8,000 footmen; he then strong 6,000 horse and 18,000 fotemen.

The 7 we presentid them battell with owr vauntgarde in number 2,500 horse and 6,000 footmen, but they wold take no knowledge of us.

The 8 we kept the field the

comme il appert par ses lettres à Votre Honneur, les délogea plusieurs fois, trouvant leur souper préparé; mais nous étions des hôtes inattendus, car ils manquaient de courage pour demeurer et nous donner la bienvenue, ne regardant jamais en arrière, jusqu'à ce qu'ils arrivassent à Chauvigny, à sept lieues de Châtellerault et à huit de Poitiers, où le comte, avec dix cornettes de cavalerie seulement, leur présenta bataille le 4 novembre. Ils la refusèrent, et se retirèrent derrière un pont à bien cent pas au delà. Ce soir, nous l'emportâmes et forçâmes l'ennemi à abandonner la ville, laissant cinq enseignes d'infanterie dans le château.

Le 5 novembre, au point du jour, nous dépassâmes notre avant-garde, suivant l'ennemi comme auparavant, laissant le château pour le prince, qui venait : il fut rendu à la première sommation.

Le 6, nous arrivâmes à un mille de Châtellerault, où le frère du Roi était avec trois mille chevaux et huit mille fantassins; ce qui porta les forces de l'ennemi à six mille chevaux et dix-huit mille fantassins.

Le 7, nous leur présentâmes la bataille avec notre avant-garde au nombre de deux mille cinq cents chevaux et six mille fantassins; mais ils ne firent pas semblant de nous voir.

Le 8, nous tînmes la cam-

wholl day, till we hadd intelligence by certayn pressonars that they had fortifyed the passedge to Chatelero, entrenchid theyr ordnance, and ment to stand to the gard of the same. The 9 and 10 we returned without any exployt.

The 11th we came to Chavonie (*Chauvigny*) againe, meaning to traye the enemie from his force to the field. The 12th to Mortimer, wher the prince and lords being in counsell, one sent from the bysshop of Poytiers to kyll the prince of Conde was taken in the counsell chamber, with his pistolet chargid for the same who at the first confessid the wholl, affirming that a hundred more hadd promesid the lyck attempt.

The 13 to Ganson (*Gençay*), wher the prince of Condee callid me privatlie unto hym, and after long discourse he advancid himself to the rest of the lords, sayeng he covetid nothing more then once to speak with the Quene's Ma^{te} his mistres, commanding Her M^{tles} vertuose above all princes christened, willing me (thoughe most unworthy) to wytnes of his repart, declaring that after his last warrs the french king desyrid hym to leade ane armie into England, which he utterlie refusid with much more then thes letters purport.

pagne toute la journée, jusqu'à ce que nous apprîmes, par quelques prisonniers, qu'ils avaient fortifié le passage de Châtellerault, retranché leurs lignes, et qu'ils voulaient tenir dans cette position. Le 9 et le 10, nous revînmes sans aucun exploit.

Le 11, nous revînmes à Chauvigny, voulant attirer l'ennemi hors de ses retranchements, en plaine. Le 12 à Mortimer [1], où, le prince et les seigneurs étant en conseil, un homme envoyé par l'évêque de Poitiers pour tuer le prince de Condé fut amené dans la chambre du conseil, avec son pistolet chargé pour ce dessein. Il avoua tout d'abord le fait et affirma que cent autres avaient promis d'essayer le même coup.

Le 13, à Gençay, où le prince de Condé m'appela en particulier, et après un long discours il s'avança vers le reste des seigneurs, disant qu'il ne désirait rien plus que de parler un jour à la Reine, sa maîtresse, traitant Sa Majesté de vertueuse par-dessus tous les princes chrétiens, et me chargeant (quoique très-indigne) d'être témoin de ce qu'il disait, déclarant qu'après ses dernières guerres le roi de France avait voulu qu'il conduisît une armée en Angleterre, ce qu'il avait péremptoirement refusé, avec beaucoup plus de paroles que je n'en puis mettre dans cette lettre.

---

1. A trois lieues au sud de Chauvigny.

The 14 to Chaney (*Chenay*), wher I had commission delivered me ageynst all papists by name French, Spanierd, Italian, Portungall or others whatsoewer enemies to Religion, with reward in favore of 300 crowns.

The 15 the enemies had apoyntid his randevous at Saynsom (*Sanxai*), and owr vauntgarde determined the same, so both the marshall of ether campp arivid there at one instant. The enemye tooke the field, back with a great wood, presented battell which was most desyrid of us; both the armies approchid within shott of harguebus, our vauntgarde advancid, they retyrid with the losse of a number both horsmen and footmen, wher Monsr Martigo was hurt in the arme with a shott.

The 16, by break of day, we were in the field; the enemie showid not; count Montgomerie discoverid the wood; we found the enemie fled, and by prissonars that we towk, we understode his fear in flyght, we folowyd one the spurr and so near as by none we gaynid most part of all theyr carredge to the number of 160 carts, estimed at 100,000 crowns, besydes prisnars of sundrie condicion, forcid them to take the guard of a great wood before Lusinian, 3 leagues from Poicters, wher they had for theyr better defence placid theyr artillerie. Owr footmen entred the wood

Le 14, à Chenay, où on me délivra une commission contre tous les papistes français, espagnols, italiens, portugais et autres quels qu'ils fussent, ennemis de la Religion, avec une récompense de 300 couronnes.

Le 15, l'ennemi avait fixé son rendez-vous à Sanxai, et notre avant-garde au même endroit, de sorte que les maréchaux des deux camps y arrivèrent en même temps. L'ennemi prit la plaine, adossé à un grand bois, et présenta bataille; ce que nous désirions beaucoup. Les deux armées s'approchèrent à portée d'arquebuse ; notre avant-garde s'avança : ils se retirèrent avec perte d'un grand nombre de cavaliers et de fantassins, où M. de Martigue fut blessé au bras d'un coup de feu.

Le 16, au point du jour, nous étions en bataille. L'ennemi ne se montra point; le comte de Montgomery éclaira le bois ; nous trouvâmes l'ennemi disparu, et, par les prisonniers que nous fîmes, nous apprîmes sa fuite en alarme; nous les suivimes à toute bride et de si près que, vers midi, nous enlevions la plupart de leurs chariots, au nombre de cent soixante, estimés valoir cent mille couronnes, outre des prisonniers de toute condition, et les forçions à se retirer derrière un grand bois devant Lusignan, à trois lieues de Poitiers, où ils avaient, pour plus sûre défense, placé leur ar-

with a volie of 8,000 shott, the count backt them in the face of the cannon which was dischargid by account 360 shott, kyle with the same but 6 and hurt 3. We lost in all 65; the enemy 12 capteyns of footemen and 700 others. This skyrmish, or rather assaute, continid long within nyght, for if we had enjoyed the benefitt of daye, we had won theyr great shott from them. The 17, very earlie, we presentid them battell agayne, wher certeyn advancing themselves out of the wood unarmyd, desyrid to park, enquyring severalye for theyr frynds and acquaytances, sum for his father, for his brother, and sum for theyr neyghbours, all affyrmyng we myght depart; for they ment not to abyde battell, saying they were for the malice of myschevous cardinall compel'd to wer armes agaynst theyr conscyence.

The 18th to Vouzale (*Vouzailles*) wher the princes sojorned 4 dayes, wher I had my congie, and returned to Rochelle. Sence my comming from the campp, the news is that Monsr Briszack, the 24 of november, ment to distres count Montgomerie in his quartar, but by the admirall's policy he was prevented and lost 5 cornets of horse

tillerie. Nos fantassins entrèrent dans le bois avec une volée de huit mille coups; le comte les appuya en face des canons, qui tirèrent environ trois cent soixante coups, mais qui ne tuèrent que six hommes et en blessèrent trois. Nous perdîmes en tout soixante-cinq hommes; l'ennemi, douze capitaines d'infanterie et sept cents autres. Cette escarmouche, ou plutôt cette charge, dura jusqu'à la nuit; car, si nous avions eu l'avantage de la lumière du jour, nous aurions pris leur grand canon. Le 17, de très-bonne heure, nous leur offrîmes encore le combat; alors certains d'entre eux, s'avançant sans armes hors du bois, demandèrent à parlementer, s'informant en particulier de leurs parents et amis, l'un de son père, l'autre de son frère, et d'autres de leurs voisins, tous affirmant que nous pouvions nous retirer, parce qu'ils ne voulaient pas recevoir le combat, disant qu'ils étaient forcés de porter les armes par la malice du méchant cardinal, et contre leurs consciences.

Le 18, à Vouzailles, où les princes séjournèrent quatre jours, et où j'eus mon congé. Je retournai à la Rochelle. Depuis mon retour du camp, les nouvelles sont que, le 24 novembre, M. de Brissac voulut inquiéter le comte de Montgomery dans ses quartiers, mais en fut empêché par la vigilance de l'amiral, et perdit cinq cornettes de cavalerie et sept

and 700 fotemen. It is sayd for certayn that sundry tymes in theyr charging the enemy doth flyng away his pistolet and embrassythe those that doe encounter with them.

P.-script. The last of december the queen of Navarr was certifyed from the prince of Condee that dewk de Mall (*duc d'Aumale*), Guise's brother, with 11 cornets of horsemen and 5,000 footmen went to cut of the dewk of Deuponts, who was comming to joyn with the prince, but Monsr de Chamisey, who hath the leading of the prince of Orange's vauntgarde having intelligence therof, in one nyght made a cavalcade of 16 leagues, distressid the dewk de Mall, overthrew all his footmen and forcid hymself with part of his horsmen in Reynes (*Reims*), wher he is nowe besygid by the prince of Orange. The second of januarie Monsr d'Andelot and count Montgomerie did wynne a combbat near to Sommers (*Saumur*) in this ordar: Monsr d'Andelot and the count offrid to parle with th'enemie, and theyr soldyers drawyng near to hear the same, owers on the contrary sied, brack suddenly certayn barrs of windose, entrid in and put all to the sword, recompensing heavin the cruelty which was first offrid by the Philistiens at Milloy, before contrarie to ther promes.

cents fantassins. On assure que, plusieurs fois pendant la mêlée, l'ennemi jeta ses pistolets et embrassa ceux qu'il rencontrait.

P.-script. Le dernier décembre, on assura à la reine de Navarre, de la part du prince de Condé, que le duc d'Aumale, frère de Guise, avec onze cornettes de cavalerie et cinq mille fantassins, voulut couper le duc de Deux-Ponts qui venait joindre le prince; mais M. de Chamisey, qui conduisait l'avant-garde du prince d'Orange, l'ayant appris, fit en une seule nuit une chevauchée de seize lieues, attaqua le duc d'Aumale, culbuta toute son infanterie, et le força lui-même, avec une partie de sa cavalerie, à se retirer dans Reims, où il est maintenant assiégé par le prince d'Orange. Le 2 janvier, M. d'Andelot et le comte de Montgomery eurent l'avantage dans un combat, près de Saumur, de cette façon: M. d'Andelot et le comte offrirent de parlementer avec l'ennemi, et leurs soldats se rapprochèrent pour entendre ce qui se disait; les nôtres en firent autant, puis brisèrent tout à coup des barreaux de fenêtres, entrèrent dans l'intérieur et passèrent tout au fil de l'épée, récompense du ciel pour la cruauté dont les Philistins offrirent le premier exemple à Milloy, contrairement à leurs promesses.

The Kyng's armie is devidid in garrisons upon the river of Loyr to hyndar ower passeige. The prince lyeth nowe at Teward (*Thouars*). The 9 of this present Saynt Michells was wonne, wher all was lykwys put to the sword: theyr warrs grove more crewell then afore.	L'armée du Roi est partagée en garnisons sur la rivière de Loire, pour empêcher notre passage. Le prince est maintenant à Thouars. Le 9 du présent, Saint-Michel fut pris, où tout fut également passé au fil de l'épée: leurs guerres deviennent plus cruelles qu'auparavant.

LE PRINCE DE NAVARRE A CECIL.

10 janvier 1569.

Monsieur Cecill, encores que par la lettre que je vous ay naguières escripte de ce lieu par celluy que M. le prince de Condé, mon oncle, et moy, avons despesché en Angleterre, et par le discours qu'il a emporté quant et soy, vous ayez véritablement entendu l'estat de noz armes, et l'occasion pour laquelle nous les avons en main, si juste et si légitime, que par les seuls bons offices que vous faictes envers la Royne, vostre souveraine, pour nostre aide et assistance, vous approuvés assez manifestement noz actions, dont je loue Dieu, si n'ay-je pas voulu laisser partir le Sr de Douet, présent porteur gentilhomme d'honneur et de qualité, envoyé de la part dudict seig^r prince, mon oncle, et de la mienne, devers ladicte dame royne, pour la révérer, comme nous devons, de son secours et assistance, sans vous faire ce mot de lettre, pour vous prier, Monsieur Cecill, de continuer envers ladicte dame voz bonnes intentions et faveur de la cause que nous soustenons, et Dieu, qui est le juste juge de noz actions le vous saura et vouldra bien rendre, et de nostre part, qui sommes assemblés en son nom, et pour son service, ne laisserons rien en arrière de nostre devoir et pouvoir pour la recognoissance de voz bonnes voluntés et offices; M. le cardinal de

Chastillon, mon cousin, qui est par delà, aura bien souvent de noz nouvelles, et vous aussi, sans vous desguiser aucune chose, comme voluntiers font noz ennemys, qui chassent la vérité en toutes sortes. Cependant je vous recommanderay encores la continuation de voz bonnes affections, et supplieray le Créateur vous donner, Monsieur Cecill, bonne et longue vie.

De Thouars, ce dixième jour de janvier 1569.

Votre bon et affectionné amy,

HENRY.

(Même lettre du prince de Condé du même jour.)

LE PRINCE DE NAVARRE A LA REINE ÉLISABETH.

2 février 1569.

Madame, s'en alant le sieur de Vezines, présant porteur, devers vous, ne l'ay pas voulu laisser partir sans vous escripre ce mot de lettre, pour toujours me ramentevoir en vostre bonne grâce et souvenance, et vous offrir mon affectionnée voluncté à vous faire service, quand il plaira à Dieu m'en donner quelque bonne occasion. Atendant laquelle et remetant aussi audict sieur de Vezines à vous faire bien amplement entendre de nos nouvelles, je salue voz bonnes grâces de mes plus humbles recommandations, et supplie Dieu vous donner, Madame, heureuse et longue vie.

De Niort, le segund jour de febvrier.

Votre très-humble et obéissant cousin,

HENRY.

LES PRINCES DE NAVARRE ET DE CONDÉ AU PRINCE D'ORANGE[1].

10 février 1569.

Monsieur mon cousin, nous avons entendu qu'on a commencé vous tenir propos de la paix, et comme nous sça-

---

1. Cette lettre et les trois suivantes n'existent pas en original au *State paper office*. On y conserve des copies expédiées à Cecil par Norreys le 9 mai.

vons au vray que c'est ung moyen par lequel nos ennemys veulent empescher ou retarder le secours qu'il vous plaist nous donner, nous vous prions, sans aucunement vous arrester à ces beaux langages que le cardinal de Lorreine et ses adhérans font mectre en avant pour vous tromper et circumvenir, vous acheminer le plus diligemment qu'il vous sera possible au passage de la rivière de Loire, où estant, nous aurons moyen de nous joindre avec vous, et nous rendre maistres de noz ennemys, de Dieu, de bien et repos de ce royaume, mais du résidu de toute la chrestienté, et lors nous leur baillerons telle loy que nous vouldrons, et que nous congnoistrons estre nécessaire pour vivre cy-après en seureté et repos de conscience, vous priant, Monsieur mon cousin, croire qu'il n'y a aucun moyen d'y parvenir que par une bonne et advantageuse victoire, ou après ce que nous aurons réduictz noz ennemys à tel poinct et extrémité qu'ils puissent toucher au doigt qu'il n'y a moyen de nous pouvoir résister; ce qu'ils sentiront et recongnoistront en brief, et aussitost que nous serons joinctz, unis ensemble. Et sur ce, faisant fin à la présente par noz bien humbles recommandations à voz bonnes grâces, nous prierons le Créateur vous tenir, Monsieur mon cousin, en sa saincte garde.

De Nyort, le 10 fév. 1569.

Voz plus affectionnez cousins et parfaicts amys,

HENRY.   LOYS DE BOURBON.

(*Au dessoubz :*) Messeigneurs les princes m'ont commandé de me signer à ce bout de lectre,

CHASTILLON.

LES PRINCES DE NAVARRE ET DE CONDÉ AUX GENTILS-
HOMMES FRANÇOIS QUI SERVENT DANS L'ARMÉE DU PRINCE
D'ORANGE.

10 février 1569.

A MM. de Janlys, de Mouy, Morvillers, Argenlieu et autres seigneurs, gentilzhommes de France, estans à l'armée de Mons. le prince d'Orange.

Messieurs, nous avons entendu que on est entré avec vous en quelque pourparler de paix, et, parce que nous savons certainement que c'est vraye ruze, de laquelle noz ennemys usent à leur accoustumé pour destourner, desgoutter les forces estrangères qui viennent à nostre secours, nous vous avons bien voulu prier ne vous endormir là-dessus, et néantmoins vous faire entendre la forme dont nous avons usé lorsqu'on a envoyé de par deçà quelques-ungs pour nous tenir semblable langage. Le sieur de Malassise, maistre d'hostel ordinaire du Roy, sur le commencement des troubles, estant à Lymoge, nous envoya demander sauf-conduict pour nous faire entendre quelque chose de la part (comme il disoit) de S. M.; auquel nous feismes response que tant que le Roy seroit tenu et possédé par le cardinal de Lorreine et ses adhérans, ennemys de ce royaume et du repos public, nous ne recevrions aucune chose qui nous seroit dicte et escripte soubz le nom de S. M. comme venant d'elle, ains comme estant forgée et bastie en la bouticque dudict cardinal. Il n'y a que deux ou trois jours que le sieur de Poully est venu à nous de la part (comme il disoit) de la Royne, pour adviser s'il y avoit quelque moyen de pacifier les affaires; auquel sans permectre qu'il entrast plus avant en besongne, on couppa broche, et luy dict-on que, tant que le cardinal de Lorreine et autres pensionnaires du roy d'Espaigne, ancien et capital ennemy de la France, seroit auprès de nostre roy, on ne presteroit l'oreille à aucun accord que on voulust proposer, bien certains que, demeurant S. M. asservie et gouvernée par telle manière de gens, tous les traictez et accordz ne seroient qu'autant de piéges tenduz pour nous tromper et surprendre. Il nous semble que vous debvez tenir semblable langage à ceux qui vous parlerons de la paix, leur remonstrant en oultre qu'il seroit mal séant que telles choses fussent par vous traictéez et maniées sans nous en advertir et nous faire entendre ce qu'ils auront proposé. Ce sera ung moyen pour nous advertir souvent de voz nouvelles et de l'estat de vos affaires, vous priant cependant n'intermectre pour cela aucun exploict ou effort de guerre, ny perdre aucun advantaige que vous peussiez gaigner sur nos ennemys, et vous résouldre qu'il n'y a moyen d'acquérir repos en ce royaume, que par une bonne et advantageuse victoire, ou bien après ce que nous aurons réduictz nosdicts ennemys à tel poinct et extrémité qu'ilz puissent toucher au doigt qu'il n'y a moyen de nous résister ; ce que, Dieu aydant, ils sentiront et recomgnoistront en brief, et si tost que nous serons joinctz et uniz ensemble. A ceste heure, nous vous prions, pour l'honneur de Dieu, sans vous endormir en telles et semblables sorcelleries, vous acheminer au passage de la rivière de Loire, en la plus grande diligence qu'il vous sera possible, et espérons, par ce moyen, vous veoir en brief. Nous prierons le Créateur vous tenir, Messieurs, en sa saincte garde.

De Niort, ce 10ᵉ febvrier 1569.

Voz bien affectionnez parens et meilleurs amys,

HENRY.   LOYS DE BOURBON.

J'ai eu congé de Messeigneurs les princes de vous faire icy mes bien affectionnées recommandations.

CHASTILLON.

LES PRINCES DE NAVARRE ET DE CONDÉ AU DUC DES DEUX-PONTS

20 février 1569.

Monsieur mon cousin, la présente sera pour vous prier de, suivant les nostres dépesches que nous vous avons fêtes, vous acheminer droict à nous sans faire séjour en aucun lieu, vous en venir droict gaigner le passage de la rivière de Loyre à la part où ce porteur vous dira, espérans, avec l'ayde de Dieu, qu'estans joinctz nous aurons bientost la raison de noz ennemys. Nous avons advoué par noz despesches précédentes, comme nous faisons par cestuy-cy, les actes d'hostilité que vous ferez en France, comme tendans au bien de la cause pour laquelle nous avons prins les armes, de quoy nous vous eussions envoyé actes en forme authentique, si nous eussions trouvé un homme qui s'en feust voulu charger; mais ce sera à nostre arrivée que nous vous fournirons de cela, et de toutes aultres choses nécessaires pour l'exécution de noz conventions. Les vicomtes de Montauban se viennent joindre avec nous, ayans sur le départ deffaict 4 cornettes de cavallerie du Sr de Montluc. M. de Piles a aussi deffaict 4 enseignes de gens de pied du dict Montluc, dont il nous a envoyé les drappeaux. Vous ne sçauriez croyre les bons et heureux succès que Dieu donne journellement à son armée, qui portent certain témoignage qu'il la veult à ce coup rendre victorieuse sur ses ennemys. Et sur ce, faisant fin à la présente par nos biens humbles recommandations à voz bonnes grâces, nous prierons le Créateur vous tenir, Monsieur mon cousin, en sa saincte garde.

De Nyort, le xx febvrier 1569.

Voz très-affectionnez cousins et meilleurs amys,

HENRY. LOYS DE BOURBON.

N° III

PAPIERS TROUVEZ SUR M. LE PRINCE DE CONDÉ

quand il fut tué, le 13 mars 1569, envoyez au Roy par le duc d'Anjou, le 17 mars 1569.

(Bibliothèque nationale Colbert, XXIV, 186 à 191.)

1. (LA REINE DE NAVARRE) A MONSIEUR LE PRINCE MON FRÈRE.

Mon frère, vous m'avez faict fort grant plaisir de me mender de vos nouvelles; mays pensé que vous mandés que la rénion que je say avoir tant faict de maus a esté atrapée, et que tout le monde dit qu'il est échapé. Je vous prie mander la vérité. Quant aus nouvelles de la Rochelle, je suis fort aise que tout sy porte bien, ormis la rendision des prises, où j'ay veu tant de. . . . qui est partie. J'ay aujourd'hui entretenu Sessac, qui m'a descouvert le faict de M. de Gramont, et entre autre chose, que la Rine disoit que quant le prince d'Orange estest en France, il disoit qu'il ne se pouvoit desclarer, quant il en est sorty, il prometoit se trouver à la bataille. S'il vous plaist, ce entredemeurera entre vous et moy, sinon que le disant je ne seys point aleyner.

Vous prenez la payne me mander que mon filz se porte bien : j'en suis bien aise, et qu'il vous fasse service comme à son propre père. Je suplie Dieu vous faire la grâce de recongnoistre son. . . . et vous donner, mon frère, très-longue vie de par vostre. . . . servante,

JEHANNE.

2. (L'AMIRAL AU PRINCE DE CONDÉ.)

Jarnac, 11 mars 1569.

Monseigneur, je vous envoye des lettres que m'escrivent hier MM. de Sainct-Mesme et de Sainct-Ermine, et une d'un médecin qui est auprès de M. de Jarnac, affin que vous la voiez et en faciez ce qu'il vous plaira. Au demourant, le capitaine Pluviaux print hier quelques prisonniers de divers compagnies, entre lesquelz y en a un qui m'a dit qu'à l'arrivée des ennemys à Chasteauneuf il fut rendu. Toutesfoys je ne le puis bonnement croire. J'ay envoyé recognoistre, et, si j'aprens quelque chose, je ne faudray incontinent de vous en advertir; qui est tout ce que je vous puis escrire, sinon pour me recommander très-humblement à voz bonnes grâces, priant le Créateur vous donner, Monseigneur, en très-parfaicte santé, très-heureuse et très-longue vye.

A Jarnac, ce xi mars.

Il vint hier un home, à ce que l'on m'a dit, de la maison de M. de Guerchi, qui dict que le bruict estoit de par delà que M. Daumalle a esté battu. Et dict aussy que le Roy avoit logé en la maison Davignan, qui est aud. Guerchi. . trois lieues d'Auxerre, et qu'il venoit droict à la rivierre. . . . mais je ne sçay qu'en croire. J'ay envoyé recongnoistre. . . . font à Chasteauneuf et si le pont y est refect. . . . d'hier dict que l'armée de Monsieur debvoit. . . . tirer le chemin de Gascongne ainssy. . . . que je pourré apprendre, je ne fauldré. . . . l'home qui vient de la maison. . . . dict aussy que l'armée du prince. . . . Ponts estoit à Montecler. Dieu[1]. . . .

---

1. Ce post-scriptum est de la main de l'amiral. Plusieurs mots sont enlevés par suite de la lacération du feuillet.

PIÈCES ET DOCUMENTS.

3. (SAINT-EREMYNE A L'AMIRAL.)

Angoulême, 10 mars 1569.

Monseigneur, nous vous avons touiour despeché en diligense é mandé le pais que tenoist nos ennemis. Si viens tout à sette heure d'estre averty par homme qui vient de Paris, que la Raine a mandé a Moncieur frère du Roy de vous combattre à quelque prix que ce soit, et, s'il ne se peult prestemant faire, qu'ilz se mesnent droict à Orléans en diligence. Moncieur de Aumalle a esté fort battu antre le Pont-à-Moson et Nansy par Mons. le prince d'Orange et le duc des Deux-Ponts. A Paris n'eurent jamais sy grant peur; tous les escoliers s'enfuient; j'en ay envoié querrir donc quy en sont partis desfroi. Se que je pourai savoir je ne faudray en diligense de vous le faire antandre. Monceigneur, je suplie Dieu vous conserver.

D'Angoulesme, le 10e de mars.

Vostre très-humble et très-fidelle serviteur,

S.-EREMYNE.

J'ay bien resut ung autre avertisemant, mais c'est sur les surprize de sette ville, à quoy, moiennant l'aide de Dieu, nous remédierons bien.

ADVIS A L'AMIRAL[1].

Du 9 mars 1569.

Les choses qu'il fault faire entendre à Monsieur l'admiral sont :
Premièrement, que tous à présent je viens de sçavoir par deux gentilz hommes qui viennent de Mussidan, que la garnison dudict lieu defflct devant hier tous les soldats qui estoient dedans le chastel de Montréal [2] ; M. de Pilles après pris la Sauvetat et

---

1. Envoyé par Sainte-Mesme : voyez ci-dessus, p. 384, la lettre de l'amiral.
2. A une lieue et demie est-sud-est de Mussidan.

Eymet, qui sont deux petites villes à trois lieues de Ste-Foy[1].

Item, que à Parcou[2] y a quelque nombre de soldats qui se dict avoir charge de garder le passage dudict Parcou, qui font et commettent d'incroyables exactions et ransonemenz sur le peuple de là auprès, mesme sur de mes subjects, et telles, que, s'il ne plaist à Monseigneur y remédier, les gentilz hommes circonvoisins, seigneurs desdictz subjectz, sont en chemin avec partie du peuple de s'opposer à telles vexations, et en pourroit sortir du scandale, s'il n'y est pourveu ; ce qui se pourra faire aisément, s'il plaist à mondict Seigneur de commander a celluy qui est chef desdictz soldats, qui est le Sablon, de se retirer vers Messieurs les princes ou vers M. de Pilles ; car il ne sert de rien, ne sesdicts soldats, audict passaige, sinon de fouller le peuple, et que, pour le soulagement dudict paoure peuple, je me donneray bien garde, avec les forces et garnisons que j'ay en ce lieu, dudict passaige, s'il plaist à mondict sieur l'admiral me le commander, comme j'ay tousjours faict et fais nonobstant la susdicte garnison dudict Parcou. En oultre ce, touttesfois et quantes qu'il sera de besoing, je drescheray en ce lieu ung pont de bateau, sur lequel on pourra aussi aisément et avec plus grande seureté passer qu'audict Parcou, et ay lesdict batteaux tousjours prest et les ay eus despuys l'advertissement qui me fust donné par mondict sieur de Pilles, de luy bailler passaige et icelluy asseurer, comme j'ay tousjours faict, grace à Dieu, jusques à présent, et feray cy-après avec son aide et faveur.

Davantaige, fauldra advertir mondict sieur que l'ennemy est à quatre lieues d'icy, et que d'heures à aultre on me vient donner advertissement qu'il se délibère acheminer icy pour empescher le passaige à Messieurs les vicomtes et à M. de Pilles, et mesmement que tous présentement j'en ay receu ung de bonne

---

1. Sur la Dordogne ; la Sauvetat et Eymet sont sur la Dropt, au sud-est de Sainte-Foy.

2. Sur la Dordogne, au sud-ouest de Ribeirac.

part et d'ung papiste; mais j'espère, moiennant l'aide de nostre Dieu, de les bien recepvoir s'ils y viennent, et qu'ils ne mettront en ceste place le pied, ou ilz me passeront sur le ventre.

Vous n'oblierez aussy de faire entendre à mondict Seigneur les fortifications que j'ay faictes et fois faire de jour à aultre, et comment par le moien de ce et de la garnison que je tiens, je tiens, grace à la bonté de nostre Dieu, ce passaige asseuré et ses environs, pour tous ceulx qu'il plèra à mondict Seigneur y envoyer et faire passer, et que, aultrement, il n'y auroit aultre moien de passaige ne seureté pour tous les nostres.

Au surplus, dire à mondict sieur que je le supplie très-humblement vous vouloir despêcher en diligence, d'aultant que la chose requiert extresme diligence, et s'asseurer que je luy feraye service très-humblement jusques à la dernière goutte de mon sang, et pour son particulier et pour le général, que je le supplie croire qu'il n'y a gentilhomme en France qui de meilleure volunté expose bien et vie que moy.

Et faudra bien remonstrer que ledict lieu de Parcou n'est autrement fort, ne fermé, ne commode à garnison, sinon pour une retraite de voleurs et gens de mauvaise [vie]. Pour des quels purger le païs sera de besoing de faire desloger les susdicts, et aussi prier mondict sieur de me mander comment il luy plèra que je me gouverne en ces affaires, affin d'appaiser beaucoup de gentilz hommes, qui seront pour courir sus aux susdicts, si bientost il ne plaist à mondict sieur de nous faire entendre sa volunté.

5. NOUVELLES DIVERSES DE PARIS ENVOYÉES A M. L'ADMIRAL[1].

Monseigneur, voicy desjà le sixiesme message que nous avons envoyé depuis six semaines pour vous advertir de tout ce qui se passe par deçà :

1. Par le médecin du comte de Jarnac : voyez ci-dessus, p. 384, la lettre de l'amiral. — Ce billet, écrit sans doute à la hâte, sur une bande de papier

Premièrement quant à nostre estat : tous ceux de la Religion sont ou prisonniers, ou fugitifs, ou cachés. Toutefois, ceux que Dieu a réservé ne s'espargnent à s'employer en tout ce qu'il vous pléra leur commander. Depuis le premier édict, par lequel les officiers de la Religion sont empesché de leur office, il en est venu deux autres : l'un, pour continuer les temporisemens et prouver qu'ils ont fait leurs Pasques et esté à confesse, sur peine d'être privés de leur office ; l'autre, pour les contraindre d'envoyer procuration entre les mains du Roy pour résigner leurs offices, et ce, soubz espérance qu'on leur en fera rente en l'Hostel-de-Ville, combien qu'on y ait arresté toutes les rentes de ceux de la Religion, et après qu'ils auront vescu un an entier en la papauté, qu'ils seront pourveus d'autres offices. M. le mareschal de Montmorency n'ose consister en cette ville, à cause des embusches que luy a fait dresser le cardinal par ceux de ceste ; de sorte que le jour mesme que on receu en ceste ville Monsieur le Duc, il deslogea sans trompette, et pour quelques jours s'estant tenu à Chantilly, avec deux de ses fidelles, il a commencé à visiter son gouvernement et est à présent en Soissonnois ou à Laon. Monsieur le Duc gouverne seul, mais gouverne par Saint-Supplice, en son conseil par l'archevesque de Sens, auquel conseil de naguères à diverses fois a esté arresté de s'assurer de M. le mareschal ; outre les libelles diffamatoires qu'on sème contre luy, et mesme dans un placard du 13 de février il estoit appelé v^e ameau (?), avec la planche de sa maison ; et advertissemens donnés aux Parisiens de se garer d'eux comme d'ennemys, et exhortation. . . . de lui courir sus et contre quelques officiers qui ont intelligence avec luy. On y void tout ouvertement l'Espagnol commander entre le cardinal et ledit archevêque, lesquelz se servent de leurs gens appostez à leur dévotion comme : des présidens Hennequin, procureurs du Roy, con-

longue de 0^m,36 et haute de 0^m,07, fut trouvé dans le gantelet du prince de Condé, ainsi qu'on le verra dans la lettre du duc d'Anjou au Roi, du 17 mars.

seillers du Drac et Poisle et quelques autres, et d'un Ranchon, prévost des mareschaux, lequel, depuis 15 jours, à la poursuite de l'ambassadeur d'Espagne, fit estrangler, à deux heures du soir, un pylote portugais qui avoit servi contre les Espagnols, ou à Madrid au fils de Montluc, et fut iecté en l'eau le corps tronqué, et ce combien que ledit pylote fut rédintégré par lettres authenthiques du Roy. En quoy les lettres de cachet du cardinal ont eu plus grande vertu ; lequel mesme Ranchon amena auparavant un qui revenoit devers le prince d'Aurenge, s'estoit retiré en sa maison, lequel vous avoit servi de fourrier de compagnie ès derniers troubles, et le feist pendre tout boté, sans que jamais on le pût faire varier de sa constance, qui fut admirable. Ils se servent aussi entre autres corporiaux de deux ou trois bestiers désespérés qui font les emprisonnements et autres exécutions, sans aucune figure de justice, lesquels n'estant rassasié d'avoir emprisonné touz ceux qu'ils ont pu, font à présent requeste au Roy qu'il leur soit permis de rechercher, par toutes villes, ès maisons des papistes qui ont retiré leurs parents et amis de la Religion. Ilz en trouvent un grand nombre, jusques à cent ou six vingt desquelz il y en a des plus notables, nonobstant serment de caution qu'on a exigé d'eux ; entre autres ilz tiennent fort étrangement le ....Portal (?) pour récompense de sa légation, luy imposant qu'il vous a entamé termes de paix, comme venant de la Royne, dont elle ne luy avoit donné charge, le capitaine Pré de Bloys, gentilhomme de M. de Mouy, Galandiny Hamon, secrétaire du Roy, nonobstant deux lettres patentes obtenues du Roy, pour sa délivrance, luy imposant qu'il vous a escrit, etc., et plusieurs autres factions de marque et de bon esprit, les bourgeois qui ne peuvent prendre fort intérêt, l'habitant des faubourgs et forces étrangers françois chassés (?). Quant à l'armée du prince d'Aurenge, après avoir fait par trois fois constante response au Roy qu'il ne sortiroit du royaume qu'il ne veist la Religion restablie, s'en est retourné par je ne sçay quel soudain mouvement, dont on allègue diverses causes, bien que luy eussions fait entendre vostre intention de l'advouer ; et, comme les seigneurs de Genlys et de Mouy nous eussent demandé assistance de deniers, j'envoyé lettre par vostre moyen à M. le cardinal de Chastillon pour recouvrer deniers; nous leur feismes tenir response audit sieur cardinal, que, s'ils vouloyent aller à la teste de ceux de Picardie, il leur feroit tenir 80,000 escus; mais ce fust trop tard pour le reculement dudict prince d'Orange. Desquelles choses nous vous donnasmes soudain advertissement.

Depuis 15 jours, a passé par ceste ville le capitaine de Bas, despêché de vostre part vers ledit prince d'Aurenge, lequel s'estoit retiré jusqu'à Strasbourg pour assister aux nopces de la fille du prince palatin et du fils du Lantgrave, où se tient une diète à laquelle le Roy a envoyé Laforest. On dit que le duc Auguste de Saxe y sera esleu roy des Romains, pour foreclore à l'advenir de l'empire la maison d'Autriche. La royne d'Angleterre y a envoyé le sieur de Hillegay, qui a espousé la sœur de la femme du sieur Cécile, secrétaire d'Angleterre, et ce afin qu'il y resta toujours pour haster les Allemands de vous aller joindre, et le commandement de faire entendre tout ce qui se passera entre les Allemands à M. Norreis, ambassadeur de la royne d'Angleterre en France, affin qu'elle et vous en soyez advertis. Elle commanda à sondit ambassadeur en ceste ville qu'il nous fist entendre qu'elle avoit envoyé 20,000 escus dès le 1er de décembre au duc des Deux-Ponts, afin que luy avec nous vous le fissions sçavoir, avec toutes amples promesses de vous donner tousjours aide ; et que vous communiquiez souvent avec son dit ambassadeur en ceste ville, de tout ce que vous lui voudrez faire entendre. Combien que ledit ambassadeur soit en court avec tous les ambassadeurs, toutes fois ne laisserez d'adresser toutes choses en son logis, devant l'arsenal, au sieur de la Chapelle, de la part de ceste..., où ledit ambassadeur a laissé Madame sa femme et la pluspart de sa famille. Nous sommes advertis, au vray, que ledit prince d'Orange est joint au duc des Deux-Ponts et qu'ils s'acheminent vers la France avec 14,000 chevaux et 18,000 de pied et 30 pièces d'artillerie. Le prince Casimir s'y pourra bien joindre, estant fasché de n'avoir rien receu du Roy sur ce qui lui est deu de reste qu'il a demandé de naguères. Les François tiennent l'avant-garde. Le Roy a commandé à Daumalle de les combattre hors le royaume, à quelque prix que ce soit. Il a aussi despêché par ceste ville le sieur de Sefar (?), lieutenant du duc de Guise, vers Monsieur, pour haster les 8 cornettes de rheistres qu'on envoie contre vous, afin de vous livrer bataille à quelque prix que ce soit. Quant à l'estat d'Angleterre, il est en mauvais mesnage avec le duc d'Albe, d'aultant qu'il a saisi en Flandres tous les Anglois et leurs biens. De quoy irritée, la royne d'Angleterre a fait de mesme contre les Flamans et Espagnols qui estoient en Angleterre, ayant pris quelques vaisseaux où il y avoit plus de 45,000 escus; et des deux ambassadeurs, l'Espagnol en a si bien joué son roole, que l'ambassadeur du duc d'Albe n'a plus depuis parlé avec celuy d'Espagne, et c'est ce qui empesche que la royne d'Angleterre n'a encore receu response de l'Espagnol. On avoit commencé à Rouen et Boulogne de prendre les Anglois à sa succitation, mais le Roy les a fait délivrer depuis huit jours, aiant peur d'entrer en guerre contre l'Angleterre. La royne d'Angleterre, de sa part, pour avoir meilleure couleur d'assister aux François, a fait un édict défendant aux François de débiter en Angleterre les marchandises qu'ils ont butinez sur la mer. Le Roy partit de Joinville le 14 février pour aller à Toul, et de là on ne sçait où il doit tirer, à Nancy ou à Langres. Le comte de Vaudemont et le duc de Lorraine, depuis, sont venus veoir le Roy, et tout exhorte à la paix; mais le cardinal et la Royne et leurs sectateurs n'en veulent ouyr parler, aimant mieux hazarder tout l'Estat que de rien perdre de leur crédit. On fait accroire au Roy qu'il a plus là.... de forces et moyen qu'il n'a, afin de l'iriter d'autant plus et luy donner vaine confiance. Le duc de Nemours a parlé si haut qu'il a obtenu d'estre lieutenant général de Monsieur, soubz la condition qu'il baillera sa charge de la cavallerie légère au duc de Guise. Daumalle conduit l'avant-garde. Ilz ont receu 4,000 Suisses et autres 3,500 rheistres, soubz le jeune Lantgrave, le comte de Wirtemberg et le marquis de Baden, mais desquels on n'est asseuré s'ilz combattront. Ilz ont beaucoup de gens, mais ilz ne les savent plus soustenir, en étanz venus si bas que le Roy demande à nostre ville 60,000 escus à rente, qu'il ne peut trouver. Ilz ont engagé les reliques, le.... de la Royne et les joyaux de la couronne, et les ambassadeurs étrangers s'excusaient de plus rien fournir. L'Espagne est troublée par les Maures. Le cardinal de Guise y est encore fort malade et n'a guères advancé en sa légation. L'Espagnol a écrit au duc d'Albe que le plus grand plaisir qu'il lui sauroit faire, ce seroit de faire tomber tout l'orage sur la France. Sanxerre a véritablement soutenu trois assaultz et a contrainct l'ennemy de lever le siége, avec perte de plus de 500 bons hommes et des plus braves capitaines, dont le Roy est fort irrité contre d'Antraigues; ce que Mar.... s'est venu excuser en cour, avec promesse d'y retourner et de bien faire, si le Roy l'y veut dépescher tout seul. Il seroit bien besoing de donner secours à ladite ville. On mène toutes les pouldres et munitions à Orlé(ans) de ceste ville pour y retourner; ceste ville est toute.... de pouldre, de munitions et de matières pour en faire. Le peuple et la pluspart des plus notables sont fort lassez et ennuyés de la guerre.

Sur ce, faisant fin, Monseigneur, nous prions le Seigneur qu'il préside tousjours sur vos conseils par son esprit, et vous cotoye de ses armées d'anges, pour vous délivrer et vous donner victoire, et à toutes ses églises, sur ses ennemys. Vous présentant nostre humble service et obéyssance et nous recommandons à voz bonnes grâces et de tous les seigneurs qui vous accompagnent. Nous avons veu lettre du roy de Danemarch au prince d'Aurenge, par lesquelles il s'excuse à vous venir joindre et luy envoye 3,000 chevaux et deniers.

6. (L'AMIRAL A) MONSEIGNEUR MONSEIGNEUR LE PRINCE DE CONDÉ.

Jarnac, 11 mars 1569.

Monseigneur, je vous ay, depuys ce matin, mandé deux fois de mes nouvelles, et depuis j'ay receu la lettre qu'il vous a pleu m'escrire par ce porteur. Et quant à ce qu'il vous plaist que je vous mande du logeis que nous ferons aujourd'huy, si j'en eusse changé je n'eusse failly à le vous mander; mais il fault que j'attende davant que rien changer de veoir ce que deviendront nos ennemys. Je viens d'avoir advertissement que les ennemys marchent le chemain de Congnac, et de faict nous voyons acheminer quelques trouppes de cavallerie à notre veue. S'ils veulent aller du costé de Congnac, en mettant une bonne troupe d'infanterie là dedans, je croy que c'est ce que nous debverions desirer. J'auré tousiours gens aux champs, et ce que je pourré apprendre je vous en advertiré. Monseigneur, je prye Nostre Seigneur vous avoir en sa saincte garde et protection.

De Jarnac, ce xie de mars 1569.

Je vous supply, Monseigneur, regarder et mettre quelques hommes de bien dedans Congnac. L'on m'a dict que leurs bagages ne deslogent poinct.

Vostre très-humble et très-afectionné serviteur,

CHASTILLON.

(Entièrement autographe.)

7. (SAINT-MESME). A MONSEIGNEUR MONSEIGNEUR LE PRINCE DE CONDÉ, DUC D'ANGUYEN ET PAIR DE FRANCE.

Angoulême, 12 mars 1569.

Monseigneur, despuys n'avoir heu cest honneur que de vous escripre, je n'ay rien guières appris de nouveau, si ce n'est que les compagnies de MM. du Lude, Ruffec, des Cars, la Vauguyon et trouppes de Richelieu marchent et s'en vont rendre à Chasteauneuf, par le chemin de deçà la rivière, et non de vostre cousté, et croy qu'ilz meynent l'argent pour faire fère monstre à l'armée de Monseigneur frère du Roy. Ilz se sont retranchez à Chasteauneuf, où ilz laissarent hier tout leur bagage, soubz la garde de partye du régiment du sieur de Joyeuse, comme j'ay entendu par tous ceux qui ont veu leur armée. Ilz sont assez fort de cavallerie, mays non d'infanterie. Ilz ont racoustré le pont dudit Chasteauneuf, et au bout de celuy ont pareillement faict ung retranchement. Ilz sont après pour trouver les moyens qu'ilz peuvent chercher, comme j'ay esté adverti, pour prendre par intelligence ceste ville. J'y auray l'œuil le mieux qu'il me sera possible, pour me garder de surprinse, tant pour le service que je doibs à mon Dieu, à cette cause et à vostre grandeur, de sorte que j'espère qu'il n'en viendra inconvénient pour ce regard, avecque l'assistance que j'ay des bons cappiteynes qui en cela feront bien leur debvoir.

Monseigneur, hyer un Allemand, estant à Dirac et venant dudit Chasteauneuf et camp de mondit sieur, s'esmoya de M. de Nanteuil, et lui mandoit qu'il me priast l'envoyer querir pour me dire chose qui vous estoit de grande importance, ce que je fis; et l'ayant en ce lieu l'ay bien incontinant voulu despêcher pour le vous envoyer. J'ay trouvé un peu estrange la façon qu'il a laysé le camp de mondit sieur. En cest endroit, je supplieray Nostre Seigneur vous donner en perpétuelle santé, Monseigneur, très-bonne, prospère et longue vie.

A Englesme, le xiie de mars 1569.

Vostre très-humble et très-obéissant subject et serviteur,

St-Mesme.

(La souscription de cette lettre est seule autographe.)

8. LOGIS DE LA BATAILLE DE UNZIÈME MARS MIL V^c SOIXANTE-NEUF.

Messeigneurs les princes et leur suite..	Congnac.
Leur garde	Sainct-Brys.
Pour leur train, ...	Sainct-Sauveur et Louzac.
Monsieur de Vaudine.	Richemont.
M. d'Anconne.	Javrezac.
M. Myrabel.	Sainct-Trojan.
M. de Blacon	Xainctes.
M. le Prince.	Chérac.
La compaignie de Monsieur le Prince soubz la charge de M. de Courbozon.	Mons.
La compaignie de Monsieur le Prince soubz la charge de M. des Essarts. .	Sainct-Saulvan.
M. d'Anguys.	Chapnières.
M. le comte de la Roche	Mesnac.
M. de Verac.	La Chapelle.
MM. le Vidame, de Saincte-Marie, des Aige, d'Aulx.	Sainct-Brys.
M. de Mirambeau de la Caze	Brizambourg.
M. de Noix.	Sainct-André.
M. Lavardyn.	Dampierre.

M. de Montejean..............	Le port Chauneau et Orlac.
M. de Chaulmont.....,.......	Escoueux.
M. de Sainct-Martin et de Sainct-Sturyn	St-Sulpice.
M. de la Rochesnard	Migron.
M. de Fonterailles............	Nanthelle.
M. le Comte de Choisy	Sainct-Hillaire.
M. de Tracy et Sey...........	Ogeac (*Aujac*).
M de Mauperyer et d'Auconne.....	Authon et Audouec.
M. de Robodange............	Aumaigne.
M. de Languillier............	Burye et Villars.
M. de Montlieu..............	Au Seurre.

En conférant cette pièce avec la carte de Cassini ou avec les feuilles récemment publiées par le Dépôt de la guerre, on remarquera que la plupart de ces villages sont échelonnés le long de la route de Cognac à Saint-Jean-d'Angely, sur une distance de six lieues. C'est cette comparaison qui nous a tout d'abord fait penser que, depuis le 11 mars, le projet plus ou moins arrêté de Condé était de se retirer vers la Charente supérieure, et de tenter la marche sur Sancerre par le Berry, quoique cela ne fût positivement affirmé ni même écrit nulle part.

Comment expliquer autrement qu'il donnàt de semblables logements, lorsque, depuis vingt-quatre heures, ou au moins depuis douze, il connaissait la présence de l'ennemi au delà de la Charente? Le silence des historiens sur ce point peut être attribué, d'abord au peu d'importance qu'ils y attachent, ensuite aux hésitations évidentes de Condé, hésitations qui sont assez prouvées par ses mouvements et ses ordres. Ces mouvements et ces ordres sont incontestables. D'ailleurs, les écrivains contemporains s'accordent plus ou moins à dire que tel était déjà son plan avant la marche du duc d'Anjou de Chinon sur Confolens, et qu'il n'allait chercher les vicomtes que pour revenir avec eux au-devant des Allemands; c'était donc là son but définitif. Il est encore constaté que, le 12, le prince avait donné à l'amiral l'ordre de le rejoindre le lendemain à la *diane;* que, le 13, il avait presque toutes ses troupes sur *la gauche* du champ de bataille, c'est-à-dire au nord de Bassac, et que, ce même jour, *il se retirait* de Jarnac, quand il reçut l'appel de l'amiral. On ne dit pas où il se dirigeait ; mais comment serait-il revenu sur Sainctes ou Cognac, après ce qu'il savait de la position de l'ennemi? Enfin Tavannes, qui a écrit lui-même une relation de cette campagne (elle est insérée dans les *Mémoires* rédigés par son fils), et qui était mieux que personne en mesure de la raconter et de la juger, parle nettement des inquiétudes que lui donnait un projet de retraite des réformés vers l'est : avant de laisser passer la Charente à l'armée royale, il s'assura que les protestants ne traverseraient pas cette rivière vers Montignac. Une relation protestante du temps dit aussi que l'ordre était donné à l'armée de se diriger entre Châteauneuf et Angoulême, ce qui était impossible ; mais, en faisant la part de l'incurie qui signale ce récit pour tout ce qui concerne la géographie, qui ne voit que cette indication signifie un ordre de marche vers l'est? Nous avons encore été confirmé dans notre pensée par les lettres trouvées sur Condé : dans la situation où il était, la nouvelle de la marche et des succès du duc de Deux-Ponts était bien de nature à lui faire désirer ardemment de le joindre.

Nous avons cru devoir entrer dans ces détails, qui paraîtront peut-être minutieux, parce que ce point est le seul où nous ayons cru devoir recourir à nos propres conjectures ; nous avons voulu indiquer sur quelle base elles reposaient. Toutes les autres assertions contenues dans notre récit se trouvent dans les mémoires, pièces et relations contemporaines, soigneusement comparées, ou dans les historiens qui, sans avoir toujours assisté aux événements, avaient cependant pu consulter des témoins oculaires, la Popelinière, de Thou, d'Aubigné, Davila.

Nous ajouterons encore que, des trois batailles livrées par Condé, la bataille de Jarnac est celle sur laquelle les récits du temps varient le plus. Nous avons essayé de notre mieux de les mettre d'accord, et entre eux, et avec la configuration du terrain.

La lettre suivante accompagnait les *Papiers* qu'on vient de lire :

(LE DUC D'ANJOU) AU ROY MONSEIGNEUR.

Segonzac, 17 mars 1569.

Monseigneur, pour le desir que j'avois de vous advertir sur-le-champ de la victoire qu'il a pleu à Dieu vous donner sur voz ennemys le xiiie de ce moys et de ne vous garder une si bonne et heureuse nouvelle trop longtemps, je n'eus loisir de vous rendre compte particulièrement de tout ce qui se passa ledit jour entre noz ennemiz et nous, et depuis, ayant fait dresser un recueil contenant à la vérité l'ordre que nous avons tenu pour aller chercher nos ennemys, les combattre et poursuivre encores après les avoir combattu, je n'ay voulu faillir à le vous envoyer par ce courrier, estimant, Monseigneur, que vous aurez contantement de ce qui a esté faict pour vostre service, et que vous y trouverez de quoy louer Dieu grandement d'avoir esté servy de cueur et d'affection de tant de bons et vaillans serviteurs, capitaines et gens de bien qui sont en vostre armée; par où il est aisé à congnoistre que Dieu est protecteur de son église et de la justice de vostre cause, et qu'il vous a réservé assez de gens de bien en vostre royaulme pour abbaisser l'orgueil de voz ennemis et réduire voz subjectz rebelles en vostre obéissance. Cependant, pour abvoir entière et meilleure congnoissance de ceulx de noz ennemis qui ont esté tuez sur-le-champ et prins prisonniers et affin qu'ils ne puissent estre mis en liberté par argent ou par la faveur de ceulx qui les tiennent, j'ay faict très-exprès commandement que tous ceulx qui en ont en vostre armée eussent à m'en advertir et les mettre en évidence, leur deffendant très-expressément ne les laisser aller pour rançon ou aultrement sans mon congé et consentement. Et depuis j'ay dépesché ung de mes gentilz hommes par tous les régimens, pour sçavoir au vray le nombre desdits prisonniers et en dresser un roolle certain, lequel je ne fauldray de vous envoyer incontinant, pour vous faire veoir à l'œil la grandeur de vostre victoire, laquelle, pour gaigner temps et pour rompre les desseings de plusieurs qui ont mauvaise volonté, et pour empescher ou retarder pour le moings les effortz des princes favorisans voz ennemiz, j'ay faict sçavoir incontinant par toute l'Ytalie, ayant dépesché le marquis de Rangon vers nostre saint père et le duc de Florence, le comte de Metula vers les ducs de Savoye, Ferrare, Parme et Urbin, et le sieur Camille vers la seigneurie de Venise et le duc de Mantoue, et leur ay baillé semblable recueil que celluy que je vous envoye des choses qui se sont passées depuis que j'ay commandé en l'armée qu'il vous a pleu de me bailler, ayant faict semblable office à l'endroict du roy d'Espagne, où j'ay envoyé le jeune Villequier, estimant que, en attendant qu'il vous pleust faire visiter les princes dessus-dicts de vostre part, il estoit nécessaire pour vostre service que cette nouvelle fust entendu par moy de tous lesdicts princes à la vérité, avant que nos ennemys se fussent esforcez de la desguiser et retenir encore par leurs mensonges les cueurs et affections de leurs amys à leur dévotion ; j'escrips à ceulx des ligues et à la royne d'Angleterre, et leur envoye le mesme discours que j'ay faict aux aultres princes dessus-dicts, ayant le tout adressé à voz ambassadeurs qui sont résidens auprès d'eulx, affin que touttes choses passassent avec plus de réputation et qu'elles apportassent plus d'auctorité et de faveur à voz affaires ; et vous envoye les dépesches que j'ay pour ce faictes à ladicte royne d'Angleterre et ausdictes ligues adressantes aux seigneurs de la Mothe et de Bellièvre, affin qu'il vous plaise de commander qu'elles soient portées avec celles qu'il vous plaira leur faire. J'ay aussi escript à mon frère, M. le duc d'Alençon à la cour de parlement, et aux prévost des marchans et eschevins de la ville de Paris, pour leur faire part de ceste bonne nouvelle, et par mesme moyen en ay donné advis aux seigneurs de Montluc et à voz courtz de parlement de Thoulouze et Bourdeaulx, ensemble aux seigneurs de Bellegarde et Montferrand, affin que ceste victoire contienne voz bons et loyaulx subjectz en leur debvoir, et mette crainte et terreur au cueur de tous voz ennemys. Et d'aultant, Monseigneur, qu'il est à présupposer que le reste de ceulx qui sont eschappez de ce combat se retirèrent ès places fortes qu'ilz ont à leur dévotion, et qu'il est impossible, cela advenant, que nous puissions de guères advancer voz affaires sans avoir l'artillerye et équipage nécessaire pour les forcer dans icelles, je vous supplie très-humblement commander que en toute dilligence les vingt canons que vous avez ordonnés pour ceste armée nous soyent envoyés avec leur équipage ; car autrement ceste armée seroit inutile et ne vous serviroit que de despense. J'en escript à mondict frère, M. le duc d'Alençon, affin qu'il tienne la main, que l'on y use de dilligence. Touttefois, Monseigneur, il est bien nécessaire que vous en faites encores une bonne recharge et que vous commandiez bien expressément que l'on y use de toute la plus grande dilligence qu'il sera possible; car je congnois desjà par expérience que, pour n'avoir à présent ladite artillerye, nous n'avons pas grand moyen de forcer noz ennemys dedans Congnac, où ilz se sont la plus part retirez, et sommes en danger de n'advancer guères voz affaires et d'acquérir peu de réputation les poursuivant dedans ledit Congnac et aultres villes, où ilz ont mis tout ce qui leur est demeuré de leurs forces; car nous n'avons pas moyen de les prendre ne forcer, tant à cause qu'elles sont fortifiées que pour le grand nombre de gens de guerre qui y sont à présent. Je partis avant-hier de Jarnac, où j'estois entré dès le jour que nous combatismes nozdits ennemis, ayant laissé dedans bonne garnison de gens de cheval et de pied, et vins coucher à Gentay près Congnac, et fust logée l'avant-garde de vostre armée assez près de ladite ville, et vostre artillerye et les Suisses entre eulx et moy, ès lieux les plus commodes et à propos pour se secourir l'ung l'autre que l'on avoit peu choisir. Et d'aultant que en ce lieu je ne pouvois guères faire aultre chose que de contenir ceulx de dedans de courir et s'esquarter par la campagne, je suis venu loger icy, distant d'une lieue dudit Jarnac et dudit Congnac de deux lieues, pour regarder à rassembler vos forces, et retirer des places qui sont icy alentour les compagnies de gens de guerre que j'y avois mises, laissant quelques soldats pour la garde du château d'icelles, selon l'importance et le danger des lieux où ilz estoient. Et affin de me pouvoir servir du régiment du sieur de Joyeuse et des autres forces qui estoient dedans Jarnac, je les en ay retirées, et ay laissé pour a garde dudit lieu la compagnie du sieur de la Chastre et quatre compagnies de gens de pied, et ay faict faire ung pont de batteaulx audit lieu, et l'ay faict tellement disposer que ung fort que j'ay ordonné y estre faict deffend tant le pont de pierre que celluy que j'y ay faict faire. Je receuz hier les lettres qu'il vous a pleu m'escripre des premier et cinquiesme de ce moys par les deux courriers que je vous avois envoyez, sur les quelles je me réserve vous faire plus ample response par la première dépesche que je vous feray ; priant Dieu, Monseigneur, après avoir présenté mes très-humbles recommandations à vostre bonne grâce, vous donner en parfaicte santé très-longue et très-heureuse vie.

Escript au camp de Segonsac, le xvii° jour de mars 1569.

Monseigneur, despuis la présente escripte, j'ay receu deux lettres du sieur de Monluc, desquelles je vous envoye le double et de l'instruction qu'il a baillée au sieur de Sallys, et par là vous verrez comme Dieu favorise voz affaires de tout coustez. Le sieur de Saultour m'a prié de vous escripre en sa faveur, à ce qu'il vous plaise luy donner la moitié de la compagnie du feu prince de Condé, et l'autre moitié au sieur de la Roue, suivant la requeste que je vous en ay dernyèrement faict, ce que je vous supplie très-humblement leur voulloir accorder. Je vous envoye aussi tous les papiers qui ont estés trouvés dedans les posches des chausses du feu prince de Condé, et une lettre non signée escripte bien serrée et menue qui vient de Paris, laquelle a esté trouvée de dans son gantellet après qu'il a esté tué.

Vostre très-humble et très-obéissant frère et subget,

HENRY.

(Original; souscription autographe. — Bibliothèque nationale, Colbert, XXIV, 197.)

Le même jour, le duc d'Anjou écrivait à la Reine sa mère une lettre qui contenait en substance les mêmes choses avec moins de développements.

N° IV

Trois lettres inédites signées par les princes de Navarre et de Condé (Henri Ier).

LES PRINCES DE NAVARRE ET DE CONDÉ, L'AMIRAL DE COLIGNY, LES S^{rs} D'ANDELOT ET DE LA ROCHEFOUCAULD A....

Saintes, 18 avril 1569.

On a esté bien fort ayse d'entendre de voz nouvelles si particulièrement, et d'autant que nous ne faisons doubte que noz ennemys n'ayent faict semer le bruict faulx de l'événement de la rencontre que nous avons eue avecq eulx le 13 du mois passé, pour donner occasion d'effroy et estonnement à tous ceulx qui sont joinctz à ceste cause, et retarder les effectz de leur bonne volonté, on n'a voullu faillir de vous despescher incontinent ce porteur, qui vous asseurera de nostre bonne disposition et de la bonne volonté en laquelle est toute ceste armée, qui n'a, grâce à Dieu, d'autres pertes et dommaiges, sinon le regret et desplaisir que ung chascun de nous a receu que feu Monsr le prince de Condé, ayant eu son cheval tué à une charge et tombé soubz iceluy, après avoir esté prins prisonnier et baillé sa foy aux S^{rs} d'Argence et St-Jehan, ayt esté, de propos délibéré, cruellement et inhumainement occis par le Sr de Montesquieu, capitaine des gardes de Suisse de Monsieur, frère du Roy, accompaigné de quelques hommes, estant bien certain que les ennemys ont perdu plus de deux cens hommes, et qu'il ne se trouve poinct que nous ayons faict perte de cinquante ou soixante seullement, dont y en a xxxv ou xl de prisonniers. Et le lendemain dudict rencontre, la garnison dudit Cognac feit une sortie sur lesdicts ennemys, où il fut tué sur la place plus de deux cens hommes, et entre iceulx 14 de leurs meilleurs capitaines, et où peu s'en fallut que les Srs de Guyse, Brissac et Martigues, n'y demeurassent, qui furent contrainctz, pour se sauver, de se gecter d'un précipice assés hault, faisans la retraicte à plus de deux ou trois grandes lieues de ladicte ville, sans que depuis ilz ayent peu rien entreprendre sur nous ny sur aucune de toutes les places que nous tenons, ny s'accroistre d'un poulce de terre à nostre désavantage, sinon que Mussidan, où le sieur de Monluc, après avoir faict bresche et perdu deux cens de ses meilleurs hommes, a levé le siége et s'est retiré, de façon que, tant s'en fault que les forces que nous attendons d'heure à autre, tant en Gascongne qu'en autres endroictz, soient refroidies ou découragées par la mort intervenue de feu M. le Prince, que au contre ceulx qui avoient tousiours différé de laisser leur païs pour nous venir joindre se sont acheminez, incontinent qu'ilz ont entendu ce qui est advenu, pource qu'ilz ont considéré qu'il ne reste plus de moyen de se conserver et garantir des meschantes intentions de nos ennemys que par les forces et les armes, par le moyen desquelles nous espérons, moiennant la grâce de Dieu, faire tomber bientost sur leurs testes les mesmes dangers et calamitez dont ilz nous menacent. Et pourtant ceulx qui estiment avoir quelque intérest au gain ou perte de ceste cause, doibvent plus que jamais s'évertuer et emploier en ce qu'ilz pourront, selon les moyens que Dieu leur a donnez, et ceulx qui par les armes peuvent faire service s'assembler en trouppes pour nous joindre, ou estre de nos forces quand l'occasion s'offrira; et ceulx qui par les armes ne peuvent faire service, qu'ilz fassent entre eulx collectes de deniers, pour soudoyer le grand nombre d'estrangers qui nous vient secourir, dont ilz feront le plus grand fonds qu'il sera possible, et nous manderont au plus tost qu'ilz pourront les sommes dont nous pourrons faire estat, et si nous l'y envoions si bonne et seure escorte, qu'il ne fauldra avoir crainte qu'ilz soient perduz, à quoy on les prie de veiller et vacquer soigneusement, comme à la chose qui nous semble estre le plus nécessaire, et par deffault de laquelle il peult advenir de grans inconvénients; que si chascun veult estre retenu, comme on a par trop esté cy-devant, qu'ilz s'asseurent que Dieu les en chastira, et qu'ilz en recevront le loyer et la récompense qu'ilz méritent; car aussi bien, quand ilz ne feroient jamais aucune démonstration de tenir nostre party, que l'opinion seullement que nos ennemys ont qu'ilz nous favorisent, ilz se peuvent asseurer par leurs effectz mesmes des ennemys que leur salut ou ruyne sera manifestement conjoincte à la nostre; de quoy rendront tesmoignage les lettres interceptées que Cigogne, gouverneur de Dieppe, a naguères escriptes à ung ambassadeur pour le Roy, où il les remarque au doigt et à l'œil, les chargeant de la surprinse de Dieppe, du Havre, encores que on sache bien qu'il n'en soit rien. Et encores mesme, depuis peu de temps, il y a de noz prisonniers au camp de nos ennemys, qui ont esté fort instamment intérogez s'ils ne sçavoient que ceulx de par delà eussent intelligence avec nous; je laisse à juger à quoy tendoit cela. Cependant nous ne doubtons point de leur bonne volonté, et nous asseurons bien qu'ilz desirent notre conservation; mais ceste bonne volonté ne nous a poinct garantiz, ni ceste couronne, des entreprises de noz ennemys, et n'attendons point qu'elle nous garantisse encores si les effectz ne s'en suivent; à quoy on s'esbahy fort qu'ilz aient esté si lents, si froids, si tardifs, veu que on sçait bien qu'ilz sont de trop bon jugement pour n'avoir préveu de long ce que debvoit advenir à eulx et à nous. Que s'ilz n'ont poinct voulu jusques à maintenant, et qu'ilz ne veullent encores avoir soin de leur conservation, que à tout le moins il se souvient que ça esté à leur veue et devant leurs yeux que on a ruyné ce royaume, sans qu'ilz y aient apporté les remèdes et les moyens que Dieu leur avoit donnez; et quant à nous, nous y mourrons, comme nous en sommes résoluz et délibérez, ou de vaincre. Nous avons rendu nostre vie, noz honneurs et noz biens à Dieu premièrement, à nostre patrie et à nostre roy, auxquelz nous les debvons, et laisserons par nostre mort tesmoignage à touté la postérité de nostre fidélité envers Dieu et envers nostre prince. Quant au faict porté par ung petit mémoire dont le Dharme avoit esté porteur peu auparavant les troubles, il est impossible que cela se puisse effectuer par personnes que on envoye d'icy, qui n'auroient jamais moyen d'aller jusques aux lieux pour estre par trop congneus et remarquez, et ne se peult faire cela que pour ceulx qui sont tous portez sur les lieux. Ceste lettre satisfait aux deux mémoires envoyez, et partant sera commune à tous voz voisins de par delà.

Depuis ceste lettre escripte, nous avons sceu au vray par le sieur de Buisson, qui nous a esté envoyé par le duc de Deux-Ponts, que noz reistres avoient jà passés dès le 30 du précédent, et qu'ilz se debvoient rendre dès jeudy, pour le plus tard, au bord de la rivière de Loire, où ilz ont délibéré tout à coup d'assiéger la Charité pour avoir le passage plus libre. Ledict S^r duc a 10,000 reistres et 8,000 lacsquenetz, oultre 2,500 chevaulx, ou 5 ou 6,000 harquebouziers françois et 20 pièces de baterie, 50 milliers de poudre, des boulletz et aultres munitions à l'équipollent. M. le prince d'Orange et son frère, le duc Ludovic de Nassau, se sont joinctz avec ledit S^r duc, ayant de belles forces, et en attendant encores de plus grandes. Il y a en Allemagne 5 ou 6,000 chevaulx prests pour marcher à vous, pourveu que on ayt moyen leur fournir quelques sommes de deniers, lesquelz n'ont voulu accepter le party advantageux que noz ennemys leur ont présenté. Les S^{rs} d'Avertigny, du Brueil et autres Srs de la Religion avoient rassemblé à Veselay 1,000 ou 1,200 chevaux et 6 ou 700 hommes de pied, qui se sont joinctz avec ledit S^r duc.

Faict à Xaintes, ce 18 d'avril 1569. Ainsi signé.

HENRY.

ANDELOT.

HENRY DE BOURBON.

LA ROCHEFOUCAULT.

CHASTILLON.

(*State paper office.* Papiers de France.)

LES PRINCES DE NAVARRE ET DE CONDÉ A H. CHAMPERNOWNE[1].

Saint-Maixant, 28 septembre 1569.

Monsieur de Champernon, nous avons esté merveilleusement aises de vostre arrivée avec une si bonne trope de gentilz hommes et gens de guerre angloys, venus de franche et libérale volunté pour nous secourir à une si saincte et légitime cause que nous avons en main, dont vous et eulx devez en premier lieu espérer de nostre Dieu, d'aultant que c'est pour son service, une bonne récompense; et après, vous asseurer que nous ne demeurerons point ingratz de tous vos bons offices, comme les effectz de nostre bonne volunté le vous feront tousiours paroistre. Cependant nous vous dirons qu'il semble que Dieu vous a conduitz pour vous rendre à propoz à ung jour de bataille, à laquelle selon que nous venons d'en recevoir l'advertissement de M. l'admiral, noz ennemys sont résoluz, et nous nous préparons pour les y recevoir. Comme jusques icy, grâces à Dieu, il n'a jamais tenu à nous d'en venir à ce poinct. A ceste cause, nous vous avons bien voulu

---

1. Gendre de Montgomery. D'Aubigné parle des secours que ce seigneur amena d'Angleterre en 1569 et 1570.

tenir adverty et vous prier que, si vous et la compaignie estes rafraischis du travail de vostre voyage, vous veuillés vous achemyner promptement vers nostre armée, laquelle nous allons demain joindre pour y attendre ce qu'il plaira à Dieu nous donner, et nous confiant de vous veoir bientost, nous ne vous en dirons poinct, pour ceste heure, davantaige, si n'est que vous et toutte la trouppe soyez le mieulx que bien-venuz, et supplions Dieu vous tenir et eulx pareillement en sa très-saincte grâce.

De St-Mexant, le xxviiie jour de septembre 1569.

Vos bien bons amys,

HENRY.

HENRY DE BOURBON.

(*State paper office.* Papiers de France.)

LES PRINCES DE NAVARRE ET DE CONDÉ A CECIL.

Saintes, 16 octobre 1569.

Monsieur Cecill, nous envoyons à Monsieur le cardinal, nostre cousin et oncle, le discours de la bataille dernièrement donnée, et l'avons prié vous en faire part comme celluy que nous sçavons estre si zélé en la cause que nous soustenons, que vous serez grandement en suspens jusques à ce que vous en sçaurez la vérité, et parce que vous ne désirerez pas moins sçavoir l'état auquel depuis la bataille nous sommes, nous l'avons pareillement représenté par ledict discours, et depuis parce qu'en avons escript à nostre cousin et oncle. Et scaichant que le tout vous sera par luy faict entendre, nous en remettons à ce qu'il vous en dira. Et parce que nous avons entendu par le sieur de Cavaignes les bons offices que vous faictes pour nous en affaires qui nous concernent, et la peine que vous y prenez tous les jours, combien que la seulle rétribution qui vous attend du ciel, comme à tous ceux qui s'employent vertueusement en l'œuvre du Seigneur à la deffense et amplification de son règne, soit le but principal de voz actions en cest endroict, nous ne laissons de vous en estre bien fort obligez à recognoistre, par tous les moyens que Dieu nous donnera, les biens que nous ressantons de vostre part, lesquelz nous sommes constrainctz à ceste heure plus que jamais vous prier vouloir continuer et accroistre, puisqu'il plaict à Dieu que le danger et besoing soit accreu et multiplié sur nous, et par conséquent d'autant aproche de tous ceux qui font profession d'estre delivrez du joug de l'Antechrist. Nous vous ferions plus ample remonstrance si nous n'estions assurez que vostre bon zelle n'a besoing d'excitation, et que vous considérerez avec la prudence que Dieu vous a donné ce qui est nécessaire et expédient, tant pour le service de Dieu que pour la seureté de ceux qui font profession d'estre de son party, et singulièrement de la Majesté de la Royne, laquelle, comme tenant le premier lieu entre les princes de la Religion, et pour autres particulières occasions que vous sçavez, est la première en la hayne et envye de nos communs ennemis; et pource que de toutes ces choses vous en conférerez avec nostre dit cousin et oncle plus amplement que ne pourrions par lettre, nous ferons fin, vous asseurant que nous avons si agréable la bonne et intyme amytié qui est entre vous, que nous estimons tout ce que vous feictes en son endroict estre faict à nous-mesmes, et le recongnoistrons pour ung accroissement d'obligations envers vous. Sur ce, vous ayant sallué de nos affectionnées recommandations à vostre bonne grâce, prions le Seigneur vous donner, Monsieur Cecill, en tout honneur et santé, multiplication de ses sainctes grâces.

De Xaintes, ce xvie octobre 1569.

  Vos bien bons et affectionnez amys,

      HENRY.

      HENRY DE BOURBON.

(*State paper office*. Papiers de France.)

N° V

Lettres et documents concernant Françoise d'Orléans, veuve de Louis Ier, prince de Condé, et l'éducation des fils cadets de ce prince.

FRANÇOISE D'ORLÉANS, PRINCESSE DE CONDÉ, A LA REINE ÉLISABETH

La Rochelle, 12 avril 1569.

Madame, aussitost que j'ay peu impétrer de la juste douleur de ma perte insuportable quelque moyen de pouvoir mètre la main à la plume, je l'ay voullu dédier à présenter à V. M. des souspirs et des larmes de la plus désolée jeune veufve qui vive aujourd'huy sur la terre, à laquelle, après avoir eu cest honneur d'avoir espoussé l'un des premiers princes du sang de France, qui a perdu sa vie pour la gloire de Dieu et le bien de sa patrie, il ne reste pour toute consolation que six filz et une fille jeunes sur les bras, dénuez de tous biens et moyens humains pour mesme occasion, qui me faict implorer l'ayde de V. M., Madame, et la supplier très-humblement les vouloir, avecques la mère, recepvoir en vostre protection, suyvant la faveur singulière qu'il vous a pleu monstrer tousiours par bons effectz à une si juste cause, et particulièrement encores à feu Monsieur mon mary, qui a tousiours tenu vostre secours le premier et plus seur d'entre les hommes, pour l'avoir bien esprouvé à son grand besoing, dont il se sentoit à jamais obligé à vous faire très-humble service, et en ceste dévotion, Madame, je mettray peyne de nourrir ses enfans, tant que je vivray, espérant qu'un jour ilz auront cest honneur de recevoir voz commandementz, pour y obéyr d'aussy bonne volonté que eulx et moy nous présentons à vous faire très-humble service.

(*State paper office.* Papiers de France.)

LA PRINCESSE DE CONDÉ A MADEMOISELLE DE GUILLERVILLE, GOUVERNANTE DE SES ENFANTS.

Blandy, 15 août 1571.

Mademoiselle de Guillerville, je ne puis vous escripre aultre chose synon que ne me sauriez faire plus grand plaisir que continuer à souvent me mander des nouvelles de mon fils, le comte, et de ses frères [1], et principallement quand vous verrez sa fiebvre l'avoir laissé. A ce que m'escripvez, je voy qu'il y a amendement, mais non pas tel encore que je le desire. Il ne m'est possible de encores l'aller veoir pour estre Madame ma mère quasy en ung mesme estat qu'elle a accoustumé. M. de Denonville, lequel vient de Paris, l'est venue veoir à ce matin, et lequel, à ce que j'entends, est remys en tous ses biens, de quoy je sçay que serez bien ayse. J'avoys envoyé vers Mme de Corbonzoy la prier qu'elle me vînt veoir icy, mais elle est si grosse qu'elle ne peult marcher. Voilà ce que je puys vous mander, sinon que j'ay envoyé mon tailleur à Paris pour achepter des chappeaux à mes enfans. La première fois que m'escriprez, mandez-moy ce qu'ils ont le plus de besoing affin que je leur face avoir. Ma couzine leur envoye ung petit présent, lequel vous leur baillerez. Je vous prie avoir l'œil

---

1. Charles de Bourbon, comte de Soissons, né à Nogent-le-Rotrou le 3 novembre 1566; Louis et Benjamin de Bourbon, morts en bas âge; ce sont là les trois fils que Louis Ier, prince de Condé, avait eus de Françoise d'Orléans. Peut-etre faut-il ajouter à ces noms ceux des deux enfants du premier lit, François de Bourbon, prince de Conti, né le 18 août 1558, et Charles de Bourbon (qui entra dans les ordres), né le 30 mars 1562. Ces deux derniers princes étaient plus spécialement confiés à leur oncle le cardinal. Mais on verra, dans os lettres suivantes, que tous ces enfants paraissent avoir été souvent réunis, recevant une éducation commune sous la direction de la princesse douairière et du cardinal.

sur tout ce que vous verrez estre de besoing, et empeschez que ce qui a gasté jusques à icy les confitures n'y touche plus.

(Bibliothèque nationale, Fontette, XXIII, 322.)

LA MÊME A LA MÊME.

Blois, 7 octobre 1571.

Mademoiselle de Guillerville, envoyant un homme exprès vers Madame ma mère, tant pour sçavoir de ses nouvelles que aussi pour mes affaires, je vous ay escript ceste lettre pour vous pryer de ne vouloir faillir à me mander, le plus souvent que vous pourrez, des nouvelles de mes enfants, et cercher toutes les occasions que vous pourrez pour m'escripre de leur santé et bonne disposition; car c'est la chose que je souhaitte en ce monde le plus et que j'auray plus agréable. Et si ne trouvez messagier à Condé qui vienne de deça, vous envoyerez vos lettres à Madame ma mère pour me les faire tenir. Dictes aussy à mon fils Charles Monsieur qu'il m'escripve de ses nouvelles et de la santé de ses frères [1].

(Bibliothèque nationale, Fontette, XXIII, 323.)

LA PRINCESSE DOUAIRIÈRE DE CONDÉ A MADEMOISELLE DE GUILLERVILLE.

Fontainebleau, 28 avril 1573.

Mademoiselle de Guillerville, j'ay esté bien fort ayse d'avoir

---

1. Dans cette lettre, la princesse semble parler de « son fils Charles Monsieur » et de « son petit comte » comme de deux personnages différents. Le comte de Soissons, son fils, s'appelait Charles; mais le dernier enfant que son mari avait eu d'Éléonore de Roye s'appelait Charles aussi et devint cardinal de Bourbon. C'est lui qui doit être désigné sous le nom de « Charles Monsieur » et qui est pressé « d'escripre de ses nouvelles et de la santé de ses frères ». Né en 1562, il avait neuf ans quand sa belle-mère écrivait cette lettre; le « petit comte » de Soissons n'avait pas cinq ans et ne devait pas être encore un correspondant bien exact.

entendu par Pichot la bonne disposition de mes enfans. C'est le plus grand contentement que je puis recevoir que de sçavoir souvent de leurs nouvelles, qui me fait vous prier de ne laisser passer aucune occasion sans m'en faire entendre. On m'avoit un peu auparavant raporté que Benjamin avoit mal à un œil; mais l'espérance que Pichot m'a donnée du contraire me fait croire qu'il n'en est rien, et aussi que je m'asseure que n'eussiez failly à m'en advertir, suivant ce que je vous ay souventes foys dit que je voulois estre incontinent advertie du moindre mal qui leur pourroit advenir; ce que vous prie encores que faciez et que vous serviés d'un médecin bien expérimenté qui demeure près de là, ainsi qu'on m'a dict, si d'adventure il leur survient quelque malladie : prenez bien garde qu'ils ne s'eschaufent, et qu'ils n'endurent aussi trop de froid; car de ces deux extrémités viennent les pleurésies, qui sont maintenant bien en règne. Je suis asseurée du bon debvoir que vous y faites, et pour ce je ne les vous recommanderay d'avantage. J'ay entendu qu'on a retranché la moitié des gages de leurs serviteurs, contre ce que Monsieur le cardinal mon frère m'avoit accordé [1].

(Bibliothèque nationale, Fontette, XXIII, 325.)

LA MÊME A LA MÊME.

Blandy, 22 décembre 1573.

Mademoiselle de Guillerville, j'ay esté bien fort ayse d'avoir entendu des nouvelles si bonnes de mon fils. Je vous prie ne faillir à m'en escripre encores par ce porteur. Je me délibère, après avoir encore esté quelques jours en ce lieu, m'en aller à Paris, et de là à Gaïlon [2]. Vous direz à mon filz que je lui

1. On voit que la direction de l'éducation était partagée entre la princesse et le cardinal.
2. Gaillon, maison du cardinal de Bourbon.

porteray de belle besongne pour se jouer. Je me suis bien estonnée d'avoir conneu par ses lettres qu'il a, en si peu de temps, si bien apprins à escrire. Je pensoys qu'il ne fist aultre chose que passer le temps à s'esbattre, mais je voy bien qu'il veut devenir bien sage.

(Bibliothèque nationale, Fontette, XXIII, 326.)

N° VI

HENRI Ier, PRINCE DE CONDÉ, A L'AMIRAL COLIGNY.

La Rochelle, 8 septembre 1571.

Mon oncle, j'ay esté bien aise de congnoistre par vos lettres que vous n'avés aucune chose qui vous ait pu retarder votre voiage de la cour. Je prie à Dieu qu'il sçait que je le desire. Toutefoys l'on m'a adverty avoir ouy dire à Monsieur le marquis... qu'il estoit fasché de quoy vous y alliés, et qu'il craignoit qu'il vous en advinst du mal. Je vous supplie prendre garde à vous. Je sçay bien que vous avés beaucoup d'amis et serviteurs par delà ; pour cela, mon oncle, vous ne délaisserez à pourvoir comme vous sçaurés bien faire aux advertissemens que vous en recevrés ; car il ne se peult nullement doubter que vous ayés encores là un grand nombre d'ennemys. Quant à moy, je ne fauldray de vous advertir tousjours, sitost que j'entendray que lon en veult tant à vous que à d'aultres, et mesmes, quand il sera question de la cause générale, de vous rendre certain de tout. L'on m'a asseuré aujourdhui que le duc de Medina Celi, qui pars d'Espaigne pour aller en Flandres, a charge de faire quelque entreprise sur ceste ville en passant, et, s'il y fault, le duc d'Albe en s'en retournant y donnera essay avec congé du Roy, se dict-on. J'en ai adverty Messieurs de ceste ville y prendre garde, et de faire commandement aux hostelliers et taverniers de porter tous les soirs au maire les noms de leurs hostes, et pour sçavoir ce qu'ils viennent faire ici. Asseurés-vous qu'il ne tiendra point à moy que l'on ny face bon ordre, aussy qu'ils le m'ont promis, jusques à regarder aux vendengeurs, comme il est besoing. L'on dict que Landreau est allé au devant du duc de Medina Celi pour le guider, et s'est allé embarqué vers Saint-Jean-de-Luz. Toutefois lon me dict qu'il estoit passé, et que l'on avoit veu quarante navires d'une flotte qui alloit en Flandres.

Au demeurant, j'entretiens ma bonne tante paisiblement, ma cousine et mes petits cousins, et n'est guères de soirs que nous ne facions une belle vye à vostre gré, en nous esbatant tous ensemble joieusement, pour tascher à passer nos mélancoliques heures. Je vous prye que, tout ainsi que je vous escris de mes nouvelles, comme je vous promets que je vous feray à toutes les occasions, escrivez-moi aussy des vostres, car asseurez-vous que je prens à gran plaisir en entendre. Cependant je me recommanderay bien à vostre bonne grâce, et supplieray le Créateur, mon oncle, qu'il vous ait toujours en sa saincte garde.

Escrit à la Rochelle, le 8me de septembre 1571.

Vostre bien humble et obéyssant nepveu,

HENRY DE BOURBON.

Je ne fauldray de satisfaire à vostre lettre, et partiray d'icy pour aller à la terre ung jour de la semaine prochaine.

(Bibliothèque de Berne, collection Bongars, t. CXLI, p. 5.)

N° VII

LE PRINCE DE CONDÉ AU COMTE PALATIN.

Sougères[1], 9 avril 1576.

Monsieur mon cousin, j'ay eu avertissement aujourdhuy que les Suisses du Roy et ses reistres, qui sont environ mille chevaux, ont repassé la rivière d'Yonne, yl y a seulement deux iours, et qu'ilz n'ont encor nul effroi de nostre armée, et pancent ceux qui congnoissent le pays que il n'y a d'icy à eux plus de seize ou dix-sept lieues. Voyant cella, il m'a semblé qu'une plus belle occasion ne se pourroyt présenter pour bien employer la bonne vollonté de tant de gens de bien qu'il y a en ces trouppes, ayant envoyé pour cest effect vers vous le sieur de Coubrelles vous faire entendre le desir que j'ay de tenter une telle entreprise, et vous prier affectueusement de gaingner tant sur quelques-uns de vos colonelz, quilz me veuillent accompagner, et suffiroyt des cornettes de Therze et de Stein, qui sont les plus prochaines d'ici, m'assurant, Monsieur mon cousin, que nous ferons quelque chose de bon. Et, cella avenant, pencez quel avancement cella apporteroyt à une bonne paix. Les belles entreprises se font de loin, lorsque l'ennemy, pençant estre en assurance, demeure négligent; aussy bien est-il nécessaire d'avancer quelque bonne trouppe pour le tenir en crainte, jusques à ce que nostre armée soyt toutte unye et que ung bon ordre soyt estably parmi no^s, car, si en ce désordre, et estant logez escartez co^e no^s sommes, de leurs gens s'avançoyent, ils nous leveroyent des logis au préjudice de nostre réputacion.

En marge : Si vous trouvez bon que l'entreprise s'exécute,

---

1. Dans le département de l'Yonne.

il en faudroyt avertir les colonelz, affin qu'ils commençassent demain à marcher.

Au bas : Je vous supplie de m'envoyer cent livres de poudre.

(Original. Archives de Condé.)

N° VIII

LE PRINCE DE CONDÉ AU COMTE DE SUSSEX (?).

La Rochelle, 12 juin 1577.

Monsieur mon cousin, les grandes obligations que je vous ay de tant de plaisirs et faveurs que m'avez tousiours faictz de tout ce qui a deppendu de vostre crédit envers la Majesté de la Reyne et tous les autres seigneurs du conseil, de l'assurance que j'ay telle de la continuation de vostre bonne amityé envers les églises de France, le roy de Navarre et moy, par les rapportz de tous ceulx qui s'adressent à vous, me font encores concepvoir une plus grande espérance que jamais que vous nous serez encores à ce coup si bon et parfaict amy, que vous nous ferez le bien de n'espargné toutes voz faveurs à ce que nous puissions obtenir de Sa Majesté le service qui nous est très-nécessaire pour nous relever de la ruyne en laquelle noz ennemys nous veulent précipiter, nous amusant d'ung costé de faindre négociations de paix, et d'aultre part assiégeant nos places, et nous approchans tousiours le plus qu'ilz peuvent, sans que nous puissions espérer aucune bonne paix d'eulx, nous voulans tous les jours retrancher quelque chose de l'édict, à mesure qu'il leur arrive quelque prospérité contre nous, qu'a faict résoudre ledict S^r roy de Navarre et moy de ne nous y plus fié, et de nous attendre d'avoir aucune bonne et seure paix qu'avecq de bonnes forces estrangières, pour lesquelles mectre sus nous estans icy mis en tous le debvoir à nous possible de faire quelque somme de deniers, nous avons tant espéré de la piété et vertu de la Majesté de la Royne et de vostre crédit et faveur en son endroict, que vous n'espargnerez rien qui soit en vostre puissance pour la persuader de nous secourir encore ceste foys, vous assurant que nous récompenserons tellement le peu de debvoir que nous avons faict par le passé de nous aquicter des grandes obligations que nous avons à sa dicte Majesté, qu'elle aura toute occasion de nous conserver l'amitié dont il lui a plu nous faire tant de démonstracion, et d'oublié tous les mescontentemens qu'elle peut avoir receu par faulte de l'en avoir satisfaicte comme il appartien, chose qui est du tout provenue du peu de compte que font noz ennemys de tenir leur foy et parolles, non-seulement à nous, mais aussy à tous les princes estrangiers, ainsy que plus amplement les S^{rs} d'Hargenlieu et de la Pehonne le vous feront entendre de ma part, avecq le Sr du Plessis de la part du roy de Navarre, dont je vous supplie bien affectueusement les vouloir croyre comme moy-mesme, et sur l'asseurance que j'ay si grande en vostre amitié que vous nous ferez en leur négociation tous les plaisirs que vous pourrez, je vous asseureray aussy en récompense qu'il n'y a prince en la chrestienté dont vous puissiez faire plus d'estat que dudit S^r roy de Navarre et moy, pour n'espargné jamais rien qui soit en nostre puissance par tout où nous vous pouvrons obéyr.

(Musée britannique, Cotton, Titus, B. VII, 320.)

N° IX

LE PRINCE DE CONDÉ A LA REINE MÈRE.

Saint-Jean d'Angély, 13 novembre 1579.

Madame,

Je ne sauroys assez humblement remercyer Vostre Maiesté de l'honneur qu'il luy playst me fère, de m'avoyr envoyé visiter par Monsr Dalbene, et de lasseurance que par luy me donnez de la continuation de vostre bonne volunté et affection envers moy, quy me sera à iamais une très-étroite obligation, aveq une infinité d'autres précédentes, de vous rendre le très-humble et très-fidèle service qu'à vous doy, et touchant, Madame, le commandement de Vostre Maiesté me fait de tenyr la main à la restitution des villes accordées par la conférence de Nérac, d'autant que cela a esté traicté par le roy de Navarre et en son gouvernement, aussy que par le gentilhomme qu'il ha naguères envoyé vers Voz Maiestez, il leur a faict entendre les occasions pour lesquelles il n'a peu encores accomplyr ce que desirez sur ce de luy, je ne vous en feray autre discours; toutesfoys si, en cela et toutes autres choses qui concerneront le service de vozdites Maiestez, il vous plaist m'honorer de vos commandemens, je monteray aussytost à cheval pour les exécuter promptement; et pour le regard du maryage dont m'escrivez, à la vérité je reconnoys que ce m'est un très-grand honneur, voyre tel que je n'eusse ausé l'espérer; mays, en ayant demandé l'advis des ministres naguères assemblez au synode tenu à Figeac, ilz m'ont faict responce que, pour la diversité de religion, ie n'y pouvoys entendre, si Madamoyzelle de Vaudemont n'en faisoyt pareille professyon que moy. Aussy, Madame, quand ceste consydération cesseroyt, ce me seroyt un honneur à demy, s'il ne playsoit à Voz Majestez me remetre en mon gouvernement, duquel ie ne iouys point, encores que ie l'aye eu par le moyen du Roy. Pour le regard des biens, je m'en remetray tousiours à ce que Voz Maiestez en advyseront et ce que Messieurs mes parens m'en conseilleront. Vous supplyant très-humblement, Madame, prendre le tout en bonne part, et me fayre cest honneur de croyre que n'aurez jamais un plus fidèle serviteur que moy, quy en cest endroict supplye le Créateur contynuer à Vostre Maiesté, Madame, en très-parfaicte santé, très-longue et très-heureuse vye.

A St-Jehan, ce 13 novembre.

Vostre très-humble et très-obéissent serviteur,

HENRY DE BOURBON

(Original autographe. Archives de Condé.)

N° X

LE PRINCE DE CONDÉ A LORD BURLEIGH.

La Fère, 12 avril 1580.

Monsieur de Burghley, les obligations que les pauvres églises de ce royaulme vous ont en général, et moy particulièrement, sont si grandes, pour tant de faveurs, desquelles vous avés cy-devant assisté le bien de nostre cause, toutes et quantes fois qu'en avés esté requis et vos moiens l'ont peu permecre, qu'après vous en avoir desià faict un, voire plusieurs affectionés remercymens, nous sommes contraincts toutefois d'en confesser encor la debte non moindre ; mais, puisqu'il n'y a eu aulcun deffault de desir et de bonne volonté à vous en rovencher, je veulx encore vous promettre la vie toute semblable au besoing qui s'offre maintenant de la recherche et semondre pour le secours de nos affaires ; sur la disposition desquels je despesche présentement le sieur Bouchart, mon conseiller, vers la Royne, vostre souveraine dame, avecque une très-humble supplicacion de son assistance, l'ayant aussi bien expressément chargé vous veoir de ma part, et oultre de tesmoigner de ma parfaicte amytié en vostre endroict, vous asseurer bien particulièrement de toutes les occurences de deçà et des causes de son voïage, dont je me remects dessus luy, après luy en avoir donné à congnoistre. Je vous prie d'avoir en telle et si spéciale recommandacion ce dont il vous requerra en mon nom, et pour obtenir, par vostre moyen, non-seullement une favorable audience de Sa Majesté, mais aussi son expédition en telle que nosdictes affaires en reçoyvent le fruict qui leur est nécessaire ; et si vous congnoissez que, pour le contentement de vous ou des vostres, je puisse vous faire plaisir, le sachant, je m'y disposeray d'une vollonté si franche, qu'elle servira toujours d'augmentation à la vostre, dont la certitude me gardera vous faire une plus longue lettre.

(Musée britannique, Cotton, Galba, E, VI, 12[b].)

N° XI

LE PRINCE DE CONDÉ A MESSIEURS LES SYNDIQUES ET CONSEIL DE LA VILLE DE GENÈVE.

Saint-Jean d'Angély, 25 mars 1584.

Messieurs, la mesme religion de laquelle nous faisons profession nous enseigne assez la conjonction qui doibt estre entre nous. Mais, puisque nos ennemis nous l'apprennent davantage par leurs desseings, qu'ils bastissent tous les jours pour nous ruiner tous à la fois, cela nous doibt occasionner d'estreindre plus fort le lien d'amitié et union, comme le plus asseuré moyen, selon les hommes, de nostre conservation ; ce que je dys, Messieurs, afin de vous tesmoigner par la présente le semblable que par mes précédentes, et vous prier croire que j'ai merveilleusement à cœur vostre bien, repos, accroissement et contentement, tenant pour certain que, si Dieu vous continue, comme je l'en prie ardemment, une tranquillité, il vous fera aussi la grâce de l'employer à l'advancement de sa gloire, pour triompher au milieu de vos ennemis. Si, pour y parvenir, vous estimez que mes moyens y puissent apporter de la facilité, je les vous offre volontairement avec ma personne, de laquelle je vous serviray de toute l'affection que vous pouvez attendre et vous promettre d'un prince desireux de vous voir sortis des perplexités qui vous travaillent de longtemps, à quoy il semble, par vos dernières lettres, que Dieu vous présente une ouverture qui ne sera jamais si seure ny si prompte que je la vous souhaitte, Messieurs, priant Dieu que, malgré vos adversaires, il conserve et accroisse votre estat, vous faisant prospérer de plus en plus à son honneur, vostre soulagement et utilité de nos églises, qui y ont un intérest.

(Archives de Genève.)

N° XII

LE ROI DE NAVARRE A BÈZE (SUR' LA MORT DU PRINCE DE CONDÉ).

Mars 1588

Mons' de Besze, il vous faut que je vous dye que de lontans je n'ay esté tellement contrysté et afflygé en mon âme que je suys de la perte publyque et particulyère que j'ay fête de feu mon cousin Mons' le Prynce. Mais surtout j'ay un extrême déplésyr de la fason de sa mort, laquelle j'ay de tant plus en horreur et exécratyon quelle est domestyque et sans semblable exemple en toutes ses cyrconstances. Je n'oublye rien pour avérer ce fayt. Mais un page de Madame la Princesse, nommé Belcastel, en est pryncipal ynstrument, lequel s'est sauvé dans Poytiers, et pour le recouvrer j'ay dépesché vers le Roy, espérant qu'il n'approuvera telles voyes abomynables, et qu'il le fera amener en ce lieu de Saynt-Jan, pour pouvoyr myeux avérer le fet et ynstruyre le procès que je leur fays fère. Au mesme temps il y avoit vynt-quatre hommes dépeschés en ces cartyers pour espyer l'occasyon de me tuer. Il y en a un quy se déguysoyt en jantylhomme fryson, à quy le cueur fayllyt ainsy qu'il me présentoit une requeste à Nérac, et, le jour mesme ayant esté prys, il a tout confessé, ainsy que vous verrez par la copye de la déposytyon, que j'envoye à M. de la Noue. Il faut bien dire que nous sommes en un mysérable tans et que Dieu est byen courroucé contre nous, puysque ce syècle produyt de tels monstres, lesquels, faysans mestyer d'assassynas et empoysonnemens, et en estans auteurs, veulent estre estimés jans d'honneur et de vertu. Je say qu'yls ne peuvent rien fère contre moy, sy ce n'est avec la volonté et par la permission de Dieu, lequel, malgré tous les efors de Satan et de l'Antechryst, délyvrera son Églyse quoy qu'yl tarde; s'yl ne se veult servyr de moy en cela, il a assés d'autres moyens, mays, cependant qu'il me donnera la vye, je l'employray et tous mes moyens pour son servyce. Je me recommande à vos bonnes pryères, comme aussy je vous prye d'avanser nos afères. Sy nous sommes un peu aydés, nous vous assurons de fère quelques bons efets et veyles, non-seulement à ce royaume, mays à toute la crestyenté. Je prye Dieu vous vouloyr conserver pour le bien de son Églyse. A Dyeu, Monsr de Besze : c'est

  Vostre plus afectyonné amy à jamais,

          HENRY.

A Mons. de Besze.

(Original autographe. Bibliothèque de Gotha, Mss., vol. 405, p. 502. Inédit.

THÉODORE DE BÈZE AU ROI DE NAVARRE (MÊME SUJET).

Mars (?) 1588.

Sire,

A grand pène à vray dire se pourroyt jamais inventer acte plus exécrable que celuy qui a esté exécuté si abominablement contre feu Monseigneur le prince de Condé, puisqu'il a ainsi pleu à Dieu, et l'autre si malheureux entrepris contre Vostre Maiesté, et destourné par la singulière bonté de celuy contre lequel rien ne vault, ny cautelle, ny violence. Mais il n'y a rien si meschant de soy dont les vrais enfans de Dieu ne puissent et ne doibvent faire leur profit. Nous avons donc premièrement à apprendre par ces choses si estranges que vrayment Dieu est grandement courroucé contre nous, puisqu'il a lasché si avant la bride à l'esprit homicide, et par conséquent qu'il est plus besoin que jamais de penser à une bonne et vraye conversion, de peur que, ny pensant de plus près, é luy continuant de frapper, la maladie ne se rende du tout irrémédiable. En second lieu, ce qu'il a pleu à Dieu, qui pouvoit priver son Église de touts les deux, nous en laisser un et mesme le principal, nous donne très-iuste occasion d'espérer de plus en plus en sa très-grande miséricorde, nous montrant que la meschanceté de ses ennemys estant venue au comble, son jugement n'est pas loing de leur teste. Mais, oultre tout cela, Sire, ceci vous doibt bien advertir, avec tant d'autres expériences que Dieu vous a faict voir en peu d'années en tant de personnes de toutes qualités et en tant de sortes, que vous soyez tant plus songneux de vous conserver à la pauvre France, à l'Église du Seigneur é à vous-mesme, comme nous en prions et en prierons le Seigneur assiduellement. A cela ie suis contrainct d'adiouster, cognoissant à quoy vous pourroyt amener quelque sinistre conseil é vostre clemence é bonté naturelle, que, vos ennemis ayant bien osé, par une impudence é meschanceté du tout désespérée, semer le bruit que cest acte si détestable estoit procédé de vous, vous ne pouvez ni debvez nullement fleschir en ce faict, sans faire une bresche irréparable à vostre réputation, mais au contraire en poursuyvre le iugement et l'exécution, qui ferme la bouche à ces détestables calomniateurs devant Dieu et devant les hommes. Au reste, me remettant à vous déclarer en quelle disposition se trouvent vos bons alliés et amis sur celuy que vous y avés employé dernièrement pour s'en enquérir, et qui n'a faulte ne de fidélité, ne de diligence, ne de bon iugement pour savoir ce qui en est, é vous en bien esclaircir, ie vous diray seulement un mot, Sire, duquel je respondray tousiours devant Dieu quant à ma conscience, et devant les hommes quant aux raisons sur lesquelles ie me fonde, et en quoi ie supplie très-humblement Vostre Maiesté me vouloir croire, quoy qu'on vous ait ou escrit ou dit, ou qu'on vous dyse cy-après, sinon que l'estat du monde change du tout : qui est en somme qu'autant que vous debvez craindre et vous garder à estre réduict à l'extrémité, laquelle vos ennemis vous pourchassent, qui est de vous voir destitué de touts amis par le dehors é en mauvais mesnage par dedans, vous enteteniez par tous moyens avec Monseigneur le duc Casimir toute bonne é sincère intelligence, et que par mesme moyen l'union mutuelle se continue inviolablement entre les églises françoises et estrangères de nostre confession. Sans lequel lien ainsi réciproque, je supplie très-humblement Vostre Maiesté d'estre persuadée qu'il est comme impossible que vous tiriez aide quelconque des estrangers, ni mesme que vous conserviez vostre réputation en son entier, comme au contraire, entretenant ce lien, é pour cest effect employant des serviteurs lesquels, avec la fidélité et diligence telles qu'il vous faut vrayment recognoistre en ceux que vous y avez employez, ayant une humeur qui se puisse un peu mieux, mais toutesfois en bonne prudence, accommoder au naturel de la nation, pour en tirer dextrement ce qu'on en desire, vous en devez espérer trop meilleurs effects que par cy-devant, pourveu qu'on s'aide de son costé, ainsi que la nécessité le requiert, et ainsi que j'estime que Vostre Maiesté aura entendu d'ailleurs plus à plein. Vous serez aussi adverty, s'il vous plaist, qu'il y a desjà quelque temps qu'un bruict sourd a couru d'un abouchement se debvant faire en personne é en Poictou de Sa Maiesté avec vous, ce qui se reconferme maintenant depuis ces derniers mouvements survenus à Paris, le tout forgé, comme présupposent vos serviteurs, par vos ennemys désespérés, é ce à deux fins, à sçavoir d'un costé pour vous rendre odieux é mettre en soupçon, non-seulement envers les églises, mais aussi envers vos amis estrangers, auxquels, du temps mesmes que les ambassadeurs estoyent à Paris, un certain malheureux aposté vouloit faire accroire que vous aviez intelligence secrette avec Sa Maiesté pour la ruine des églises, et d'aultre costé, tout au contraire, pour faire de plus en plus accroire aux catholiques que Sa Maiesté s'entend avec les hérétiques, ou que, si ce n'est le Roy, pour le moins ce sont ses conseillers qui le possèdent, auxquels pour cette occasion ils disent et escrivent que le zèle de leur religion et de la conservation de l'Estat, é non aulcune ambition ou mauvaise intention, les contraint de s'opposer. Je laisse à part ceux qui imaginent et se persuadent que tout ce qui s'est passé jusques ici entre le Roy et la Ligue, et mesme ce remuement de Paris, n'estoit qu'une feinte pour vous attraper ; ce qui me semble, de ma part, n'estre ni vrai ni vraysemblable. Quoi qu'il en soit, Sire, vous voyez quels filets vous sont tendus de toutes parts. Ayez au contraire l'œil ouvert de touts costés, et cognoissant par tant d'expériences à quelles gens vous avez à faire, tenez pour suspectes les promesses les plus avantageuses, é ne souffrez que ny vostre bonté, ny le desir d'une bonne paix (laquelle Dieu nous doint sur toutes choses!), servent de piége pour vous enlacer, tenant tousiours, quoy qu'il en soit, votre personne en bonne seurté, et notamment, cas advenant que vous soyez solicité de conférer en personne, prenez bien garde à la façon, é mieux que ne fit le feu connétable de Sainct-Paul, ainsi que Philippe de Commine le récite. Bref, Sire, retenant touiours le très-iuste fondement de la defense en laquelle vous avez esté contrainct et forcé de vous mettre, é demeurant ès vrayes, sainctes et très-pertinentes responses par vous faictes é tant de fois réitérées sur le poinct de la Religion, opposez à la violence et puissance de touts vos ennemis la force du Tout-Puissant, et à leurs cautèles la grande providence de nostre Dieu, que vous avez tant de fois expérimentée; aux difficultés et comme impossibilités que vous prévoyez, et auxquelles peut-estre vous vous verrez réduict, l'assistance de celui qui peut et veut tout pour les siens, faict les grandez choses par les petites, et ne faict en rien mieux apparoir sa force qu'en la débilité des siens, quand Dieu leur faict la grâce d'attendre leur secours d'en haut, comme vous l'avez visiblement essayé il n'y a pas longtemps. Et surtout, pour ce que ceste tempête a desjà longtemps duré et ne se void encore apparence de la fin, il est requis, Sire, que vous considériés en vous-mesmes que, si Dieu a réglé le cours des iours, des mois é des ans, à plus forte raison il a borné l'espreuve des siens, qui luy sont trop plus prétieux que le ciel ny la terre, et dont luy-mesmes tient en sa main la iuste mesure. Adioustez à cela, Sire, que c'est au bout de la carrière, é non au commencement ny au milieu, que se trouve le prix de la iouste é ceste couronne incorruptible que Dieu vous a préparée spécialement, comme il lui a pleu vous choisir pour estre son bras é sa main en ce monde pour ceste heure, à l'advancement de sa gloire et conservation de ses pauvres affligés, lequel ie supplie de tout mon cœur, Sire, vous en faire la grâce, é, vous accompagnant en tout et partout de son St-Esprit, conserver la Maiesté en laquelle il luy a pleu vous eslever en toute saincte prospérité.

Vostre très-humble et très-obéissant serviteur,
Théodore de Besze.

(Original. Bibliothèque de Genève, *Lettres* de Théodore de Bèze, t. CXVII.)

N° XIII

Lettres écrites par la princesse de Condé pendant sa captivité à Saint-Jean d'Angély.

1° A SA MÈRE, JEANNE DE MONTMORENCY.

Mai 1592.

J'avois toujours pasianté jusques à cest heure, an l'atante de quelque nouvelle de la court, ou des vostre, et m'atandois au retour de quelq'un de mes laquais; mais, tous ces moiens me manquant, j'ai pancé estre à propos vous dépaicher se porteur, pour vous suplyer très-humblement faire tenir à mon frère un petit paquet que je vous anvoye. C'est chose importante, et par où il poura descouvrir les desains du duc et du conte, qui est à cest heure en Gascoigne. Il est nésaisaire qu'il saiche prontemant se que je luy mande sur ce sujet. Il me semble que mondit frère est fort paresseux, et ceulx qui ont la solisitation de mes affaire an main, de n'avoir dépaiché aucun de mesdits laquais pour nous esclersir du partement dudit conte sy c'est avec la bohne grasse de son mestre ou autrement; car cela brouille les esprits de plusieurs. Aussy que ceulx quy sont très-bien disposez an ce lieu ont besoin d'estre maintenus et souvant visittez par lettre de mon frère, et qu'il leur aparoise quelque bons offise de lui. Ce n'est le tout de panser avoir laisé les affaire an bon estat ysy; mais il faut ce painer à les antretenir, et le plus expediant moien seroit ung avansemant an mes affaire; s'il n'y ont donné ung bon coup, estant tous ansamble, je ne say quelle espéranse il y aura dorénavant. J'avois pensé que nous aurions l'honneur de vous voir. Je ne me puis immaginer à quoy il tient, puisque les faicte sont pacées. Je crains infiniment me randre importune de sy continuelle suplication pour cest effect; mais quand vous considérez combien vostre venue est de conséquanse, vous ne me blâmerez. Je vous suplye donc très-humblement ne me voulloir remestre an plus de longueur. Toute chosse sont an très-bon train an ce lieu. Les petis se porte bien, Dieu mersy. Je desiroys extrêmemant que vous aportysiez vous-mesme vos nouvelle. Je vous bayse très-humblemant les mains.

Il sera très-bon qu'usyez de diliganse pour envoyer le petit paquet à mon frère, s'yl vous plait.

(Original autographe. Château de Serrant. Communiqué par M. Marchegay.)

2° AU DUC DE BOUILLON.

Sans date.

Ce qui m'apporte tant de contentement au milieu de mes misères, c'est de ne pouvoir estre accusée justement d'impatience ni de précipitation en mes affaires ; mais, tout ainsi que je mérite quelque espèce de louange en cela, je serois digne d'un blâme extrême si ces continuelles souffrances rendoyent mon esprit tellement assoupy qu'il s'y remarquât de la négligence et du peu de soin de ce que j'y devois tenir plus cher que ma vie. Votre absence, mon cousin, m'avoit retenue dans les limites d'un silence, lequel j'estimois m'estre plus utile en ce temps que la poursuite de ce qui me concerne. Or, je ne vous discourray point sur ce qui s'est passé depuis votre partement : je croy que vous avez été très-bien informé que les choses sont en pareil état que vous les laissâtes, et qu'il n'a rien esté exécuté des promesses qui vous furent faites. Les longueurs sont si préjudiciables que je m'assure que votre bon jugement en connoît les conséquences : la principale est l'avancement de l'âge de mon fils, sans voir aucune reconnaissance que l'on face de luy, au moins si parfaite comme il seroit requis. Les affaires ne peuvent changer de face qu'elles ne lui apportent toujours plus d'ampêchement à l'établissement des siens.

Tous ceux qui lui appartiennent y ont tant d'intérêt, que j'oserois dire, avec leur permission, qu'ils n'en ont pas tel ressentiment qu'ils devroyent, pour demeurer en ce profond sommeil. C'est donc vous, mon cousin, qui les en retirerez : vous en avez le pouvoir ; je fay état de votre bonne volonté, laquelle vous ne sauriez employer en occasion qui vous apporte plus de gloire ; je vous supplie que les effets s'en produisent à votre arrivée, car je tiens pour certain que vous ne serez refusé, si l'on juge qu'ayez en affection d'y voir une fin. Il me semble que le retardement n'y servira plus que de destruction. J'envoye Befforce vers vous, afin qu'il serve à vous faire ressouvenir de ne laisser perdre nul sujet où il y ayt moyen d'apporter quelque bien aux affaires de mon fils et de moy. Le séjour qu'il fit dernièrement à la cour profita fort peu ; je souhaiterois que cette fois ne fust pas semblable, car beaucoup de gens tournent ces voyages infructueux à moquerie. Je parle librement à vous, m'assurant que ne le trouverez mauvais, estant celuy de tous ceux qui me sont proches duquel je me promets plus de soulagement. Ainsi plusieurs pensent qu'il ne tiendra qu'à vous si je n'en reçoys. Je sais que mon frère y est obligé, mais il n'a tant de crédit ; c'est pourquoy j'en seray redevable à vous seul, et n'auray de félicité que lorsqu'il me naîtra une occasion de vous bien servir. En attendant, je nourris mon fils en dévotion de n'oublier les bons offices qu'il recevra de vous en son bas âge. Il est infiniment joly et plein d'esprit. Dieu, qui l'a conservé jusques à cette heure, le rendra, s'il luy plaît, digne de servir à sa gloire, de faire au Roy le très-humble service qu'il lui doit, et de vous honorer comme, pour mon particulier, je le veux éternellement.

(Bibliothèque de l'Arsenal. Mss. de Conrart. Collection in-8°, t. V.)

3° AU DUC D'ÉPERNON.

1593.

Avec quels regrets, Monsieur mon cousin, faut-il que les malheurs me forcent de commencer cet écrit? De le vous pouvoir exprimer par des paroles, ce sont des moyens trop foibles pour représenter vivement les douleurs si extrêmes que celles que je supporte de vostre perte et de la mienne[1]. J'ai double tourment, l'un de m'imaginer les autres (*sic*), et l'autre le ressentiment trop cruel des miennes. Si une créature, ayant éprouvé tous les plus rigoureux traits de la fortune, peut estre propre à donner quelque consolation à un affligé, je penserois apporter quelque soulagement à vos peines, et n'estimerois ma condition heureuse qu'en cette occasion. Mais c'est trop faillir que de penser que vostre courage se laisse surmonter par la douleur : vous qu'avez accoutumé de commander à autruy, n'auriez-vous pas le même pouvoir sur vous-même? Pardonnez à ma passion causée de mon déplaisir, si je doute de votre constance, et vous entretien d'un si fâcheux discours. Lorsque j'ay délibéré de dépêcher ce porteur, je ne croyois avoir un si triste sujet que celuy que le ciel a fait naître depuis; et, sans l'assurance que j'ay que vous l'aurez entendu par d'autres, j'eusse encore retardé son partement, qui estoit fondé sur le desir que j'avois de savoir de vos nouvelles, ayant seu vostre blessure, et aussi pour vous dire quelque particularité des affaires de mon fils et de moy, à l'avancement desquels vous avez tant de moyens d'ayder, que je ne doute nullement, s'il vous plaît en prendre à bon escient l'affirmation, qu'ils ne réussissent heureusement; la promesse que m'avez faite souvent d'avoir agréable de vous y employer, me fait librement

---

1. D'après une note jointe à cette lettre, il s'agit de la duchesse d'Épernon, morte le 23 septembre 1593.

requérir cette faveur. Vos enfants et les miens sont si proches que le bien que vous procurerez aux uns sera commun aux autres ; car je desire qu'ils soyent tellement unis d'amitié qu'ils n'ayent rien qui les puisse séparer. Et pour ce que je craindroys estre ennuyeuse de plus de langage, je le finiray, remettant le surplus à ce porteur, lequel vous croirez, s'il vous plaît.

(Bibliothèque de l'Arsenal, Mss. de Conrart. Collection in-8º, t. V.)

(La collection Conrart contient encore trois autres lettres du même style adressées par la princesse au duc d'Épernon.)

4º AU DUC DE MONTMORENCY.

Sans date.

Monsieur mon oncle, j'ai receu tout un temps avec beaucoup de contentement, sur l'espérance de vostre arrivée en cour ; mais, lorsque j'ay seu la cause sinistre de votre retardement, jugez, je vous supplie, combien de douleurs ensemble j'ay ressenty en l'âme ; la plus cruelle est celle de la perte que vous avez faite[1], que je n'estime m'estre moins dommageable qu'à vous ; l'autre de me voir frustrée de l'attente que j'avoys d'en estre près, et de savoir votre heureux establissement au lieu où vos vertus auroyent plus de lustre, et où vous triompherez de ceux qui ne craignent rien tant que de vous voir près du soleil. Pardonnez, Monsieur mon oncle, à ma liberté poussée d'un zèle très-ardent de voir la restauration de cet état par vostre moyen. Ceux qui voyent le plus clair jettent es yeux sur vous, et sur la créance qu'ils ont que vous, estant près du Roy, revêtu

---

1. La mort de son fils Hercule (note jointe à la lettre), décédé peu après 1591. D'autre part, Montmorency prêta le serment de connétable au mois de juillet 1595. C'est entre ces deux époques qu'on peut fixer la date de cette lettre.

de telle authorité, apporterez de l'amendement aux affaires de Sa Majesté et n'empirerez les vostres. Les accidens qui vous sont survenus depuis la résolution de votre voyage sont sujets assez suffisans d'avoir apporté de la longueur en l'exécution d'icelui. Mais, Monsieur, au nom de Dieu, surmontez toutes ces difficultez, et que l'affection du bien public ne vous face oublier ce qui est de votre particulier, à quoy on ne peut remédier. J'ay pensé estre très-nécessaire de vous envoyer ce porteur pour vous représenter la face des affaires; bien que je sache que vous ayez souvent des avis certains, si est-ce qu'y ayant intérêt, et ne voulant avoir recours, après Dieu, qu'à vostre faveur, je l'ay bien instruit sur les principales occasions qui pressent de donner ordre aux affaires de mon fils et de moi; il les vous fera entendre, s'il vous plait les écouter, vous suppliant très-humblement, Monsieur, vous y employer, et donner la dernière main : c'est de vous de qui j'espère tout mon bien, à vous seul en seray-je obligée, et dépendray perpétuellement de vos volontez, nourrissant ce que j'ay de plus précieux en pareille dévotion. Vous acquerrez doublement ce qui vous est par devoir assez acquis, et croiez au porteur de ce qu'il vous dira de ma part.

(Bibliothèque de l'Arsenal, Mss. de Conrart. Collection in-8º, t. V.)

Nº XIV

LE MARQUIS DE PISANI AU ROI.

Saint-Germain-en-Laye, 4 décembre 1595.

Sire,

Hier au soir, Monseigneur le prinse de Condé et Madame sa mère arrivèrent en se lieu, aiant couché à St-Clou, ou Mesieurs le chanselier de Belièvre, de Sansi, de Chomberc et aultres Mesieurs du conseils le vindrent visiter, qui le trouvèrent fort beau et spirituel, comme à la vérité il le l'est, et croys, s'il est bien conduict, que Vostre Magesté demourra très-satisfaicte et contante de l'honneur qu'elle luy faict d'avoir pris soin de luy et de le faire norir, me asurant qu'il se rendera propre de luy faire service en quelque bonne oquasion, quant les forces luy en donneront le moien, s'asurant que, le tamps qu'il plaira à V. M. que ie demoure auprès de luy, que ie ne luy donneray aultre laison (*leçon*) que l'observanse et honneur qu'il le luy doibt porter. Il est ausi trè-nésésaire qu'elle ne soufre auprès de luy que ians vertueux et très-afectionnés à vostre roial service, et tenir sète maxime de luy donner moins de ians qui se poura, pour qu'il n'y ait poinct de confusion en sa maison, mais tout le bon ordre qu'il se poura. Madame sa mère a un très-grand soin de luy, et a mis toute la diliganse qu'elle a peu de le rendre issi. Il est très-nésesaire qu'au plutaust l'on luy donne un bon présepteur (ie dis bon, Sire), parse qu'il ne luy fault donner qu'une personne vertueuse et très-confidante à vostre service. L'on ne luy doibt laisé set esprit que le moins que l'on poura oesif, de peur qu'il se aplique, comme il le l'a très-vif et pront, à petites vaganteries, auquels ses esprits prompts se apliquent volontiers, si à bonne heure l'on n'y remédie. V. M. me commandera et ordonnera, s'il luy plest, au plutaust se qu'elle veust que ie fase à selle fin que, sachant sa roialle volonté, ie n'y faille d'un seul poinct. Led. sieur prinse n'a moien ne crédict que seluy qu'il luy plaira luy donner. Il n'a nule sorte de meuble, et couche avecque Madame sa mère, qui est cause que ie ne le puise voir ne le matin ne le soir pour prandre le soin de luy que ie desiroes, pour le retirer de beaucoup de petites libertés que le temps luy pouroest aporter, si le remède n'y est à bonne heure. Mr de Roian va tout exprès trouver V. M. pour luy donner particulier conte du progrès du voiage de mond. seignor le Prince, qui a esté receu partout où il a pasé conforme aus commandemants qu'elle avoit faict tant à ses gouverneurs generots que particuliers, comme ausi aux maires et eschevins de ses villes où nous avons pasé, aiant à vous asurer que tout le monde y a faict son devoir, si se ne sont seus de Montleri, où ie avoes donné le département de la compagnée du mond. seigneur, qui logoit se soir là à la Châtre, et alant logé lad. compagne, il la resurent si bien à coup darquebus qu'il en demoura troes fort honnestes homme sur la place, si blesés qu'il sera difisille qu'ils en eschapent. Ie croy que, si ie n'y huse ausi taust remédié, que la troupe, où il y a çant bons hommes, en hust heu la revanche sur-le-champ, mais ils se accommodèrent à se que ie voulens, qui fut de commètre Rapin à informer de ses exès, comme il a faict si dextremant qu'il en amène les principaults prisonniers à Paris. J'ay donné avis à Monseigneur le prince de Conti de se faict, à Mʳ le chanselier et à Mʳ le premier président, qui ont iugé le faict digne d'un châtimant examplaire, et ausi que seus dud. Montleri sont coustumiers à telles insolanses à toutes les troupes qui pasent par là, se confiant à de meschantes murailles qui mériteroest estre mise par terre. Il plaira à V. M. de commandé à mond. sieur le prince de Conti et à Mesieurs de sa court de parlemant, quil soit faict iustise de set exès. Sète compagnee la va trouver, qui est de cent bons chevots, et croy que, si l'oquasion se ofre, qu'elle en sera bien servie. Ie suplie très-humblemant V. M. de me donner congé de aller trouvé ma fame, que ie croy estre à sète heure arrivée à Lion, croiant estre obligé de raison de luy aller au-devant, puisqu'elle n'a poinct crint de faire un si long et fâcheus voiage, laiser sa patrie, ses parants et biens pour me venir trouver, sans crindre ausi de se qu'elle sait les peu de commodités et moiens que i'ay ne la recepvoir autant que sa qualité le méritent, ne me trouvant, après sinquante ans qu'il y a que ie sers, que le plus miserable iantilhomme de se roiaulme, devant plus que mon bien ne vauld, et seray enfin contrainct par ma nésésité de me retirer en quelque trou dont ie ne sorte jamais, pour n'estre importun davantage à V. M., la supliant très-humblemant de me pardonner si ie l'ay esté pour séte fois, et la suplie de commander à Mesieurs de ses finanses de me paier se qui m'est deu, si ne se peut tout d'un coup, pour le moins d'une partie, comme le pouront porter ses finanses, pour que ie puise susister aux incommodités qui me pressent.

(Original autographe. Archives de Condé.)

N° XV

LA PRINCESSE DE CONDÉ AU CONNÉTABLE.

Monsieur, il fault tousiours que je vous importune des affaires de mon fils, et aye recours à vous. Il me fâche que ce soit pour sy peu de chosse comme du retranchemant que Monsr de Rony veut faire de catre mille escus sur la pansion qu'il a pleu au Roy Monseigneur ordonner à mon fils. C'est bien loing d'espérer à l'avenir ocmantation, puis quant s'y peticte somme l'on la diminue. Tout ceulx quy ont asisté au conseil lors quy c'est traicté de ceste affaire ont aporté ce qu'il leur a esté possible pour ampescher que le retranchement n'eust lieu. Mais led. Sr de Rony lui seul a faict cecte résolution, à ce que l'on m'a dist. Je ne say sy Sa Magesté luy a commandé; mais il l'a formée estrangemant an ce dessain. Pour moy, Monsieur, il ne m'est possible de subsister à douze mille escus, ou bien il fault chasser la moityé de ceulx qui sont an la maison de mond. fils, n'aiant aucun moien de son chef. J'ay jusques à cest heure emploié le mien, affin que sa maison se maintiéne onorablement, et de telle sorte que j'y suis angagé à bon essiant. Je craindrois anfin que l'on se mosquât de moy et n'an avoir autre raison. Pour ce quy sera de l'antretenement de mond. fils, je ne manqueray jamais de continuer de l'assister comme j'ay faict. Mais de sa suite, elle ne peut estre sy grande sy l'on n'y mest autre ordre. Je pansois aussy estre assignée de deux mille escus de Guiene; mais l'on les refuse aussy bien que le reste, de fason que nous resantons toutes sortes de disgrasse, lorsqu'il samble que tout le monde se resant du bien de la pais. Je ne me laseray de bien faire et de donner tousiours occasion de contantement à Sa Magesté an toutes mes actions. Je vous suplie, Monsieur, m'obliger d'antreprandre ceste affaire, laquelle est très-juste, et je demoureray toute ma vye résolue de vous randre l'obéisance et service que je vous dois et d'estre perpétuellement,

Monsieur,

Vostre bien humble et obéisante niepce à vous faire service,

Ch. de la Trémoille.

La partye de Monsr de Haucourt et de Monsr Lefebvre, précepteur de mon fils, est aussy bien réduite que la nostre. Le servisse très-fidèle et utile qu'ils rande tous les jours à mon fils mérite que l'on ait soing d'eux. Je vous suplye qu'ils ne soit retranché an leurs asinasions (*assignations*).

(Original autographe. Archives de Condé.)

La lettre suivante parait avoir précédé celle qu'on vient de lire; elle était sans doute restée sans réponse.

MADAME LA PRINCESSE AU ROI.

Sans date

Sire,

C'est avec un extrême regret que je suis contrainte d'importuner V. M. de ma très-humble supplication d'avoir agréable de commander à Mr de Rosny de faire achever de payer le dernier quartier de l'année passée et de la présente de la pension qu'il luy a pleu ordonner à mon fils, et de celle de son gouvernement; ayant toujours esté assurée que ç'a esté l'intention de V. M., ce qui m'avoit empêchée jusques à cette heure de luy donner la peine d'estre ennuyée de ce discours. La nécessité me force d'y avoir recours. Les receveurs nous doivent dix mille écus d'arrérages, de sorte, Sire, qu'il est hors de mon pouvoir, encore qu'ordinairement je face les avances du mien et y employe ce que je puis, pour n'incommoder V. M., de faire plus attendre ceux qui fournissent la maison de mon fils, s'il ne luy plait d'écrire à Mr de Rosny sa volonté. Il est tellement nourry à ne respirer que ses commandements, et de n'avoir autre soin que de luy rendre toutes ses actions agréables, comme votre créature, que je me promets n'avoir jamais sujet de regretter le bien qu'elle luy a fait et continué. Aussi ne peut-il avoir d'avancement de bonne fortune et d'honneur que celuy qu'il recevra de V. M. Honorez-moy, Syre, de croire qu'autant que je vivray, j'aideray à luy engraver les impressions de son devoir qui ont commencé à prendre telles racines en son âme qu'il ne prendra fin qu'avec sa vie. Pardonnez-moy si j'entretiens trop V. M. sur ce sujet : accusez-en mon affection, et qu'elle reçoyve la créance de ma fidélité.

(Bibliothèque de l'Arsenal. Mss. de Conrart. Collection in-8°, t. V.)

N° XVI.

LA PRINCESSE DE CONDÉ A M. DE HAUCOURT.

Sans date.

J'ay différé jusques à votre dernière lettre à vous faire réponce, pour ne vouloir estre accusée de précipitation ; mais, puisque vous continuez à blâmer mes meilleures actions et celles qui doivent estre reconnues de vous principalement plus favorables à ceux de la Religion que contraires, comme le témoigne la mauvaise créance que vous en avez, je suis contrainte d'opposer à ces opinions sans raison la vertu toute simple, qui seule les peut distraire. Ce qui est à la veue de tout le monde ne se peut déguiser, ni voiler, de telle sorte que la confusion des médisans ne soit prête à paroistre au jour. La nourriture de mon fils est si vertueuse qu'elle ne luy apprend à haïr ceux dont luy et les siens ont receu de bons et signalez services; son inclination le porte à les estimer et non à leur nuire, bien qu'il en eust le pouvoir : sa naissance et son naturel sont trop différens de cette pernicieuse impression, et ma volonté assez claire aux yeux de mes domestiques, et je diray de toute la France, pour ne devoir estre cachée aux vostres, qui les devez ouvrir à vostre âme et les employer à dissiper le nuage que l'on y fait naistre par artifice. Rejettez donc ces ennemis de vostre repos, et chérissez autant que vous devez celuy dont vous pouvez espérer le maintien de vostre estre et l'augmentation de vostre bonne fortune, et ne méprisez point ce qu'un milion des plus grans de l'Europe souhaittent d'avoir comme vous. J'ay dit à Monsr de Bélin vos pleintes sur ce sujet; il vous en écrit : il n'a donné jusques à cette heure autre conseil à mon dit fils que celuy que pouvez desirer; et moy, qui ne manqueray jamais de vous honnorer et rendre preuve de mon amitié, je vous baise les mains.

LA MÊME AU MÊME.

Sans date.

Si le mal qui procède de l'artifice des ennemis peut avoir la force de donner de vives atteintes à une âme courageuse, combien plus celles qui viennent de vous, que je devois estimer un second moy-même, me doivent-elles estre sensibles, et du tout insupportables, puisqu'elles sont en la connoissance de ceux dont la créance de notre union leur avoit esté souvent confirmée par mes discours ordinaires? Et, bien qu'entre proches il se passe quelquefois des affaires qui les brouillent, si est-ce qu'il est nécessaire, en ce qui regarde le principal, de se réserver l'esprit sain, pour n'y laisser glisser nulle sorte de mauvaises impressions qui puissent altérer l'amitié. J'écris ce que je fays, car, encore que vos lettrés fussent assez suffisantes pour troubler les plus forts, le mien est demeuré et se conservera en son premier estre, ne desirant de faire rire nos ennemis, ni ôter la bonne opinion que mes amis ont touiours eue de mon bon naturel. Vous ne me serez obligé : en vivant comme je doy, c'est pour me satisfaire, et je ne recherche de contenter par mes effets vos passions, ni moins d'essayer à les modérer. Il vous est permis, et je l'auray bien agréable, lorsqu'il se présentera occasion, de me départir de vos avis, mais non de commenter sur toutes mes actions; je les doy savoir régler; si ce n'est par l'âge, mes continuelles et diverses traverses m'ont donné trop d'expérience, et ôté la vanité accoutumée à ceux de ce siècle, et principalement de mon sexe. Je vous supplie donc que ce soyent les derniers traits de la foiblesse qui reste en vostre âme; je vous proteste aussi que cette lettre sera la dernière de ce stile. Je vous baise les mains.

(Bibliothèque de l'Arsenal. Mss. de Conrart. Collection in-8º, t. V.)

N° XVII

LA PRINCESSE DE CONDÉ A LA COMTESSE DE MORET[1].

Sans date.

Madame la comtesse, estant obligée par devoir, et plus de volonté, d'honnorer tout ce que le Roy ayme, j'ay desiré, en vous rendant cet agréable devoir, estre reconnue de vous pour celle du monde qui se réjouit davantage de votre glorieuse fortune, et qui, par autant de veux très-devosts, requiert continuellement au ciel de vouloir continuer à Sa Majesté ce contentement, et à vous ce bonheur, à très-longues années, sans que jamais cette indigne de la forcenerie de laquelle votre beauté nous a tous délivrez, Leurs Majestez, ce royaume et moy, se puisse relever de sa cheute. Dieu, qui, pour le bien du Roy, a esté autheur de ce tant souhaité effet, exauçant ma prière, accompagnée de celle de tous les gens de bien, en sera le conservateur, et me donnera le moyen, comme je l'en requiers, de me faire paroistre, par quelque digne effet, votre, etc.

LA PRINCESSE DE CONDÉ AU PRINCE DE CONDÉ SON FILS.

Sans date.

Mon fils, je ne pensoys devoir recevoir à mon réveil un déplaisir si extrême que votre lettre me fait ressentir, de reconnoistre que le Roy ayt du mécontentement de moy sur un

---

1. Jacqueline de Bueil. Sa grand-mère, Jacqueline de la Trémouille, était tante de Madame la Princesse. Elle-même, orpheline, avait été élevée à l'hôtel de Condé, nous l'avons déjà dit. Cette lettre doit être du mois d'octobre 1604, époque du mariage de la comtesse de Moret, du commencement de sa faveur publique auprès du Roi, et de la disgrâce de la marquise de Verneuil.

sujet qui me semble luy devoir estre indifférent, et me défendre l'honneur de la présence de Sa Majesté, de celle de la Reyne, en considération d'une créature que j'ay trop chèrement nourrie[1], pour estre cause de me priver de ce que j'estime plus mille fois que ma vie, n'ayant jamais pensé mériter, par ce moyen, cette défaveur, qui me seroit insupportable si, par une seule de mes imaginations, j'estois si misérable de l'avoir offensée. Je me consoleray donc en mon malheur, et conserveray inviolablement l'affection très-fidelle que je dois à son très-humble service, recevant, sans plainte, tout ce qu'elle ordonnera de moy, en vivant icy autant qu'elle l'aura agréable, sans aller l'importuner, jusques au temps que ses commandemens me feront changer cette résolution, puisque je suis si malheureuse de ne luy pouvoir rendre de plus signalées preuves de ma dévotion qu'en l'occasion qui s'offre, espérant témoigner, par toutes mes actions, qu'il n'y a rien qui me puisse faire sortir des limites de mon devoir.

(Bibliothèque de l'Arsenal. Mss. de Conrart. Collection in-8º, t. V.)

Nº XVIII

Le contrat de mariage de « Henry de Bourbon, premier prince du sang, premier pair de France, prince de Condé, duc d'Anguyen, gouverneur et lieutenant général pour le Roy en Guienne », et de « Mademoiselle-Charlotte-Marguerite de Montmorancy, fille de Monseigneur le connestable et de deffuncte Madame Loyse de Budoz, jadis sa femme en secondes nopces », fut fait et passé « en la galerie du chasteau du Louvre, le 2 mars 1609; furent présens : le Roy; les deux Reines; le prince de Conti; le comte de Soissons; la princesse douairière

1. La comtesse de Moret.

de Condé; Henry, duc de Montmorancy, pair et connestable de France; Charles de Montmorancy, seigneur de Dampville, Gonnor et aultres lieux, admiral de France et de Bretagne, oncle de la future épouse; Madame Diane, légitimée de France, duchesse d'Angoulême, sa tante; Henry de Montmorancy, gouverneur pour le Roy en Languedoc, son frère unique; Dame Jeanne d'Espeaux[1], duchesse de Beaupréau, femme de mond. seigneur de Montmorancy,[2]; Dame Marie de Rieux, veufve de Mre Guy d'Espeaux, vivant duc de Beaupréau, comte de Chemellé, mère d'icelle Dame Jeanne d'Espeaux; Dame Charlotte de Montmorancy, femme et espouze de Monseigneur Charles de Vallois, comte d'Auvergne, sœur de la future épouse; Monsieur Henry de Vallois, comte de Lauraguais, son nepveu; Messire Henry de la Tour, duc de Bouillon, prince de Sedan, Jamex et Raucourt, premier mareschal de France, et premier gentilhomme de la Chambre du Roi; Messire Charles de Cossé, chevalier des ordres du Roy, comte de Brissac, mareschal et grand pannetier de France, ses cousins; Dame Renée de Cossé, femme et espouze de mondict seigneur l'admiral, son oncle; Messires Gaspard de Colligny, chevalier de l'ordre du Roy, seigneur de Chastillon, Charles de Colligny, aussy chevalier, seigneur d'Andelot, ses cousins; Anthoine Herculles de Budos, seigneur et vicomte de Portes, son oncle; François des Ursins, chevalier des ordres du Roy, seigneur et marquis de Treynel, et Louis de Montmorancy, chevalier, seigneur de Boudeville, bailly et gouverneur de Senlis, cousins de madicte damoiselle de Montmorancy; et aussy le conseil de mondict seigneur le prince, savoir est: Monsieur

1. Ainsi écrit; on dit habituellement de Scepeaux.
2. Jeanne de Scepeaux épousa, en 1609, Henry de Montmorency, alors âgé de quatorze ans; ce mariage fut cassé peu après, afin de rendre possible l'union de ce jeune seigneur avec Mademoiselle de Vendôme, fille légitimée du Roi. Mais la mort d'Henri IV étant survenue, il ne fut plus question de cette alliance, et Montmorency épousa Marie-Félice des Ursins, fameuse par sa piété et son dévouement à la mémoire de son mari.

M⁰ Martin Langlois, seigneur de Beaurepaire, conseiller du Roy et maistre ordinaire des requestes de son hostel, nobles hommes maistres Nicolas Lefèvre, advocat en la cour de parlement, cydevant précepteur de mondict seigneur, Loys Dolé, seigneur du Vivier en Brye, conseiller et procureur général de la Roine, et advocast de mondict seigneur le Prince, René Macgueignon, Pierre Parenteau, Claude Énoch Virey, et Ysaac de Lagrange, secrétaire, et maistre Michel Ribère, médecin de mondict seigneur le Prince ; et le conseil de mondict seigneur le connestable, sçavoir est : nobles hommes Maistres Nicolas Girard, seigneur de Tillay en France, Anthoine Arnauld, seigneur d'Andilly, advocat en la cour de parlement et de mondict seigneur, et Pierre Forestier, conseiller et procureur du Roy en la prévosté de la connestablie et mareschaulcée de France ».

Les principales stipulations du contrat étaient les suivantes :

Le Roi donnait au futur époux cent cinquante mille livres ;

Les futurs époux seraient mariés communs de biens, sauf certaines réserves ;

L'amiral, oncle de la future épouse, lui donnait les trois quarts de la terre de Saint-Lyébault, sise au bailliage de Troyes, et la terre d'Orvillières, sise près Montdidier, mais s'en réservant l'usufruit ;

Le connétable donnait à sa fille trois cent mille livres et une rente annuelle de cinq mille livres tant que durerait l'usufruit de l'amiral ;

La future épouse renonçait à la succession de son père et de sa mère, sauf le cas où, son frère mourant sans enfants, elle serait rappelée, avec ses sœurs, au partage desdites successions ;

Une rente annuelle de douze mille livres et la jouissance d'un des châteaux de Valery, Laz (?), ou Muret, étaient assignées à la future épouse, à titre de douaire, en cas de prédécès de son mari.

Les expéditions du contrat, revêtues du scel de la prévosté

de Paris, furent faites et passées doubles « en l'hostel de Montmorancy, à Paris, rue Saincte-Avoye », le 3 mars 1609.

(Archives de France, K. 558.)

N° XIX

Dépêches et pièces tirées des Archives du royaume de Belgique. (Années 1609 et 1610.)

LE PRINCE DE CONDÉ AUX ARCHIDUCS.

Landrecies, 1er décembre 1609.

Messeigneurs,

A'iant dessain d'envoïer ma femme vers Madame ma sœur la princesse d'Orenge, et moy d'aller trouver Vos Altesses pour des raisons que je les suplie très-humblement vouloir ouïr de ma bouche, j'ai despesché ce gentilhomme exprès pour suplier très-humblement Vos Altesses vouloir me donner seureté en vos terres, et permission de vous aller béser les mains. Si vous ne m'accordés ceste grâce, il y va de mon honneur et de ma vie, mais l'assurance que j'ay que Vos Altesses ne refuseront refuge aus affligés m'a fait entreprendre ce chemin. Croïés, Messeigneurs, que vous n'obligerés un ingrat, qui aura, avec la grâce de Dieu, moïen de vous rendre du service, vous supliant très-humblement me tenir à jamais,

Messeigneurs,

Vostre très-humble et très-obéissant serviteur,

HENRY DE BOURBON,
Prince de Condé.

CHARLES, DUC DE CROY ET D'ARSCHOT, A L'ARCHIDUC ALBERT.

2 décembre 1609.

Monseigneur,

J'ay receu la lettre qu'il a pleu à Vostre Altèze m'escripre en créance sur le comte de Fontenoy[1], lequel m'ayant communicqué tout au loing le contenu de tout ce quy s'est passé, touchant le personnaige qui est arrivé à Landrechies avecq sa femme, comme aussy du contenu de la lettre qu'iceluy a escript à Vostre Altèze, et sur quoy Vostre Altèze me commande de luy réservir de mon advis. et encores que ci me sens incapable de lui donner quelque bon advis là-dessus, sy est néantmoins qu'il ne manquera au debvoir et fidélité mienne de m'en acquitter suivant mon petit talent, comme ung vray fidel vassal et très-humble serviteur est tenu et obligé de faire.

Je serois doncque d'avis, Monseigneur, soubs très-humble correction de Vostre Altèze, que, n'ayant faict ledict personnaige chose contrevenant au debvoir qu'il doibt à son Roy et royaulme, et estant venu se mectre en lieu en-debsous de l'obéissance de Vostre Altèze, pour le subiect par luy alléghé, qu icely est tel que Vostre Altèze ne luy doibt refuser touttes sortes de courtoisies et faveurs, estant de la qualité qu'il est, et de mesme à sa femme. Et à ces fins, le plustot le meilleur, craindant quelque réquisition hâtive qui pourroit venir de la part du roy de France à Vostre Altèze touchant ce faict, et quy pourroit mectre en doubte ou en paine icelle de deux costez, que Vostre Altèze donnast incontinant permission à sa femme de pouvoir librement passer son chemin par les pays de son obéyssance, pour pouvoir aller trouver sa sœure où elle est. Sy, comme dame et esseullée qu'elle est, Vostre Altèze, par son

---

1. Charles-Alexandre de Croy, neveu du duc d'Arschot.

accoustumée prudence et discrétion, trouve convenir de faire uzer par les chemins de quelque courtoisie envers elle, je le remest à Vostre Altèze.

Quant au faict du mary, s'il desire aller le mesme chemin quant et quant, j'en userois avecq luy de mesme, et se seroit bien le meilleur et plus convenable et expédient, pour les raisons d'estat que Vostre Altèze mieulx que moy peult considérer.

Sinon, s'il persiste de venir baiser les mains à Vostre Altèze, encoires que se seroit bien le meilleur de par bon moïen s'en excuser, je remect ce faict à la discrétion d'icelle; mais il conviendroict lors de donner bonne ordre que par les chemins nulz inconvénients ne luy vinssent de la part de celluy qu'elle sçayt, sur les pays de son obéyssance, et singulièrement à la sortie de la ville frontière où il est.

S'il demande saulf-conduict de Vostre Altèze pour demeurer en quelque ville ou place de sa dicte obéissance, estant le subiect tel, ung prince sy grand comme Vostre Altèze le peult bien accorder; mais se seroit bien le meilleur de, avecq quelque courtoisie et faveur, luy faire persuader de vouloir prendre le mesme chemin que sa femme pour les raisons que dessus Mais s'il persistoit au contraire, et que Vostre Altèze luy volusse accorder ledict saulf-conduit en son pays, les places qu'elle luy pourroit accorder samble qu'icelles debveront estre les plus esloignées de toutes les frontières du lieu où il est, tant pour éviter les inconvénients apparents, que la suyte et venue de plusieurs noblesses quy le vouldroient venir trouver, comme j'entens plusieurs s'y apprestent. Ce quy ne pourroit sinon apporter beaucoup d'ombraige quy ne sont que bons d'éviter en ce tamps présent, aultant qu'on peult, et partant les places que Vostre Altèze luy pouroit accorder, pourroient estre assizes au mitant de son pays, et en grandes villes, telles qu'icelle trouvera convenir.

LE CONNÉTABLE DE MONTMORANCY A L'ARCHIDUC ALBERT

16 janvier 1610.

Sérénissime prince. Vostre Altesse a desià donné tant de tesmoignages de sa bonne vollonté et courtoysie à Madame la Princesse, ma fille, que j'oze me promettre qu'elle la luy continuera, et qu'elle ne voudra point souffrir, puisque Monseigneur le Prince ne veult poinct revenir en France, qu'elle sorte de Brusselles pour estre errante par le monde, à suivre ung jeune prince lequel n'a aucun desseing arresté en son esprit. C'est pour ce subiect que j'ay envoyé ce porteur vers Vostre Altesse.

PECQUIUS A L'ARCHIDUC ALBERT.

1ᵉʳ février 1610.

Monseigneur,

Un homme du marquis de Queuvre (*Cœuvres*) apporta ces jours icy nouvelles au roy très-chrestien, que Vostre Altèze lui avoit donné audience, le 23 du courant, avecq toutes les courtoisies et démonstrations de bonne et favorable volonté qu'il eust pu desirer, de manière qu'il s'en tenoit infiniment obligé à icelle, ce que le Roy a eu pour fort agréable, s'asseurant de plus en plus de la sincère affection de Vostre Altèze à procurer le retour du prince de Condé, ainsy que m'ont dict hier le chancellier et le baron de Bonœil. Desquelz j'ay en outre sceu que le lendemain de la dicte audience Vostre Altèze envoya le sieur de Vendegies[1] parler audict marquis au subject de son

---

1. Nicolas de Montmorency, seigneur de Vendegies, baron d'Haverskerque, d'une branche de cette illustre famille établie dans les Pays-Bas depuis la fin du xvᵉ siècle. Il était conseiller d'État, et avait succédé à son oncle Maximilien Villain, comte d'Isenghien, dans la dignité de chef des finances des sé-

ambassade, sans qu'ilz mayent dict en particulier ce qui s'y est passé. Trop bien me déclara le chancellier que l'instruction dudict marquis est dressée sur le pied de ce que le Roy m'a donné à entendre de sa volonté et résolution sur cet affaire, et que pour le présent l'on ne touche qu'au premier point, à sçavoir de la réconciliation dudict prince, en donnant par le Roy promesse à Vostre Altèze de le recevoir en sa grâce, avec oubliance des choses passées et toutes sortes de bons traittements, selon la qualité d'icelluy, soubs les conditions proposées endroit la résidence de la princesse sa femme. Je respondiz qu'il ne resteroit jà à Vostre Altèze que la réconciliation ne se feist, ny à Sa Majesté catholique non plus, d'aultant que j'avois apprins qu'elle ne l'auroit pas à desplaisir, comme de vray je l'ay ainsi entendu de don Innigo de Cardeñas, qui a desiré que par occasion j'en rendisse certains les ministres de cette cour, en tesmoignage bien évident que le départ dudict prince n'a pas esté complotté avec sa dicte Majesté, quoyque l'on en ayt soubçonné et criaillé par deçà. Le chancellier se monstra très-aise de cet avis, comme feit aussi par après ledict de Bonœil, lequel me dit conséquemment en confiance que le Roy commence à entrer en opinion, et la Royne croyt fermement, que *ledict prince n'a point d'intelligence avecq sa dicte Majesté ny avecq Vostre Altèze, mais la pourroit bien avoir avecq aultres princes françois; et mesmes aulcuns du sang, ou bien avec les Huguenots*[1]. Et, crainte de cette intelligence, ledict chancellier et de Bonœil, à les ouyr parler, n'ont pas beaucoup d'espoir de ladicte réconciliation, pour ce mesmement que ledict prince faict paroistre par ses propos de n'avoir le cœur disposé au service de son Roy, ny de ses enffans, jusques à avoir demandé à table, en une compagnie où ladicte princesse

---

rénissimes archiducs. Il mourut en 1617. (Duchesne, *Histoire de la maison de Montmorency*, I, 334.)

1. Dans cette pièce et les suivantes, les mots imprimés en italiques sont écrits en chiffres.

beuvoit à la santé de la [royne de France, qu'elle royne elle entendoit, puisqu'il y en avoit tant. Je ne sçay pas si cela est véritable, mais bien m'a confessé *ledict de Bonœil* que le Sr de Berny a donné des advis au Roy de semblables discours prétenduz tenuz par ledict prince, que l'on trouve sans apparence de preuve; dont le Roy, qui comme picqué s'estoit facilement laissé emporter à les croyre, a maintenant peu de satisfaction dudict de Berny. J'ay tasché de sonder si, à faulte de ladicte réconciliation, le roy tres-chrestien se roidira à prétendre que Vostre Altèze interdise audict prince le séjour en ses pays. Et, à ce que j'ay peu recueillir des discours du chancellier, l'on fait estat par deçà que ledict prince demandera bientost qu'on le laisse aller, s'il voit qu'on luy donne le tort de refuser le party qui luy est offert, et qu'on ne luy donne point d'entretenement, mayant ledict chancellier représenté qu'il n'est encore besoin de presser ce point, comme s'il eust voulu dire que *le Roy de France s'est un peu hasté de m'en parler,* avant que ladicte réconciliation soit faillie, et que possible l'on y apportera quelqu'autre accommodement, en conservant la reputation de part et d'autre, sans que l'intention du Roy soit d'y procéder autrement, et moins d'user d'aucunes bravades ou menaces non plus envers Vostre Altèze que sadicte Majesté, dont ledict chancellier faisoit de très-grandes protestations, affirmant que le Roy ne parle jamais de cette matière qu'avecq la discrétion et respect deu à telz princes ses voisins, et mesmes avecq déclaration de vouloir recognoistre l'obligation estroite qu'il leur aura s'ilz continuent à y faire les bons offices jà commencez, comme il l'avoit aussi dict au marquis de Guadaleste, lui tesmoignant qu'il desiroit demeurer en amytié fraternelle avecq sadicte Majesté et Vostre Altèze, mais que le plus grand tort (il disoit *aygravio* en espagnol) qu'elles luy pourroient faire, ce seroit d'entretenir et fomenter ledict prince en leurs estats. Et si l'on avoit rapporté à Vostre Altèze que le Roy eust usé d'autres termes en son regard, ou de sadicte Majesté, ledict chancellier me requéroit de les asseurer qu'il n'en est rien, comme Vostre Altèze trouveroit aussy de fait par les propositions et remonstrances que ledict marquis de Queuvre est enchargé de luy faire avecq toute la doulceur et modestie dont il se pourra adviser. L'on faict icy courrir le bruit que ledict prince, estant venu visiter ledict marquis le lendemain de son arrivée, luy auroit dict qu'il ne luy pourroit donner aucune response sur le faict de sa réconciliation, sans au préalable avoir nouvelles d'Espaigne. Mais lesdicts chancellier et Bonœil ne s'y arrestent pas, croyans plustost que le prince pourroit avoir dict que Vostre Altèze ne résouldra rien sur ce fait, sans estre informée de l'intention de sadicte Majesté. J'ay esté bien aise au reste d'entendre d'eulx que le Roy leur maistre, trouvant fort bonne la courtoisie de la sérénissime infante envers ladicte princesse, de luy avoir envoyé des estoffes à se pourveoir d'habits, va perdant l'opinion qui luy avoit esté imprimée de l'argent que Sadicte Majesté auroit fait fournir audict prince, jusques à douze mille escuz, dont on avoit parlé avec tant d'affirmation que si on les eust veu compter. . . .

PECQUIUS A L'ARCHIDUC ALBERT.

4 février 1610.

Monseigneur,

Avecq beaucoup de raison m'escrit V. Alt^e de ne m'avoir jamais commandé qu'au cas que le prince de Condé ne se soubmeist à demander pardon et retourner en France, j'eusse à donner parole au roy très-chrestien que V. Alt^e feroit sortir led. prince hors de ses pays, et retiendroit la princesse sa femme par delà, promesse à laquelle je n'ay aussy oncques pensé, et c'est pourquoy *j'ay trouvé fort estrange ce que le marquis de Cœuvres a dit contre cette vérité, et plus encore de ce que j'ay entendu de don Innigo de Cardeñas, que le*

Sr de Barrault, naguères ambassadeur du roy de France en Espagne, luy a affirmé d'avoir sceu de son maistre que V. A. auroit dit au Sr de Berny que si ce n'eust esté pour consi dérations d'Espagne, elle eust déjà délivré ledit prince entre les mains dudit S^r roy, lesquelles inventions ledit don Innigo estime avoir esté mises en avant à desseing d'irriter le roy d'Espagne contre V. A. S., et eust bien desiré que j'eusse tenu secrètes lesdites nouvelles de Barrault; ce que toustefois je ne luy ay pas promis, m'estant advis que V. A. en doibt estre informée afin qu'elle voye combien seroit dangereuse la créance de ce que l'on s'aventure icy de dire. Il est vray néanmoings que, *plus de quinze jours devant que l'on eust parlé de faire venir ledit prince à Bruxelles pour traicter de sa réconciliation, V. A. m'envoya ses lettres* en date du 4e décembre dernier passé, dont la copie va cy-joincte, par lesquelles je fuz adverti de ce qu'elle avoit déclairé audit Sr de Berny, qu'il pouvoit asseurer ledit S^r roy qu'elle *ne souffriroit que ledit prince feist séjour, et moins sa demeure fixe, rière les pays de son obéyssance*, avecq commandement qu'elle me feit de me servir de cest advis-là, et ainsy que je le trouverois convenir; ensuite de quoy j'en diz aussy un mot en passant audit S^r roy *trois jours après, selon qu'il est apparu par mes lettres* du 7e dudit mois; mais, comme *le Roy n'en faisoit lors aulcun compte, tout fasché qu'il estoit du passage accordé par V. A. S. audit prince, aussy ne m'en a-t-il depuis parlé, n'y aultre personne que soit;* au contraire, ayant entendu de moy, le 19e dudit mois, que *V. A., pour seconder son desir, estoit contente de s'entremectre au faict de ladite réconciliation, il me dit entre aultres choses qu'il seroit bien que V. A. menaçast ledit prince de le faire incontinent sortir de ses pays, au cas qu'il ne se voullust mectre en son debvoir, voire il me requist d'écrire à V. A. S. qu'il la prioit de le faire desloger audit cas, sans faire mention d'aulcune promesse, non plus qu'il ne feit en l'audience* du 7e du passé, *m'ayant lors seulement dit que son intention estoit,* arrivant que ledit prince refusast le parti à luy offert, que V. A. ne luy permeist pas la demeure en ses pays, de manière que ce qu'il peut avoir dict au marquis de Cœuvre de ladicte prétendue promesse *ne se peult prendre que pour une cassade,* ainsi que V. A. entendra encore mieulx par les rencontres que j'eu en mon audience d'aujourd'hui, 3e de ce mois.

En laquelle après mes remonstrances courtoisement faictes de la peine prinse par V. A. et par aucuns de ses ministres à ce commis pour disposer et induire ledit prince à embrasser ledit parti, et de la sincère volonté qu'avoit V. A. de continuer ces bons offices, je dis au Roy que jusques ores l'on n'en avoit pas tiré le fruict que l'on eust bien désiré, le prince prennant pour son excuse la crainte qu'il dict avoir d'estre blasmé de légèreté s'il retournoit sitost en France, mais qu'il seroit apparent de se résouldre à demander son pardon par escrit, et, icelui obtenu, se retirer, du gré et consentement du Roy, en quelque pays catholique non subject à Sa Majesté catholicque ny à V. A.; et le Roy, *sans me laisser bien achever ce propos, me répondit qu'il y avoit desjà quelque temps qu'il sçavoit ces nouvelles, et que ledit prince* avoit bonne raison *de demander qu'il luy continuast sa pension pour l'entretenir hors de France, comme s'il avoit cause suffisante de s'en tenir absent;* que c'estoit folie de s'y attendre, et qu'il ne lui accorderoit jamais pardon, qu'à charge de retourner incontinent en son royaume ; conséquemment il me dit qu'il ne vouloit plus penser à ladicte réconciliation, dont le prince se rendoit indigne par son opiniastreté, mais qu'il estoit *temps de le faire vuider des pays de V. A., comme elle avoit promiz audit marquiz de le faire, selon ce qu'elle en avoit auparavant faict dire par deçà.* A ceste parole je me retiré un pas arrière, comme estonné, et demandé au Roy si je l'avois bien entendu, à sçavoir que V. A. eust faict telle promesse audict marquis. Il me le répète et confirme. Et, sur ma repartie que V. A. ne m'en avoit rien escrit, le Roy voyant que je n'en voulois rien croire, change aussytost de langage, et me dist ces mots : « Non, je m'abuse, je me mesprens, le marquis ne me l'a pas escrit ainsi ; *mais ne m'avez-vous pas dit ci-devant que je m'asseurasse qu'il n'y auroit pas de difficulté en cela si le prince vouloit demeurer obstiné ?* » Je respons qu'il me l'avoit proposé peu devant le Noël, et que je m'estois chargé d'en donner advis à V. A., comme j'avois fait, pour attendre là-dessus sa response en temps et lieu, laquelle je n'avois pas encore receue, et n'en estois pas esmerveillé, puisque le point de la réconciliation n'est encore failly, le priant de considérer si, *sans avoir nouvelles de mon maistre, je pouvois avoir engagé ma parole en cest endroit*. Il repart : « Puisque *vous désavouez cecy*, je voy bien que l'archiducq n'a point d'envie de me faire du plaisir, mais que ce sont de friperies dont vous avez usé jusques à présent ; bien, chacun verra ce qu'il aura à faire. » Et quoy que j'aye depuis protesté au contraire, et affirmé fort et ferme la sincérité de l'intention de V. Altèze et la candeur de mes paroles, le Roy est touiours demeuré en son propos, en quoy, avant que passer oultre au récit du surplus de ladicte audience, je ne fay doubte que Votre Altèze ne remarque évidemment *l'artifice dont le Roy s'est servy, pensant m'attirer dans ses fillets et me trainer à quelque confession de promesse, dont je me suis bien gardé, parce que de vray tant s'en fault que j'aye faict celle par lui* advancée, qu'au contraire je ne luy ay rien dict à présent de l'intention de V. A. sur ledict point par luy proposé. Et, quant à ce que le 7ᵉ dudict mois de *décembre dernier j'ay coulé en mon discours sur le pied desdictes lettres de V. A. du 4ᵉ, il n'a rien de commun avecq ladicte proposition, qui n'estoit lors encore faicte, ny 16 jours après, et d'ailleurs ce n'est pas sur cela que le Roy veult fonder son dire,* tellement qu'il n'y a pas de subiect de s'en mectre en peine.

Et, pour faire veoir tout plus clèrement à V. A. le peu de

fermeté qu'il y a eu *audict propos du Roy, il me voulut faire acroyre que V. A.,* en acceptant le premier des trois points de sa proposition faite ledict 19ᵉ de décembre dernier, qui estoit de faire venir ledict prince à Bruxelles pour le traitté de sa réconciliation, s'est quand et quand engagée et obligée à l'accomplissement des deux autres, lequel argument ʲe souluz (*sic*) aiséement, en luy disant que lesdicts points estoient tous différents et proposez chacun à part soy, et nullement à condition de les accepter ou refuser tous ensemble, dont il n'avoit esté donné mot. Et à tant, laissant cette dispute, je demanday au Roy si ledict marquis de Cœuvre avoit requis V. A. de faire sortir ledict prince de ses pays, et ce qu'elle y avoit respondu ; sur quoy, comme il m'eut dict que ledict marquis en avoit parlé à V. A. et qu'elle avoit prins jour pour y respondre, je réplicquay qu'il n'avoit pas doncq d'occasion de se plaindre que V. A. n'en voulust rien faire, mais qu'il falloit attendre sa response, après qu'elle aura essayé si par la persuasion et recharge de ses bons offices elle ne pourra rien gaigner sur ledict prince pour le faire retourner en France ; et le Roy, persistant à maintenir que V. A. tascheroit de tirer la négociation à la longue en attendant nouvelles d'Espagne, et, en fin de compte, n'en feroit rien, me dit qu'il remanderoit ledict marquis de Cœuvre, et que mesmement il ne se soulcioit pas si ledict prince demeurant obstiné se tenoit en Espaigne, en Flandres, en Allemaigne ou en quelque autre pays, puisque S. M. catholique le pourroit entretenir quelque part qu'il fust, soubs attente de se prévaloir un jour de sa personne pour troubler la France ; à quoy je respondiz que les effectz rendoient desjà assez de tesmoignage combien la volonté de sadicte Majesté estoit esloignée de tel dessein, attendu qu'elle desiroit, conjointement avec V. A., que ledict prince s'en retournast réconcilié en sa patrie, dont je disois estre bien certain. Mais le Roy ne le voulut croire, disant que ce n'estoient que bons semblans, et que néantmoins il avoit enchargé son ambassadeur en Espaigne d'en parler à Sadicte Majesté, pour sçavoir si elle se voudra rendre raisonnable en ce subject, dont il avoit tant plus de cause de doubter que ledict prince a parlé à don Pedro de Toledo en cette ville, et depuis audict don Innigo, peu de temps devant sa retraite, comme il disoit en avoir des advis très-asseurez ; joinct que ledict prince a dict audict marquis ne pouvoir respondre sur ses propositions qu'il n'eust premièrement lettres d'Espaigne, et qu'il est aussy tout cognu que Sadicte Majesté lui a desjà fait donner de l'argent, dont il a fait des payemens à ses gens jusques à deux mille escuz en espèces de ducatons. A propos de quoy le Roy me ramenta en outre que le marquis de Guadaleste luy avoit confessé d'avoir offert deniers audict prince, et que le marquis de Spinola avoit fait de mesme, tenant le Roy pour chose frivole que ledict prince, nécessiteux qu'il est, eust refusé de telles offres. De toutes lesquelles choses j'ai tasché de désabuser le Roy par tous les moyens dont j'ay peu m'adviser, mais avecq peu d'effect, au moins selon la mine qu'il en faisoit. Et, sur ma remonstrance iterative qu'ayant ledict prince son pardon par escrit, et jouyssant de sa pension en quelque pays neutre, l'on pourroit espérer avecq le temps de le retirer de là, de son bon gré, pour le remettre en cette cour, le Roy me respondit derechef fort résoluement qu'il ne luy donneroit jamais pardon qu'en France ou pour y venir.

Au regard de ladicte princesse, il ne m'a dict mot d'aucune promesse de la retenir par delà. Bien m'a-t-il parlé des mauvais traittemens qu'elle reçoit dudict prince, son mary, qui pourroient donner matière au connestable, son père, et qu'il espéroit que, si ladicte princesse se jectoit aux pieds de la sérénissime infante pour estre soulagée de tant d'afflictions, elle ne luy dénieroit pas son assistance afin de luy moyenner plus de repos. Disant aussy que ledict *marquiz de Spinola s'eust bien peu passer de certain propos par luy tenu, qu'il sembloit que l'on vouloit faire la sérénissime infante alcahueta de ladicte princesse.* De quoy je disois n'avoir rien entendu et croyre qu'il adjoustoit peu de foy à semblables rapports. Voullant sur ce bien dire à V. A. que ledict connestable ne cesse de lamenter et déplorer la fortune de sa fille, de sorte que l'on a compassion de le veoir en telle destresse, sans néantmoins *que je sache ny croye que pour le présent il desire le retour de sa dicte fille en France. Et quant à la duchesse d'Angoulesme, il est facile de la ranger aux desseingz du Roy, son grand aage commençant à luy esbranler le jugement.*

. . . .

Finalement, retournant le Roy à parler dudict prince, il me raconta que depuis peu de jours l'on avoit amené en cette ville sept prisonniers, tous huguenots, chargez de la consjuration descouverte il y a deux mois au pays de Poittou, desquelz les deux ont desjà confessé d'avoir eu de l'intelligence avecq ledict prince. De quoy comme je me voulois servir pour monstrer qu'il y avoit tant moins d'apparence de soubçonner que ledict prince eust des pratiques en Espaigne, et que s'il debvoit arriver du trouble en son royaume ce seroit plustôt par les huguenots que par autres, il repartit qu'il se tenoit fort asseuré du costé des huguenots, et qu'ainsy qu'ilz luy ont tousiours esté très-loyaux, ilz le seroient de mesme à son daulphin, qu'il me monstroit à la main, mais que si les Espagnols entretenoient ledict prince, il n'auroit de quoy les tenir pour amys de son repos. Et, après que je l'eusse prié de se despouiller de telles empressions et particulièrement de faire estat que V. A. continuera tousiours à luy faire paroistre combien elle desire de le veoir content à l'endroit dudict prince, il me respondit, pour fin de l'audience, que, si bientost ledict prince luy vouloit demander pardon, il le luy accorderoit, pour le respect de V. A., aux conditions susdictes et non autrement, protestant que telle estoit sa dernière résolution.

J'ay depuis ladicte audience veu le Sr de Villeroy, lequel, informé de ce qui s'y estoit passé, me dit que je debvois prudemment supporter les humeurs à moy cognues du Roy son maistre, qui ne pouvoit digérer ny dissimuler le desplaisir infiny qu'il a de l'opiniastreté dudict prince, et que pour toutes les responses et reparties un peu brusques qu'il m'avoit faites il ne falloit pas délaisser les bons offices commencez pour la réconciliation dudict prince, y adjoustant que je pouvois desjà avoir remarqué et trouvé par expérience que *le Roy est bien prompt de paroles et lent d'effectz, et qu'il nous falloit regarder en paix, à quoy il tiendroit tousiours la bonne main, me sommant de faire de mesme.* Il me confessa aussy ne sçavoir que j'*eusse* faict aulcune promesse *n'y engagé ma parolle touchant ledict poinct de faire sortir ledict prince hors des pays de V. A., mais qu'il croyoit qu'icelle V. A. seroit plus aise de l'en veoir dehors que dedans, et qu'enfin elle se résouldra de le faire renvoyer courtoisement à Couloigne, d'où il est venu; puis mesmement que le S*ʳ *de Vendegies a déclaré audict marquiz qu'il espéroit que V. A. donneroit contentement audict S*ʳ *roy, au regard dudict poinct,* mais qu'il y auroit de la difficulté en l'autre concernant la rétention de ladicte princesse ; au reste, il me semble que l'on *attendra icy nouvelle d'Espagne, et que cela peult servir à V. A. pour tenir l'affaire en surcéance si elle trouve bon estre.*

PECQUIUS A L'ARCHIDUC ALBERT.

10 février 1610.

Monseigneur,

Adverty que fuz hier par un gentilhomme du connestable de France qu'il desiroit me venir veoir avecq la duchesse d'Angoulême, je me rendiz peu d'heures après chez luy pour les soulager d'incommodité, selon le respect que méritent leurs qualitez et aages. Le propos y fut commencé par la recognoissance que feit ladicte duchesse en termes bien amples d'estre très-estroitement obligée à V. A. et à la sérénissime infante des honneurs et bons accueils dont leur plaist de favoriser la princesse de Condé, qu'elle desiroit tenir pour sa fille propre, comme l'ayant eslevée par la permission dudict connestable, son père, et luy tenir lieu de mère, ainsy qu'elle feroit encore à toutes occasions, me priant d'asseurer V. A. et la sérénissime infante qu'il n'y a chose qu'elle face trèsvolontiers pour s'employer très-humblement à leur service, et qu'elle estime tant leur dict bienfait que, si ce n'estoit sa grande vieillesse, elle entreprendroit le voyage de Bruxelles pour leur en aller baiser les mains, dont elle disoit ne quitter pas encore du tout le dessein. Le connestable usa pareillement de toutes sortes de remerciemens, submissions et offres de son service, ne tesmoignant pas seulement par ses paroles, mais encore par ses gestes et par sa face, d'y estre porté d'une singulière cordialité. Puis ilz se meirent à regretter l'infortuné mariage de ladicte jeune princesse, la qualifians un enffant, et protestèrent d'y avoir presté leur consentement à contrecœur, pour ne désobéyr à la volonté du roy très-chrestien, avecq déclaration que feit ledict connestable qu'il eust beaucoup mieulx aymé donner sa fille à quelque honneste gentilhomme de deux mille escuz de rente, qu'au prince de Condé, parce qu'estant assez informé de ses humeurs et conditions, il ne s'en promettoit pas de contentement, sans toutes fois avoir jamais pensé qu'il se fust jecté aux extrémitez où il se voit plongé à présent, ny qu'il eust tenu telle indiscrétion et rudesse à sa femme comme il fait de plus en plus, en quoy disant (sic) par ledict connestable, les larmes lui vindrent aux yeux. Et, bien qu'ayant le courage assez attendry, il se retint de spécifier les mauvais traittements que reçoit ladicte princesse, dont luy et ladicte duchesse croyoient que j'eusse jà les nouvelles particulières. Ils ne sceurent toutes fois me receler ce qu'ilz disoient avoir apprins par lettres bien fraisches, que ladicte princesse est rabrouée par ledict prince son mary de ce qu'elle ne caresse pas assez le marquis de Spinola, et que puis peu de jours en ça un sien gentilhomme nommé Rochefort, entrant en la chambre de ladicte princesse, où estoit aussy celle d'Orange, tira en leur présence et à leur grand effroy de coups de pistolets dont il va garny en ses poches, et dit que c'estoit pour quiconque vouloit du mal au prince son maistre. Ils me dirent ensuyte qu'à ce qu'ilz avoient entendu, il y restoit peu d'espérance que ledict prince se voulust recognoistre pour demander pardon et s'en retourner en France, et que la plus grande crainte qu'ils avoient, c'estoit que partant de Bruxelles il ne contraignist ladicte princesse de vagabonder misérablement parmy le monde avec luy. Pour à quoi obvier, ilz me requirent tous deux fort instamment et d'une façon pitoyable de supplier V. A. et la sérénissime infante d'avoir compassion d'eulx et de ladicte princesse, et de la recevoir bénignement lorsqu'elle se viendra jecter à leurs pieds pour n'estre abandonnée à tel malheur, disans qu'ilz seroient très-contens qu'elle demeurast au service de la sérénissime infante entre les moindres de sa cour, et mesmes ledict connestable qu'il aymeroit beaucoulp mieulx d'ouyr les nouvelles de sa mort que d'entendre qu'elle fust emmenée en autres pays estrangers par ledict prince.

Mes responses à ces discours furent consolations en la meilleure forme que je puz adviser, avec affirmation que V. A. et la sérénissime infante sont du tout disposées à gratifier et faire plaisir tant à ladicte duchesse et audict connestable qu'à ladicte princesse, l'ayant prinse en affection pour ses qualitez, vertuz et bonnes grâces, et qu'elles feront touiours très-volontiers en son endroict ce que la raison et la réputation leur permettront de faire, mais qu'il falloit considérer que par les lois divines et humaines les femmes sont subjectes aux commandemens de leurs marys, et d'estre compagnes de leurs fortunes et adversitez, s'il n'y a raisons fort urgentes pour les en excuser, dont je disois qu'au cas présent ce n'estoit à faire à V. A. de prendre cognoissance ny si ladicte princesse vouloit délaisser son mary ou point.

Sur quoy ils repartirent d'estre fort asseurez que, s'il plaist à V. A. se laisser informer des rudesses, mauvais traittements et autres causes de grand poids, qui les meuvent à desirer que ladicte princesse soit retenue par delà, elle trouvera leur desir très-juste et très-légitime, et cognoistra aussy que ladicte princesse n'a rien plus en appréhension et horreur que d'estre forcée à s'en aller courir le monde avec son dict mary, me requérant fort chaudement de croyre que ce qu'ilz en disoient partoit du fonds de leurs cœurs et libres volontez, sans m'arrester aux bruits que ledict prince va semant, que ce ne sont que mines qu'ilz en font pour complaire au roy très-chrestien, ce qu'ilz affirmoient n'estre ainsy, mais que les effectz feront tousjours foy du contraire, voire mesme que la plus grande félicité qui leur pourroit maintenant arriver en ce monde, seroit de rencontrer la volonté de V. A. favorablement encline à prendre ladicte princesse en sa protection, sans la laisser tirer de là contre son gré. Je ne me vouluz pas enquérir plus avant des circonstances de leurs intentions, ny sur quel pied ilz vouloient laisser ladicte princesse en la cour de V. A., ains me contentay de leur dire que j'avois fort bien comprins tout ce qu'ilz m'avoient représenté, et que je ne fauldrois d'en donner advis particulier à V. A., avec souhait que Dieu leur feist la grâce de les rendre contens, et de conduire l'affaire du dict prince à telle fin que le roy très-chrétien et V. Altesse restassent satisfaicts de leurs bons desirs. Là-dessus ledict connestable, m'embrassant à diverses fois, me pria et repria, tant en la présence qu'en l'absence de ladicte duchesse, d'avoir le fait de ladicte princesse en recommandation, accompagnant toujours ses paroles de *tant de gravité et naïfveté, que je n'y peux pour lors remarquer aulcun indice de pareure*

*artieficielé, quoyque j'y prinse regard de prés ; aussy m'a-
il esté rapporté de bonne part que maistre Nicolas Lefebvre, personne digne de foy, ci-devant précepteur dudict
prince, a dit bien sçavoir que ledict connestable desire véritablement que ladicte princesse se sépare de son mary,
mais que l'admiral de France, son frère, n'est pas de tel
advis.*

J'ay eu des advertenses conformes de diverses parts, que le propre jour de ma dernière audience le roy très-chrestien assembla son conseil de guerre à l'Arsenal, demeure du duc de Sully, et y résolut de rompre avecq Sa Majesté catholicque et V. A. à la première opportunité, au cas que ledict prince ne s'en retourne en France ; toutes fois je n'en assure rien Et d'autant moins que, comme le jour d'hier, estant en discours avecq le Sʳ de Villeroy, je luy touchay un mot du bruit qui courroit de ladicte mauvaise résolution, dont je monstrois de faire peu de cas, il me respondit qu'il estoit bien vray que ledict jour après midy l'on avoit tenu le conseil de guerre audict lieu, mais que l'on n'y avoit fait mention quelconque, en bien ny en mal, dudit prince, et moins de rompre avecq nous, me disant que j'en pouvois estre à repos sur sa parole.

Une chose, à ce que j'ay pénétré, peult-on à présent tenir pour toute certaine à mon grand regret, que le roy de France, après longue délibération, a résolu, quoique ci-devant l'on en ait *douté, d'assister les princes de Branden-bourg et de Neubourg contre S. M. impériale, et le fera bientost.* Quelques-ungz m'ont voulu faire à croire qu'il *fera marcher à enseignes déployées vers Clèves un ost de quatre mille François et de six mille Suysses fantassins avecq mil cinq cens chevaulx ;* mais il m'est advis qu'il *n'y envoyera jamais telles trouppes, qui seroient de trop grand ombrage aux voisins, ains que son secours ira couvertement à divers temps sur le modelle de ceulx ci-devant envoyés aux Estats des Provinces-unies,* lesquelz y *contribueront aussy leurs moyens, si ce qu'en dit Artssen entre les siens mérite créance.* Veuille le bon Dieu que *ce ne soit un funeste rejeton de nostre guerre!*

LES ARCHIDUCS A PECQUIUS.

(MINUTE.)

13 février 1610.

Cher et féal, vous aurez entendu par nostre précédente que vous avons despêché par un exprès, la nuict passée, l'intention et résolution du prince de Condé de se retirer hors de noz pays de par-deça, et la nostre de, à sa réquisition, recepvoir en nostre maison la princesse, sa femme. La présente vous advertira que le mesme prince nous est ce soir venu advertir qu'il estoit bien informé que nombre de François estoit arrivé en ceste ville à desseing de luy enlever par la force sa dicte femme, nous requérant qu'il nous pleust pourveoir à sa seureté, puisqu'il s'estoit venu rendre à nostre protection et sauvegarde. Quoy considéré, et que d'ailleurs nous avons sceu que de faict l'on a veu fréquenter en l'hostel de Nassau (où il est logé) plusieurs François incognuz, armés de pistolés, il nous a semblé que ne pouvions excuser de, selon la demande dudict prince, envoyer audict hostel aulcuns soldats de nostre compagnie de garde avecq quelques bourgeois des ghuldes, faisans garde ordinaire en nostre palais, afin que ne luy arrivast aulcun mal, dont estant advertiz, les marquiz de Coeuvre et Sr de Berny nous sont à l'instant venuz trouver, se plaignans desdictes gardes comme si elles y fussent envoyées pour tenir comme prisonnière ladicte princesse, et voire soubçonnans que l'on la vouloit envoyer en Espagne, prins occasion du courrier nouvellement envenu. Et, encore que nous avons procuré de les en désabuser, leur disans ce qu'en est la vérité, et que nous pensions de l'accommoder demain en nostredicte maison (ainsi que, Dieu aydant, nous sommes résouluz de faire), si est-ce que nous avons voulu que fussiez adverty de tout ce que dessus par le même, afin qu'en donniez incontinent compte à ceulx des ministres du roy très-chrestien que trouverez à propos, pour les prévenir de la vérité de cest accident contre les advertissemens à ce contraires qu'en pourroient donner lesdicts ambassadeurs.

LE SECRÉTAIRE D'ÉTAT PRAETS A PECQUIUS.

(MINUTE.)

16 février 1610.

Monsieur, par la pénultième de Son Altèze, du xiiie de ce mois, aurez-vous entendu comme elle auroit esté occasionnée d'envoyer quelques soldatz de la compagnie de garde, avecq aulcuns bourgeois des ghuldes, à l'hôtel de Nassau, sur l'advertissement que luy avoit donné M. le prince de Condé d'une partie de François dressée pour voler et emmener en France Madame la Princesse, sa femme, lequel auroit du depuis tellement esté circonstanciée, mesmes par tesmoings oculaires, que raisonnablement Son Altèze auroit esté menée d'en soupçonner et voire d'en croire quelque chose, et dont vous aurez, suivant son ordre, donné compte à ceulx des ministres du roy très-chrestien qu'aurez trouvé convenir, et procuré de les prévenir de la vérité du faict contre les jugemens et discours contraires que vraysemblablement luy auront envoyés MM. les marquiz de Cœuvre et Sr de Berny, parce qu'ilz n'ont pas trouvé bon que ladicte dame entrast en cour après luy avoir esté donnée garde audict hostel de Nassau, l'interprétans sinistrement et comme si cela luy tournast à déshonneur, et fut une espèce de violence et de prison, ainsy qu'a dit ledict S[r] marquiz à M. le baron de Havesquerque, qui le luy a débattu par des solides raisons, et montré que l'on ne luy a miz garde pour la prendre ny pour s'asseurer de sa personne, mais pour asseurer sa personne, et ainsi fut la garde commise à M. le prince d'Oranges, pour avecq icelle asseurer sa maison, comme luy sembleroit mieulx convenir, auquel effect fut ordonné aux mesmes gardes de faire ce qu'icelluy prince leur commanderoit, de façon que cela ne pouvoit aulcunement estre cause pour penser que l'on prétendoit de faire quelque force à ladicte dame princesse, puisqu'il estoit certain que pour cela n'estoit requise plus de garde que celle que ledict S^r prince, son mary, luy eust voulu faire. Concluant ainsi ledict S^r baron de Havesquerque, que le plus acerté estoit que ladicte dame princesse entrast au palais tant pour le danger qu'elle craindoit dudict S^r prince, son mary, que pour n'y aller rien de son honneur, se trouvant les affaires aux termes où ilz estoient et son innocence tant cogneuse comme elle est, oultre ce que noz princes sont tout amateurs de l'honnesteté, de la vertu, que la réception seule en leur maison justiffie la personne qui y entre et en oste soupçons contraires; vray est que les choses estans passées en la manière que dessus et s estre sceu publiquement (ainsi que l'on sçavoit) que ladicte princesse debvoit venir au palais le mesme jour, cela fut esté différe, l'on auroit donné plus d'occasion à chascun de penser que Leurs Altèzes ne l'eussent voulu recepvoir pour quelque soupçon qu'elles pourroient avoir eu d'elle, par où son honneur auroit esté beaucoup plus intéressé. De tout quoy Son Altèze veult qu'informiez bien par le menu M. le connestable et Mme la duchesse d'Angoulesme, ensemble ceulx que jugerez convenir[1].

---

1. L'original de cette minute porte diverses corrections prescrites par une note autographe, en espagnol, de l'archiduc Albert.

PIÈCES ET DOCUMENTS.

PECQUIUS A L'ARCHIDUC ALBERT.

18 février 1610.

. . . . Là-dessus voicy arriver un autre courrier avec lettres de Vostre Altèze du 13, lesquelles veues, je m'en allay incontinent trouver ledict Sr de Villeroy avant-hier, sur les huit heures du soir, et après luy avoir fait part du contenu esdites lettres du 12, je luy parlay consequemment de ces dernières, le priant de donner du tout advis au Roy, qui estoit party sur les trois heures vers St-Germain-en-Laye.

Pour response il me dit que le Sr de Vendegies avoit déclaré audict marquis de Cœuvre de par Vostre Altèze les mesmes choses que je venois de luy dire touchant l'intention dudict prince de se retirer des Pays-Bas, et y laisser la princesse, sa femme, mais que je ne disois pas qu'il s'en alloit à Milan. Et sur mon affirmation que je n'en sçavois rien, ny pareillement ledict don Innigo, à ce que j'avois entendu de luy, ledict Villeroy repartit que, si bien Vostre Altèze ne faisoit point d'estat de se servir dudict prince, les Espagnols ne laissoient pourtant d'en avoir grande envie, selon les advis que le Roy son maistre en avoit tant d'Espaigne que d'ailleurs, et se manifesteroit par ladicte retraite à Milan. Ce qu'il dit d'une façon moins doulce que sa coustume, sans faire aucun semblant que le Roy sceust gré à Vostre Altèze d'avoir conduit les affaires aux points par moy représentez, dont je monstrois de m'esmerveiller, veu que ledict sieur roy, trouveroy accomply tout ce qu'il avoit desiré de Vostre Altèze, et que les effectz rendoient ample preuve de ce que j'avois tousiours dict de la bonne et sincère volonté d'icelle en son endroict; joint mesmement que le Roy m'avoit cy-devant déclaré que quand ledict prince seroit hors des pays de Vostre Altèze, elle en seroit deschargee, et s'il se retiroit en quelque lieu subject au roi d'Espaigne, l'on en parleroit lors à luy. A propos de quoy, estant ledict de Villeroy par moy enquis si l'ambassadeur du Roy son maistre avoit traitté de cette matière en Espaigne, et quelle responce il y avoit eue, me respondit que l'on en avoit pas encore de nouvelles, et puis il se meit à me raconter que le maistre d'hostel dudict ambassadeur, s'acheminant puis naguierres d'Espaignes vers France par la poste, avecq une despesche de son maistre ausdit S^r roy très-chrestien, avoir esté contraint par quelques officiers espagnols de rebrousser chemin sept postes en arrière, soubs ombre de la recerche que l'on disoit faire d'un François qui avoit desbauché une fille, dont enfin ledict maistre d'hostel fut renvoyé comme innocent, après qu'il fut devancé de deux jours par ledict courrier Rivas, la farce n'ayant, au dire dudict de Villeroy, estée jouée qu'afin de gaigner cet avantage du temps, dont il protestoit que l'on se ressentiroit en temps et lieu. Je luy dis que c'estoit chose particulière à moy incognue, et qui concernoit l'ambassade d'Espaigne, dont partant je ne voulois m'entremettre, mais que c'eust esté un estrange attentat de vouloir enlever par force ladicte princesse à la veue de la cour de Vostre Altèze pour la mener en France. A quoy ayant replicqué que la façon de procéder dudict marquis de Cœuvre avoit bien tesmoigné qu'il n'estoit pas venu à Bruxelles à tel dessein, il protesta que ce n'estoient qu'inventions mises en avant par ledict prince ou ses gens pour tascher de rendre le Roy odieux par delà, et, comme j'en reparty de n'avoir apprins que l'on en voulust charger ledict marquiz et que, si quelques autres avoient proposé de l'entreprendre, je m'asseurois trop que ce n'estoit pas de l'advis, ny du sceu de luy (de Villeroy), il me dit que, si Vostre Altèze suppliée d'envoyer quelques-uns de ses gardes pour la seureté dudict prince et de ladicte princesse, les avoit en ce gratifié, elle avoit fait en bon prince, et qu'au reste ladicte princesse seroit bien heureuse d'estre soubs la protection de la grandeur en vertu de la sérénissime infante et d'avoir l'honneur de vivre en sa cour. Finalement il me promit de faire sçavoir le tout en diligence au Roy son maistre audict St-Germain, et le lendemain, qui fut hier, il m'envoya dire qu'il desiroit me veoir peu après le disner, ce qui toutesfois, pour des empeschements à luy survenuz, a esté remis jusques à ce jourd'hui sur le soir.

Et en cette entrevue il m'a dict que le Roy croyt tout ce qui se peult croyre de la bonne intention de Vostre Altèze en ce qui s'est passé ès affaires dudict prince et de ladicte princesse, mais qu'il ne peult trouver bonne la façon dont l'on a usé pour les garantir du prétendu attentat que ledict prince disoit appréhender, à sçavoir que l'on eust fait tort à sa personne et enlevé violentement ladicte princesse. Crainte que ledict de Villeroy maintenoit avoir esté simulée tout à propos par ledict prince, pour diffamer le Roy, lequel il qualifioit de doulx et débonnaire de son naturel, que jamais il ne donnoit lieu à la rigueur que quand il estoit forcé, et bien qu'il ayt tousjours eu beaucoup d'ennemys, comme il a encore, si n'avoit-il oncques voulu consentir à aucune supercherie pour entreprendre sur leurs vies, quoyque bien souvent il en ayt esté sollicité comme ledict de Villeroy affirmoit d'en avoir particulière cognoissance. Et quant à l'enlèvement de la princesse, il disoit n'y avoir apparence d'en soubçonner le Roy, tant parce qu'il n'attenta oncques rien de semblable, comme pour autant que c'eust esté offenser l'authorité de Vostre Altèze et luy donner juste occasion de ressentiment d'une violence qui eust esté faicte en la ville propre de sa résidence et à ses yeulx, laquelle aussy, à son dire, ne pouvoit aucunement réussir, non pas de jour, prenant regard aulx circonstances du lieu et du pouvoir que Vostre Altèze seule y a, ny pareillement de nuit, puisque ledict prince y pouvoit aiséement pourveoir, en faisant coucher ladicte princesse avecq luy. A quoy il adjousta en outre que Vostre Altèze avoit déjà résolu de recevoir ladicte princesse en sa cour, ce qu'elle eust peu faire à peu de bruict, sans envoyer à l'hostel d'Oranges tant de gens de ses gardes et mettre la ville en alarme, comme il disoit avoir esté fait, jusques à y avoir fait la patrouille et tiré quelque coup d'une pièce d'artillerie estant sur le rempart, plus ne moins que si la ville eust été pleine de François armez, ainsy que l'on y en faisoit courrir le bruit, au lieu que le lendemain matin l'on eut honte de n'en avoir peu trouver que dix-huit en tout. Lequel vacarme il imputoit principalement au marquis de Spinola, qui avoit voulu faire de l'homme de guerre, ledict disant de Villeroy ne pouvoir croyre que Vostre Altèze l'eust fait de son mouvement ny de l'advis de ceulx de son conseil, pour avoir esté une procédure scandaleuse, tant à l'honneur du Roy que de ladicte princesse, dont l'on s'eust bien pu abstenir. Il me parla conséquemment du secrétaire du Sr de Berny, qui, estant venu audict hostel d'Oranges pour ramener sa maistresse chez elle, fut oultragé de coups d'espée par ledict prince et eust esté pis traitté sans l'ayde que luy donnèrent aucuns bourgeois de la garde de sa cognoissance. Bref, il se plaignit qu'en toute cette action l'on avoit pas trop secondé les desseins légers dudict prince, en donnant trop de créance à ses rapports.

A tous ces discours je respondiz en premier lieu d'estre bien aise du contentement qu'avoit le Roy de ce que je luy avois dict touchant la retraitte dudict prince hors des Pays-Bas, en laissant la princesse, sa femme, en la cour de Votre Altèze, et qu'à mon advis ce contentement ne se debvoit offusquer de l'ombrage de quelques hommes de la garde de Vostre Altèze envoyez audict hostel d'Oranges; veu que, si les plaintes dudict prince se trouvoient sans fondement, à luy en seroit le blasme, l'honneur du Roy demeurant sans aucun esclandre ny intérest. Et, au cas qu'il y eust indices et advis suffisants pour fonder lesdictes plaintes, et que mesmement l'on eust veu hanter et s'assembler audict hostel plusieurs François incognuz armez de pistoletz, je représentois audict de Villeroy que les dangers imminens avoient besoin de remèdes prompts et soubdains, et que partant Vostre Altèze n'avoit peu s'excuser audict cas de la diligence dont elle a fait user. Je luy diz avecq ce que Vostre Altèze ne m'avoit pas mandé que le dict prince se fust plaint que l'on vouloit attenter à sa personne, tellement que de ce costé-là le Roy n'avoit subject de s'offenser. Et ledict de Villeroy répliqua d'avoir eu advis contraire de Bruxelles, et que mesmement l'on y disoit que le Sr de Warde, gouverneur de la Capelle, avoit eu part au dessein de cette entreprinse, dont il l'excusoit fort soigneusement, affirmant qu'il s'estoit rendu à Bruxelles pour traitter de quelques affaires particulières avec le Sr de Barbanson. Je repartiz ne vouloir accuser ledict Sr de Warde ny autres dudict prétendu attentat, ny mesme prester l'oreille à beaucoup de discours qui s'en font en cette ville, mais que j'espérois que, le tout bien et meurement considéré, le Roy prendroit les actions et offices de Vostre Altèze de si bonne part, comme elle y avoit procédé à bonne intention. A quoy il monstroit de vouloir tenir la main, disant au reste que le temps enseignera ce que les Espagnols veuillent faire dudict prince, et que s'ilz l'accueillent et entretiennent, le roy très-chrestien sera constraint de pourveoir à ses affaires à quelques pris que ce soit, plus tost que de se laisser prévenir. Puis il me demanda si le prince estoit encore à Bruxelles, et, sur ma response que je n'en sçavois rien, il me dit que le Roy son maistre n'en avoit pas aussy de nouvelles, et que l'on disoit que Vostre Altèze fait tenir les passages fermez. De quoi je taschay de le désimprimer, comme croyant fermement qu'il n'en est rien. Il est grand bruict que le roy très-chrestien *attendoit lundy dernier audict St-Germain les nouvelles de l'exécution et succès dudict attentat de l'enlèvement de la princesse, résolu de l'aller rencontrer au cas qu'elle luy eust esté ammenée, et qu'entendant la faillite il s'en troubla fort; l'on m'a aussi donné advis secret qu'un gentilhomme nommé de St-George estant par delà a eu charge d'attenter à la vie du prince, et que le Sr de Migneul, gouverneur de Monstreuil, a dit que ledict de Warde, avecq un nommé Lopez, lieutenant de la compagnie du ducq de Vendome, ont esté les principaulx entrepreneurs de l'enlèvement, et qu'ilz en pourroient bien avoir à souffrir s'ilz estoient attrapez avec le capitaine des gardes de Vostre Altèze,* qu'il disoit y avoir trempé, le nommant le Sr de Barbizieux. . .

LES ARCHIDUCS A PECQUIUS.

(MINUTE.)

22 février 1610.

Cher et féal, vous serez adverty par ceste que ce matin nous sont arrivées voz deux dernières, du xiiij et xviii de ce mois, et sera au plustost respondu aux poinctz d'icelles qui le requerront. Cependant nous avons bien voulu signifier que la princesse est entrée en nostre maison lundi, le 14e de ce mois, ainsi qu'aurez entendu par noz dernières, et le prince, son mary, est party d'icy dez avant-hier soir ou de nuict busquer [1] sa fortune sans que nous sçachions quelle route il aura prins, ce que vous pouvez et debvez dire à ceulx des ministres du roy très-chrestien qu'estimerez convenir. Et parce que ses ambassadeurs publient par icy que nous aurions promiz que, si la duchesse d'Angoulesme venoit en cette ville à desseing d'y faire quelque séjour et nous demandoit ladicte princesse pour l'avoir près d'elle, nous la luy laissions suyvre, et qu'il y a de l'apparence qu'ilz doibvent aussi avoir escrit ainsi audict S^r roy, se vous en entendez quelque chose, vous debvez en désabuser ceux que conviendra, et que voire nul des deux ambassadeurs nous en a donné mot, ains est la vérité que, à la réquisition dudict prince, nous luy avons promis que nous la retiendrions près de nous jusques à ce que luy la nous

1. De l'espagnol *buscar*, chercher.

472   PIÈCES ET DOCUMENTS.

demandera, ou bien jusques à ce que par sentence légitimement donnée il sera dit qu'ilz se peuvent divorcer; ce qu'adjoustons d'aultant que nous entendons qu'elle prétend se séparer d'avec ledict prince. Et, au dehors de ces deux cas, vous pouvez dire et asseurer par delà que nous ne la laisserons jamais partir d'avecq nous, quand mesme le connestable ou ladicte duchesse nous en requérissent.

PECQUIUS A L'ARCHIDUC ALBERT.

23 février 1610.

Monseigneur,

Fort à propos m'a V. A. fait advertir par lettres du secrétaire Prats du 16 de ce mois des rencontres qui se sont présentées par delà sur le point de loger la princesse de Condé en la cour; car, comme l'on en discouroit icy diversement, je différois d'en parler à la duchesse d'Angoulesme et au connestable de France, en attendant d'en estre esclercy par advis asseuré, lequel arrivé par lesdictes lettres, j'en ay aussytost donné part à ladicte duchesse, luy certifiant la bonne inclination de V. A. et de la sérénissime infante envers ladicte princesse, que je disois estre très-heureuse, en son malheur, d'estre tombée soubs la protection de telz princes, qui luy ont desjà fait, et feront encore à l'advenir, toute la faveur qu'elle pourroit desirer. Ladicte duchesse me respondit que les nouvelles de l'entrée de ladicte princesse en la cour de V. A. luy estoient les plus agréables qu'elle eust receues de longtemps, tenant à très-grand honneur que V. A. et la sérénissime infante avoient daigné de l'y recevoir, dont elle disoit leur avoir une infinité d'obligations, et qu'elle vivroit contente le reste de ses jours en la souvenance de cette félicité. Puis elle se meit à louer haultement la bonté, et les autres vertuz de la feue royne d'Espaigne, Élisabeth, toutes transmises en la personne de la sérénissime infante sa fille, et ne se peut saouller de tesmoigner l'aise qu'elle avoit d'entendre qu'icelle sérénissime infante luy veult du bien. Elle me déclara aussy d'avoir eu lettres de ladicte princesse depuis son entrée en la cour, par lesquelles et celles de la femme du sieur de Berny apparoissoit du contentement que ladicte princesse en a. Ce ne fut pas toutefois sans me dire doulcement qu'elle avoit eu un peu de desplaisir de l'alarme qui s'estoit donné à Bruxelles le jour de devant ladicte entrée, d'autant qu'on jugeoit par delà qu'il n'y en avoit pas eu de subject, ains que le prince de Condé l'avoit procuré pour déshonnorer le roy très-chrestien et la dicte princesse sa femme. Sur quoy je lui remontray qu'il estoit tout cognu et notoire par delà que V. A., ayant envoyé du soir quelques hommes de sa garde à l'hostel du prince d'Oranges, afin qu'ilz luy obéissent en ce qu'il leur commanderoit pour préserver son dict hostel et les personnes y logées de tout oultrage et violence, a voulu favoriser ladicte princesse, en la garantissant de tous dangers, jusques à ce qu'elle fust menée honorablement en sa cour en plein jour et à la veue d'un chacun, sans qu'elle ayt esté soupçonnée d'aucune sinistre intention, et moins que l'on ayt pensé d'envoyer la garde pour s'asseurer de sa personne. Ce que je priois ladicte duchesse de croyre comme chose certaine, et qu'autrement elle n'eust esté reçeue en cour, quoyque l'on veuille faire courrir des bruits par deçà qu'elle y a esté menée par une espèce de violence et de prison, ainsi que je le disois que le marquis de Cœuvre et ledict de Berny l'avoient bien osé représenter à V. A. pour la destourner de sa bonne résolution en cet endroit, mais que leurs allégations avoient esté si minces et de si peu d'apparence qu'il n'y avoit eu pourquoy s'y arrester. Comme de vray *ceux qui jugent icy sans passion de ladicte remonstrance des ambassadeurs françois n'y treuvent rien que de la vanité* et fadaise, n'ayant *servy qu'à démontrer qu'ilz sont marriz que ladicte princesse est en si ferme main que celle de V. A., et que par là* toute espérance leur est retranchée *de la faire enlever et mener en France. Et certes si le roy très-chrestien a desiré que ladicte princesse demeurast par delà, ou à Bréda, je vois bien qu'il n'a pas eu opinion qu'elle fust placée en si bon lieu qu'elle est.* Bref, ladicte duchesse, entendu mon discours, se rangea à mon advis, mesme pour très-bien sçavoir que ladicte princesse a fort desiré d'estre en ladicte cour à l'abry de tous dangers, tant du costé dudict prince que d'ailleurs. Et si protesta ladicte duchesse que, *si l'on a eu desseing d'enlever ladicte princesse de delà, l'on s'est bien gardé d'en parler ny audict connestable ny à elle, qui n'y eussent jamais consenty.* Elle me pria en après fort instamment d'intercéder envers V. A. pour trois choses : la première que ladicte princesse ne retournast jamais plus vers ledict prince, quelque instance qu'il en feist ; la seconde que *le marquiz de Spinola s'abstinst de visiter et entretenir ladicte princesse, comme n'estant bienséant, tant à cause de propos qu'elle disoit avoir esté tenuz par ledict prince touchant la fréquentation dudict marquiz que pour aultres respectz ;* et la troisième que V. A. accordast à ladicte princesse, pour son service et soulagement, sa damoiselle nommée de Chasteauverd et une fille de chambre nommée Philippote, qui se sont retirées chez le baron de Havesquerque, parce que ledict prince a empesché qu'elles n'entrassent à la cour à la suite de leur maîtresse, à dessein de la faire servir par la sœur de Kerreman, conseiller du prince d'Oranges, et par autres femmes, à elle incognues et désagréables. Affirmant que ladicte damoiselle de Chasteauverd et ladicte chambrière sont filles d'honneur, de fort bonne vie et conduite, nourries au service de ladicte princesse dez son enffance, laquelle à cette occasion les a pieça prinses en affection et confidence, et la serviront beaucoup mieulx que ne pourroient faire aucunes autres. Semblable tesmoignage de bonne nourriture, modestie et fidélité donna ladicte duchesse de la damoiselle de Sertaut, estant entrée en cour avec ladicte princesse, et me pria de tenir la main qu'elle y peust demeurer avecq les deux autres. Je respondiz à ces trois demandes que j'en donnerois adviz particulier à V. A. pour en sçavoir son intention, et laissay sur ce ladicte duchesse en plein contentement, et de mesme la comtesse d'Auvergne, fille aisnée dudict connestable, qui survint à la compagnie sur le point de mon départ, et tesmoigna de se conjouir de tout son cœur avecq ladicte princesse sa sœur des honneurs et bienfaits qu'elle reçoit par delà. Je veis peu après ledict connestable, et le trouvay si content et alaigre de la réception de sa fille en la maison propre de V. A. qu'il ne s'en peult rien dire davantage, comme il me le déclara avecq beaucoup de paroles, recognoissant l'obligation que luy et toute sa famille en auroient perpétuele à V. A. et à la sérénissime infante, qui faisoient plus d'honneur à sadicte fille qu'elle ne méritoient, *et que, si lesdicts ambassadeurs s'estoient advancez de dire qu'elle estoit menée comme en prison, il espéroit que V. A. passeroit cette indiscrétion, et se contenteroit d'estre asseurée que ladicte duchesse, luy, son frère, et tous ses vrays parens et amys, l'entretiendroient aultrement, et que mesmement ilz se tiennent beaucoup plus heureux que si ladicte princesse estoit ramenée en France;* car encore (feit-il) qu'il n'y eust rien de tant de choses que *l'on dit du Roy, si sçay-je bien l'estat qu'il faut faire de la fame et opinion publique à l'endroit de personne de ma qualité.* Et en ce disant il protesta de *me parler cler, parce qu'il voyoit que j'y procédois franchement et avecq candeur, me priant d'y continuer et m'asscurer qu'il m'ouvroit son cœur, comme faisoit aussi la duchesse;* mais il me rafraischit conséquemment avec beaucoup d'ardeur les susdictes trois demandes qu'elle m'avoit faites, monstrant d'estre mal imprimé dudict *marquiz Spinola, qu'il appeloit à chasque fois le Genevois, par manière de desdaing,* plus (à ce qu'il m'en sembloit) *pour le commandement que ledict prince a faict à la princesse sa femme de le caresser, que* pour aultres considérations, et disant au reste beaucoup de bien desdictes trois femmes, qu'il prioit à V. A. de laisser à sadicte fille, comme à un enffant qui, battu de la fortune et esloigné de son père et de tous ses parens, mettroit en cela une grande partie de sa consolation, ne fust toutefois qu'il y eust quelque chose à dire sur lesdictes femmes ou aucune d'icelles, qu'il ne pensoit nullement; et, s'il en estoit informé, il tascheroit tout le premier de les faire chastier selon leurs démérites.

L'un de ces jours passés, le baron de Bonœuil me vint dire que le roy très-chrestien luy avoit commandé de me faire sçavoir qu'il espéroit que je fusse bien aise d'avoir recognu la vanité des advis donnez à V. A. touchant le dessein que l'on disoit estre dressé d'attenter à la vie dudict prince et d'enlever ladicte princesse sa femme, qui n'avoit esté qu'une invention forgée par ledict prince, auquel il s'esmerveilloit que V. A. avoit voulu tant gratifier que d'en faire si grand fanfarre, jusques à avoir permis au comte d'Añover de courrir par la ville accompagné de soixante chevaulx ou environ, criant alarme. Et *me convia ledict de Bonœil par* plusieurs *amadouemens de demander audience au roy très-chrestien à la première occasion que j'en aurois,* m'affirmant que *je lui serois tousjours aussi bien venu qu'ambassadeur qui soit en cour, encore* qu'à ma dernière audience *il eust un peu parlé hors des dens en donnant vent à la cholère qui le transporte* quand il parle du faict dudict prince, *ce que je debvois dissimuler par prudence* et me réjouir, voire gloriffier, que *ledict sieur roy et ses principaulx ministres advouent maintenant que je ne luy ay rien dit qui ne se vériffie par les effectz*. Je respondiz que, s'il n'estoit rien dudict dessein, j'en estois vrayment bien aise, mais que je sçavois bien cependant que V. A. en avoit eu des indices véhémens, qui l'avoient obligé à faire ce qu'elle a fait, sans toutes fois que j'eusse ouy parler de ce qu'il me racontoit dudict comte d'Añover, mais que j'estois encore plus aise que mes propos se trouvoient véritables, et qu'au demeurant ce me seroit tousjours grand honneur d'avoir audience du Roy, que je ne fauldrois de luy faire demander à toutes occasions de subjetz qui le vallussent, comme du passé.

LES ARCHIDUCS A PECQUIUS.

(MINUTE DÉCHIFFRÉE.)

28 février 1610.

Cher et féal, le contenu de vostre dernière du xxiiij° de ce mois nous a au long adverty des discours passez entre la duchesse d'Angoulesme, le connestable de France et vous sur ce de l'entrée de la princesse de Condé en nostre maison, et si avons-nous volontiers entendu que l'un et l'aultre en ait la satisfaction et contentement que nous tesmoingne ladicte vostre. Ladicte princesse monstre aussy de l'avoir à tout ce qui se peult juger de sa contenance, et nous aurons soing, ainsy que jusques maintenant, de le luy prouver aultant que faire se pourra, et pour sa qualité et mérites, et pour le respect desdict connestable et duchesse, et, quant à l'allarme dont ladicte duchesse auroit monstré quelque ressentiment, nous voulons croire que vostre repartie pertinente là-dessus l'en aura laissé appaisée.

Et respondans aux trois choses dont elle nous a faict requérir, répétées aussy par ledict connestable, vous lui direz de nostre part (en leur donnant compte de ce que dessus) que, pour aultant que concerne la première, nous ne voyons comme nous puissions refuser de rendre au prince de Condé ladicte princesse sa femme, quand il la répéteroit, mais que les choses ne sont maintenant disposées que cela doibve arriver dans peu de temps, et que partant il n'y a pourquoi ilz s'en mectent maintenant en peine. Et pour la seconde, qu'ilz peuvent bien estre à repos que ny le marquiz Spinola ni aultre quelconque n'a ny accès ny hantise, ny aulcun moyen d'entretenir ladicte princesse, combien que nous tenons ledict marquiz pour tant vertueulx qu'il n'y aura eu que honneur en l'entretenance et conversation qu'il a eu avecq elle en compagnie des plus notables de nostre cour, pendant le séjour qu'elle a faict en l'hostel de Nassau, si qu'ilz peuvent bien tenir pour choses controuvées celles que d'icy l'on peult avoir escript au contraire de cela. Pour la troisième demande, nous sommes bien marriz que n'ayons moyen de leur complaire pour l'information qu'avons toute certaine que ladicte damoiselle Chasteauverd et la fille de chambre Philippotte ne sont si honorables comme ilz se persuadent, ains est bien avéré qu'elles sont gagnées de la part du roi très-chrestien, et tiennent correspondance avecq luy, et qu'elles furent de l'intelligence du desseing de l'enlèvement de ladicte princesse, signamment ladicte de Chasteauverd, qui le jour précédent, celluy destiné pour l'exploict, avoit envoyé à la maison de l'ambassadeur de France, les habillements d'icelle princesse; si que non-seulement il n'y a moyen de les rendre à ladicte princesse, mais nous desirons que ladicte duchesse ou connestable les face rappeler au plus tost en France, demeurant icy au service de ladicte princesse la damoiselle de Sertaut, qui est icy en mesme figure et opinion de modestie et fidélité en laquelle la tient ladicte duchesse, et si la fera-t-on accompagner encore de quelques aultres damoiselles vertueuses et nobles que l'on va cerchant.

PECQUIUS AU SECRÉTAIRE PRAETS.

1er mars 1610.

Monsieur, les deux ministres de cette cour, *le chancelier et le président Jeannin,* sont bien de différentes opinions comme verrez par celle qui s'en va à Son Altèze, et la cause de cette diversité est à mon advis que le peu de contentement *du roy très-chrestien procède de ne pouvoir encore jouir de ses amours, ce que le premier desdicts ministres dissimule et l'aultre le blasme.* Je suis bien desireux d'entendre quel a esté le départ du marquis de Cœuvre, et si ny luy ny le Sr de Berny n'auront fait aucun remerciement à Son Altèze des bons offices par elle renduz ès affaire du prince et de la princesse de Condé. Le roy très-chrestien, après avoir ouy au long le rapport dudit marquis, *a tenu un conseil d'état dont le résultat m'est encore incognu.* Bien me dit-on que *le Roy demeure chagrin et mal content dudict marquiz, ayant dit au ducq de Vendome que son oncle n'est qu'une beste, et si ce que* le nonce de Sa Sainteté a raconté est véritable, le Roy *a escrit au marquiz mesme qu'il estoit un sot,* nimirum quia *raptus Helenæ non successit.* Quelques-uns disent icy qu'il eust esté à propos de laisser mener la princesse hors de la ville, pour par après l'oster aux entrepreneurs, à leur confusion. Mais il me souvient d'une loy qui dict : « Melius esse in tempore occurrere, quam post causam vulneratam remedium quærere. » Au reste, il est certain que *ledict Sr roy ne sera jamais à repos s'il ne voit la dame* qui luy fait plus de mal que *ledict prince.* L'on luy apporta les jours passez lettres *interceptées du Sr de Beaumont, filz du premier président du parlement de Paris, escriptes audict prince, auquel l'on dit qu'il offroit son service. Il s'est absenté d'icy, et ledict premier président en est* en extrême transe.

PECQUIUS A L'ARCHIDUC ALBERT.

3 mars 1610.

Monseigneur,

Je fuz adverty hier matin de par le connestable de France qu'il vouloit me venir voir après le dîner. Et à l'instant survint le baron de Bonœuil, qui me dit d'avoir sceu du marquiz de Cœuvre que le roy très-chrestien luy avoit commandé de se rendre aussy en mon logis, avecq ledict connestable et la duchesse d'Angoulesme, pour conférer ensemble de ce qui estoit du prince et de la princesse de Condé. De fait ilz se trouvèrent tous trois chez moy, trois heures après midy, et le marquiz, commençant le propos à la semonce du connestable, me dit que, pour donner compte particulier de ce qui s'estoit passé à Bruxelles durant son ambassade, il jugeoit à propos que je sceusse que ledict connestable envoya avec luy audict Bruxelles un sien secrétaire nommé Girart, que le Roy avoit commandé à luy marquiz de présenter à Vostre Altèze, pour délivrer à icelle les lettres dudict connestable et de ladicte duchesse, par lesquelles ilz la prioient de ne permettre que ladicte princesse fust emmenée en autres pays estrangers par ledict prince son mary, ains de la retirer de bonne heure de ses mains, et la tenir par delà soubz leur protection. De quoy ledict marquiz disoit avoir parlé au baron de Havesquerque premier que de présenter ledict secrétaire à Vostre Altèze, de peur que, venant cette présentation et le subject d'icelle à la cognoissance dudict prince, il n'en print occasion de plus d'aigreur et rudesse contre ladicte princesse, et d'avoir proposé audict baron de la mettre auprès de la femme du Sr de Berny. Ce que n'ayant ledict baron gousté, ains respondu qu'il luy sembloit plus expédient de loger la princesse en quelque honnorable monastère, ne fust que Vostre Altèze et la sérénissime infante voulussent la recevoir en leur palais, ledict marquiz disoit avoir reparty qu'en France c'estoit quelque note d'infamie aux femmes d estre encloistrées arrière de leurs marys, et que le logis dudict Sr de Berny seroit bien plus propre à ladicte retraitte. Depuis, estant ledict secrétaire présenté à Vostre Altèze et ayant ledict baron, par charge d'icelle, déclaré audict marquis qu'elle vouloit protéger ladicte princesse et pourveoir qu'aucun tort ne fust faict à sa vie ny à son honneur, ledict prince avoit demandé à la princesse laquelle chose de deux elle aymeroit mieulx, ou de s'en aller avecq luy suyvre sa fortune, ou bien d'estre mise auprès de la sérénissime infante en son palais. A quoy elle avoit respondu qu'il la surprenoit, et que, s'il avoit pensé à cette proposition à son loisir, il estoit raisonnable qu'elle eust aussy du temps pour songer, et en sçavoir l'advis de ses parens, ausquelz elle estoit contente d'en escrire au plustost. Mais, au lieu de luy accorder ce délay, ledict prince s'en estoit allé supplier Vostre Altèze de la recevoir en sondict palais, disant qu'il s'en iroit en aultre pays. Et suyvant ce, avoit ledict baron de Havesquerque tasché de faire trouver bonne, tant à ladicte princesse qu'audict marquis, la résolution de Vostre Altèze conforme au desir dudict prince. Mais ledict marquis avoit tousjours insisté au contraire, et quant à ladicte princesse, si elle avoit dict de s'y vouloir soubsmettre, ç'avoit esté à condition de n'estre jamais rendue audict prince. Là-dessus le marquis de Spinola s'en estoit venu tout eschauffé à l'hostel de Nassau, le sabmedy 13 du passé, donner advis audict prince qu'il y avoit nombre de François tous prestz à enlever ladicte princesse, de son consentement, et la mener en France, de quoy Vostre Altèze, advertie tout aussytost par ledict prince, luy avoit envoyé sa garde; et vint-on dire audict marquis de Cœuvre, à table, qu'il y avoit à l'hostel de Nassau trois cents hommes en armes avecq 60 chevaulx, que le prince avoit reproché à la princesse qu'elle estoit coupable du dessein dudict enlèvement, menacé et fait battre le secrétaire dudict Sr de Berny, et que l'on s'en alloit cerchant les François par la ville; qui avoit meu ledict marquis et ledict de Berny de s'adresser à Vostre Altèze, pour sçavoir la cause du vacarme; et leur estant respondu par Vostre Altèze qu'elle estoit informée dudict dessein, ilz l'avoient priée d'en faire chastier les entrepreneurs, si aucuns y en avoit, ou de s'en esclaircir, à quoy elle avoit reparty qu'il n'estoit jà besoin de leur en donner plus d'esclaircissement. Et le lendemain fut ladicte princesse menée au palais, costoyée de près par son ennemy Rochefort, mignon du prince, non sans beaucoup de comptes et bruits courrans par la ville à l'intérest de sa réputation, contre ce que Vostre Altèze avoit promis de prendre sa vie et son honneur soubs sa sauvegarde. De quoy ledict marquis de Cœuvre me dit que ladicte princesse avoit eu beaucoup de regret. Et, pour monstrer qu'elle n'avoit rien moins desiré que d'estre menée en cour de cette façon, il me donna à lire une lettre qu'elle luy avoit escrite sans date, contenant quelques plaintes en termes généraulx des peines, injures et oultrages qu'elle soustenoit, le priant de l'assister qu'elle ne fust mise au palais contre son gré et par violence. Laquelle lettre ladicte duchesse d'Angoulesme print en mains, comme si auparavant elle ne l'eust pas veue, et en advoua l'escriture et la signature, que je disois estre fort bien et artistement faites pour une jeune dame. Puis ladicte duchesse et ledict connestable, embouchez (comme il fait accroyre) par le Roy et ledict marquis, se plaignirent que l'on avoit fait entrer ladicte princesse au palais sur un tel vacarme préallable que l'on disoit toucher à son honneur.

Ma response à tout ce discours fut que ladicte duchesse et ledict connestable avoient peu voir par les effectz le beaucoup de bien que Vostre Altèze et la sérénissime infante vouloient à ladicte princesse, mesmes pour l'affection singulière et cordiale qu'elles ont à ladicte duchesse, et que par deux fois, en parlant à moy, tant devant qu'après ladicte entrée au palais, ilz avoient confessé de leur estre infiniement redevables des faveurs que ladicte princesse recevoient d'elles. Ce que m'estant par eux advoué, je disois qu'ilz n'auroient aucune raison de s'imaginer que Vostre Altèze eust jamais eu l'intention de faire ou souffrir estre faite chose qui eust peu mettre l'honneur de ladicte princesse en danger, la conservation duquel elle avoit au contraire en très-grande recommandation, et se fust aussy bien gardé avecq la sérénissime infante de donner place à ladicte princesse en leur maison propre, s'ilz eussent seulement doubté qu'il y eust tant fust peu à redire en son fait; le lustre de ladicte maison estoit tel et si révérable que la seule réception en icelle empesche et purge tout soubçon sinistre de ceulx et celles qui ont l'honneur d'y entrer. Je leur remontray conséquemment qu'ilz m'avoient fort instamment requis de prier Vostre Altèze de leur part pour ladicte réception, et qu'après en avoir entendu les nouvelles, ilz m'avoient tesmoigné d'en estre très-joyeux, avecq beaucoup de remerciemens du bienfait signalé dont il avoit pleu à Vostre Altèze les gratifier en cest endroit, ce qu'ilz ne debvoient avoir fait s'ilz pensoient que ce fust aux despens de la bonne renommée de ladicte princesse. De sorte que je ne pouvois comprendre de quoy ilz vouloient maintenant tirer subject de plainte, ou d'aucun deschet de leur premier contentement; car quant à ce que ledict marquis de Cœuvre avoit raconté, que par ledict vacarme faist à l'hostel de Nassau et par toute la ville de Bruxelles ladicte princesse auroit esté diffamée d'avoir complotté sondict enlèvement, je disois que Vostre Altèze avoit envoyé gens de sa garde au prince d'Oranges, afin qu'il s'en servist comme il trouveroit estre besoin, pour préserver sa maison de violence, sans luy avoir dit, ny fait dire, ny à autres, que ladicte princesse eust aucun mauvais dessein, ce que je ne croyois aussy que ledict marquis de Cœuvre eust ouy de Vostre Altèze, de la serénissime infante, ny d'aucun de leurs ministres ou officiers; et d'autant moins que je n'avois entendu que ledict prince eust rapporté rien de tel à Vostre Altèze, ains seulement qu'il y en avoit des François qui vouloient enlever ladicte princesse, sa femme, par force. En somme je maintenois fort et ferme que tout ce que Vostre Altèze avoit fait en ce négoce avoit esté pour favoriser ladicte princesse et les siens, et que l'on auroit tort de le destourner à interprétation contraire. Considéré mesmes que l'innocence de ladicte princesse est notoire en ladicte ville de Bruxelles et ailleurs, et que l'on sçait aussy tout communément qu'elle n'a pas esté conduicte en cour pour crainte que l'on eust qu'elle feist un faux bond à son debvoir, mais bien de son bon gré et selon son desir, pour crainte qu'il ne luy mésadvinst, fust par manière dudict enlèvement, ou par mauvais traittement dudict prince son mary.

Ledict marquis de Cœuvre répliqua qu'il y a bruict en ceste cour et par toute la France que ledict prince et le marquis de Spinola ont adverty Vostre Altèze que l'on vouloit enlever ladicte princesse par complot secret fait avecq elle, et qu'il n'y a point aussy d'apparence qu'ilz en eussent parlé autrement, à sçavoir que l'on desseignast d'attenter ledict enlèvement malgré ladicte princesse, pour estre trop certain que c'eust esté une entreprinse du tout téméraire, et qui n'eust peu aucunement réussir, usant ledict marquis de ces termes : cela seroit bon à dire à des enfans, et non à des personnes de bon jugement. Puis, prenant un plus hault ton, il me dit que Vostre Altèze avoit esté plus facile à adjouster foy audict prince qu'il n'en estoit besoin, et que tout ce que j'alléguois tendoit bien à couvrir et sauver l'honneur de ladicte princesse, mais qu'il falloit adviser qu'en ce disant je ne tombasse en aultre inconvénient, de rejecter la prétendue coulpe sur personne plus grande. Je respondiz que je ne rejectois la coulpe sur personne, et que je parlois en sorte que je n'en debvois craindre aucun inconvénient, voire que je maintiendrois toujours franchement devant un chacun que Vostre Altèze n'a rien fait au regard dudict prince ny de ladicte princesse qu'elle ne deust faire. Et, sur la réplique dudict marquis qu'il y alloit de l'honneur du roy très-chrestien, je dis que je ne maintenois pas ny ne voulois maintenir que le Roy eust donné charge d'enlever ladicte princesse, mais que Vostre Altèze, advertie qu'on la vouloit enlever, a esté justement meue d'y pourveoir. Le marquis persistant en son dire, imputa la cause dudit accident en partie à un advis qu'il disoit avoir esté donné mal à propos par don Innigo de Cardeñas, mais principalement aux rapports, pratiques et instigation dudict marquis de Spinola, s'entendant fort estroitement avecq ledict prince, auquel il avoit donné de l'argent, et offert le chasteau d'Anvers ou de Gand pour sa retraite, y consentist Vostre Altèze au point, et estant mal satisfait au reste de ladicte princesse, pour le peu de faveur qu'elle luy a monstré, mesprisant ses courtoisies et les offres de ses services, dont, au dire dudict marquis de Cœuvre, il a esté fort libéral et libre envers ladicte princesse, jusques à luy avoir dict qu'il sçauroit bien la servir et s'en taire, et tascher de gaigner la damoiselle de ladicte princesse nommée du Chasteauverd, afin qu'elle le favorisast en ses amours, luy ayant, à ces fins, premièrement offert sa bourse, et par après dix mille escuz d'or, lesquelles offres estant par elle refusées, ledit marquis s'en seroit despité et auroit esté cause qu'elle a esté retirée de ladicte princesse, comme si elle eust trempé au dessein de son enlèvement. Sur quoy le connestable prend aussy occasion de descharger son cœur avec colère contre ledict marquis de Spinola, qu'il appeloit marchant, et monstroit par ses propos et gestes de l'avoir en grande hayne, comme faisoit aussy ladicte duchesse, quelque peine que je rendisse à leur donner meilleure impression de luy, affirmant qu'il a toujours eu réputation de seigneur fort sage et fort advisé, sans que je l'eusse jamais ouy noter d'aucunes folies d'amour.

De là l'on meit sur le tapis si ladicte princesse debvroit tousjours demeurer au palais de Vostre Altèze, où ledict marquis de Cœuvre disoit qu'elle estoit comme en prison, et au surplus logée peu convenablement à sa qualité de première princesse du sang de France, luy ayant premièrement esté donnée la chambre de Madamoiselle d'Espinay, et depuis une autre a galetas, au plus hault estage, en compagnie d'une seule de ses femmes, qui ne l'a pas servie longtemps, les deux autres luy estans ostées, a sçavoir ladicte du Chasteauverd et la chambrière avecq lesquelles elle avoit le plus de privauté, et qui luy rendoient le service le plus nécessaire. De quoy ledict connestable et ladicte duchesse feirent aussy de grandes doléances, et de ce qu'on avoit voulu donner à ladicte princesse des damoiselles à elle incognues, de Malines, et mesmes une niepce de Kerreman, qu'ilz qualifioient Espagnol et grand favori dudict marquis de Spinola, comme faisoit de mesme ledict marquis de Cœuvre. Ilz me proposèrent ensuyte de tenir la main que Vostre Altèze eust pour aggréable de renvoyer ladicte princesse audict connestable son père, ou à ladicte duchesse, qui l'en supplieroit, et la sérénissime infante, par leurs lettres. Et, après que j'eu respondu que Vostre Altèze ne la pouvoit rendre à autre qu'audict prince ou celuy qu'il dénommeroit, pour l'avoir receue en son palais à cette condition, que je trouvois fort juste et raisonnable, ledict marquis de Cœuvre repartit que Vostre Altèze et la sérénissime infante avoient parlé de la rendre à ladicte duchesse, si elle les en venoit requérir. Je demanday si Vostre Altèze ou la sérénissime infante luy en avoient fait promesse, ce qu'il n'osa pas affirmer, ains seulement que la sérénissime infante, suppliée par ladicte princesse de ne la jamais remettre au pouvoir de son mary, ains plustost de son père, ou de ladicte duchesse, avoit respondu qu'elle la rendroit plustost à ladicte duchesse qu'à nul autre. Bien me dit-il que ledict baron de Havesquerque luy avoit déclaré que Vostre Altèze ne se hasteroit pas à recevoir ladicte princesse en son palais, mais qu'après l'y avoir receue elle ne la rendroit pas audict prince. Je respondiz à cela de n'en avoir rien entendu, mais bien sçavoir que Vostre Altèze avoit engagé sa parole de ne rendre ladicte princesse sans le consentement dudict prince, ne fust en cas de divorce. Et sur ce lesdits connestable et duchesse se prinrent à alléguer et exagérer plusieurs causes pour lesquelles ledict divorce se debvoit faire, du moins la séparation du lict, dont ilz disoient croyre que je sceusse une bonne partie, comme entre autres particularitez que ledict prince avoit menacé ladicte princesse de la jecter hors de la fenestre si elle ne caressoit ledict marquis de Spinola, *qu'il avoit dit beaucoup de villenies controuvées d'elle au Sr de Malembais, et des choses que l'on ne diroit pas d'une garce...* Ausquelz propos je respondiz que, s'ilz pensoient avoir causes légitimes pour fonder le divorce ou la séparation du lict, Vostre Altèze ne les en empescheroit pas, et moins l'exécution de la sentence qui s'y pourroit rendre à leur advantage. Ilz répliquèrent que le procès ne se pourroit faire ailleurs qu'en France, et qu'à ces fins il fauldroit que ladicte princesse y fust renvoyée. De laquelle matière je diz n'avoir charge de traitter plus avant que je n'avois jà déclaré, mais qu'à mon advis le procès se pourroit aussy bien démener à Bruxelles ou ailleurs que par deçà, par-devant un juge qu'il plairoit à Sa Sainteté de déléguer, n'estant sa jurisdiction restreinte à aucun lieu, et comme ils persistoient au contraire, avec tant de chaleur que je voyois bien que c'estoit pour cela principalement qu'ilz m'estoient venuz trouver ainsy tous ensemble, avançans cette raison parmi les aultres qu'à leur advis et d'aultres qu'ilz en avoient ouy parler, dez que la femme demande le divorce, elle doibt estre exempte de l'authorité et pouvoir de son mary par manière de provision, je ne vouluz plus contester sur cet article, disant que j'en escrirois un mot à Vostre Altèze à la première commodité, et qu'au demeurant ilz se pouvoient tenir asseurez que ladicte princesse avoit receu jusques à présent au palais, et recepvroit encores tant qu'elle y seroit, tout le bon traittement qu'elle pourroit desirer, avecq la liberté convenable, sans que je me peusse persuader qu'elle eust de quoy se plaindre de son quartier, mais que l'on debvoit considérer qu'ès palais des grands princes il y a le plus souvent bien peu de place pour accommoder ceulx que l'on y loge par-dessus la famille ordinaire, et que mesmes l'expérience le monstroit au Louvre, en cette ville qui est la demeure du Roy. Je diz en outre audict connestable et à ladicte duchesse que Vostre Altèze ne m'avoit pas encore respondu sur le point desdictes deux femmes de ladicte princesse retirées chez ledict baron de Havesquerque, mais qu'en ayant nouvelles je leur en donnerois incontinent part. Ilz m'en prièrent fort instamment, comme si c'eust esté chose de fort grande importance, disans se confier que Vostre Altèze aura commisération de ladicte jeune princesse en ce regard, ainsy qu'à la vérité il semble qu'elle mérite cette grâce, si tant est qu'il n'y ayt cause plegnante et certaine pour laquelle lesdictes femmes seroient indignes de l'honneur de son service. Finalement ledict connestable, après m'avoir recommandé à part le fait et la consolation de ladicte princesse, et recognu qu'il se tenoit obligé à Vostre Altèze et à la sérénissime infante pour tousiours, comme estoient aussy tous les siens, des faveurs qu'elles départent si largement à ladicte princesse, me dit qu'il vouloit sérieusement penser audict divorce, avecq bon conseil, et d'aultant plus qu'il avoit ferme créance pour plusieurs respectz que sa dicte fille n'a pas encore esté touchée par ledict prince. Bref quelque démonstration que ledict connestable et ladicte duchesse ayent fait de n'avoir entier consentement de la forme de la procédure dont l'on a usé en ces affaires par delà, si puis-je certifier Vostre Altèze que ç'a esté plus pour la présence dudict marquis qu'autrement, et qu'en leurs âmes ilz sont fort satisfaicts jusques ores, comme ilz doibvent.

PECQUIUS A L'ARCHIDUC ALBERT.

10 mars 1610.

Monseigneur,

Plusieurs advis et rapports conformes venans de bons lieux rendent indubitable ce que j'ay escrit à Vostre Altèze par aucunes de mes précédentes, que le roy très-chrestien appreste en diligence ses troupes à pied et à cheval pour aller (comme l'on publie) au secours des princes de Brandenbourg et de Neubourg, jusques au nombre de dix-huit mille hommes de pied, que François que Suysses, et trois mille chevaux, qui auront leur rendez-vous, à ce qu'il me semble, à Montcornet, frontière de Champaigne. Je ne suis pas encore bien informé qui sera le général de cette armée, mais l'on tient pour certain que le ducq d Espernon, comme colonel général de l'infanterie françoise, le ducq de Rohan, chef des six mille Suysses qui doibvent marcher de bref vers Saint-Jehan de Laune, en Bourgogne, le duc de Nevers, général de la cavallerie, le ducq de Sully, général de l'artillerie, et les mareschaulx de Bouillon et de Laverdin s'y trouveront, voire mesme il se croit que le roy très-chrestien se rendra en personne à Châlon, en Champaigne, où il a fait mener d'icy vingt et une pièces d'artillerie, vingt mille bouletz et grande quantité de pouldre. Quelquesuns parlent de plus grand nombre de gens, mais ce que j'en escris me semble le plus asseuré, et, si les ordres et commandemens du Roy tiennent et sont bien exécutez, cette armée debvra estre preste pour le 15 du mois prochain. Quant au chemin qu'elle prendra pour entrer au pays de Juilliers, l'on en discourt ici diversement, les uns disans que ce sera par Lorraine, et les autres par vostre pays de Luxembourg, par lequel le Roy demanderoit passage à Vostre Altèze, et, au cas de refus, le prendroit par force ; il y a bien plus, que, selon les advis que j'ay receuz depuis quelques jours en ça, le dessein du roy très-chrestien est de faire une invasion hostile au pays de Vostre Altèze, et d'y surprendre quelques places sur la frontière s'il peult, comme estant résolu de rompre avecq Sa Majesté et Vostre Altèze pour le fait du prince de Condé, qui s'est embarqué secrètement (à ce que l'on dit icy) au port de Dunkerque, et doibt desjà estre arrivé en Espagne. Les discours du chancelier, du président Jeannin et du sieur de Villeroy me font croyre que, si le Roy a tel dessein, c'est la passion *du desdaing et du despit qu'il a de la retraite dudict prince avecq la princesse, sa femme, qui l'y aura porté, se remarquant en lui une picqueure si véhémente depuis la faulte de l'entreprinse de Bruxelles que ceulx* qui ont accoustumé de lui corner la guerre aux oreilles n'ont peult-estre à ce coup rencontré guerres d'obstacle en ses humeurs à l'y disposer, qui seroit au grand regret de plusieurs aultres mieulx advisez et plus clervoyans, ne se pouvant augurer rien de bon d'une guerre que *l'on vouldroit faire naistre de telle cause;* car en tant que touche le ressentiment que *le roy de France monstre d'avoir du tort qu'auroit esté faict à sa réputation par l'alarme qui se donna à Bruxelles à l'hostel d'Orenges, l'on n'en parle ici que comme d'un masque, le desseing de ladicte entreprinse estant tenu pour certain,* auquel quelques-uns me veuillent asseurer que *le Sr de Preaulx et la femme du Sr de Berny ont eu leur bonne part, et que le Sr de Warde a esté enchargé de mener ladicte princesse à la Capelle, si on la pouvoit enlever de Bruxelles.* J'ay aussy veu *une lettre dudict Sr de Berny, escrite à un sien amy par deçà,* par laquelle il donne assez à entendre *la vérité dudict desseing, bien qu'il proteste de n'y avoir trempé, faisant ladicte lettre mention d'un François nommé de Montcheaux, qui auroit esté de la menée, estant présentement à Bruxelles fort chéry du comte de Busquoy,* duquel *Montcheaux m'a aussy parlé la Rocquinière, François cognu à Vostre Altèze,* disant qu'icelluy *Montcheaux a esté banny de France à cause de quelques homicides, mais que le Sr de Traigny, gouverneur de la ville d'Amiens, a persuadé au roy de France de l'envoyer à Bruxelles pour ledict desseing, et que c'est un meschant homme dont l'on se doibt bien donner garde...*

PECQUIUS AU SECRÉTAIRE D'ÉTAT PRAETS.

16 mars 1610.

Monsieur, le temps est venu, ce me semble, que nous pensions à nous et nous tenions bien sur noz gardes pour les causes contenues en celles que j'escris au maistre. Mais, en cas de rupture, je ne *voy pas que nous puissions éviter un chocq bien rude d'abordée, et pour ceste année présente, metuendum est, inquam, ne sentiamus aculeum Gallorum, quo amisso, statim torpent;* sed spectare convenit ad consilium Scipionis, ut bellum in Africam transferatur. Et je diray franchement que j'ay horreur de penser à cette guerre pour les maulx infiniz qu'elle versera à pleins vaisseaux sur toute la chrestienté, et non pas que nous ayons beaucoup à craindre les forces françoises, pour plusieurs considérations qui ne se peuvent fier au papier, mesme *au regard des divisions que nous pouvons mettre en la France, et des entreprinses fort importantes dont l'on nous offre les moyens, comme entre aultres sur les villes de Marseille et de Lion...*

La Rocquinière me raconte que *ledict S^r roy a dit au comte de Bruay que, si le connestable de France demandoit sa fille à Son Altèze, et qu'elle luy fust refusée, il assisteroit ledict connestable de ses forces pour la reprendre.* Cela s'accorde assez au propos que m'a tenu la duchesse de Longueville ; mais je ne sçai que penser comment ledict *comte de Bruay se rend si familier audict Rocquinière, jusques* à l'avoir mené avecq luy audict Fontainebleau, puisque luymesme m'a confessé de le *tenir pour suspect, ayant six cens escus de pension dudict S^r roy, qui ne se donnent* qu'à bonnes enseignes. Je seray bien aise d'entendre plus particulièrement en quelle réputation *ledict de Rocquinière est par delà...*

LE CONNÉTABLE DE FRANCE A L'ARCHIDUC ALBERT.

18 mars 1610.

Sérénissime prince,

Je remercye très-humblement Vostre Altesse de l'honneur, faveur et support qu'elle a depparty à Madame la princesse de

Condé, ma fille, et me sens tellement son redevable que je recercheray par tous moyens de rendre très-humble service à Vostre Altesse, laquelle sera asseurée de mon obéyssance à tous ses bons commandemens, et que je ne desire rien tant que de faire chose qui luy soit agréable. Et, d'aultant que Vostre Altesse n'ignore point le peu ou point d'amour que Monsieur le prince de Condé porte à madicte fille, quelles sont ses mœurs et ses depportemens envers elle, la sévérité qu'injustement il luy tient, que sa passion a esté si grande qu'il n'a poinct eu de respect à son honneur, qu'enfin on peult bien souhaitter, mais non pas se promettre, qu'il change, je supplie très-humblement Vostre Altesse de permettre à madicte fille qu'elle vienne me trouver pour consoler ma vieillesse, mesmes pour assister au couronnement de la Royne, auquel sont obligez d'assister tous les princes et princesses, seigneurs et officiers de ceste couronne, pour y servir Sa Majesté, laquelle sera très-ayse de veoir madicte fille, à cause qu'elle tiendra le premier rang en ceste action, qui sera fort célèbre. Je croys que Vostre Altesse aura esgard à ma juste supplication et qu'elle m'octroyera la grâce que je lui demande. Ayant commandé à Girard, mon secrétaire, porteur de la présente, de représenter à Vostre Altesse, si elle a agréable de luy donner audience, le surplus de mon intention...

LES ARCHIDUCS A PECQUIUS.

(MINUTE.)

19 mars 1610.

Cher et féal, par votre dernière du xve de ce mois avons-nous au long entendu ce que jusques lors estoit venu à vostre cognoissance de l'appareil qui se faict en France et des desseingz du roy très-chrestien, et nous attendrons que nous teniez advertiz d'une entre-suite, et avecq particularitez de tout ce qu'entendrez ultérieurement de l'un et de l'aultre, mesmes par des courriers exprès, quand l'importance des cas le requerra, afin que de bonne heure nous puissions pourveoir à ce que, pour et selon les occurrences des affaires, nous trouverons convenir, et pour prévenir inconvéniens et surprinses. Nous avons volontiers entendu ce que nous escripvez du contentement qu'ont le connestable de France et la duchese d'Angoulesme (à ce qu'avez pu tirer de leurs propres propos) de l'accœil et traictement qui se faict icy à la princesse de Condé; car, puisque l'on rend peine de luy faire le meilleur que l'on peult, il va bien qu'il soit recogneu. *Mais, quant à la venue de ladicte duchesse pour demander et emmener ladicte princesse, nostre intention est que procuriez de l'en divertir, parce qu'elle seroit peine perdue, ainsi que nous avons mandé par une nostre du xxij° du mois passé, comme seroit aussi d'envoyer par deçà deux damoiselles en la place de Chasteauverd et la Philippote,* d'aultant qu'en nostre palais ne s'admectent que des filles de chambre qui se cerchent et se trouveront à la satisfaction d'icelle princesse; *par dessus l'apparence qu'il y a que celles que l'on vouldra envoyer se lairroient icy facilement suborner et corrompre, si elles ne l'estoient desjà, à l'insceu et contre l'intention desdicts connestable et duchesse, avant partir de France. Par quoy sera bien qu'avecq terme courtois vous procuriez que l'envoy desdictes damoiselles soit excusé, car elles ne seroient receues, et de tant moins que depuis naguères l'on a intercepté une lettre de plusieurs, que doibt avoir escript la Chasteauverd à ladicte princesse, par laquelle elle l'instruict d'escripre audict S^r roy qu'il faut qu'il treuve moyen de l'enlever d'icy, et qu'il n'y a aultre remède plus propre, ny pour luy ny pour elle, pour sortir d'icy, et qu'il y a de l'apparence qu'elle aura escript d'aultres semblables lettres à la mesme princesse, et elle audict roy. Ce que vous debvez discrètement suggérer ausdicts connestable et duchesse, à ce qu'ilz soient informez des causes qu'il y a de soigner et veiller (comme l'on faict) pour leur fille. *Et, parce qu'elle soupçonne que l'on luy retient quelques lettres d'icelle duchesse, vous ferez debvoir d'en sçavoir combien elle luy en a escript depuis qu'elle est venue au palais, ou à la Sertault, avecq désignation des dates, afin qu'elle puisse sçavoir si et quelles luy manquent.* Nous vous resouvenons derechef l'expédition du faict de la neutralité et députation des commissaires pour la conférence sur les différens de limites en nostre comté de Bourgoigne et pays de Luxembourg.

PECQUIUS A L'ARCHIDUC ALBERT.

19 mars 1610.

Monseigneur,

Par confrontation de divers avertissemens que j'ay recueilly de personnes confidentes pour m'informer du nombre de gens dont le roy très-chrestien veult dresser son armée qui doibt marcher vers nos lisières, j'en ay mis par escrit le discours ci-joint. Moyennant lequel j'espère avoir satisfaict pour le présent au commandement qu'il a pleu à Vostre Altèze me faire en cest endroit par ses lettres du 15 du courant, receues avant-hier. Et je ne manqueray de prendre encore langue de jour en jour sur ce qui se passera au dressement de ladicte armée, laquelle de vérité ne me semble pas seulement nous obliger à nous tenir en garde, mais aussy à nous pourveoir en diligence d'accroissement de noz forces ; et, d'autant plus que j'ay apprins que *le gouverneur de Bourgogne, grand favorit du roy de France, je dis son grand escuyer,* qui a bonne part au secret de ses desseings, a dit *à un personnage d'authorité, il n'y a que trois jours, qu'il y aura de la guerre entre l'Espagne et la France.*

Les discours que le Roy tint au nonce de Sa Saincteté, en son audience d'avant-hier, fortifient aussy de beaucoup l'apparence de cette vérité : car il est ainsy que, luy ayant le nonce présenté un brevet de Sa Saincteté, pour l'exhorter à procurer quelque bon accommodement des affaires d'Allemagne, veu mesmes qu'il y alloit de la religion, il respondit que ce n'estoit pas une affaire de religion, puisque l'Empereur déclaroit vouloir rendre justice à chacun des prétendans à la succession du feu ducq de Clèves, pour la faire adjuger à celuy qui seroit trouvé y avoir le plus de droit, sans faire distinction des religions, mais qu'il s'y traittoit seulement de l'intérêt particulier de la maison d'Austriche, par menées et assistence de Sa Majesté catholique, dont il estoit suffisamment adverty, quoyque l'on taschât d'y apporter de la couverture et du desguisement; bref qu'il s'estoit résolu d'assister ses amys, comme il debvoit faire; qu'il estoit jà tard de parler d'accommodement; que les différens ne se pouvoient desmesler que pas l'espée, et qu'il avoit bientost son armée preste, en laquelle il se trouveroit en personne, et s'en iroit droit à Juilliers. Le nonce dit, selon la requeste *que je lui en avois faicte devant qu'il s'en allast à l'audience, que par aventure le chemin de l'armée seroit plus court à sçavoir vers les Pays-Bas,* comme il y en avoit grand bruit, et sur la response froide du Roy que c'estoient des discours, comme le nonce eut dict qu'il demanderoit passage à Vostre Altèze par son pays de Luxembourg, et à son refus le prendroit par force, et mesmement qu'il *avoit l'œil sur Thionville,* le Roy répliqua qu'il n'avoit que faire de passer sur le pays de Vostre Altèze que bien peu sur quelques recoins, et qu'il ne luy demanderoit point de passage. Et quant *à Thionville,* après avoir demandé au nonce si l'on en parloit, qui respondit qu'ouy, il représenta l'importance de ladicte ville, et qu'il y auroit bien à faire à la prendre. De là il se meit sur des plaintes de Sa Majesté catholique, disant avoir remarqué dez longtemps, et de remarquer encore de plus en plus la mauvaise volonté qu'elle luy porte, et dont rendoit preuve certaine la response rude et altière donnée puis naguierres par le duc de Lerma à son ambassadeur, sur la proposition par luy faite que sadicte Majesté ne retinst pas le prince de Condé, à sçavoir que de tous temps *les roys d'Espagne avoient accoustumé de recepvoir et protéger les opprimez,.* que Sa Majesté continueroit *ceste louable coustume envers ledict prince, et dont elle avoit tant plus d'occasion* que ledict S^r roy avoit tousjours receu *et entretenu, comme il faisoit encore, les rebelles fugitifz d'Espagne, et qu'outre ce il avoit fomenté et maintenu tant d'années la guerre d'Hollande, et usé d'une telle façon de procéder envers don Pedro de Toledo, marquiz de Villafranca, lors de son ambassade par deçà que sadicte Majesté,* ouye sa relation, avoit déterminée de ne jamais plus *panser à traicter de semblable matière.* Le nonce repartit d'estre marri de la rudesse et aspreté de la response dudict ducq de Lerma, dont, à son advis, il eust bien peu s'excuser, mais que possible il s'estoit resouvenu des propos brusques tenuz à moy et autres par ledict S^r roy touchant les affaires dudict prince et de la princesse sa femme. Puis, sur la remonstrance du nonce qu'il debvoit du moins avoir tout contentement de Vostre Altèze, qu'il n'avoit obmis aucun bon office envers luy èsdictes affaires, il respondict avecq altération que *Vostre Altèze l'avoit trèsmaltraicté en touchant bien avant à son honneur, comme elle faisoit encores, mesmes en retenant ladicte princesse prisonnière en son palais, et privée du service de ses deux femmes qu'on lui avoit osté.* Sur quoy ayant le nonce répliqué que le palais de Vostre Altèze n'estoit pas une prison, ny ladicte princesse à tenir pour prisonnière, puisqu'elle y estoit de son gré et de ses parens, et se tenoit honorée et obligée des bons traictemens qu'elle y reçoit, le Roy dit brusquement qu'il estoit mal informé, d'autant que ladicte princesse proteste d'estre tenue par force audict palais, et qu'elle y est mal traittée. Le nonce remonstra au Roy que luy-mesme avoit desiré que ladicte princesse fust retenue à Bruxelles au deffault de la réconciliation dudict prince son mary, *ce que le Roy voulut dénier, et, sur la réplique du nonce qu'il ne l'avoit ainsi déclaré, le Roy, divertissant ce propos, dit qu'il falloit que Vostre Altèze rendist ladicte princesse au connestable son père*, ce que le nonce maintenoit ne se pouvoir faire sans le consentement dudict prince, pour estre ladicte princesse soubmise à son pouvoir, et que mesme ledict connestable son père a fait instance qu'elle fust receue audict palais, et a du contentement qu'elle y est. Le Roy, après avoir dict que ladicte princesse a souffert tant de mauvais traittemens de son mary qu'il ne peult plus dire qu'elle soit soubs sa puissance, et que ledict connestable ne nous dict pas tout ce qu'il pense, ains se lamente fort de la détention de sadicte fille, demanda au nonce qui debvoit estre le juge de la matière de divorce, et si l'on en debvoit cognoistre en Flandres. Puis, entendue la response du nonce que ce debvroit estre l'église qui estoit en Flandres et partout, le Roy dit que *le connestable demanderoit sadicte fille à Vostre Altèze et qu'il l'assisteroit afin qu'elle lui fust rendue*. Et là-dessus, se reprenant, il dit que c'estoit assez parlé de ladicte princesse, attendu que ce n'estoit pas en cela que gisoit la principale difficulté, ains en la retraite dudict prince en Espaigne, duquel les Espagnolz se serviroient demain pour demain à brouiller, s'ilz pouvoient, la France, et faire une pauvre vefve de la Royne et un pauvre Daulphin. Le nonce respondit d'avoir souvent ouy de don Innigo de Cardeñas et de moy que jamais Sa Majesté catholicque n'ayderoit le prince de Condé à débattre la couronne au Daulphin, et le Roy repartit que les Espagnolz ont honte de le confesser, mais qu'ilz ne seront pas honteux de le faire.

Et voylà le récit particulier des discours passez entre eulx, desquelz, joints à autres propos dudict Sr roy, *résulte sans doutte une véhémente conjecture qu'il a desseingz contre nous*, et j'en remarque encores une qui me semble de considération, à sçavoir qu'il est peu apparent que *les princes protestans de Allemaigne veuillent recepvoir en leur pays une si grosse et puissante armée que celle que ledict S^r roy prépare,* ayans mesmement les princes de Brandebourg et Neubourg dit puis naguerres au Sr de Vaubecourt (comme il a raconté à un sien amy) *qu'ilz se passeront bien des gens du Roy, et offert audict de Vaubecourt la charge de six mille hommes de pied et de mil cincq cens chevaulx d'aultres nations que François, que le Roy luy veult donner;* davantage les advis que nous avons que *ledict roy a fait recognoistre de noz villes frontières servent de troisième conjecture du dessein de rupture.* Et pour la quatriesme, je poise que les principaulx ministres dudict roy *se font maintenant tirer l'oreille et ne cherchent que des délaiz au faict du renouvellement de la neutralité de Bourgoigne,* quelque presse importune et sans relâche que je continue à leur en donner, me fondant sur les promesses que le Roy m'en a faictes et eulx de sa part. Le Sr de Villeroy et le président Jehannin m'ont cy-devant donné à entendre qu'il tenoit au chancellier; *mais un aultre personnage fort familier à icelluy chancellier dit que le retardement ne vient pas de luy, ains d'ailleurs, et que le Roy est un fin* mattois, ce qui me mect *de tant plus en peine que le baron de Lux est arrivé avant-hier en ceste ville, qui empeschera ladicte neutralité par toutes sortes de dissuasions et aultres moyens à luy possibles.*

PECQUIUS A L'ARCHIDUC.

27 mars 1610.

Monseigneur,

Mes advis précédens, touchant le nombre des gens de l'armée qui s'appresté par deçà, se vont confirmans, tant par nouveaux rapportz qui m'en viennent de jour à autre, que par les propos que le roy très-chrestien mesme en a tenu avant-hier a don Fernando Jiron, selon qu'il escrit particulièrement à V. Alt°, ensemble, parce que m'a dict le Sr de Villeroy ces jours passez, que le Roy arme puissamment, à l'advenant de la levée des forces impériales, qu'il croyt debvoir estre fort grande moyennant les deniers d'Espaigne. Depuis trois jours en çà, l'on a veu en cette ville bailler au rabais le fournissement du pain de munition, jusques à quarante mille livres par jour, et du foin et avoine pour le nombre de sept mille chevaux, à sçavoir tant de selle que d'artillerie et bagage, dont l'on avance aux pourvoyeurs cent mille livres, avecq promesse de plus dans peu de jours. L'on continue aussy d'envoyer de l'arsenal de cette ville multitude de munitions et armes à Châlon, mesmes, entre les autres, grande quantité de mousquetz de longueur fort extraordinaire, à usage (comme l'on me dict) d'offenser de loing ceux qui se présentent à la deffence d'une bresche, ou pour s'en servir parmi les chariotz. Les compagnies d'hommes d'armes du ducq de Mayenne et du grand escuyer du Roy se doibvent rendre, l'une à Montmiray et l'autre à Chastillon-sur-Seine, pour approcher Châlon, et le reste de la cavallerie a son département au long de la rivière de Meuse, avecq ordre de s'y acheminer au plus tost. Je parle de la cavallerie ordinaire entretenue, car d'extraordinaire il ne s'en lève pas encore, saulf que l'on commence à faire nouvelles compagnies d'hommes d'armes du prince de Conty et du ducq de Vendosme. Et il est vray que la leuée des recrues des gens de pied, pour les cincq régimens ordinaires et les trois extraordinaires mentionnez en l'escrit que j'ay envoyé avecq mes dernières, va un peu lentement, sans que le Sr de Vaubecour, ny autres ayans commissions de nouveaux régimens, ayent commencé aucunes levées, ny touché deniers pour ce faire, bien que le Sr de Vaubecour die d'avoir les roolles de ses gens tout pretz pour les assembler en peu de temps. J'ay tasché, par divers moyens, de sonder quel chemin doibt tenir lad. armée pour marcher vers Juilliers, et ce que j'en ay appris est qu'elle prendra sa brisée droit par les pays de Liége et de Luxembourg, selon les ordres en donnez au ducq de Bouillon, qui a charge de pourveoir à ce passage, après l'avoir fait bien recognoistre par led. de Vaubecourt, lequel dit hier à un capitaine de ma cognoissance que s'il y avoit apparence d'obstacle au passage, et que les pétards et les surprinses y manquassent, cinquante pièces de canon en feroient la raison. J'ay sceu d'abondant que depuis peu de jours en ça le Roy, se trouvant avecq plus^{rs} S^{rs} en son cabinet aux livres, y visita et examina les cartes desd^{ts} pays de Liége et de Luxembourg, et que l'on y jugea estre nécessaire de se saisir d'une place sur lad^{te} rivière de Meuse; mais je n'ay encore peu sçavoir quelle. Quant au général de l'armée, l'on n'en dict rien d'asseuré, d'autant que le Roy fait courrir le bruit de s'y vouloir trouver en personne. Bien dict-on que le prince d'Anhalt fait instance pour en avoir la charge, par ce mesme que les frais de lad. armée se prennent sur environ quatre millions de livres que le Roy luy debvroit pour services cy-devant faits en France, toutefois, je n'en sçay rien au vray. Mais, si lad. charge se donne aud. prince, il est trop certain que ny les ducqs de Nevers et d'Espernon, ny autres seigneurs françois de marque, ne vouldront marcher soubs tel général, et en ce cas il y auroit de l'apparence que le Roy se contenteroit d'envoyer en Allemagne ses six mille Suysses, avecq trois ou quatre mille hommes de pied françois et quelque mille et cinq cens chevaux, ainsy qu'aucuns en discourent par deçà; autres affirmant que Jacques Bongars, retourné puis naguierres en cette ville de sa légation d'Allemagne, et le s^r de Bordes, qui en est revenu depuis luy, ont rapporté au Roy que résoluement les princes protestans ne veuillent pas d'armée françoise en leur pays, et que le Roy s'est estrangement cabré à la réception de ces nouuelles, ce qui néantmoins me semble peu croyable, veu les grands appretz de lad. armée jà faits, dont il est apparent que le Roy se fust bien gardé, si au préalable il n'eust esté informé que lad. armée seroit la bien-venue ausd. princes. Mais, si ainsy est qu'ilz ne le veuillent pas, il en résultera une conséquence presque indubitable, que c'est aux pays de Vostre Altèze que s'adressent couvertement les desseins du Roy, et non ailleurs.

De quoy j'ay aussy depuis mes dernières tiré quelques autres conjectures nouvelles des discours du chancelier, du président Jeannin et du Sr de Villeroy, en ce qu'ilz m'ont tous dict que le Roy continue à se tenir offensé de Vostre Altèze, à cause de l'affront qu'il prétend luy avoir esté fait par l'alarme donné à Bruxelles, suivy de l'emprisonnement (ainsy en parlent-ilz) et de la détention de la princesse de Condé par delà contre son gré. M'ayant dict davantage que si le connestable de France *demande ladicte princesse, sa fille, à Vostre Altèze par une juste requeste, et qu'il en soit refusé, le roy de France ne se pourra excuser de lui prester des forces pour favoriser sa prétension,* et que Vostre Altèze *auroit peu de raison de refuser ladicte princesse audict connestable, son père, au cas qu'il la luy demande, attandu qu'elle n'est plus soubz le pouvoir du prince, son mary, criminel de lèze-majesté, et comme tel tenu pour civilement mort,* du moins que si l'on fait commettre la cause de séparation au nonce résident par deçà, et qu'iceluy face donner assignation à ladicte princesse à comparoir par devant luy, il n'y aura moyen que Vostre Altèze empesche sa comparition en personne. Ausquelz propos il m'a esté aisé de donner solution sur le pied de mes reparties faites à semblables objections, comme il s'est veu par aucunes de mes lettres précédentes; mais pour tout cela lesdictz ministres n'ont laissé de me faire cognoistre que le Roy l'entend autrement, de sorte qu'il ne se fauldroit pas esmerveiller s'il vouloit poursuyvre les effectz de son intention par la voye des armes, se persuadant mesmement que Vostre Altèze, veue une puissante armée royale sur les frontières de ses pays, se résouldroit à lascher ladicte princesse plustost que de se porter à d'autres extrémités, comme ont bien osé dire aucuns bravaches de par deçà, dont néantmoins ilz perdront bientost l'opinion, ainsy que j'ay répondu à aucuns d'entre eulz, quand ilz se verront en teste une puissante armée contraire, au cas qu'il en faille venir là, estant desjà le bruict icy assez commun que Vostre Altèze lève de grandes trouppes nouvelles pour se mettre sur la deffensive, en attendant que Sa Majesté catholique entreprenne et exécute l'offensive en tous endroits, dont il ne se peult croyre combien plusieurs des plus judicieux et les clairvoyans de par deçà ont d'appréhension, signamment *prennans esgard à la vraye cause de ces apparens remuemens, de laquelle l'on discourt icy avec beaucoup de liberté.* Lesditz ministres de cette cour m'ont aussi bien dict ne pouvoir nier que Vostre Altèze n'ayt assez de subject d'armes, puisque le Roy, leur maistre, se dispose à l'approcher avecq tant de gens. Et sur ma remonstrance faite le 24 de ce mois audict président Jeannin qu'il m'avoit autrefois déclaré que nous ne tomberions pas en rupture, à son avis, pour ladicte guerre d'Allemagne, il me respondit que, si ladicte princesse estoit de retour en France, le Roy n'auroit plus d'occasion de mescontentement de Vostre Altèze, et que par avanture cela produiroit prou de bons effectz. Je répliquay que je n'en pourrois espérer grand bien, si tant estoit que ledict sieur roy voulust rompre pour le regard dudict prince de Condé, parce qu'en tel cas il estoit à présumer que la rupture s'estendroit aussi à Vostre Altèze, nonobstant que ladicte princesse s'en fust retournée en France. Joint, disois-je, qu'à ouyr les discours desdicts chancellier et de Villeroy, si l'armée françoise s'en va en Allemagne et que la guerre s'y eschauffe contre l'Empereur et ceux de son party, il est à craindre qu'elle n'enveloppe tous les princes voisins, et que mesmes nostre trefve d'Hollande n'en soit mise en grand bransle; à quoy ledict président se contint de repartir, advouant néantmoins que ladicte trefve courra grand hazard, arrivant que ladicte guerre d'Allemagne aille avant, parce que les Estats des Provinces-Unies estant encore en guerre, s'estoient obligez d'assister le prince de Brandebourg pour le faire jouir de la succession de Juilliers, lorsqu'elle viendroit à luy escheoir. Et suyvant ce que l'on tient icy pour tout certain que lesdictz Estats ont desjà accordé et promis pour commencement de secours audict prince et à celuy de Neubourg deux cens mille escuz, comme l'on sçayt aussy que lesdicts Estats doibvent envoyer de bref audict sieur roy quattre à cinq cens matelotz pour s'en servir au fait de l'artillerie en sadicte armée.

Je suys adverty au reste de bon lieu *qu'il n'y a que peu de jours que le roy de France receut lettres de ladicte princesse, contenant plaincte de sadicte détention à Bruxelles, avecq prières instantes de considérer que c'est pour l'amour de luy qu'elle pâtit,* et qu'il ait à *adviser de trouver les moyens de la retirer au plus tost de là.* J'ay faict diligence pour *sçavoir la date desdictes lettres et la voye par laquelle le roy de France les a receues, mais je n'en ai encore rien peu pénétrer;* bien me dit-on que le Roy en faict grand estat *entre ses plus privez.* Il est aussy bien asseuré que ledict roy a *cuidé induire la royne de France à escrire à la sérénissime infante, afin qu'elle permeist à ladicte princesse de se trouver par deçà pour assister à son sacre et couronnement, mais que ladicte royne s'en est excusée en termes fort résouluz, pour deux causes* par elle alléguées, *l'une qu'elle ne vouloit pas se rendre sa macquerelle, et l'aultre qu'il luy seroit malséant que faire une requeste à ladicte royne* (sic), *dont il y a apparence qu'elle seroit esconduitte, raisons si pertinentes qu'elles ont faict aller ladicte proposition au vent,* estant aussy *ledict couronnement remiz jusqu'à l'automne prochain.* Ledict président Jeannin, *sans faire mention dudict refus de ladicte Royne, m'a parlé dudict expédient d'évoquer ladicte princesse audict couronnement, mais avec ceste adjouste qu'il croyoit que Vostre Altèze ny ladicte infante n'en feroient rien,* en laquelle bonne créance je l'ay confirmé. . . .

PECQUIUS A L'ARCHIDUC ALBERT.

2 avril 1610.

Monseigneur,

Force propos aspres et véhémens se passèrent hier en l'audience que don Innigo de Cardeñas avoit trouvé bon de demander au roi très-chrestien, dont j'estime que Vostre Altèze sera informée par ses advis; et partant je seray bref à escrire selon ma mémoire le plus remarquable de ce qu'il m'en a raconté. C'est que, sur sa remonstrance faite au Roy que c'estoit une nouveauté suspecte que d'apprester comme il faisoit une grosse et puissante armée pour l'envoyer sur les frontières du pays de Vostre Altèze, et qu'au cas de continuation de ce dessein Sa Majesté catholique, n'ayant qu'une sœur au monde, seroist justement conviée de pourveoir à la conservation d'icelle, comme l'ayant en singulière affection, ensemble Vostre Altèze son oncle, le Roy respondit qu'il estoit vray qu'il armoit, et que c'estoit pour assister ses amys, comme il avoit tousjours déclaré aux ambassadeurs de vouloir faire, et, sur la réplique dudict don Innigo, qu'il n'avoit point d'ennemys, ny subject pour lequel il deust faire une telle armée, le Roy dit brusquement que l'on sçavoit bien ce que l'archiducq Léopolde estoit venu faire à Juilliers, et à quoy visoient les moyens que sadicte Majesté fait fournir en faveur du party impérial. Sur quoy luy ayant ledict don Innigo représenté que ce n'estoit pas sadicte Majesté qui eust soubslevé ny voulust mener la guerre en Allemagne, le Roy respondit que c'estoit une mocquerie de dire telles choses. Ce qui porta ledict don Innigo à dire avec jurement que les ministres de son roy telz que luy n'avoient accoustumé de procéder et traitter que sérieusement et de vray, mais qu'il sembloit que d'une petite guerre il vouloit faire une grande, et se prendre à ceulx qui ne luy en donnoient occasion. Là-dessus, le Roy se meit à parler fort haultement et aigrement des affaires du prince et de la princesse de Condé, disant que sadicte Majesté le traittoit fort mal, et jurant que, si en cas pareil un prince des vassaulx d'icelle se fust venu retirer en France, il le luy eust renvoyé, mais que l'on en vouloit à ses enffans, et que ce n'estoit pas en cela seulement que paroissoit la mauvaise volonté de sadicte Majesté envers luy, mais qu'elle s'estoit dez-piéça manifestée en une infinité d'occurrences passées, tant du fait du ducq de Biron, de la marquise de Verneuil, de Mérargue, de l'Hoste, secrétaire du Sr de Villeroy, qu'autres. Et quant à Vostre Altèze, il confessa que du commencement elle avoit fait quelque démonstration par paroles de luy vouloir donner contentement, mais que depuis elle s'estoit laissée aller à des effectz contraires, par commandemens venuz d'Espaigne. Ledict don Innigo, protestant que le Roy n'avoit raison de dire que l'on vouloit ou pensoit faire tort à ses enffans, maintint que, comme Vostre Altèze n'avoit obmis aucun bon office èsdictes affaires du prince et de la princesse de Condé, aussy sadicte Majesté ne faisoit en cet endroit ny ne feroit chose qu'elle ne deust faire, et qu'il n'y avoit aucune apparence de livrer au Roy ledict prince comme il prétendoit. Et le Roy, se mettant en fougue de plus en plus, dit qu'en termes d'amytié l'on ne debvoit refuser ladicte délessance, mais que les Espagnolz vouloient tout faire à la mode d'Espaigne, et luy à celle de France, et que la sienne estoit accompagnée de raison qui ne se trouvoit en l'autre. A quoy après que ledict don Innigo eut replicqué avecq assez de cholère, le Roy lui demanda enfin qu'estoit ce pourquoy il estoit venu luy parler. Et ayant ledict don Innigo répété en substance sa première proposition cy-dessus narrée, le Roy persistant en ses propos, que l'on manquoit du debvoir d'amytié et de bonne intelligence avec luy, meit fin à l'audience.

Le nonce de Sa Saincteté, que je viens de veoir, *trouve peu de goust èsdictz discours, comme desireux que les choses se passent par la voye doulce, s'il estoit possible, à quoy buttent aussy tous mes souhaictz.* Et à cet effect, après avoir raconté audict nonce ce qu'il m'avoit communiqué à nostre dernière entrevue touchant la cause de séparation d'entre ledict prince et ladicte princesse, je l'ay prié de trouver bon que, *sans attendre sur ce response du Roy, considéré qu'il y a du danger au délay, j'en feisse ouverture aux ministres de par deçà.* A quoy il s'est accordé. Et je ne fauldray dez demain de commencer à mettre cette pratique en œuvre, avecq quelque peu d'espérance d'en tirer du fruit, puisque ledict nonce m'a asseuré d'avoir entendu hier au soir de fort bonne part que *le connestable s'est résolu d'intenter le procès de ladicte séparation, ayant esté émeu par les propos que j'ay tenus sur ce subject à la duchesse d'Angoulesme.*

Au reste, le roy très-chrestien continue encore à donner des commissions pour la levée de nouvelles gens de pied, pardessus les régimens dénommez en mes advis précédens, mais il n'en débourse point encore d'argent que j'aye peu sçavoir. Les Suysses sont partiz de leur pays et marchent, mais avecq peu de diligence, selon les nouvelles que le fils du colonel Galati en apporta hier au Roy. La levée des Carabins s'avance, et le Roy a commandé que tous les mareschaulx de France, en nombre de sept, facent leurs compagnies d'hommes d'armes, qui pourront monter à cent chevaulx chacune, y comprins les archers. Les boulengers retenuz pour la provision du pain de ladicte armée sont partiz dez mardi dernier vers Châlon, Mézières et Metz, et croyt-on y avoir ordonnance que tous les chevaulx d'artillerie, jusques au nombre de quattre mille, soient menez en cette ville pour le 15 de ce mois, afin d'y estre marquez. Mais avecq tout cela il me semble, en confrontant diligemment tous les rapports que l'on me fait d'une continuèle entrefayte, que l'opinion la plus apparente est que l'armée ne se pourra rendre à Chalon qu'après la my-may prochainement venant. De quoy, entre plusieurs autres, m'a aussy voulu asseurer ledict nonce cejourd'huy, bien qu'il pourroit estre que le Roy envoyast quelques trouppes plus tost au secours des princes de Brandenbourg et de Neubourg, selon ce que j'en ay touché par mes dernières, et dont il est incessamment sollicité par le prince d'Anhalt, qui est toujours à ses oreilles.

C'est chose estrange et néantmoins tenu pour asseurée que *le duc de Sully rend maintenant tous ses effortz pour destourner le roy de France de la guerre qu'il veult entreprendre, luy remonstrant de jour à aultre fort librement les grans inconvéniens apparens d'en debvoir naistre; mais il n'est pas escouté, bien que l'on remarque de l'irrésolution du Roy en ses desseins.*

LES ARCHIDUCS A PECQUIUS.

(MINUTE.)

4 avril 1610.

Cher et féal, ceste vous advertira de la réception de vos trois dernières du 30e et dernier du passé et premier du mois courant. Et d'aultant que nous avons entendu du secrétaire Pratz que nos trois lettres au ducq de Montmorency et duchesse d'Angoulesme qu'il vous avoit envoyé pour eulx et que le secrétaire d'icelluy ducq ne se monstre fort hasté de retourner en France pour les leur envoyer par luy, nostre intention est que, jectant au fœu les susdictes lettres, vous leur délivriez celles-cy joinctes, avecq une copie d'icelles pour vostre information, en leur représentant de nostre part que, sans la raison qu'ilz y entendront, nous eussions condescendu volontiers à leur desir en ce du renvoy de la princesse de Condé, mais que maintenant ilz peuvent bien comprendre cela ne se pouvoir faire, sinon au moyen d'une sentence de divorce légittimement donnée, et que, s'ilz estiment que nous puissions faire avecq fruict quelques offices pour l'advancement de telle sentence, nous en advertissant, nous nous y employerons de fort bonne volonté, et à ce propos nous ne sçaurions sinon louer l'expédient conceu par le nonce de Sa Saincteté en France (et lequel il luy auroit jà suggéré par ses lettres), de réserver à soy la cause dudict divorce, pour en estre cogneu et décidé à Rome sur les informations qui s'en prendront tant en France qu'en ces Pays-Bas et ailleurs, et est partant nostre intention qu'y apportiez la chaleur possible. Cependant vous pouvez bien asseurer de nostre part lesdicts connestable et duchesse que nous ne forcerons jamais ladicte princesse à suyvre sondict mary contre la volonté d'elle...

L'ARCHIDUC ALBERT AU CONNÉTABLE DE FRANCE.

(MINUTE.)

5 avril 1610.

Monsieur le ducq, vostre dernière que m'a délivrée vostre secrétaire m'a apporté beaucoup de contentement pour le tesmoignage qu'elle m'a donné, aussi bien que luy de bouche, de la satisfaction que vous avez de ma volonté en ce qui touche l'accueil et caresses qui se font en ceste maison à la princesse, vostre fille, et se continuera de faire tandiz qu'elle y sera, tant pour vostre respect, que pour ses mérites propres. Au demeurant, quoyque, pour les causes que contient ladicte vostre et ce que m'a représenté vostre dict secrétaire, vous désirez que soit permiz à ladicte princesse de vous aller trouver, je m'asseure de votre discrétion et bon jugement que ne laisserez de considerer que cela ne se peut faire, présupposé (comme il est vrai) que le prince de Condé nous l'a laissée enchargée, avecq réquisition et promesse nostre de ne la rendre à personne sans son consentement, ne soit toutesfois que, par sentence légitimement donnée, elle soit séparée d'avecq ledict prince, auquel cas nous ne ferons aulcune difficulté de vous gratiffier en cest endroict, comme, cessant la susdicte, nous l'aurions faict volontiers dez la réception de ladicte vostre. Bien vous diray que je ne la forceray jamais de suivre ledict prince, son mary, contre la volonté d'elle[1].

PECQUIUS A L'ARCHIDUC ALBERT.

7 avril 1610.

.... Les discours de neutralité menèrent ledict Sr de Villeroy et moy à ceulx de la guerre, et à ce qui en avoit esté dict en la dernière audience à don Innigo de Cardeñas, dont ledict de Villeroy me raconta l'histoire un peu différemment du récit que j'en avois auparavant ouy, disant que, sur la remonstrance dudict don Innigo du soubçon résultant de l'armée que le Roy vouloit faire marcher vers les frontières des Pays-Bas, trop grosse pour estre receue en Allemagne, et que Sa Majesté catholique ne laisseroit jamais la protection de la sérénissime infante, sa sœur unique, pour l'affection singulière qu'elle luy porte, le Roy respondit que ses amys pour lesquelz il armoit avoient besoin de grande assistence telle qu'il leur préparoit, et que sadicte Majesté catholique faisoit bien d'aymer la sérénissime infante, laquelle il aymoit aussy, mais qu'en Espaigne l'on ne debvoit pas tant aymer ses parens comme l'on faisoit.

---

1. Cette dernière phrase était accompagnée d'une note interrogative du secrétaire Vendegies. Par décision autographe, l'archiduc prescrivit de retirer la phrase, mais de l'insérer dans une lettre à Pecquius, qui devait la répéter de vive voix *para que lu diga de palabra*) au connétable.

Sur quoy, ayant ledict don Innigo demandé quels parens, le Roy respondit en cholère le prince de Condé, lequel estant desbauché par les Espagnols, après le ducq de Biron, la marquise de Verneuil et tant d'autres, il ne restoit plus que de desbaucher son Dauphin et ses frères. Et comme ledict don Innigo eut répliqué que, si le Roy eust parlé à luy des affaires dudict prince, il eust trouvé moyen de les conduire à quelque bon chemin, le Roy lui dit qu'il en avoit fait parler à sadicte Majesté catholique, qui n'avoit encore daigné luy en donner response, mais le ducq de Lerma en avoit donné une très-indiscrète à son ambassadeur. Et sur la repartie dudit don Innigo qu'il n'estoit informé de ladite response, le Roy dit que c'estoit une mocquerie de vouloir dissimuler telles choses. Et là-dessus s'en aigrirent les courages et les propos de plus en plus, tant qu'enfin, ayant ledict don Innigo demandé ce qu'il debvoit escrire à sadicte Majesté, son maistre, le Roy respondit : ce que vous vouldrez. Bref, au dire dudict de Villeroy, le Roy resta fort attéré et offensé de ladicte audience, et l'offense n'en est guierres moindre du costé dudict don Innigo, qui veult bien qu'on le sçache, à ce que j'entends de luy ; mais je croy avecq ledict de Villeroy qu'à grand'peine auront-ilz entendu la moytié de ce qu'ilz ont dict l'un à l'autre, le Roy estant peu versé en la langue espagnole et don Innigo moins en la françoise.

Je remonstray en après quelques considérations audict de Villeroy, par lesquelles sadicte Majesté pouvoit estre meue à recevoir ledict prince de Condé en sa protection, et il respondit qu'il n'y avoit raison qui peust excuser sadicte Majesté d'accueillir et entretenir ledict prince comme elle fesoit, ores qu'elle eust par adventure peu trouver quelque couleur de le tolérer seulement en son pays. Conséquemment il me déclara par exprès que le Roy, son maistre, tient l'accueil qui se faut audict prince pour l'une des plus grandes injures qu'on luy pourroit faire, et que pour ceste cause il est malaisé que les deux roys demeurent en paix, mesme qu'il vaut mieux prévenir les mauvais desseins de sadicte Majesté que de lui donner le loisir de les mettre à exécution à sa commodité, pour faire un jour disputer le royaume au Dauphin, ce que ledict de Villeroy me dit avecq démonstration de doléance que les affaires se disposoient ainsi à une guerre, laquelle à son advis seroit de longue haleine, et bien plus difficile à finir qu'à commencer, par ce mesmement que lesdicts deux grands rois, ayant souvent mesuré leurs forces, n'ont accoustumé de guières gaigner l'un sur l'autre, ains après longues misères et afflictions ont tousjours rendu réciproquement par la paix ce qu'ils avoient occupé par les armes.

Je luy diz que, si le Roy, son maistre, venoit à rompre avecq sadicte Majesté, l'on pourroit préveoir qu'il romproit aussy avecq Vostre Altèze, mais que ce n'estoit pas à luy que j'en voulois demander des nouvelles. Et il respondit que je le pourrois sçavoir d'autres, et que le temps nous en rendroit sages. De là nous tombasmes sur le fait de la princesse de Condé, et de la requeste faite à Vostre Altèze par le connestable de France et la duchesse d'Angoulesmes, de la renvoyer par deçà, laquelle requeste je disois et maintenois par plusieurs moyens ne leur pouvoir ni debvoir estre enthérinée, et que le Roy très-chrestien n'auroit aucun subject de se resentir du refus que Vostre Altèze et la sérénissime infante en feirent, et moins d'entrer pour ce en guerre, comme il sembloit (à ouyr parler ladicte duchesse) qu'il en avoit la volonté. A quoy ledict de Villeroy respondit qu'il trouvoit mes raisons fort bonnes et pertinentes, confessant clèrement que Vostre Altèze se pouvoit honnestement excuser dudict renvoy, fors au cas de divorce entre lesdicts prince et princesse, dont il luy sembloit que le procès ne se pouvoit faire en Flandres. Et je luy diz qu'il se debvoit faire à Rome, en retenant par Sa Saincteté la cognoissance de la cause à soy, pour en décider sur les informations qui s'en prendroient, tant en France qu'en Flandres et ailleurs où le besoin seroit. Lequel expédient il trouva merveilleusement bon, saulf qu'il craignoit qu'il n'allast à la longue ; mais, quoy qu'il en fust, il me dit que nous n'aurions pas la guerre pour la princesse, et que je m'en asseurasse, mais pour le prince, y adjoustant que possible la guerre d'Allemagne ne causeroit pas de rupture entre les deux roys et leurs adhérents, encore que le party de l'Empereur fust assisté du costé d'Espaigne, et celuy des princes de Brandenbourg et de Neubourg du costé de France, si ce n'estoit le fait dudict prince, qui seroit cause de tout le malheur panchant sur la chrestienté. Je repartyz que, si le Roy, son maistre, avoit envie de rompre, il en prendroit le prétexte que bon luy sembleroit, mais que tel rompt qui s'en repent, et que beaucoup mieulx vaudroit de cercher et embrasser les moyens propres à nostre bon accord et manutention de longue tranquillité, ce qu'il m'advoua avec protestation d'en estre aussy desireux que moy, mais que l'on n'en prennoit pas le chemin, ains qu'il semble que noz péchéz ayent provoqué l'ire divine sur nous.

PECQUIUS A L'ARCHIDUC ALBERT.

14 avril 1610.

Monseigneur,

Avecq les dernières de Vostre Altèze me sont arrivées, la veille de Pasques, les lettres qu'elle et la sérénissime infante ont escrites à la duchesse d'Angoulesme et au connestable de France, lesquelles je leur ay délivrées avant-hier, et conséquemment leur ay représenté ce dont il avoit pleu à Vostre Altèze m'en charger par sesdictes dernières. Ladicte duchesse, après avoir leu les lettres de la sérénissime infante en ma présence et ouy mes remonstrances sur les causes du refus de Vostre Altèze, n'en monstra point de mescontentement, ny de parole, ny de mine. Au contraire, entendue la déclaration par

moy faicte que Vostre Altèze ne forcera jamais la princesse de
Condé à suyvre le prince, son mary, elle tesmoigna de recevoir
singulière allégresse de si bonnes nouvelles pour n'avoir
jamais rien plus appréhendé, sinon que ladicte princesse fust
envoyée contre son gré en Espagne, ou en autres pays estrangers, qui luy eust causé la mort et audict connestable, comme
elle disoit; de sorte qu'elle se tenoit très-obligée de nouveau
à Vostre Altèze de ceste courtoisie et de la continuation des
honneurs et bons traittements dont elle favorise ladicte princesse. Et quant audict connestable il n'ouvrit pas en ma présence les lettres à luy escrites, mais feit semblant de ne prendre
en mauvaise part ce que je luy représentois du contenu en
icelles. Puis se réjouissant et remerciant Vostre Altèze de ce
que je luy promettois qu'elle ne constraindra jamais ladicte
princesse, sa fille, à retourner vers son mary, il me demanda
si les lettres de Vostre Altèze en mentionnoyent, et, au cas
que non, s'il n'y auroit moyen de tirer de Vostre Altèze cette
promesse par escrit pour sa plus grande asseurance. A quoy je
respondiz qu'il avoit subject de se contenter de ma parole,
pource qu'il ne debvoit craindre que j'en fusse désadvoué par
Vostre Altèze, ny qu'elle manquast jamais à sa promesse, dont
enfin il resta content, et me monstra fort bon visage, qui me
meut de luy dire que j'estois bien aise de veoir les effectz de
sa prudence contraires au bruict qui avoit couru par la ville,
qu'au cas dudict refus de Vostre Altèze, il s'en prendroit au
Roy, son maistre, pour le disposer à redemander ladicte princesse par la voye des armes. Et il me respondit que jà il ne
pleust à Dieu qu'il se rendist autheur d'un si grand mal, qu'il
avoit trop d'expérience pour vouloir inviter le Roy à une telle
guerre, qu'au contraire il seroit toujours porté à verser de
l'eau sur le feu, et que tout le monde seroit repeu de manne
s'il ne tenoit qu'à son souhait, me confessant avecq ce que
non pas luy seulement, mais encore les autres plus grands du
royaume, ne desiroient pas ladicte guerre, ains espéroit qu'il

n'en seroit rien. Et sur ce nous nous départismes après qu'il m'eut dict qu'il respondroit ausdictes lettres et m'envoyeroit ses responses pour les addresser.

Mais le lendemain j'enditz bien autres nouvelles du président Jeannin, qui me vint veoir sur le soir, et me dist qu'une heure après que j'eus laissé ledict connestable, il avoit parlé à luy et en inspection desdictes lettres de Vostre Altèze et de la sérénissime infante, desquelles il l'avoit trouvé fort mal content et tout disposé à s'en plaindre au Roy, pour en avoir la raison, et que, pour estre grand personnage et le premier officier de la couronne, le Roy par avanture pourroit faire quelque chose en sa faveur. Je respondiz que ce n'estoit pas le langage que le connestable m'avoit tenu, et luy racontay les propos passez entre nous, telz que cy-dessus, dont il s'esmerveilla. Et comme, sur ma demande si le Roy estoit adverty du contenu èsdictes lettres, il eust confessé qu'ouy, je prins conjecture que le Roy lui en debvoit avoir parlé, veu mesmement qu'il me dict d'avoir esté le matin au Louvre, voire, je présume, que le Roy l'avoit envoyé vers moy pour m'ouyr de plus près sur cette matière, tant prennoit-il de peine à me persuader que Vostre Altèze, sans blesser sa réputation, peut renvoyer ladicte princesse en France, nonobstant sa promesse faicte audict prince de ne la renvoyer à aultre qu'à luy, ne fust en cas de divorce. Je luy diz qu'il estoit homme sage et vertueux, et le priay de mettre la main sur sa conscience pour juger franchement si ledict refus de Vostre Altèze est accompagné de raison ou point. Il respondit que le Roy se plaignoit de ladicte promesse de Vostre Altèze, comme si par là elle eust voulu plus complaire audict prince qu'à luy, et qu'en tout cas elle avoit esté faicte *rebus sic stantibus*, mais qu'à présent l'estat des affaires estoit changé, pour estre apparu au Roy, tant par tesmoignage de bouche que par les escrits dudict prince, qu'il luy est rebelle tout à faict et criminel de lèze-majesté, auquel cas ledict président vouloit dire que la puissance maritale cesse, et qu'il n'y a raison d'empescher la femme de s'en retourner à la maison paternèle. Je répliquay que les femmes ne s'exemptent du pouvoir de leurs marys vivans sans cognoissance de cause et sentence de juge compectent, et qu'en cas de telle sentence j'avois piéçà déclaré, de la part de Vostre Altèze, qu'elle ne feroit difficultez de renvoyer ladicte princesse audict connestable, son père. Ensuyte je demanday audict président à quoy il restoit que l'on n'intentoit pas encore le procès de séparation à Rome, pour y estre decidé sur les informations qui se prendroient en France, au Pays-Bas et ailleurs, et s'il n'estimoit que ladicte princesse eust de la matière pour y obtenir une bonne sentence. Sur quoy, après qu'il eut respondu que l'on disoit merveille des mauvais traittements receuz par ladicte princesse dudict prince, son mary, mais qu'il n'estoit pas question maintenant d'entrer en cette voye, ains de veoir si ladicte princesse n'a raison de vouloir retourner en son pays, je banday tous mes efforts pour luy persuader de tenir la main que l'on intentast ledict procès, puisque c'estoit le moyen unicque par lequel ledict connestable et les siens pourroient estre renduz contentz. Mais il continua à y faire la sourde oreille, sans en avancer autre raison, sinon que lesdictes procédures seroient longues et qu'il estoit besoin de promptement aller au-devant des inconvéniens qui pourroient naistre de la retention de ladicte princesse, et que tous les hommes prudents jugeront que Vostre Altèze seroit maladvisée de mettre son pays en danger de tels inconvénients pour si peu de chose, me priant ledict président de bien et meurement y penser, et mesmes à la maxime d'estat qu'il fault quelquefois passer par-dessus beaucoup de choses pour un plus grand bien, et que je ferois une très-bonne œuvre de procurer le retour de ladicte princesse, qu'il disoit avoir esté menée en Pays-Bas sans sçavoir où l'on la vouloit mener. Je luy diz que le Roy, son maistre, nous menaçoit de guerre, non pas pour la retention de ladicte princesse à Bruxelles, mais pour ce que Sa Majesté catholique vouloit recevoir et entretenir en ses estats ledict prince. Sur quoy il confessa que le Roy tiendra pour acte d'hostilité si sadicte Majesté refuse de renvoyer ledict prince en France, et que tel est le jugement de plusieurs princes non passionnez auxquels le Roy en a escript, mêmes ceulx qui sont en bonne intelligence avecq sadicte Majesté ; signamment pour les propos sentans rébellion proférez et escrits par ledict prince depuis sa retraite de France ; et pour autant que l'on vouldroit objecter les exemples des fils de don Antonio de Portugal et d'Antonio Perez, entretenus par le Roy très-chrestien, ledict président disoit que ce n'estoient pas personnes de la qualité dudict prince, et qu'au reste sadicte Majesté ne les avoit jamais redemandez. En quoy je diz que nous n'étions pas d'accord en fait, mais que je ne voulois pas entrer en cette dispute plus avant, pour estre affaire d'Espagne. Bien luy en remontray-je qu'à son compte nous aurions la guerre, encore que ladicte princesse fust renvoyée à son père ; il respondit que, si *l'on pourvoyoit au faict de ladicte princesse, ce seroit par aventure arracher la plus grosse espine qui cause le mal, et donner un acheminement à mieulx accommoder tout.* Et de là tombant sur les affaires de Juilliers, il me dict que peut-estre, sans la retraicte dudict prince avecq ladicte princesse, les roys d'Espagne et de France n'eussent pas rompu entre eulx pour le secours qu'ilz eussent envoyé, l'un au party de l'Empereur, et l'autre à celuy des princes de Brandenbourg et de Neubourg, mais que, selon l'estat présent des affaires, il faisoit à craindre que le progrès et eschauffement de la guerre d'Allemagne ne donnast un grand heurt à leur amytié. Je luy proposay l'expédient du nonce de Sa Saincteté, mentionné esdictes dernières à Vostre Altèze. Mais il me dict que lesdicts princes ne se soubmettroient jamais à la jurisdiction impériale, et qu'aussy lesdits roys ne tomberoient jamais d'accord sur le faict de la sentence ; de sorte qu'à son opinion cet expédient estoit peu à propos, mais il en falloit trouver un autre par lequel l'on peust incontinent mettre la hache à la racine, et moyenner la fin finale de tous les différens, tel que seroit le partage des pays délaissez par le feu ducq de Clèves entre les princes de Saxe-Brandenbourg et de Neubourg. Et là-dessus, s'estant encore passées quelques reparties entre nous, tant sur le point de la religion qu'autrement, ledict président me laissa en opinion que, si ladicte princesse demeuroit à Bruxelles, nous aurions bien à faire à demeurer en repos.

Toutefois don Innigo de Cardeñas *m'a voulu faire veoyre d'avoir sceu d'asseurance par les propos, tant dudict nonce que du cardinal de Joyeuse et d'aultres, mesme du marquiz Botti, maistre d'hostel du grand-ducq de Toscane, estant présentement en ceste ville, que sa dernière audience a tellement esbranlé le Roi très-chrestien que depuis ce temps il avoit perdu la plus grande partie de l'envie qu'il avoit de nous faire la guerre;* aussi y a-t-il des dames qui m'ont dict bien sçavoir que le Roy faict mine de vouloir la guerre, et que néantmoins il ne la veult pas. Mais je ne me puis encore résouldre à ceste créance, quoyque *ledict nonce m'ait déclairé de tenir de bonne part que depuis ladicte audience le Roy a dit à quelque seigneur de sa cour qu'il ne s'est pas résolu de faire la guerre au Roy catholique, ni à Vostre Altèze*, ce que néantmoins, *ledict nonce ne prend pas pour argent comptant et ne s'y fie nullement.* Il est bien vray qu'au dire de quelques-uns *qui ont part au secret, le Roy très-chrestien est fort irrésolu sur la conduite de la guerre*, ayant *le ducq d'Espernon* dit ces jours passez en discourrant de ce subject : « Nous voulons et ne voulons pas ; nous faisons et ne faisons pas, » comme aussi l'on m'assure que *le prince d'Anhalt est dernièrement party assez mal content du Roy*, et s'est plainct à quelques seigneurs *qu'il est trop tenant et mesquin, sans vouloir envoyer deniers en Allemagne, lesquelz il disoit y estre plus desirez que ses gens ni sa personne.* Cependant l'on tient pour certain que les Suisses sont entrez en vostre comté de Bourgoigne, et que devant la fin de ce mois ilz seront à Chalon avecq partie de l'infanterie et cavallerie françoise. Il est aussy notoire que par cette ville passent souvent chevaulx d'artillerie en bon nombre, et que l'on continue à faire les provisions de vivres et munitions le long de la rivière de Meuze. Bref, à mon advis, le seul moyen de faire refroidir les desseins du Roy très-chrestien est que nous armions gaillardement et au plus tost que faire se pourra. A quoy se conforment les opinions de tous les amys que nous avons par deçà.

PECQUIUS A L'ARCHIDUC ALBERT.

16 avril 1610.

Monseigneur,

J'ay un peu différé d'envoyer à Vostre Altèze mes lettres du 14 de ce mois, en attendant ce qui se passeroit en une audience que le nonce de Sa Saincteté avoit fait demander au Roy très-chrestien, après m'avoir *communiqué partie de ce qu'il avoit proposé de luy représenter.* Laquelle audience luy estant donnée le jour d'hier, il m'a raconté d'avoir pour entrée de discours exhorté le Roy à la paix, et mesme à l'accoisement des affaires d'Allemagne, luy ramentevant l'expédient mentionné ès dernières de Vostre Altèze, dont il disoit avoir parlé au Sr de Villeroy. Et le Roy respondit qu'il en avoit ouy le rapport, et que le nonce faisoit bien de travailler ainsy pour le repos commun, mais que la guerre s'avançoit fort et estoit à la porte, qu'il y avoit desjà employé cincq ou six cens mille escuz, et que sans point de doubtes il seroit en personne hors de son royaume avecq son armée dans un mois. Le nonce luy demanda quel chemin il faisoit estat de prendre, et s'il auroit aggréable que les ambassadeurs le suyvissent. Il respondit qu'il *prendroit le chemin du pays de Liége et ne passeroit que bien peu de lieues sur celluy de Vostre Altèze sans y gister, et quant aux ambassadeurs que d'aventure aulcuns d'entre eulx le pourroient suyvre, mais qu'il laisseroit en ceste ville la Royne, le chancellier et les aultres de son conseil.* Le nonce lui remonstra que son armée prenant telle route ne pourroit faillir de mettre Sa Majesté catholique et Vostre Altèze en grand ombrage, selon qu'il avoit assez recognu par les propos de don Innigo de Cardeñas en sa dernière audience, dont ledict nonce luy répéta la substance, disant avoir entendu que le Roy en estoit resté offensé, et que ledict don Innigo pensoit avoir remarqué qu'il avoit peu de bonne volonté envers sadicte Majesté et Vostre Altèze. A quoy le Roy respondit que l'on monstroit bien en Espagne que l'on ne vouloit pas son amytié, et qu'il venoit de recevoir nouvelles que le prince de Condé estoit arrivé à Milan, où le comte de Fuentes l'avoit aussytost accueilly, mené et logé fort honorablement et splendidement au chasteau, y adjoustant que les Espagnols travaillent fort pour luy oster le ducq de Savoye, mais qu'ilz y perdent leur peine. Et pour le regard de Vostre Altèze, il dit qu'elle avoit trop fait paroistre de faire plus d'estime de l'amytié dudict prince que de la sienne, mesmes par le bruict qu'elle avoit fait courir qu'il avoit voulu faire enlever ladicte princesse, dont sa réputation estoit intéressée outre mesure. A quoy ayant le nonce reparty qu'il ne m'avoit jamais ouy charger le Roy du dessein d'enlèvement, et que l'auditeur Ottenberg en avoit aussy parlé autrement à Sa Saincteté de la part de Vostre Altèze, à sçavoir qu'elle avoit esté informée qu'aucuns François factieux avoient comploté et tressé un dessein d'enlever ladicte personne, mais qu'elle s'asseuroit que ç'avoit esté au desceu du Roy, et qu'il n'eust jamais voulu advouer tel attentat, le Roy dit que ce n'estoient que paroles et desguisemens, voire mesme que c'estoit autant que de lo vouloir couvrir d'un sacq mouillé, et qu'il n'y avoit personne de si peu de jugement qui creust que l'on eust voulu entreprendre d'enlever ladicte princesse sans son commandement. Il dit davantage avecq aigreur que Vostre Altèze avoit à grand tort refusé au connestable et à la duchesse d'Angoulesme de leur renvoyer ladicte princesse, et que ledict connestable dépescheroit un autre homme vers Bruxelles avec lettres pour autrefois demander ledict renvoi, et qu'au cas de second refus il ne dénieroit à un tel officier de sa couronne l'assistance nécessaire pour luy en faire avoir la raison, et *que Vostre Altèze s'en repentiroit.* Le nonce respondit de m'avoir ouy discourir de cet affaire, et particulièrement des raisons qui avoient obligé Vostre Altèze audict refus, et qu'il luy sembloit que j'eusse raison, mesmes d'avoir entendu de moy que ledict connétable et ladicte duchesse d'Angoulesme avoient fait paroistre d'en demeurer assez appaisez, sans m'en avoir fait aucunes doléances, ains qu'au contraire ilz avoient montré beaucoup de resjouissance de quoy je leur avois promis que Vostre Altèze ne constraindroit jamais ladicte princesse de retourner vers son mary, et au reste avoient dict de vouloir intenter à Rome, en diligence, le procès de séparation, à l'avancement et expédition duquel le nonce offroit de tenir la bonne main. Le Roy répliqua que ledict connestable en avoit bien parlé d'un autre langage que je ne disois, et que ladicte promesse de Vostre Altèze de ne constraindre ladicte princesse à suyvre son mary, comme aussy de la renvoyer en France, moyennant une sentence de séparation, n'estoient qu'artifices pour tenir les choses en alte, et cependant attendre la mort du connestable ou aultre changement, mais qu'il *pourverroit en faveur du bon vieillard; desquelles menaces comme le nonce monstroit de s'esmerveiller, le Roy lui dit que ce n'estoit pas pour menacer Vostre Altèze qu'il en parloit de la sorte, et ne disoit pas qu'il luy voulust faire la guerre,* mais que les événemens rendroient preuve que *Vostre Altèze auroit esté très-mal conseillé de faire ledict refus, et qu'il garderoit en tout le droit des gens,* ce que j'interprète qu'il dénoncera la guerre à Vostre Altèze devant que la commencer. Suyvant quoy *ledict nonce m'a dit qu'il seroit marry que l'on seust qu'il m'a raconté lesdictes menaces.* Le Roy luy dit en après qu'il avoit besoin d'une grosse armée pour les secours des princes de Brandenbourg et de Neubourg, d'autant que l'Empereur en apprestoit une fort puissante, et que l'archiducq Léopolde aura bientost dix-huict mille hommes ensemble, mesme que Vostre Altèze s'est assez déclarée pour le parti impérial, ayant fait entrer les gens dudict archiducq Léopolde en la ville de Rynberck, et luy envoyé le maistre de camp Pompeo Giustiniano, et despeché vers le pays de Luxembourg le comte de Busquoy avecq quatre à cinq mille hommes, outre les autres levées de gens qu'elle fait faire de nouveau. De laquelle déclaration de Vostre Altèze pour le party impérial j'ay désabusé ledict nonce, assurant qu'il n'en est rien jusques à présent, bien que Vostre Altèze face gens pour se tenir sur ses gardes et faire teste à l'armée françoise s'il en est besoin. Sur quoy *ledict nonce m'a remonstré fort chaudement, en conformité de l'advis dudit don Innigo et du mien, que Vostre Altèze ne peult mieulx faire que d'assembler le plus de forces qu'il sera possible, et que la diligence y sera du tout nécessaire, afin de les avoir prestes en temps et heure, croyant fermement avecq moy que le roy de France ne manquera de se trouver sur la frontière dans un mois ou bien peu de jours après,* dont la voix est aussi toute commune en ceste ville, et que le Roy doibt partir d'icy le 13 du mois prochain, qui sera trois jours après le couronnement de la Royne, selon le desseing que l'on en faict. Je sçay aussy de vray que *le ducq de Nevers, général de la cavallerie légère, doibt partir de ceste ville au plus tard lundy prochain vers Chalon, pour y faire revue de quelque cavalerie, ayant luy-mesme dit à un personnage d'aucto-*

rité, de qui je le sçay, que le 25 de ce mois il y aura des grandes trouppes audict Chalon ou ès environs de là, mesmes les six mille Suysses que le Roy a dit au nonce debvoir arriver à St-Jehan de Laune le 20 de ce mois. *Ledict ducq de Nevers asseure d'abondant que le roy de France marchera avecq son armée par le pays de Liège, saulf quelque peu qu'il chemine sur celluy de Vostre Altèze, et qu'il est résolu de demander à icelle le passage.* Quant au nombre des gens de ladicte armée, *ledict ducq* affirme qu'elle sera de douze mille François et six mille Suysses fantassins, outre les quatre mille François estans en Hollande, et que la cavallerie se montera à trois mille cinq cens chevaulx sans la cornette blanche. Au reste je suis adverty de fort bonne part que c'est contre la *résolution de tous ceulx du conseil que le Roy s'est déterminé de s'en aller hors du royaulme, et que mesmement il n'y a personne du conseil qui n'ait un grand desgoustement de la guerre qu'il veult mener* .... A cet instant, je viens d'apprendre certainement que le Roy a commandé *de luy faire trois colletz de buffetries et trois casaques de velour broddées d'or et de ciffres désignans sa devise* (et peult-estre *celle de ladicte princesse), les colletz à porter dessoubz et les cazaques dessus les armes, à quoy l'on employera quatre mille escuz ou environ. Il a aussy fait faire deux cuyrasses (oultre celle qu'il souloit porter) à l'espreuve par devant de l'arquebuse et par derrière du pistolet, qui est une nouvelle confirmation de ce que j'ay dit qu'il se veult trouver à la guerre en personne.*

PECQUIUS A L'ARCHIDUC ALBERT.

19 avril 1610.

.... Et, à propos des armées, il [1] me dit avoir beaucoup de regret que l'on en vouloit venir là, et qu'il eust beaucoup mieulx

1. Villeroy.

vallu de chercher les voyes d'accord, lesquelles il protestoit desirer de tout son cœur, et au prix de son sang s'il en estoit besoing. Je respondiz que mes discours avoient toujours rendu tesmoignage que Vostre Altèze ne desiroit que paix, et qu'elle le monstreroit par les effectz à toutes occasions. Et sur sa réplique que personne ne parloit d'accord, et que mesmement Sa Sainteté manquoit à cette occurrence tant importante de faire les debvoirs à ce requis, je remis en avant l'expédient proposé par le nonce, l'asseurant que Vostre Altèze y tiendroit volontiers la main et avoit desjà fait quelques offices à ces fins. Il repartit que l'on n'en disoit rien du costé d'Espagne, et qu'en tous cas il fauldroit que les princes électeurs ecclésiastiques s'en meslassent et donnassent la parole que l'Empereur ne décideroit rien de l'affaire sans préalable satisfaction des roys d'Espagne et de France, y adjoustant que le Sr de Boissize, ambassadeur françois, avoit desjà veu l'électeur de Mayence, qu'il jugeoit d'assez bonne inclination, et s'en estoit allé trouver celuy de Trèves. Mais comme, sur ma demande s'il avoit traitté dudict expédient, ledict de Villeroy m'eust respondu que non, je luy diz que, si le Roy son maistre vouloit embrasser ce fait à bon escient, l'on en feroit autant du costé de Sa Majesté et de Vostre Altèze, m'ayant don Innigo de Cardeñas dict peu auparavant que je me pourrois eslargir jusques-là. Et ledict de Villeroy me dit ne pouvoir nier que cet expédient ne fust de bonne apparence, mais qu'il est désormais tard de le mettre en pratique, pource que nous sommes si pretz à venir aux mains, et que l'on auroit bien du mal à faire poser les armes aux parties soubs prétexte de cette ouverture d'accord si crue, veu mesmes que nous avons des autres difficultez sur les bras qui nous aigrissent plus que celle de Juilliers, nommément le fait du prince de Condé, qu'il disoit estre logé au palais de Milan, et y traitté en sorte de par sadicte Majesté catholicque, que ledict Sr Roy ne pouvoit qu'il ne s'en offensast grandement, et que nous ferions beaucoup mieulx de nous disposer aussy en ce regard à quelque voye d'accommodement. Je luy demanday quel ; et ouye sa response que l'on pourroit adviser de l'envoyer à Rome soubz la protection de Sa Saincteté, je luy représentay d'avoir autrefois proposé au Roy et à luy, lorsque ledict prince estoit encore à Bruxelles, qu'il se retirast en quelque place neutre, moyennant qu'elle fust catholique, mais que l'on m'y avoit fait la sourde oreille. Ce que m'estant par luy confessé, et que néantmoins à présent le Roy se pourroit contenter que le prince fust à Rome, je luy diz que ce seroit une occasion propre à l'avancement du procès de divorce, en y envoyant par ladicte princesse ou le connestable, son père, qui en feict la poursuite de leur part ; puis je pressay ledict de Villeroy de faire intenter ledict procès, qui serviroit à nous descharger de ladicte princesse au contentement dudict connestable et d'autres ses parents. Il respondit que cette voye seroit propre si elle n'estoit trop longue, et qu'il falloit un remède plus prompt pour prévenir les malheurs de guerre qui nous menaçoient. Je luy diz que dez pièça l'on debvoit avoir commencé, et que ledict connestable n'en pouvoit imputer le délay qu'à soy-mesme, sans qu'il y eust subject de se vouloir prendre à Vostre Altèze pour le séjour de ladicte princesse en son palais, jusques à ce qu'il y ayt sentence rendue sur ledict divorce, puisque sa promesse, sa foy et son honneur ne luy permettent d'en user autrement. Comme aussy je luy disois que ledict Sr Roy n'avoit occasion d'attaquer Vostre Altèze pour les affaires de Juilliers, parce que jusques à présent elle ne s'estoit entremise de cette guerre. A quoy après qu'il m'eust respondu que l'affaire de ladicte princesse estoit fort fâcheuse, et apparente d'esclorre des grands maulx, et qu'au reste il fauldra bien que Vostre Altèze se mesle de ladicte guerre de Juilliers, attendu que sadicte Majesté catholique la soustient, et que sans leur assistance le party impérial seroit notoirement trop foible, voire que les choses se pourroient réduire à une bataille pour le passage, je luy diz que, si le Roy, son maistre, n'avoit non plus d'envie d'entrer en ladicte guerre que nous, il n'y auroit rien qui nous peust brouiller de ce costé-là. Finalement nous entrepromismes l'un à l'autre de songer de plus près à l'acheminement desdicts expédiens ou d'autres qui se pourroient trouver plus à propos.

Et le jour d'hier, sur les trois heures de relevée, ledict Sr de Villeroy me vint dire chez moy qu'il avoit remonstré au Roy, son maistre, peu d'heures auparavant, tous lesdicts discours passez entre nous, et particulièrement ce qu'il avoit recognu de la bonne intention de Vostre Altèze d'ayder à conduire et associer le tout à l'amiable, mais qu'il avoit trouvé le Roy fort esmeu et altéré. Et là-dessus il usa de ces termes : « Vous m'avez parlé hier franchement et clèrement, j'en veulx faire autant en vostre endroict, et vous diz comme de moy-mesme qu'il y a de la passion, et que, si l'on veult remédier au fait de la princesse, il y aura moyen d'accommoder et appaiser tout le surplus sur le pied que nous dismes hier ou autre, mais, au cas que ladicte princesse demeure où elle est, nous sommes à la veille d'une rupture qui pourra mettre le feu aux quatre coings de la chrestienté. » Je luy diz qu'il me faisoit plaisir de me parler rondement, et que je voyois bien maintenant de n'avoir erré en mon opinion que tous ces remuemens ne se faisoient que pour la princesse, et que, si nous tombions en guerre, elle en seroit le principal subject, mais que je ne me pouvois assez esmerveiller de cette véhémente passion, qui tireroit à sa suyte un si grand et si horrible embrasement, avecq beaucoup d'autres remonstrances que je luy feis pour faire paroistre qu'il n'y auroit aucune coulpe nostre, ains que celuy-là s'en pourroit bien repentir qui en seroit cause. Sa repartie fut que le Roy considéroit que c'est pour l'amour de luy que ladicte princesse endure et est miserable, se trouvant par là obligé à la faire renvoyer à son père. Et sur l'itérative instance par moy faite qu'il eust à juger selon sa conscience s'il y avoit aucune espèce de raison de vouloir pour ce faire la guerre à Vostre Altèze, il respondit que je posasse le cas que non, mais que j'advisasse si, pour si peu de chose et pour une formalité, il seroit sagement fait de se plonger aux extrémitez de mettre toute la chrestienté sens dessus dessoubs. Je luy diz que pour chose du monde Vostre Altèze ne se laisseroit jamais aller à lascheté, ny à chose quelconque qui peust esbrécher son honneur, et qu'il n'y falloit pas penser. Je diz aussy qu'il ne pleust jà à Dieu qu'il tombast en mon imagination de m'employer pour tel party. Il répliqua que ledict prince a constraint par force ladicte princesse, et le pistolet au poing, de s'en aller avecq luy au Pays-Bas, et que la femme n'est pas tenue de suyvre son mary qui quite sa patrie et son roy, mais qu'en tel cas elle se peult séparer de fait de luy, et s'en retourner vers ses parens, en quoy personne ne la doibt empescher, concluant par ces allégations que, puisque ladicte princesse desire de s'en retourner en France, et que son père la demande, voire qu'elle se laisseroit plustot estrangler que de se remettre jamais en la compagnie de son mary, vostre Altèze n'a peu faire promesse obligatoire par laquelle ladicte princesse, n'y ayant consentie, debvroit estre forcée de demeurer comme bannie de son pays. Auxquelles allégations je ne manquay de response, dont il seroit trop long de faire icy particulier récit. Et voyant que ledict de Villeroy persistoit en sa proposition, jusqu'à me dire que celui qui trouveroit un expédient pour luy faire renvoyer ladicte princesse feroit le plus grand bien qui fut jamais fait à la chrestienté, veu qu'autrement il n'y avoit moyen de la garantir d'une guerre universèle, je luy diz que j'entendois bien ce langage, qui nous menaçoit ouvertement de rupture, et que partant je croyois l'advis à moy donné que le Roy avoit dict qu'il ne renouvelleroit jà la neutralité, si l'on ne luy rendoit ladicte princesse. Il repartit que celuy qui m'avoit donné tels advis eust mieulx fait de me le laisser deviner, et que néantmoins je ne debvois pas tenir la neutralité pour faillie, ains m'arrester à ce qu'il m'en avoit dict, mais qu'au reste il ne me vouloit pas recéler qu'il est bien vray que *le premier desseing du Roy n'a esté que de faire levée de quelques trouppes pour envoyer un secours médiocre aux princes de Brandenbourg et de Neubourg, qui n'eust peu mettre Vostre Altèze en ombrage, mais que depuis les aigreurs procédées des affaires dudict prince et de ladicte princesse l'ont porté à dresser une forte et puissante armée pour pis faire.* Il me dit d'avantage qu'encore que le Roy, son maistre, *traictant le mariage de sa fille avecq le prince de Savoye, n'ait eu desseing de remuer en Italie, ni mesmes oncques voulu entrer audict traité devant que don Pedro de Toledo eust rompu toute la négociation de l'alliance d'Espagne, si est-ce que, s'il faut rompre en Flandre, je puis bien penser que Sa Majesté catholique aura des affaires partout.* Et sur ma response que *l'on trouveroit à qui parler deçà et delà les monts,* il me pria autrefois *avecq beaucoup de douleur de penser au renvoy de ladicte princesse, disant qu'à son advis Sa Saincteté y interposera volontiers son intercession envers Vostre Altèze Sérénissime, et que j'en pourrois parler au nonce résident en* ceste court. Et sur la fin il me proposa que Vostre Altèze se debvoit tant et plus facilement résouldre audict renvoy, qu'elle avoit fait promettre audict connestable et à la duchesse d'Angoulesme de ne jamais contraindre ladicte princesse à retourner vers son mary, et par ainsy s'estoit aucunement desmarchée de sa promesse faite audict prince de ne la rendre à autre qu'à luy ; je respondis que Vostre Altèze, en retenant ladicte princesse par delà, satisfais indubitablement à l'une et à l'autre de sesdictes promesses, comme je m'asseurois que ledict de Villeroy le comprenoit bien, pour n'avoir Vostre Altèze jamais promis au prince de luy rendre ladicte princesse contre son gré. A quoy il ne sceut que répliquer, sinon qu'il y avoit de la subtilité en cette interprétation. En somme notre recès fut qu'il me pria et repria d'adviser s'il n'y auroit moyen de procurer ledict renvoy ; et moy je le priay ardemment de divertir le Roy de son dessein, dont il me laissa peu d'espérance.

Tost après survint chez moy le Sr de Preaux, et, après m'avoir parlé de l'accord de la princesse de Ligne avec le prince d'Espinoy, et que l'advis de vostre grand conseil avoit esté du tout contraire à ladicte princesse, il se jetta sur le discours des affaires publiques, et me dit *en termes assez mal mesurez que nous donnions en tout et partout cause aux présens remuemens, desgoustans et offensans en plusieurs sortes le Roy son maistre.* Sur quoy comme je luy eu respondu avecq le zèle et la franchise qu'il convenoit, il me dit que Vostre Altèze avoit bonne volonté, mais qu'elle estoit constrainte de se conformer aux résolutions d'Espagne. Je repartiz qu'il parloit de choses dont je ne pensois pas qu'il fust bien informé, mais que je le debvrois estre mieulx que luy, sçachant que les volontés de sadicte Majesté et de Vostre Altèze ne sont qu'une, selon que le requiert l'estroite conjonction qui est entre elles, mais qu'au reste Vostre Altèze est maistre en son pays comme les aultres princes souverains le sont ès leurs. Il continua à maintenir que, sans les deffenses venues d'Espagne, Vostre Altèze eust pieça renvoyé ladicte princesse en France, en conformité de ce qu'il disoit *luy avoir esté déclairé par le Sr de Vendegies,* présens le marquis de Cœuvre et le secrétaire dudict connestable, qu'il *s'asseuroit que ladicte princesse ne seroit jamais trois jours au palais que Vostre Altèze ne la rendist à son père.* Je luy demanday si ledict Sr de Vendegies *l'avoit aussy déclairé par charge de Vostre Altèze,* et il me respondit que non. Puis, comme il m'eut dict que la dernière promesse de Vostre Altèze de ne forcer ladicte princesse à retourner vers son mary *estoit contradictoire à la première de ne la rendre à aultre qu'à luy,* et que je luy eu respondu comme j'avois fait audict Sr de Villeroy sur le mesme subject, il me demanda si ladicte princesse, qui aymeroit mieux mourir que de se rendre à son mary, debvoit toujours estre esloignée de tous ses parens. Et sur ma responce qu'elle et ses parens pouvoient poursuyvre la séparation judiciaire, auquel cas de séparation Vostre Altèze avoit piéçà offert et promis de renvoyer ladicte princesse par deçà, il me feit un autre interrogatoire, à sçavoir *si Vostre Altèze pourroit effectuer ceste offre et promesse, et si les Espagnolz ne l'en empescheroient.* A quoy après que j'eu respondu qu'il avoit tort d'en doubter, et feroit mieulx de se déporter de telles demandes, il calla voile en exaltant les vertuz de Vostre Altèze, et confessant de luy estre infiniment obligé des honneurs, faveurs et courtoisies qu'il a reçeu d'icelle, de sorte que nous restasmes enfin bons amys.

Et depuis le partement dudict de Preaux, le Nonce de Sa Saincteté me donna part, hier, sur les sept heures du soir, de ce que le *Chancellier luy estoit venu dire en secret touchant lesdictes affaires publicques, avecq semonce de n'en sonner mot audict don Inigo ny à moy,* à sçavoir en substance que l'on estoit *sur le point d'une rupture avecq nous, et que pour une grande partie ladicte princesse en seroit le subject, si l'on n'y pourvoyoit en diligence, mesmes à l'intervention de Sa Saincteté,* à laquelle *il desiroit de l'exhorter à tenir la main vers Vostre Altèze Sérénissime pour ledict renvoy, sans attendre la sentence de divorce, qui tireroit trop à la longue,* usant ledict Chancellier de plusieurs moyens de persuasion pour *à ce engager ledict nonce comme à un grand bien de toute la chrestienté.* Mais *le Nonce luy respondit que Sadicte Saincteté ne conseilleroit jamais à Vostre Altèze de faire une chose que luy-mesme ne feroit pas en cas pareil, et qu'il sçavoit bien que Vostre Altèze aymeroit mieulx hazarder son estat, et dix aultres si elle les avoit, que de faire un* faulx *bond à son honneur, priant ledict Chancellier de se servir de la voye de justice pour faire juger le divorce, et de croyre qu'il n'y avoit aultre moyen de recevoir ladicte princesse en France, mesmes de considérer qu'en cas de guerre le connestable sera taillé de ne la veoir jamais.* De laquelle responce si résolue *ledict Chancellier restant estonné,* demanda *audict Nonce si du moins l'on se pourroit asseurer que, moyennant une sentence de divorce, Vostre Altèze rendroit ladicte princesse à son père.* Et sur l'affirmation dudict *Nonce que cela estoit hors de doubte et qu'il oseroit en respondre de sa teste, le Chancelier dit en ces termes : « Et bien doncq nous verrons ; »* et pria aultrefois *ledict Nonce d'estre secret pour bons respectz.*

Or, rapportant ce discours *du Chancellier à ceulx desdictz Srs de Villeroy et Préaux, comme aussy à celluy du président Jeannin,* ce qui en résulte est que l'on entonne *tant de menaces pour essayer d'esbranler la constance de Vostre Altèze,* mais que voyans les ministres et conseillers principaulx du roy très-chrestien qu'ilz *ne puissent rien gaigner sur icelle, ilz retourneront à luy dissuader sondict desseing de rupture,* comme je suis bien asseuré qu'ilz *ont faict jusques à présent avecq les principaulx chefs de guerre, tant pour le peu de fondement qu'eulx-mesmes recognoissent pour y avoir en la cause* comme pour aultant qu'ilz tiennent l'entreprinse pour fort hazardeuse *et téméraire, jugeans qu'elle réuscira à leur dommage, si avant que le ducq d'Espernon a dit audict Nonce ces mots : « Nous sommes tous perduz si la guerre va avant ; »* ce que mesmement se confirme par la voix et fame commune du peuple.

Toutesfois je tiens fermement que *le roy de France ne laissera pour cela de passer oultre, comme de faict il advance son armée avecq beaucoup de chaleur, et commencent les trouppes a s'assembler en Champaigne,* mesmes celles des régimens de Picardie et Champaigne, comme m'a dit entre les autres *le Sr de Guesle, maistre de camp dudict régiment de Champaigne,* et qu'il y doibt ammener onze de ses compagnies, et les aultres maistres de camp des vieux régiments de mesme. Je me suis miz en discours avecq luy sur le chemin que vouldroit prendre le Roy pour mener son armée vers Juilliers, et il m'a confessé qu'elle s'en ira droict à Bouillon, de là à Paliseux, puis à Rochefort, et ainsy de suite sur le pays de Liège, sans toucher à vostre pays de Luxembourg que bien peu. Je continue à presser ledict don Innigo pour la despêche du *capitaine de Rusticis vers Châlon et lieux circonvoisins, afin d'avoir un rapport asseuré de temps à aultre de l'estat de l'armée.* Cependant je me resjouis d'entendre que Vostre Altèze en va apprestant une gaillarde de son costé, espérant qu'elle sera bientost en campagne, comme il est besoin pour estre celluy-cy le seul moyen de conservation après Dieu . .

L'on vient de m'advertir de fort bon lieu que *ladicte princesse a escript au roy de France le jour de Pasques, et qu'il y a un personnage françois par delà qui traitte avecq elle en toute familiarité. Je sçay aussy que ledict roy a faict achepter des belles et riches estoffes de drap d'or par son grand escuyer pour les envoyer à ladicte princesse, et qu'elles seront à Bruxelles dans trois ou quatre jours au plus tard, et croyt-on que c'est au sceu du connestable, bien que je n'en veuille rien affirmer* . . . .

LES ARCHIDUCS A PECQUIUS.

(MINUTE.)

22 avril 1610.

Cher et féal, à peine seroit close nostre lettre cy-joincte du jour d'hier, quand nous arriva votre dernière du xixe de ce mois, qui nous a esté bien-venue, et pour les particularitez y contenues, et pour les discrètes reparties et responses par vous faictes aux Srs de Villeroy et Preaux. Et pour aultant que concerne l'affaire de la neutralité des deux Bourgoignes, nostre volonté est que continuiez à presser tant icelluy de Villeroy que aultres ministres de roy très-chrestien, que conviendra qu'au plus tost jour soit prins pour en traicter et en faire une fin. Et veu que le mesme de Villeroy (pour entraver les maulx que pourra produire la guerre dont l'on nous menace) vous a miz en avant l'envoy du prince de Condé à Rome, soubs la protection de Sa Saincteté, et dit que ledict S^r roy se pourroit contenter qu'il fust jà à Rome, ce qu'il doibt ainsi avoir déclairé par son ordre, nostre intention est que faciez valoir ceste proposition vers lesdicts ministres, afin qu'ilz tiennent la main que ledict S^r roy en face traicter avec nostre très-saint père le pape par lettre de son nonce résidant à Paris, ou par la voye qu'il voira convenir, que Sa Saincteté se veuille interposer vers Sa Majesté afin qu'elle se contente que ledict de Condé se retire audict Rome, combien le face proposer en Espagne par don Innigo de Cardeñas, ou ainsi qu'il le trouvera le plus à propos, attendu que ledict de Condé se trouve en lieu de l'obéyssance de Sadicte Majesté, et conséquemment hors de nostre pouvoir. Et toutesfois, si ledict S^r roy estimera que de nostre part s'y puisse aussy faire quelque office avecq fruit vers l'un ou l'aultre ou vers tous deux, en estans advertiz, nous le ferons volontiers. Quant à la princesse de Condé (qui semble debvoir estre le principal subiet de la rupture et guerre, s'il y fauldra venir, ainsy qu'avez dit bien audict de Villeroy), puisque l'on desire avec tant d'ardeur son renvoy en France, le moyen plus propre et court en seroit celluy du divorce, par vous jà plusieurs fois proposé de nostre part, ou bien que le connestable rende peine d'induire le prince, son mary, à consentir le renvoy de ladicte princesse en la maison d'icelluy connestable. Et si l'on desirera par delà que nous facions aulcuns offices et diligences pour faciliter l'un ou l'aultre de ces deux moyens, nous en faisans advertir, nous nous y employerons volontiers, et en sorte que l'on pourra recognoistre qu'il ne tient aulcunement à nous que ledict connestable ne reçoyve ce contentement auquel temps il habèite (?) que de ravoir sa fille ; mais de prétendre de par des bravades et menaces nous forcer à faire une chose contre nostre promesse, et conséquemment contre la raison, nostre honneur et réputation, résolument nous n'en ferons rien. Et, si ledict S⁻ roy se résouldra pour ce mal à propos à ladicte rupture et à nous faire la guerre, nous procurerons de la faire aussy à luy ; mais en tel cas nous nous tiendrons aussy pour désobligez de tenir plus en nostre maison ladicte princesse, et adviserons de l'envoyer là-part que trouverons convenir, pour esloigner de nous un instrument des maulx infiniz que produira ladicte guerre. Ce que de nostre part vous debvez ainsi dire ouvertement, mais avecq la discrétion requise, tant audict connestable qu'aux ministres principaux dudict S⁻ roy, et il n'y a pourquoy vous estonniez de ce que *ladicte princesse auroit escript audict S⁻ roy le jour de Pasques, parce qu'elle le faict et a commodité* de le faire à quantes fois il luy plaict *par le moyen de la femme du S⁻ de Berny, son ambassadeur.*

LES ARCHIDUCS A PECQUIUS.

(MINUTE.)

25 avril 1610.

Cher et féal, vostre dernière du xxii⁻ nous a donné compte des propos que depuis nostre pénultième du xix⁻ de ce mois vous a tenu le président Jeannin, pour vous persuader que la princesse de Condé debvoit estre renvoyée, non-seulement pour considération d'estat, mais encore, en termes de justice, pour les causes par luy alléguées, ausquelles vous avez respondu discrètement et bien à propos qu'ayant ladicte princesse esté retenue icy à l'instance dudict S⁻ roy et prière du connestable et de la duchesse d'Angoulesme, et mesme à sa requeste propre, ausquelles nous ne pouvions donner lieu que du consentement et permission du prince, son mary, qu'il a donné auecq condition et moyennant nostre promesse de ne la renvoyer à aultre qu'à luy, nous ne pouvons maintenant la rétracter avecq honneur, si ce n'est par l'un des deux moyens touchez par nos précédentes, à sçavoir par sentence de divorce légitimement donnée, ou bien que ledict prince consente qu'elle soit renvoyée à la maison de son père ; et s'il semble audict connestable et à la duchesse d'Angoulesme qu'en la poursuite de divorce se perdra beaucoup de temps, pourquoy n'ont-ils pas tenté et n'essayent-ilz le dernier, y ayant de l'apparence que le prince y prestera facilement son consentement, mesme posé (ce qu'ilz croyent) qu'il luy porte peu d'affection ? Et s'ilz desirent que nous facions quelques offices et diligences pour l'accélération de l'un ou de l'aultre de ces moyens, nous en faisans advertir, nous nous y employerons fort volontiers, ainsi que vous avons ordonné par nostre dernière dudict xxij^e de leur présenter de nostre part ; qui est ce que pour le présent nous sçaurions faire pour leur consolation, bien marriz que n'y pouvons d'avantage, pour la compassion qu'avons de leur juste dœuil, sans nous arrêter ny faire aulcun cas du prétexte dudict prince, que ledict S^r roy auroit voulu entreprendre sur son lict marital, comme de choses qui ne nous touchent aulcunement ; outre ce que (comme a dict bien ledict Jeannin), combien qu'icelluy S^r roy auroit monstré d'estre porté à quelque affection envers ladicte princesse, il ne s'ensuivroit par là qu'elle courrust denger de son honneur. Mais nous ne sommes peu esbahiz du dire dudict président Jeannin, que tous les princes souverains consultez sur ce faict auroient esté d'avis que, pour les causes par luy alléguées et répétées en ladicte vostre, nostre promesse faite audict prince ne seroit obligatoire, et vouldrions bien sçavoir qui sont ces princes-là. Au reste nous avons trouvé voz responses sur le surplus des arguments dudict président tant pertinentes, que n'y avons qu'adjouster présentement, sinon que, si toutes icelles nonobstant ledict S^r roy se résouldra à nous attaquer et faire la guerre, nous tascherons de la luy faire aussy, auquel effect nous avons faict et faisons les levées nécessaires, lesquelles nous espérons qui seront prestes aussytost que les siennes, et que Dieu (protecteur de la raison) nous aidera par sa bonté.

REQUÊTE ADRESSÉE AUX ARCHIDUCS PAR LE CONNÉTABLE DE FRANCE ET LA DUCHESSE D'ANGOULÊME.

Avril 1610.

A Leurs Altesses Sérénissimes.

Diane, fille légitimée de France, tante de Madame la princesse de Condé, et le ducq de Montmorancy, pair et connestable de France,[1] son père, remonstrent humblement à Voz Altesses que ladicte dame princesse de Condé s'est pleint à eux plusieurs fois par lettres et propos qu'elle a tenu à personnes de qualités et à d'autres leurs serviteurs, pour leur raporter des outrages, indignitez et mauvais traitemens qu'ell'a receu de Monsieur le prince de Condé, son mary, pendant qu'ilz estoient ensanble, et qu'elle desiroit leur représenter sur ce subiet des particularitez qu'elle n'ose commettre à des lettres, et moins encore déclarer à qui que ce soit, sinon à eux, à qui elle estime ne debvoir rien celer, et desquelz elle se promet aussi recevoir les conseilz qu'une fille et niepce qui leur a tousiours esté très-obéissante doit attendre de leur piété et charité, les priant à cest occasion la retirer du lieu où elle est pour la tenir près d'eux ; sur laquelle pleinte réitérée à diverses fois ilz auroient esté induictz d'envoyer vers Voz Altesses pour la suplier de permettre à ladicte dame princesse de les venir trouver, attendu qu'à cause de leur indisposition et ancien aage ilz ne se pouvoient transporter vers elle pour luy rendre ce debvoir d'amitié ; ayans tousiours creu qu'ilz ne seroient éconduitz de ceste demande, trouvée juste par tous leurs parens, agens de conseil, ausquelz ilz en ont communiqué, néantmoins Voz Altesses en auroient fait reffus ; dont ladicte dame princesse de Condé advertie auroit derechef eu recours à eux avec pleurs et gémissemens, pour les prier de continuer et répéter encor la mesme suplication avec si furieuse instance qu'elle ne soit plus retenue où elle est contre son gré, et par ce moïen empescher de poursuivre en toute liberté la séparation à laquelle elle veult tendre, en y emploïant le remède que les loix et la justice luy permettent, par l'advis et avec l'assistance de ceulx qui luy appartiennent ; au moïen de quoy ceulx qui l'ayment chèrement et compatissent en son affliction suplient humblement Voz Altesses par ceste requeste signée de leur main, et qui leur sera présentée par le sieur des Preaux, gentilhomme envoyé exprès, leur acorder ceste juste demande après tant d'instances qu'ilz en onct faict, sans leur donner subiet de se plaindre et d'avoir recours à la protection de leur roy, pour obtenir par son moïen ce qu'ilz estiment ne leur pouvoir estre justement desnié.

DIANE DE FRANCE.

MONTMORANCY.

PECQUIUS A L'ARCHIDUC ALBERT.

26 avril 1610.

Monseigneur,

L'on ne voit que pionniers et chevaulx d'artillerie passer à trouppes par ceste ville de jour à autre, et la diligence est extrême que l'on faict icy à l'arsenal à préparer armes que l'on en veult tirer pour en armer jusques à 4,000 hommes, oultre celles jà envoyées en grande quantité à Châlons. Le roy très-chrestien continue aussy de dire résoluement et avecq beaucoup de chaleur qu'il partira d'icy vers son armée le 12 du mois prochain, et qu'il veult que le couronnement de la Royne se face le 6, auquel effect l'on travaille icy aux ouvrages jour et nuit, mesmes sans respect des festes ny dimanches. Sa passion, au reste, le va disposant de plus en plus à entreprendre sur les pays de Vostre Altèze *si la princesse n'est rendue,* et je sçay que ces jours passez, parlant de ce subject à un personnage qui prive avecq luy, il a dict ne croyre point que Vostre Altèze veuille accorder passage à l'armée françoise par son pays pour tirer vers Juilliers, mais d'avoir entendu qu'elle s'est desjà résolue d'en faire refus et que cela servira de cause suffisante pour rompre. Ledict personnage respondit qu'il n'y avoit pas grande raison d'accorder passage à cette armée, et que néantmoins il pourroit estre que Vostre Altèze l'accordast pour demeurer en paix, demandant au Roy si en tel cas l'armée seroit receue en Allemagne ; à quoy il repartit en tels termes qu'il donna assez à cognoistre que, si ce prétexte de rupture venoit à manquer contre son opinion, il en trouveroit d'autres. Et à propos de ce qu'il a dict de ladicte resolution de Vostre Altèze touchant ledict passage, je sçay de bon lieu qu'il en a eu nouvelles du ducq de Bouillon, et que Vostre Altèze s'appreste à la guerre avecq démonstration de beaucoup de courage, voire que non seulement elle ne consentira audict passage, ny n'attendra que l'on essaye de le prendre par force, mais mettra son armée en campagne, à dessein de combattre la françoise à la première occasion qui s'en présentera. Le Roy ne laisse pourtant de se flatter, disant que nous n'avons ny argent ny hommes pour luy pouvoir faire teste, quoyque ceulx de son conseil n'en jugent pas ainsy.

Le nonce apostolique discourut avant-hier de ces affaires avec *le Sr de Villeroy,* et luy dit vouloir demander audience au Roy pour luy présenter un nouveau brevet de Sa Saincteté, afin de le desmouvoir de sesdictes entreprinses, ce que *ledict de Villeroy trouva fort bon, mesmes que le nonce taschast de persuader au Roy de faire poursuivre le divorce de ladicte princesse d'avecq son mary par voye de justice,* combien qu'il disoit avoir opinion qu'il n'en feroit rien, et m'a ledict nonce promis le jour d'hier d'en traitter fort amplement avecq le Roy, en l'audience qu'il luy a desjà fait demander, et que d'un chemin il luy représentera que *le connestable n'auroit occasion de s'excuser sur quelque apparente longueur de ladicte poursuite judiciaire,* puisqu'il n'a tenu qu'à luy de la commencer plus tôt, et que si l'on tombe en guerre, il se trouvera réduit au point *de ne voir jamais ladicte princesse sa fille,* comme aussy ledict nonce propose de luy *parler dudict passage et sonder s'il se contenteroit* que Vostre Altèze le luy accordast pour cincq ou six mille hommes, sans plus, à passer *par compagnies ou demies compagnies, comme ont faict les Suisses par vostre comté de Bourgogne;* et je ne fauldray de tenir Vostre Altèze particulièrement advertie de ce qui se passera en ladicte audience. . . .

LE MÊME AU MÊME.

28 avril 1610.

Monseigneur,

Plusieurs choses remarquables ont esté traittées ès discours de la dernière audience que le roy très-chrestien a donnée au nonce apostolique, selon le récit qu'il m'en a fait. En premier lieu, sur la remonstrance dudict nonce, conforme au brevet de Sa Majesté, que le Roy ne debvoit porter ses armes à la guerre de Juilliers, mais tenir la main à l'acheminement de quelque bon accord, puis mesmes que l'Empereur monstroit y avoir de l'inclination, comme ledict nonce disoit avoir fait apparoir par lettres de celuy résident à Prague, qu'il avoit monstrées au Sr de Villeroy et à autres ministres de cette cour, le Roy respondit ne vouloir empescher que l'on tentast les voyes d'accord, et que le nonce faisoit bien de s'y employer, mais que cependant il passeroit outre avecq les armes au secours de ses amys. Le nonce, après avoir protesté de la charge qu'il avoit de parler cler et en toute candeur, luy dit qu'autre chose que la guerre de Juilliers le mouvoit à faire son armée, à sçavoir le fait du prince et de la princesse de Condé, et qu'au jugement du monde il avoit des desseins sur les pays de Vostre Altèze. Il respondit en prenant Dieu à tesmoing qu'il ne desiroit pas du mal à Vostre Altèze, ny mesmes à Sa Majesté Catholique, mais vouloit aller en personne avecq son armée mettre le siége devant la ville de Juilliers. Et sur le dire du nonce que son armée seroit trop grande pour donner secours aux princes de Brandenbourg et de Neubourg, et que luy-mesme avoit autrefois dict qu'il suffisoit d'y envoyer quelques sept à huit mille hommes, le Roy repartit qu'il estoit bien vray qu'il avoit tenu telz propos, mais que lors Sadicte Majesté et Vostre Altèze le traittoient en amys, au lieu qu'à présent elles luy font tant de défaveurs et desplaisirs qu'il a subject de faire une armée royale de plus de trente mille hommes pour asseurer son fait. Le nonce persista que telle armée obligeoit Vostre Altèze d'en faire aussy une pour se garantir de toute invasion, et qu'elle ne pouvoit permettre l'entrée de telles forces estrangères en ses pays. A quoy comme le Roy eust respondu qu'il n'avoit que bien peu à passer sur le pays de Vostre Altèze, et que mesmement son armée n'y logeroit jamais et n'y feroit dommage d'une seule poulle, ne pouvant croyre que Vostre Altèze luy voulust refuser ce passage, parce que cela ne se doibt faire entre amys, le nonce demanda s'il permettroit à Vostre Altèze de passer par la France avecq un ost de trente à quarante mille hommes, et, sur sa response que si, le nonce dit qu'à son opinion il y penseroit plus de deux fois, et que Vostre Altèze, donnant entrée à telle armée en son pays, les mettroit en évident danger. Ce qu'estant contredict par le Roy, soubs prétexte que Vostre Altèze se debvroit contenter de sa parole, et d'autant plus que son armée n'entreroit pas aux entrailles du pays de Vostre Altèze, ny mesmes ne prendroit son chemin du costé de Metz, où pourroit escheoir plus d'oustrage, ains seulement sur quelques bouts dudict pays, sans passer par aucune ville ny autre place importante, le nonce proposa que l'on pourroit en ce trouver un expédient qu'il feist passer son armée à la disfilade et par compagnies ou demies compagnies au coup, de la façon que les Suysses venoient de passer par vostre comté de Bourgoigne. Mais la response du Roy fut que sa qualité ne souffroit pas de passer avecq une armée qui ne fust toute mise en un corps, et que Vostre Altèze n'a pas de forces pour luy pouvoir empescher ledict passage. A quoy après que le nonce eut répliqué qu'il ne sçavoit les forces que Vostre Altèze pourroit amasser, mais qu'elle feroit indubitablement tout ce qui luy seroit possible pour sa deffense, et seroit servie de soldatz de grande expérience et d'infanterie meilleure sans comparaison que la françoise, le Roy se print à user de bravades comme s'il n'y eust rien aux Pays-Bas qui luy peust résister, et dict par exprès qu'elle feroit demander à Vostre Altèze ledict passage, résolu de luy faire la guerre si elle le refusoit. « Voylà donques, a dit le nonce, comment Vostre Majesté veult attaquer l'archiducq, qui ne pense pas luy en avoir donné occasion, non plus par la rétention de ladicte princesse à Bruxelles qu'autrement; » et le Roy dit que Vostre Altèze n'avoit aucune raison de retenir ladicte princesse malgré le connestable, son père, qui la redemandoit. Sur quoy ayant le nonce allégué aucunes causes de ladicte rétention, et mesmes que le Roy l'avoit desirée avecq ledict connestable, la duchesse d'Angoulesmes et la princesse mêmes, outre l'instance en faite par ledict prince, son mary, et que Vostre Altèze n'avoit peu satisfaire à leur requeste sans la promesse par elle aicte audict prince de ne la rendre qu'à luy, de sorte que l'on avoit tort de la presser à y contrevenir, le Roy dit que c'estoient discours de Pecquius, mais que l'on n'a jamais requis Vostre Altèze de faire telle promesse. Et entendue la repartie du nonce touchant le scandale apparent qu'il y auroit du retour de ladicte princesse en France contre le gré de son mary, le Roy dit que c'estoit abus de penser qu'il procédast en ce fait par passion amoureuse, veu qu'il y avoit de plus belles femmes en France que ladicte princesse; mais, posé le cas qu'il en fust amoureux, il demanda si Vostre Altèze, en la retenant en captivité, ne feroit pas un acte qui luy seroit de grand despit et insupportable. Laquelle demande estant glissée par le nonce, qui se remeit à représenter au Roy qu'il ne se debvoit formaliser pour ladicte rétention jusques à ce que l'on décidast le procès de la séparation de ladicte princesse d'avecq ledict prince, son mary, le Roy respondit qu'on luy vouloit faire perdre le fruict de son armée, qui luy avoit desjà cousté sept cens mille escuz, mais qu'il n'en feroit rien; conséquemment il reprocha au nonce que le pape vouloit tout tirer de luy et rien des Espagnols, mais qu'il n'endureroit jamais aucune indignité d'eulx, ny que l'on dist qu'il eust abandonné ladicte princesse, sa subjecte, et le bon vieillard de connestable, son père. Le nonce repliqua que Sa Saincteté use d'offices paternelz aussy bien envers Sadicte Majesté catholique et Vostre Altèze qu'envers luy, pour trouver moyen de les mettre tous bien d'accord, et qu'elle seroit mesmement contente que ledict prince se retirast à Rome pour lever les ombrages résultans de son séjour ès estats de Sadicte Majesté, ce que ledict nonce eut tant plus d'occasion de luy proposer que le Sr de Villeroy et autres, ses ministres, avoient desjà déclaré de trouver cet expedient fort propre; mais le Roy luy dit soubdain que ladicte proposition partoit de l'eschole des Espagnols, afin de donner masque à leurs desseins, en disant que le prince est hors de leurs pays. Le nonce luy remonstra par après qu'il sembloit que faisant son armée, il vouloit braver et menacer Vostre Altèze et d'un chemin Sadicte Majesté catholique, pour les constraindre à luy rendre ledict prince et ladicte princesse, ce qu'ilz ne feroient jamais par force, mesmes pour n'estre Sadicte Majesté inférieure à luy, ains esgale, et de telle puissance qu'elle rendroit les événemens de la guerre fort doubteux; mais quand ores il s'en vouldroit promettre quelque bon succès ès Pays-Bas, il debvoit considérer qu'en tel cas il se feroit aussytost beaucoup d'ennemys, signamment le roy de la Grande-Bretagne et les Estats des Provinces-Unies, qui n'auroient garde de le favoriser en la poursuyte de telles entreprinses. Là-dessus, comme il se fut autrefois jecté sur les bravades, disant qu'il se fioit en ses forces propres, et non en celles de ses voisins, et que, quand bien les Hollandois ne se déclareroient pour luy, il ne délaisseroit de passer outre à l'exécution de ses desseins, le nonce luy remonstra qu'il voyoit bien ne pouvoir rien gaigner sur luy, ains qu'il bouchoit les oreilles aux salutaires admonitions et conseils de Sadicte Saincteté. Et le Roy, descouvrant son intention, dit que résoluement il s'en iroit à son armée le 15 du mois prochain, encore qu'il deust remettre le couronnement de la Royne jusques au mois d'octobre, et qu'il ne pourroit tenir Sadicte Majesté ny Vostre Altèze pour amys si elles ne luy faisoient de bref quelque démonstration d'amytié. Et sur l'interrogation du nonce, en quoy debvoit consister ladicte démonstration, le Roy dit tout plat que ce seroit à renvoyer ladicte princesse audict connestable, son père, moyennant quoy l'on pourroit accommoder les affaires de Juilliers, et en tout cas, si la guerre y continuoit, il fauldroit y envoyer de sa part que quatre mille hommes. Il dit aussy que dans peu de jours il auroit nouvelles du Sr de Preaux, enchargé de demander premièrement ladicte princesse à Vostre Altèze de la part dudict connestable, son père, et en après aussy de la sienne, comme protecteur et deffenseur de la liberté de ses subjectz, avec ferme opinion que Vostre Altèze s'y accommoderoit, ou que du moins elle clineroit les yeux pour laisser évader ladicte princesse hors de ses pays, dont il disoit qu'aucuns de ses ministres m'avoient fait ouverture, et qu'il seroit bien que j'y tinsse la main. De tous lesquelz discours ledict nonce conclud qu'il se fault tenir certain de la guerre, si ladicte princesse ne retourne en France, et que l'on ne doibt rien espargner à se pourvoir en toute haste de forces suffisantes à contrecarré ladicte armée françoise.

J'ai discouru le jour d'hier fort amplement desdictes affaires avecq *le Père Cotton, qui m'a dit qu'aux Pasques dernières le roy de France estoit en si bonne volonté de faire son salut qu'il eust facilement oublié toute affection envers ladicte princesse, ne fut qu'elle en eust rallumé le feu par ses lettres à luy escriptes, où elle le traictoit d'épithètes amoureux, comme de mon cœur, mon chevalier, et aultres semblables. Il m'a déclairé en oultre que ledict roy, ces jours passés, après luy avoir longtemps parlé du subiect de ladicte guerre, luy a enfin confessé qu'il la feroit pour faire renvoyer ladicte princesse en France,* de manière que *ledict Père dict tout ouvertement qu'il n'en fault nullement doubter, mais cercher les remèdes pour aller au-devant d'un si grand mal,* lesquelz il disoit *devoir estre promptz et soubdains, et n'en trouver aultre que de commander par Vostre Altèze que ladicte princesse se retirast secrètement en sa patrie.* Sur quoy je luy alléguay tant de raisons considérables au contraire, qu'enfin il me dict qu'il *seroit doncq à desirer que Vostre Altèze meit une puissante armée pour réprimer l'impétuosité des desseingz de par deçà, et disposer les affaires à quelque voye amiable.* Et ce matin *il m'a secrètement faict tenir l'escript allant cy-joinct, par luy dressé la nuict, pour monstrer que Vostre Altèze, en termes de conscience et d'honneur, se peult résouldre à souffrir ladicte échappade.* Mais il m'a *fort instamment faict supplier que, pour l'amour de Dieu et du bien public, je tinsse la main vers Vostre Altèze, que cecy ne vienne à la cognoissance du monde, ains que surtout le secret en soit bien gardé.* J'ay davantage *apprins de luy que, la nuict pénultième passé, le roy de France, se levant du lict en sursault, commanda tout aussitost d'escrire audict de Preaux par la poste,* comme il fut fait, *qu'il n'usast de paroles brusques et tirantes à menaces dont il avoit esté enchargé* à son dartement d'icy, comme aussy *j'ay sceu dudict Père que la royne de France faict continuèlement prier Dieu en beaucoup de lieux pieux, au desceu du Roy, qu'Il le veuille destourner du desseing de ladicte guerre. Ledict Père Cotton m'a dit d'abondant d'avoir aulcunement resenty que lesdictz Estats des Provinces-Unies n'ont pas d'envie de rompre avec nous, mais que dans peu de jours il m'en informera de plus près et au certain.*

La Rocquinière vient de me dire à l'oreille que le roy de France luy a aussi donné clèrement à entendre, à son grand estonnement, que ladicte princesse sera le subiect de ladicte guerre, quelque peine qu'il dit avoir rendue pour l'en desmouvoir, mesmes par remonstrance des forces que Vostre Altèze peult assembler en peu de temps. Il m'a en oultre *donné advis en confidence qu'il seroit fort à propos, et à son jugement nécessaire, que Vostre Altèze se retirast au plus tost de Bruxelles en Anvers, ou en aultre lieu sûr, pour avoir sceu de très-bonne part et acertes que le roy de France a desseing de faire pétarder ladicte ville de Bruxelles, pour la surprendre par grand nombre de cavaillerie, qu'il fera marcher jour et nuict de la Capelle en Thiérache, disant n'y avoir monts ny rivières qui lui puissent empescher le passage,* et qu'au reste *il envoyera grande quantité d'infanterie de Mazières, par la rivière de la Meuse, jusques à Namur, soit pour favoriser son exploict ou pour aultres attentatz.* Et protesta fort et ferme ledict la Rocquinière qu'il m'advertit de tout cecy et m'advertira encore d'aultres choses en faveur de la foy catholique, qui courra grand danger de se perdre, comme il dit, si nous tombons en guerre.

PECQUIUS A L'ARCHIDUC ALBERT.

30 avril 1610.

Monseigneur,

L'advis que j'ay donné à Vostre Altèze par mes dernières du dessein du roy très chrestien sur vostre ville de *Bruxelles* a depuis esté fortifié par autre conforme donné à don Innigo de Cardeñas, ensemble par un troisième du *chancellier de Valence* (?), qui dict avoir apprins que le Roy *faict estat d'aller jusques à Bruxelles*. Et je ne sçay si je m'abuserois de penser que le roy pourroit estre incité à ce dessein pour prévenir ce que j'ay dict icy selon le commandement de Vostre Altèze, qu'en cas de rupture elle se tiendra pour deschargée et désobligée de tenir plus la princesse de Condé en sa maison, et advisera de l'envoyer là-part qu'il conviendra. A ce que l'on me dict, il y aura, dans fort peu de jours, mille et deux cens harquebusiers à cheval à Mazières et ès environs, et petit à petit s'acheminent les autres gens de guerre vers le rendez-vous, en apparence que l'armée se grossira fort, m'ayant esté rapporté de bonne part qu'elle doibt couster au Roy quatre cens soixante mille escuz par mois. Je suis adverty d'ailleurs que le roy de la Grand-Bretaigne a respondu résoluement l'ambassadeur de France qu'il n'a pas de subject de rompre avecq Sa Majesté catholique ny avec Vostre Altèze. Les ambassadeurs des Estats des Provinces-Unies, en me rendant hier la visite, m'ont aussy parlé en telle sorte, comme s'ils affectionnoient et desiroient à bon escient la manutention de nostre trefve.

Ce matin, le nonce de Sa Saincteté, résident en cette cour, m'a monstré lettre de celui résident à Prague, du 17 de ce mois, contenens que Sa Majesté Impériale encline à prester l'oreille au party mentionné au commencement de mes lettres du premier de ce mois, dont Vostre Altèze a envoyé extrait à don Balthazar de Çuniga, et qu'il en espère fort bien; lesquelles lettres ledict nonce a communiquées le jour d'hier au sieur de Villeroy, qui receut aussy pareilles nouvelles de Prague, et confessa d'avoir cy-devant gousté ledict party, quand ledict nonce et moy lui en avions parlé, mais que depuis estoit survenu grand accroissement d'aigreurs, par lesquelz la disposition de la volonté du Roy, son maistre, estoit changée, et qu'il falloit penser aux affaires de la princesse de Condé, qu'il disoit estre de plus grande presse et conséquence, usant de ces mots : « *Si l'archiducq ne cède à l'opiniastreté du Roy, nous sommes tous perduz.* »

Pour faire valloir l'expédient contenu ès dernières et autres lettres de Vostre Altèze, à sçavoir que le connestable rende peine d'induire le prince, son gendre, à consentir que ladicte princesse soit renvoyée en la maison de luy connestable, ce que Vostre Altèze, estant requise d'y tenir la main, le fera volontiers, et en sorte que l'on pourra recognoistre qu'il ne tiendra aucunement à elle que ledict connestable ne reçoive ce contentement que de revoir sa fille, j'ay estimé qu'il seroit à propos d'en parler au chancelier, qui gouverne le connestable, afin d'acheminer cette pratique avecq tant plus de poids. Et, de fait, je viens d'en traitter avecq luy, qui, après une très grande et très fervente démonstration de désirer quelque voye convenable à eschever la guerre, dont il disoit que l'on va porter le flambeau ardent en toute la chrestienneté, s'il ne plaist à Vostre Altèze l'estouffer en se faisant quitte de la marchandise qu'elle a en dépost, m'a demandé et conjuré de luy dire, en ministre affectionné à la paix et au bien commun, si je croyois qu'il y eust apparence de pouvoir induire ledict prince audict consentement, disant que ce seroit la meilleure et plus salutaire œuvre qui ayt esté faite de cent ans. Je luy diz que le connestable n'en debvoit pas désespérer, puisqu'il croyt que ledict prince ne porte point d'affection à ladicte princesse, et que Vostre Altèze a desjà promise de ne la jamais forcer à se remettre en sa compagnie. Le chancelier retourna à me prier de luy déclarer, soubs promesse de silence, si Vostre Altèze en avoit quelque opinion, et par quelz moyens. Je respondiz qu'elle ne m'en eust pas escrit si elle eust tenue la chose pour désespérée, et qu'à mon jugement l'on debvoit embrasser ce moyen, puisque l'on tenoit celuy du procès de divorce pour trop long. Et sur sa demande conséquemment faite, comment se debvroit acheminer cet expédient, et si Vostre Altèze vouldroit bien prendre la peine de faire addresser les lettres dudict connestable audict prince, en les envoyant ouvertes à iceluy, et en quel temps l'on en pourroit avoir la response, je luy diz estimer que Vostre Altèze feroit volontiers tenir la main à la seure addresse desdictes lettres, et feroit au reste tous bons offices pour en obtenir quelque bonne réussie, avecq apparence d'avoir bientost response aux lettres par la poste. Puis il me proposa si Vostre Altèze ne vouldroit promectre d'escrire audict prince qu'à faulte de sondict consentement ou de response endéans bref jour, elle ne pourra plus retenir ladicte princesse à luy redemandée par justice, ains la renvoyera en France. Et sur ma response que je ne croyois pas que cela se peust ou deust faire, il me demanda si les Espagnols seroient contens que ledict prince prestast son consentement audict renvoy. A laquelle demande je m'excusay de respondre cattégoriquement, disant seulement espérer que Sa Majesté ne trouveroit jà mauvais, ains auroit pour agréables les offices que Vostre Altèze feroit en cest endroit. Là-dessus il me dit ces mots : « Je m'en vay doncques y mettre la main tout à l'heure, » et me pria derechef d'y coopérer en toute diligence, disant estimer que je debvois sçavoir davantage que je ne voulois dire.

Il me demanda en après que l'on feroit cependant des affaires de Juilliers, et, sur ma response qu'il y avoit bonnes nouvelles de Prague, il répliqua qu'il fauldroit songer à des moyens qui peussent tenir les choses en alte. Je le priay de s'esclercir sur les moyens qu'il jugeoit y estre plus propres. Et il me respondit que nous y penserions à loisir, mais qu'en tout cas il falloit que Vostre Altèze ne feist pas de semblant, ny de démonstration de vouloir empescher le passage par ses pays à l'armée françoise, parce que ce seroit tout gaster. Et sur ce point, estant fort pressé de s'en aller au conseil qui l'attendoit, il me dit avecq beaucoup d'ardeur et courtoisie qu'il ne manqueroit de mettre incontinent en œuvre ce que nous avions traitté, s'il estoit en son pouvoir. Je luy demanday si, après tant de poursuytes et sollicitations miennes, l'on ne feroit jamais la fin du renouvellement de la neutralité des deux Bourgoignes, et le priay de m'en donner une response absolue. Il respondit amiablement : « Nous ferons cela et encores bien d'autres choses meilleures, voire plus d'amytié qu'il n'y eust jamais entre nous, si nous pouvons trouver moyen d'accommoder l'affaire de ladicte princesse. »

LES ARCHIDUCS A PECQUIUS.

(MINUTE.)

3 mai 1610.

Cher et féal, nous venons de recepvoir vostre dernière du xxx° du mois passé, et respondans aux demandes que vous a faict le chancelier de France, vous disons que nous ne sçaurions sinon approuver que le connestable eccripve au prince de Condé, afin de permectre que la princesse, sa fille, se retire chez luy durant le procès de divorce qu'elle prétend d'intenter, et que nous croyons que, pour la raison par vous alléguée audict chancelier, il y consentira ; que nous nous chargerons de sa lettre et de luy en procurer response, qu'il pourra avoir dans quinze jours à plus tarder dez le jour qu'elle partira d'icy ; que nous accompagnerons volontiers sadicte lettre d'une nostre et de tous bons offices à mesme fin et effect; et que finalement nous nous faisons fortz que les Espagnols n'empescheront que ledict prince y consente, mais qu'il fault que ledict connestable doibt adviser de luy donner asseurance que ladicte princesse s'y tiendra, en sorte qu'il ne luy sera donné aulcun subiect de s'en pouvoir outrager, parce qu'il n'y a rien qui plus le puisse et doibve amadouer et mouvoir à prester ledict consentement. Et d'aultant qu'ayans icy faict proposer aux Srs de Berny et de Préaux que l'on se référa à la déclaration du pape où ladicte princesse sera séquestrée devant ledict procès sur divorce, ilz n'y ont voulu entendre, nostre intention est que vous en traictiez par deçà avecq ledict chancellier et aultres principaulx ministres du Roy, et taschiez de les en faire gouster comme d'ung expédient assez propre et le plus court qui soit à la main, puisque l'on rejecte tant la poursuite de la cause du divorce par le long traict de temps qu'elle semble requérir, sans lesquelles toutesfois nous ne pouvons laisser partir d'avecq nous ladicte princesse, comme vous sçavez.

N° XX

Dépêches et pièces tirées des papiers de Simancas.

LE ROI D'ESPAGNE A DON INIGO DE CARDEÑAS.

22 janvier 1610.

Por una de v^{ras} cartas de los 30 de x^{bre} he visto el cuydado que á ese rey le dava ver el principe de Conde en Flandes, las diligencias que haze por que buelba, y lo demas que acerca	Par une de vos lettres du 30 décembre, j'ai vu le souci que le roi très chrétien avait de voir le prince de Condé en Flandre, les mesures qu'il prend pour faire revenir le prince, et tout

desto dezis y avíays hecho; y[1] he holgado mucho de entenderle y la prudencia y acertamiento con que procedéys ; y aviendose el dicho principe querido amparar de mi, no por cesa de su servicio ni offensa de su rey, sino por guardar su honra, en case tan grave no puedo dexar de admitírle y favorezerle en esta ocasion, y assí escrivo á nuntio lo haga, y no consienta que sele haga biolencia en nada; pero sera bien que digays á ese rey, quando y como mejor os pareciere, que esto se haze por saver que el principe es de su sangre, y tener ocasion de ser yo medianero entre los dos, por lo que deseo su gusto y quietud; y que, si no lo hiziera assí, me pareciera que faltava á la amistad y hermandad que con el tengo; y por esta causa he holgado de que se baya á aquellos estados. Y de lo que os respondiere me avisaréis, advirtiendo que el dicho principe me avisó que esta con resolucion de no bolver á Francia en vida de ese rey, por la poca seguridad que tiene de sus promesas, antes desea emplearse en mi servicio, y me pide le reciba debaxo de mi protection, y yo lo hago de buena guerra, por que lo que conviene es que no se concierte con ese rey por la poca seguridad que se puede tener de sus promesas, y que no reco-

ce qu'en conséquence vous dites et avez fait ; j'ai eu beaucoup de satisfaction d'apprendre avec quelle prudence et habileté vous avez agi ; ledit prince m'ayant demandé protection, non pour abandonner le service de son roi, ni pour l'offenser, mais pour garder son honneur, je ne peux, dans un cas si grave, refuser de l'admettre et le favoriser en cette occasion ; aussi j'écris à mon envoyé qu'il le fasse, et ne consente pas qu'on lui fasse violence en rien ; mais il sera bien que vous disiez à ce roi, quand et comme vous jugerez à propos, que j'agis ainsi parce que je sais que le prince est de son sang, et pour saisir l'occasion d'être moi-même médiateur entre eux deux, parce que je veux son contentement et sa tranquillité; et que, si je ne le faisais pas, il me semblerait manquer à l'amitié et à la fraternité qui m'unissent à lui, et pour cette cause je me réjouis de ce qu'il vienne dans ces États. Vous m'aviserez de ce qu'il vous répondra, vous avertissant que ledit prince m'a dit être dans la résolution de ne pas retourner en France pendant la vie de ce roi, pour le peu de sûreté qu'il a de ses promesses, mais plutôt de s'employer à mon service, et m'a demandé de le recevoir sous ma protection ; je le fais de bonne guerre, parce

---

1. En marge, en face de ces mots, on lit le mot *zifra*, ce qui fait supposer que le reste de la dépêche devait être chiffré à partir de cet endroit jusqu'à la fin.

noçe ni agradaçe ninguna buena obra, antes, como sabeys, sin respecto de la paz y amistad, ha hecho y haze lo que le esta bien; y assí escrivo al conde de Añober, que queda en lugar del marq⁵ de Guadaleste, que con mucho secreto lo encamine con el principe; vos os corresponde réys con el y le yréys avisando de lo que se fuere ofreciendo, que yo le ordeno haga lo mismo con vos.

que ce qui convient est qu'il ne se concerte pas avec ce roi pour le peu de foi qu'on peut avoir en ses promesses, parce qu'il n'a de reconnaissance ni de gratitude pour aucun bon office, mais qu'au contraire, comme vous savez, sans respect de la paix et amitié, il a fait et fait ce qui est de son intérêt. J'écris aussi au comte d'Añovar, qui demeure en la place du marquis de Guadalete, d'acheminer cela en grand secret avec le prince; vous correspondrez avec lui et l'aviserez de ce qui pourra survenir; je lui ordonne de faire de même avec vous.

PROCÈS-VERBAL DE LA SÉANCE DU CONSEIL D'ÉTAT ESPAGNOL DU 13 FÉVRIER 1610.

(EXTRAIT.)

Señor,
Las cartas que V. M^d a visto de los señores archiduques Alberto y Leopoldo, marqueses de Guadaleste y Spinola, príncipe de Conde y don Ynigo de Cardenas, contienen en suma lo que se sigue.

El señor archiduque Alberto dize que, por que don Ynigo de Cardenas abra avisado á V. M^d de la retirada del príncipe de Conde á aquellos estados, dira solo. como en entrando en ellos le pidiò licencia para yr á Bruselas y se la diò solo para la princessa, su

Sire,
Les lettres que Votre Majesté a vues des seigneurs archiducs Albert et Léopold, marquis de Guadalete et Spinola, prince de Condé et don Inigo de Cardenas, contiennent en somme ce qui suit :

Le seigneur archiduc Albert écrit que, comme don Inigo de Cardenas aura donné avis à Votre Majesté de la retraite du prince de Condé dans ces États, il se bornera à dire qu'à son entrée le prince demanda la permission d'aller à Bruxelles, ce qui fut

muger, por no dar ocasion de quexa al rey de Francia, y el passó adelante, y embiandole el dicho rey á pedir que se le entregasse, se escusó con que le havia mandado salir de sus estados, que el dicho príncipe se fué á Colonia y de allí se vino á Bruselas, porque el rey de Francia le embió á dezir que queria mas tenerle allí que en otra parte.

El señor archiduque Leopoldo refeire en carta de 14 dez⁰ de Julieres que la semana passada le havia llegado allí un huesped que nunca sperava, es á saber el príncipe de Conde he havia salido de Francia con su muger y muy pocos criados, y la causa haver puesto el rey de Francia los ojos en la princessa, su muger, para aprovecharse della, amenazandole con prision, que havia llegado allí con mucha pesadumbre de su alma, y dicho la necessidad en que estava y que tenia resolucion de no bolver á Francia en vida deste rey, y de vivir y morir en servicio de V. M⁴ ó de la casa Austria, y assí le pidió encomendasse su protecion á V. M⁴ para que le reciviesse debaxo de su amparo, y que, no desgustandose V. M⁴ dello, estava resuelto de presentarse en propria persona ante V. M⁴ que le ve que esta muy offendido de su rey, y que jamas se... de tan grande indignidad ; y supplica el S⁰ʳ archi-

accordé seulement pour la princesse, sa femme, afin d'ôter toute occasion de plainte au roi de France, que le prince passa outre, et que, ledit roi envoyant demander qu'on le livrât, l'archiduc s'excusa sur ce qu'il lui avait ordonné de sortir de ses États, que ledit prince s'en fut à Cologne, et de là s'en vint à Bruxelles, parce que le roi de France fit dire qu'il aimait mieux le savoir là qu'ailleurs.

Le seigneur archiduc Léopold rapporte dans sa lettre du 14 décembre, de Juliers, que la semaine passée y est arrivé un hôte qu'il n'attendait pas, à savoir le prince de Condé, qui était sorti de France avec sa femme et très peu de domestiques, parce que le roi de France avait jeté les yeux sur la princesse sa femme pour en faire à son gré, la menaçant de la prison ; qu'il y était arrivé avec beaucoup d'inquiétude dans l'âme, avait exposé la nécessité en laquelle il se trouvait, assuré qu'il était résolu de ne pas retourner en France pendant la vie de ce roi, et de vivre et de mourir au service de Votre Majesté ou de la maison d'Autriche ; qu'il pria l'archiduc de le recommander à la protection de Votre Majesté pour qu'elle le reçût sous son égide, ajoutant que, si Votre Majesté ne le trouvait pas mauvais, il était résolu de se présenter en personne devant Votre Majesté, qui voit combien il a été offensé par son roi,

duque á V. M^d le avise de lo que le a de responder.

El marquis de Guadaleste acerta que el príncipe de Conde embió de Landresi, pays de Enos, un criado con carta al S^r archiduque Alberto, acusandole de su llegada y de la princesa, su muger, que Su Alt^a no le quiso ver... la carta por no encontrarse con el rey de Francia, y le remitó al duque de..., governador de aquel pays, que luego llegó un archero de parte del dicho rey, pidiendo á Su Alt^a se mandasse entregar las personas del príncipe y de todos los que con el yban, con termino arrogante, y su Alt^a se escusó con dezir que le havia pedido passo para Breda y se le havia dado; que otro dia fué el embaxador de Francía á Marimont, donde havia llegado el capitan de la guarda de aquel rey, y entrambos procuraron que Su Alt^a mandasse dar les al principe y los que le acompañavan, sin nombrar á la princessa, y les respondió que ya havia movido deste parte por su tierra y en su...; que el marquis le havia supplicado se serviesse de amparar al principe, pues la ocasion de su ,ionra y que el rey de Francia amparava en su reyno todos los delinquentes de España, y de allí que por buenas obras no se gañava nada col el, y que, si sabria usar de aquella

et que jamais il [n'oubliera] une si grande indignité; le seigneur archiduc supplie Votre Majesté de lui faire savoir ce qu'il y a à répondre.

Le marquis de Guadalete expose : que le prince de Condé envoya de Landrecies, pays de Hainaut, un domestique avec une lettre au seigneur archiduc Albert, pour l'informer de son arrivée avec la princesse, son épouse; que Son Altesse ne voulut voir... la lettre pour ne pas se compromettre vis-à-vis du roi de France, et envoya le tout au duc de [Arschot], gouverneur de ce pays; qu'aussitôt arriva un archer de la part dudit roi, demandant avec arrogance que Son Altesse lui fît livrer les personnes du prince et de tous ceux qui l'accompagnaient; que Son Altesse s'excusa en disant que, le prince lui ayant demandé passage pour aller à Bréda, il le lui avait accordé ; que l'autre jour l'ambassadeur de France fut à Marimont, où était arrivé le capitaine des gardes dudit roi, et tous deux sollicitèrent Son Altesse de leur livrer le prince et ceux qui l'accompagnaient, sans nommer la princesse, et il leur répondit qu'il était déjà parti pour sa terre et en son...; que le marquis l'avait supplié de vouloir bien prendre le prince sous sa protection, puisqu'il s'agissait de son honneur, et que le roi de France donnait asile en son royaume à tous les crimi-

ocasion, podria ser de mucho...

El principe de Conde scrive á V. M^d que haviendole sido.... por la salud de su vida y de su honra, salir de Francia, no a podido escusar de dar cuenta dello à V. M^d y hazer testimonio de quanta reconoscido esta de la mucha honra que a recivido de los ministros de V. M^d, á quien supplica humilmente que, usando de su acostumbrada clemencia reciva debaxo de su protecion aquellos affligidos, como lo esperava de la grandeza de V. M^d, siendo, como es, el mayor rey del mundo, y remitiendose á los marqueses Spinola y Guadaleste que representaran á V. M^d particularmente sus acciones y la affecion que tiene á su real servicio supplica á V. M^d tenga por bien de creerle.

El Marques Spinola apunto lo mismo que dicho el de Guadaleste....

Don Ynigo de Cardenas refiere que se le dizen es grande el cuydado que al rey de Francia le da ver el principe de Conde en Flandes....

Y aviendose visto todo lo susdicho en el consejo...., se votó en la forma que se sigue:

El comm^or mayor de Leon: que, segun lo que se colige de nels d'Espagne, que d'ailleurs par bons procédés on ne gagnait rien avec ce roi, mais que, si l'on savait user de cette occasion, ce pourrait être d'un grand [secours].

Le prince de Condé écrit à Votre Majesté qu'ayant été [obligé], pour sauver sa vie et son honneur, de sortir de France, il ne peut se dispenser d'en rendre compte à Votre Majesté et de lui témoigner toute sa reconnaissance pour le grand honneur qu'il a reçu des ministres de Votre Majesté; il la supplie humblement qu'usant de sa clémence accoutumée, elle reçoive ces affligés sous sa protection; c'est ce qu'il espère de la grandeur de Votre Majesté, qu'il considère comme le plus grand roi du monde; et, se remettant aux marquis Spinola et Guadalete, qui représenteront particulièrement à Votre Majesté ses actions et l'affection qu'il a pour votre royal service, il supplie Votre Majesté de vouloir bien le croire.

Le marquis Spinola fait le même rapport que ledit marquis de Guadalete...

Don Inigo de Cardenas raconte que, selon le bruit public, le roi de France est en grand souci de voir le prince de Condé en Flandre...

Et tout ce que dessus ayant été vu en conseil..., on a voté de la manière suivante :

Le grand commandeur de Léon: il semble exister en Flan-

que en Flandes havia y inclination y deseo de acordar el principe de Conde con el rey de Francia, y la embaxada que el embió ultimamente al S^{or} archid^e para que se le entregasse, ó, por lo menos, le echasse de sus estados y le embiase á la princesa, esta bien lo que se ha ordenado acerca de la retirada del principe á Milan, y solo queda si se le podria ajudar con alguna cosa para la jornada y despachar correo al S^r archiduq. con el dupplic^{do} del despacho que llevó el ultimo correndo, y siendo la causa de las amenazas de roturas tan injusta como es, no entregarle un hombre que no solo no le a offendido, pero a sido forçado retirarse, huyendo de la violencia con que le queria quitar la honra; en caso tan grave, no puede creer que sea su intento hazer lo que dize, sino que piensa que, mediante aquellas bravatas, a de salir con lo que pretende;... Y por eso conviene que el principe de Conde salga de Flandes y no vaya á Roma, sino á Milan, pues el S^r archiduque complira con echarle de sus estados, y no sera cosa nueva ampararle V. M^d, pues el Emperador, nuestro señor, de gloriosa memoria, en tiempo del rey Francisco, amparó al duque de Borbon, y le fió su exercito; al S^r archiduque será bien scrivir con resolution que V. M^d quiere que el Conde se passe á Milan, por la obligacion que le

dre une intention, un désir même d'accorder le prince de Condé avec le roi de France ; ce dernier vient d'envoyer une ambassade au S^r archiduc pour le prier de lui livrer le prince, ou au moins de le chasser de ses États, et de lui envoyer la princesse. Sur ces nouvelles, le commandeur approuve ce qui a été arrangé concernant la retraite du prince à Milan, et demande seulement si on pourrait l'aider en quelque chose pour la route, et envoyer un courrier au S^r archiduc avec le duplicata de la dépêche qui est arrivée le dernier courant; la cause des menaces de rupture étant si injuste, il demande qu'on ne livre pas au roi de France un homme qui non seulement ne l'a pas offensé, mais a été forcé de se retirer pour fuir la violence avec laquelle il voulait lui enlever l'honneur; dans un cas si grave, on ne peut croire que ce roi ait l'intention de faire ce qu'il dit, mais, au moyen de ces bravades, il espère obtenir ce qu'il veut... Pour toutes ces raisons, il convient que le prince de Condé sorte de Flandre et n'aille pas à Rome, mais à Milan; de cette façon, on l'aura fait sortir des États du S^r archiduc, et ce ne sera pas chose nouvelle pour Votre Majesté de le protéger, puisque l'Empereur, notre seigneur, de glorieuse mémoire, au temps du roi François, a protégé le duc de Bourbon et lui a confié son

corre de ampararle en causa tan justa, haviendose querido valer de su protection, porque assí como no es bien hazer supercheria, lo es no sufrirla; y lo será avisar al conde de Castro de lo que se haze para que, si el papa le hablare en ello, le muestre la justificacion con que V. M^d procede; y á don Ynigo de Cardenas se podrá scrivir que procure tender las particularidades del yntento de los huguenotes, que haze el condestable Memoransi suegro del de Conde, y sus deudos y amigos, y avise le todo; y, aunque sea assí todo lo que a dicho, todavia le parece que conviene prevenir el estado de Milan lo necessario para su defensa, y aca prover las fortalezas que caen á la fronteira de Francia de lo que an menester para su seguridad, y dar priessas á la milicia, porque el saver que todo esta arecavedo(?) le hara perder el deseo de acometerlos y la esperança de salir con su yntento.

El duque de Lerma: que V. M^d no puede negar su asistencia y favor al principe de Conde, en causa tan pia y justificada, pues no a hecho offensa á su rey, ni pudo usar de termino de mayor respecto que huyr de su violencia por no recevir una deshonra tan grande que no abra

armée. Il sera bon d'écrire au S^r archiduc que Votre Majesté a décidé de faire passer le Condé à Milan, parce qu'elle se tient pour obligée de protéger dans une cause si juste un homme qui a recouru à sa protection, et parce qu'il ne convient ni d'employer ni de souffrir la supercherie; il sera bon aussi d'aviser le comte de Castro de ce qui se fait, pour que, si le pape lui en parle, il lui montre la justice de la conduite de Votre Majesté; à don Inigo de Cardenas on pourra écrire qu'il s'informe particulièrement des intentions des huguenots, de ce que fait le connétable de Montmorency, beau-père du prince de Condé, ainsi que ses parents et amis, et qu'il avertisse du tout; en faisant tout ce qui a été dit, il conviendra de pourvoir l'État de Milan de ce qui est nécessaire pour sa défense, et ici d'approvisionner complètement les forteresses qui sont sur la frontière de France, et de hâter les levées pour l'armée, parce que, sachant ces précautions prises, le roi de France perdra l'envie d'attaquer et l'espoir de réussir dans son dessein.

Le duc de Lerme: Votre Majesté ne peut refuser son assistance et sa faveur au prince de Condé, dans une cause si sainte et si juste; non seulement il n'a pas offensé son roi, mais il n'a pu user d'un procédé plus respectueux que de se soustraire par la fuite à la violence et à un

Frances que no lo tenga por justo, y por injusto lo que aquel Rey a hecho... Y assí á esto no ay que responder sino poner, como a dicho el comᵒʳ mayor, en orden los fronteros y milicia. Á don Ynigo de Cardenas se deven dar gracias por no aver querido entrar en plática con el rey de Francia sobre lo del principe de Conde, y del cuydado con que procura penetrar lo que passa, y avisar de lo que conviene al conde de Añober, y encargarle tenga muy buena correspondencia con el, y al dicho conde que tenga le mismo con don Ynigo, y que pregunte al principe de Conde de que persona suya se podrá fiar don Ynigo en Paris, de quien tenga entera confiança... Parecele muy bien que se despache correo á Flandes con el duppᵈᵒ del ultimo despacho y declaracion de la voluntad de V. Mᵈ, y que se avise al conde de Fuentes de todo, y se le encargue mucho que, llegando allá el principe de Conde, le reciva, honre y acaricie...

. El condestable de Castilla :... El principe de Conde es la segunda persona en Francia, despues del Delfin, y esto el amparo de V. Mᵈ, el apoyo del partido de los huguenots, la autoridad y adherencias de su suegro, es causa de poner en cuydado al rey de Francia; y aunque no sea

déshonneur si grand qu'il n'y aura aucun Français qui ne lui donne raison, et ne tienne pour injuste que ce que le Roi a fait... Il ne peut qu'insister, comme le grand commandeur, pour qu'on mette en état les places frontières et l'armée. On doit remercier don Inigo de Cardenas de n'avoir pas voulu entrer en négociation avec le roi de France sur le sujet du prince de Condé, et du soin qu'il prend de s'informer de ce qui se passe, ainsi que de faire savoir ce qu'il faut au comte d'Añovar; on lui recommandera d'entretenir avec ce dernier une correspondance suivie ; ledit comte devra faire de même avec don Inigo ; il priera le prince de Condé de désigner un homme à lui, qui ait toute sa confiance, et auquel don Inigo puisse se fier à Paris... Il paraît très bon de dépêcher un courrier en Flandre avec le duplicata de la dernière dépêche et déclaration de la volonté de Votre Majesté ; il faut avertir du tout le comte de Fuentes et lui donner des ordres précis pour qu'à l'arrivée du prince de Condé, il le reçoive, l'honore et le flatte...

Le connétable de Castille :... Le prince de Condé est la seconde personne en France, après le Dauphin ; la protection de Votre Majesté, l'appui du parti huguenot, l'autorité et les relations de son beau-père sont des sujets de souci pour le roi de France ; il n'y a pas là un motif

motivo bastante para romper, los reyes passados, quando a havido inquietud en aquel Reyno, an tomado por remedio el echar la guerra fuera del, porque con esto se ocupan los ociosos y inquietos, y mudan de pensamiento... Lo resuelto está muy bien, pues importa libertad de los reynos, ni por gentileza de rey puede V. M^d desemparar al principe de Conde, aunque en ampararle no huviera las conveniencias que puede haver...

El duque de Infantado : que siempre creyó que avia de dar cuydado al rey de Francia la retirada del prineipe de Conde, y tanto mas no teniendo otra culpa que huyr de su violencia, action que nadie puede condenar... de bravatas no haze casso, pues no es verissímill que quiera mover guerra por causa tan injusta...

El duque de Albuquerque se conformó con el comendador major de Leon, y con el duque de Lerma.

V. M^d lo mandara ver y proveer lo que mas fuere servido.

suffisant de rupture, mais il faut se rappeler qu'aux temps passés les rois de ce royaume ont toujours cherché le remède de leurs difficultés intérieures dans une guerre extérieure, pour occuper par là les esprits oisifs et inquiets, et changer le cours de leurs pensées... La résolution est très bonne, car elle constate l'indépendance de ces royaumes; d'ailleurs, la courtoisie royale s'oppose à ce que Votre Majesté abandonne le prince de Condé, quelque inconvénient que puisse avoir la protection qu'elle lui accorde...

Le duc de l'Infantado : il a toujours cru que la retraite du prince de Condé avait de quoi inquiéter le roi de France, celui-ci surtout n'ayant commis d'autre faute que de fuir la violence, action que personne ne pourrait condamner... Il ne fait aucun cas des bravades, parce qu'il n'est pas vraisemblable qu'on veuille faire la guerre pour une cause si injuste...

Le duc d'Albuquerque s'est rangé à l'avis du grand commandeur de Leon et du duc de Lerme.

Votre Majesté ordonnera voir et pourvoir ce qui lui plaira davantage.

INSTRUCTIONS ENVOYÉES A DON INIGO DE CARDEÑAS PAR LE ROI D'ESPAGNE.

21 février 1610.

Quedo entendido todo lo que dezis en algunas de vuestras cartas, de los 27 y 28 del pasado, á proposito de los cosas del principe de Conde, y agradezco os mucho la puntualidad con que me avisays de lo que en ellas se ofrece, el no aver querido entrar en plática con ese rey sobresta materia, y el cuydado con que procurays penetrar lo que passe y advertir de lo que conviene al conde de Añover, que todo me ha parecido muy bien, y os encargo lo continuays, y que assí mismo hagays las diligencias possibles para entender las particularidades del intento de los ugonotes, y de lo que hazen el condestable Memoransi, suegro del de Conde, y sus deudos y amigos, porque hasta ahora no se sabe que tengays inteligencia con ninguno dellos; y en lo demas, he resuelto que el principe de Conde salga de Flandes, y que no vaya á Roma, sino á Milan, por la obligacion que me corre de ampararle en causa tan justa, aviendose querido valer de mi protecion; y en esta conformidad escrivo, sobre ello, al archiduque... para que lo haga poner luego en execucion, pues el cumplir con hecharle de

J'ai entendu tout ce que vous dites dans vos lettres des 27 et 28 du mois passé, à propos des affaires du prince de Condé: je vous sais gré de votre exactitude à m'avertir de tout ce que j'y ai lu, de ne pas être entré en discussion avec le roi très chrétien sur cette matière, et du soin que vous mettez à pénétrer tout ce qui se passe et à donner les avis nécessaires au comte d'Añovar; tout cela m'a paru très-bien, et je vous prescris de continuer; vous ferez aussi toute diligence pour apprendre en détail les intentions des huguenots, les démarches du connétable de Montmorency, beau-père du prince de Condé, et de ses parents et amis, parce qu'on ne sait pas encore si vous avez des intelligences avec aucun d'eux; au reste, j'ai décidé que le prince de Condé sortirait de Flandre, et n'irait pas à Rome, mais à Milan; car je suis obligé de protéger en une cause si juste un homme qui a témoigné vouloir se mettre sous ma protection; j'en écris à l'archiduc... pour qu'il ait à agir immédiatement en conséquence; de cette façon, il aura fait sortir le prince de ses États. Quant à vous, suivant votre avis, vous pa-

sus estados. Vos, siguiendo la opinion que teneys, mostraréys desear mucho la composicion, y, de secreto, procuraréis lo contrario, por los medios y traças que me prometo de vuestra prudencia y manera; y yréys dandome quenta muy amenudo de lo que fuere ocurriendo, y, en caso que os hablaren apretadamente de parte deste rey sobre lo del entregar al dicho principe, podréys responder lo que desseays la composicion, pero que lo demas seria cosa nunca vista, majormente no estando capitulado en la paz que se hubiesen de entregar los subditos de una parte á otra, y á esto añadiréys que no haya habido hombre de aca á quien este rey no aya recivido y amparado hasta los traydores, y que, quando se le han hablado en esto, ha respondido que no puede faltar á sus amigos.

raîtrez désirer beaucoup l'accommodement, et en secret vous travaillerez au contraire, par les voies et moyens que je me promets de votre prudence et habileté, et vous me rendrez un compte très détaillé de ce qui se passera, et, en cas que l'on vous presse de la part de ce roi pour que ledit prince soit livré, vous pourrez répondre que vous désirez un accommodement, mais que faire plus serait une chose inouïe, d'autant plus qu'il n'a pas été convenu dans la paix que l'on devrait se livrer les sujets d'un pays à l'autre; vous ajouterez qu'il n'y a pas eu homme fuyant d'ici que ce roi n'ait reçu et protégé, même les traîtres, et que, quand on lui en a parlé, il a répondu qu'il ne pouvait manquer à ses amis.

DON INIGO DE CARDEÑAS AU ROI D'ESPAGNE.

(EXTRAIT.)

Paris, 14 mars 1610.

... Pero dexando las cosas de estado á una parte, mirando solo á la voluntad, temo tanto la pasion de amores y beo á este rey tan ciego y tan arrosado por la princesa de Conde, que no sé que dezia á V. M^d, y si allo muchas razones para tener por segura la paz mirando las cosas en razon

... Mais, laissant de côté les choses d'État, regardant seulement à la volonté, je crains tant la passion de l'amour, et je vois ce roi si aveugle et si enflammé pour la princesse de Condé, que je ne sais qu'en dire à Votre Majesté, et, si je trouve beaucoup de raisons de tenir la paix pour as-

de estado, allo muchas mas para tener por cierta la guerra en razon de amores... Y sino vee á V. M^d prevenido, y que en lo de Flandes ay algo de mas deffensa y resolucion in hazerla, tengo por cierto se arrojara, y si ahora no lo haze, es por andar provando si sus trazas y negociaciones con el archiduque se saben bien, para que le den la dama (tambien la deven detener) y ver como se pone lo de Alemania y pláticas de Italia; pero, que salgan ó no salgan estas cosas, si el no be lo de Flandes mas guardado, su intencion ba, ó con una presteza de cavalleria entrarse hasta Bruselas, si puede, y tomar las plaças que desea, y dallas si dan la dama á los parientes, y sino seguir este designio, dandole por color contra la voluntad de sus padres la tienen presa; y no haga V. M^d caso de tener el principe de Condé, que eso mira á lo de estado de que no hago caudal en la presente; y para mejor aclararme, digo que entiendo si le diesen á princesa de Condé daria al Delfin, y á todos los demas sus hijos, ajudame á tener que este rey se arroja por sus amores, que por ellos tiene muy gastada la salud, ha perdido el sueño, y ha dado causa de parecellos á algunos que baria: siendo hombre que quiere estar siempre con compañia, se está dos y tres oras solo, paseando melancoliquisimo; dizen despiertó, algu-

surée en voyant les choses selon la raison d'État, j'en trouve beaucoup plus de tenir la guerre pour certaine en les voyant au point de vue de l'amour... S'il ne voit que Votre Majesté est sur ses gardes, et qu'il y a en Flandre plus de moyens et de résolution pour se défendre, je tiens pour certain qu'il éclatera; s'il ne l'a pas encore fait, c'est pour essayer ce que peuvent produire ses menées et négociations avec l'archiduc pour se faire rendre la dame (raison de plus de la bien garder), et pour voir où vont les affaires d'Allemagne et d'Italie; mais, que tout cela aboutisse ou non, s'il ne voit pas la Flandre mieux en garde, son intention est de pénétrer jusqu'à Bruxelles, s'il peut, par un coup de main, avec sa cavalerie; de prendre les places qu'il pourra, et de les rendre si l'on rend la dame à ses parents, sinon de suivre son dessein, en prenant pour prétexte que celle-ci est retenue contre la volonté de ses parents. Que Votre Majesté n'attache pas d'importance à avoir chez elle le prince de Condé (ceci regarde les raisons d'État, dont je ne m'occupe pas dans cette dépêche). Pour mieux m'expliquer, je dis que l'on m'a conté que, si on lui donnait la princesse de Condé, il donnerait le Dauphin et tous ses autres fils, ce qui me fait croire que ce roi risquera tout pour ses amours; il en a la santé très altérée, a

nas vezes, de noche, ablando : mi princesa, con la serenissima infanta, y diziendo el rey de España, otras vezes el conde de Fuentes, y otras el ambaxador de España ; llama á oras muy extraordinarias poetas, y encierrase á solas con un criado del principe de Conde que le siguió hasta la huyda de Flandes, y quando llegó allí, dixó que no podrá pasar con el sin licencia del Rey ; y podria decir á V. M^d grand bariedad de cosas que ajudan á lo que boy diciendo, pero, por lo que he dicho, juzgo verá V. M^d lo que de lo presente entiendo.

perdu le sommeil, et donné à croire à quelques personnes qu'il perd la tête ; lui, qui cherche toujours la compagnie, reste maintenant seul deux ou trois heures à se promener mélancoliquement. On dit que, la nuit, il veille quelquefois en parlant et disant : ma princesse, avec la sérénissime infante, ou le roi d'Espagne, d'autres fois le comte de Fuentes, d'autres fois l'ambassadeur d'Espagne. Il fait appeler quelquefois les plus célèbres poètes, et s'enferme seul avec un serviteur du prince de Condé qui l'a suivi jusqu'à sa fuite de Flandre, puis est revenu ici, disant qu'il ne pouvait continuer de l'accompagner sans la permission du Roi. Je pourrais dire à Votre Majesté une grande quantité de choses pour confirmer ce que je dis ; mais, par ce que j'ai dit, Votre Majesté verra ce que j'entends dire pour le moment.

LE MÊME AU MÊME.

18 mars 1610.

Haviendo est rey y otros procurado persuadir generalmente que V. M^d se quiere servir del principe de Conde contra el Delfin, e dicho que entyendo que no dando causas que obliguen á V. M^d á ello, no oyrá esta plática ni acudirá en ella al principe de Conde ; afirmanme personas que lo saben que el Rey se es-

Ce roi et d'autres ayant cherché à persuader généralement que Votre Majesté veut se servir du prince de Condé contre le Dauphin, j'ai dit savoir que, si l'on ne donnait pas à Votre Majesté de motifs qui l'y forçassent, elle n'entendrait pas à semblable intrigue et n'y aiderait pas le prince de Condé. Des

panta y se huelga de oyr esto.

A mi me an movido dos cosas á hablar desta manera: la primera el proceder de la Reina para con V. M^d y su cristiandad porque, aunque esto no es publico, no tyene para ello inconveniente lo que yo digo : lo segundo de tener al Rey para que el miedo de temer lleva V. M^d este fin no le necesite arrojarse. Si V. M^d mandare que mude de plática en este punto, lo haré...

Estos dias havia movido plática con el nuncio, encaminando que hablase á este rey, y el me salió á ello muy bien, y a lo hecho. Dice me lo halló muy alterado de las cosas de Alemania, y dandole muchas quexas del papa, que acudia y se mostrava muy declarado por V. M^d y la casa de Austria, que respondiendole el nuncio que era esta causa de la religion catolica y el papa no podia ni devia hazer menos; que el replicó que no era guerra de religion, sino guerra de estado, y que esse era el fin que se llevava y no otro. El nuncio me encarece que le respondió a esto muchas cosas y con resolucion, que se metyó el Rey muy á dalle quesas de que V. M^d no salia á dalle al principe de Conde, estyrando este sentymiento, y encareciendo que havia encargado á su ambaxador ablase en ello tan cortesmente

gens bien informés me disent que le Roi s'étonne et se réjouit d'entendre cela.

Deux raisons m'ont porté à parler ainsi : la première, le procédé de la Reine à l'égard de Votre Majesté et sa vie chrétienne (ceci n'étant pas public, ce que je dis est sans inconvénient); la seconde est d'empêcher que le Roi ne soit poussé à bout par la crainte de voir Votre Majesté travailler à ce but. Si Votre Majesté m'ordonne de changer de conduite sur ce point, je le ferai...

Ces jours-ci, j'avais arrangé avec le nonce qu'il chercherait à parler à ce roi; cela me réussit très bien, et il l'a fait. Il m'a dit l'avoir trouvé très ému des affaires d'Allemagne, et se plaignant beaucoup du pape, qui se montrait fort déclaré pour Votre Majesté et la maison d'Autriche; le nonce lui ayant répondu que c'était la cause de la religion catholique et que le pape ne pouvait ni ne devait faire moins; il répliqua que ce n'était pas une guerre de religion, mais une guerre d'État; que c'était pour cela qu'elle se faisait et non pour un autre motif. Le nonce se vanta de lui avoir répondu là-dessus longuement et avec résolution. Il dit que le Roi se mit à se plaindre beaucoup de Votre Majesté, qui ne voulait pas lui livrer le prince de Condé, s'étendant sur ce sujet, et faisant valoir qu'il avait chargé son ambassadeur

que esto vastara para obligar, que nada havia aprovechado, que de las personas que estavan en Francia desobedientes á V. M^d, Antonio Perez nunca se lo havian pedido, que un hijo de don Antonio de Portugal, que el no lo havia admitido sino la Reyna madre y Rey el su antecessor, que le tocava el reyno de Navarra y se lo tenian, y que se le havia procurado quitar el de Francia, y que le havian querida matar á el y á sus hijos, quando los negocios del mariscal de Biron, que siempre andaban moviendo algo contra el. El nuncio afirmó que havia respondido a todo, y dichóle ultimamente que el no savia como podia este Rey escusarse de la asistencia que havia dado á Olandeses; replicó á esto que por esso havia hecho hazer la tregua, por dar gusto á V. M^d y al archiduque, y remató ultimamente con que el no podió dejar de assistir y ayudar á sus amigos, y assí se armaba para acudir á los protestantes y hechar de Juliers al archiduque Leopoldo. Que le replicó el nuncio que no podria acudir á esto sin tocar en Flandes y que esto tendira inconveniente, pues yendo armado se recatarian de dalle el passo; que respondió que no lo pediria porque el se lo hasia que era poco la tyerra que havia de atravesar de Flandes. Que representandole el nuncio no convenia esto que era perturbar la paz, le replicó que el estava

de parler là-dessus avec tant de courtoisie que cela suffirait pour obliger, mais rien n'y avait fait; parmi tous ceux qui étaient en France contre les ordres de Votre Majesté, Antonio Perez ne lui avait jamais été demandé, et quant au fils de don Antonio de Portugal, ce n'était pas lui qui l'avait reçu, mais la Reine mère et le Roi son prédécesseur ; le royaume de Navarre lui revenait, on le gardait, et on avait tout fait pour lui enlever celui de France; on avait voulu le faire tuer, lui et ses fils, lors de l'affaire du maréchal de Biron; l'on cherchait toujours à lui susciter des embarras. Le nonce m'assura qu'il avait répondu à tout, et dit enfin qu'il ne savait comment le Roi pouvait s'excuser du secours qu'il avait donné aux Hollandais ; le Roi répondit que, quant à cela, il avait fait faire la trêve pour faire plaisir à Votre Majesté et à l'archiduc, et finit par dire qu'il ne pouvait refuser d'assister et d'aider ses amis, et qu'aussi il armait pour aider les protestants et chasser de Juliers l'archiduc Léopold. Le nonce lui répondit qu'il ne pouvait les aider sans mettre le pied en Flandre, et que cela aurait de l'inconvénient, parce que, y allant en armes, on ferait difficulté de lui accorder le passage. Il répondit qu'il ne le demanderait pas, parce que, dans ce cas, la partie de la Flandre qu'il avait à traverser était peu

resuelto, y diciendole que advirtyese que dirian que era por tomar á la princesa de Conde, respondió que el estaba obligado á mirar por la princesa que era su subdita, y que estava presa y oprimada por que ella no queria estar allí, y que esta era causa del condestable, que le pensava assistir y ayudar, pues estava obligado á quello. Que el vió con mucha resolucion en este particular y tanta que, aunque le replicó con la razon y razones que ay para ello, no servir sino de alterable y que se mostrase muy furioso, descubriendo su pasion, rematando con decir que no havia de faltar a cosa tan precissa, y que, aunque pensava primero hazer la coronacion de su muger, pensaba luego yr en persona à estotro.

Este nuncio muestra desear servir á V. M^d y lo hecho dever en muchas cosas, y el me dice las que sabe, y ayer se acavó esta plática diciendome supplicase á V. M^d se armase porque, si lo hazia, le parecia se excusaria la guerra y que de otra manera a de dar este rey alguna occasion que obligue á V. M^d á no podella escusar. Son estas las mismas palabras que con el a passado.

de chose. Le nonce lui représenta qu'il ne convenait pas de troubler ainsi la paix; il répondit qu'il était résolu, et le nonce lui représentant qu'on disait que c'était pour prendre la princesse de Condé, il dit qu'il était obligé de s'occuper de la princesse, qui était sa sujette et qui était prisonnière et opprimée parce qu'elle ne voulait pas demeurer là; c'était la cause du connétable, qu'il comptait assister et aider, car il y était obligé. Le nonce vit qu'il était très résolu à agir ainsi, et tellement que, bien qu'il lui répondît par de bonnes raisons, cela ne fit que l'aigrir; il se montra furieux, découvrant sa passion et finissant par dire qu'il n'aurait garde de manquer à une chose si arrêtée, et que, bien qu'il pensât d'abord à faire couronner sa femme, il comptait ensuite aller en personne achever cette autre entreprise.

Le nonce se montre enclin à servir Votre Majesté; je l'ai engagé à s'informer de beaucoup de choses, et il me dit ce qu'il sait. Hier, en terminant cette conversation, il me dit qu'il suppliait Votre Majesté de s'armer, parce que, si elle le faisait, il y avait apparence d'éviter la guerre, mais que sans cela ce roi trouverait quelque occasion qui obligerait Votre Majesté à ne pouvoir l'éviter. Ce sont les propres paroles échangées avec lui.

LE MÊME AU MÊME.

27 mars 1610.

Señor, obligan algunos avisos á no solo dar cuenta á V. M^d de lo que dizen, pero de las particularidades que en ellos concurren. Estando este rey con una de sus damas de quien de presente anda muy picádo, ledixó ella que rumores heran estos que parecia que se metía ahora en guerra, y el se rió y dixó : tanta gana tengo de guerra como de hecharme á la mar á nadar. Y le replicó la dama : para que hazia esto; y dixó que el tenía cierta la paz quanda la quisiese, y que por un millon se queria hazer estimar y casar á su Delfin con hija de V. M^d. Y replicando ella, que tambien querria coger á la princesa de Conde, le dixó no impidirá el hazer eso estotro.

Con las mismas verá que antes muestra este rey estar apasionado por la princesa de Conde, y siempre hablando que es justo dalla á su padre; y el condestable y Madama de Angulema an hablado en esto al que aqui serve al archiduque, y despues de haver dicho delante de otros e. condestable lo que digo á V. M^d, me dice el que sirve al archiduque le apartó el condestable y le dixó estava reconocidissimo de la... que su hija reci-

Sire, certains avis m'obligent non seulement à rendre compte à Votre Majesté de ce qui se dit, mais des particularités qui s'y rencontrent. Le Roi étant avec une de ses dames dont il est pour le moment très épris, elle lui dit que le bruit courait qu'il allait se mettre en guerre, à quoi il lui répondit : « J'ai autant d'envie de faire la guerre que de me jeter à la nage en mer. » La dame lui repartit : « Gardez-vous de le faire; » et il dit qu'il était sûr d'avoir la paix tant qu'il voudrait, et que, pour mille raisons, il voulait se faire respecter et marier son Dauphin à la fille de Votre Majesté. Et, comme elle répondait que cependant il voulait avoir par force la princesse de Condé, le Roi dit : « L'un n'empêchera pas l'autre. »

Par ces présentes, vous verrez que le Roi se montre toujours passionné pour la princesse de Condé, disant toujours qu'il est juste de la rendre à son père ; le connétable et Madame d'Angoulême en ont parlé à celui qui sert ici l'archiduc, et cet envoyé m'a raconté qu'après avoir dit devant témoins ce que je rapporte à Votre Majesté, le connétable le prit à part et lui dit qu'il était très reconnaissant de [l'honneur] que sa fille rece

via y muy contento de ver la in Flandes, y se holgava mas de bella sirviendo á Su Alteza la infanta que de tenella en su casa, que le pedia fuese secreto el velle.

Despues desto el Rey haze instancia al condestable vaya por su hija, y el se escusó, y estos dias a apretado el Rey á la Reyna scriba á la Alteza de la infanta le embie á la princesa para su coronacion, y por el confessor del Rey procuró la Reyno escusarse describir á Su Alteza la infanta, dicindo que parecia muy mal ser ella tercera que la infanta no lo hazia; el Rey a entrado en grandissima colera, dice que la Reyna no sea de coronar, ni sea do hazer cosa que la degustó; en la Reyna... sentymiento y lagrimas por esta causa y por apretar el Rey con seguir su gusto con la dama de la Reyna de que si cuenta á V. M^d.

vait et très content de la voir en Flandre, qu'il aimait mieux la voir au service de Son Altesse l'infante, que de l'avoir en sa maison, qu'il le priait de tenir leur entrevue secrète.

Depuis le Roi a pressé le connétable d'aller demander sa fille; il s'en est excusé, et ces jours-ci le Roi a voulu amener la Reine à écrire à Son Altesse l'infante d'envoyer la princesse pour le couronnement; la Reine s'en est fait excuser par le confesseur du Roi, disant qu'il ne lui paraissait pas convenable d'aller, elle troisième, essuyer un refus de l'infante; le Roi est entré dans une violente colère et a dit que la Reine ne serait pas couronnée et qu'on ne ferait rien qui lui déplût. La Reine en a pleuré et en est fort affligée, ainsi que de l'ardeur avec laquelle le Roi presse une de ses dames; j'en ai parlé à Votre Majesté.

LE MÊME AU MÊME.

5 avril 1610.

Señor, V. M^d, por su carta de 21 de febrero, me manda entender el intento de los ugonotes y lo que haze el condestable, suegro del principe de Conde, y sus deudos y amigos, y servise V. M^d de decirme no se sabe que hasta ahora tenga intelligencia con ninguno dellos.

Sire, Votre Majesté, par sa lettre du 21 février, m'ordonne de m'informer des intentions des huguenots et de ce que fait le connétable, beau-père du prince de Condé, ainsi que ses parents et amis, et Votre Majesté a daigné me dire qu'on ne savait pas que j'eusse jusqu'ici des intelligences avec aucun d'eux.

Los ugonotes andan inquietos deseando tener caveça de consideracion, y á quien mas se an inclinado es al mariscal de Bullon; pero este no se determina quejandose dellos que no la acudieron quando este Rey le apretó en lo de Sedan y en resolucion la parte de los ugonotes se mueve solo sin passar á effecto, siendo todo pláticas, pero audan de manera que dan mucho cuydado al Rey.

Con el condestable nunca e procurado tener intelligencia por que fuera de ser muy viejo; es de muy poco spíritu y sin resolucion; sus deudos acudirán al principe de Conde el dia que le vieren apoyado, y con algun dinero, y el Rey anda despues que el principe de Conde se fué á Flandes tan mirando al condestable que esto solo le tyene ó el con poco animo tras non tener mucho, y a dicho algunas vezes despues que su hija está en Flandes que su honrra está segura si V. M^d mantyene la reputacion que sus pasados an mantenido.

Les huguenots sont inquiets, désirant se donner un chef important, et celui vers lequel ils se portent le plus est le maréchal de Bouillon; mais il ne se détermine pas, se plaignant de ce qu'ils ne l'ont pas aidé dans son affaire de Sedan contre le Roi, et le parti des huguenots s'agite en délibérations sans passer aux effets; tout cela n'est que menées, mais qui vont de manière à donner au Roi beaucoup de souci.

Je n'ai jamais pu nouer de relations avec le connétable, parce qu'il est très-vieux, de peu d'esprit et sans résolution; ses parents aideront le prince de Condé le jour qu'ils le verront appuyé et pourvu d'argent; depuis que le prince de Condé s'est retiré en Flandre, le Roi épie tellement le connétable, que cela seul, ou son peu de résolution, l'empêche de faire grand'chose (?); il a dit plusieurs fois, depuis que sa fille est en Flandre, que son nonneur était sauf si Votre Majesté maintenait la réputation de ses aïeux.

LE MÊME AU MÊME.

27 avril 1610.

Señor, finiendo hecho el despacho que va co nesto para V. M^a, vinó á verme el nuncio, y me dixò como havia tenido ayer audiencia del Rey, en la qual le havia

Sire, comme je finissais la dépêche qui part avec cette lettre pour Votre Majesté, le nonce est venu me voir et m'a dit qu'il avait obtenu une audience du Roi,

dado un breve de la mano del papa para que no acudiesse á las cossas de Cleves ni ajudar á los protestantes, con palabras apretadas, como doy quenta en otras á V. M... [El Rey] dixó al nuncio que, si V. M^d ó el archiduque corespondiessen con algun auto de amistad, que se echase de ver se le desseava haçer, quel se contentaria con embiar dos ó tres mil hombres á Cleves; apretandole el nuncio que á esto queria que como fuese justo el papa se ynterpondria y haria quanto pudiese, respondió que diesen á la princessa de Conde á su padre; el nuncio le respondió que mirasse que se metía en una guerra injusta que sus mismos vasallos so lo condenaban, y todo el mundo havia de ser contra el; y á otras muchas raçones que refiere que passaron solo le respondió que le appretaban terriblemente de España, y que deçian quel estava enamorado, quel no lo estava, pero que mirasse lo mal que le querian en España, que, cossa que el estutubiere enamorado, le pribavan de su contento y le tenian la cossa que mas amaba en el mundo y no se la querian dar. . . .

en laquelle il lui avait remis un bref de la main du pape, pour le détourner de se mêler des affaires de Clèves et d'aider les protestants, avec paroles pressantes, comme j'en ai rendu compte à Votre Majesté... Le Roi a dit au nonce que si Votre Majesté ou l'archiduc lui donnait quelque témoignage d'amitié, il verrait ce qu'il aurait à faire, qu'il se contenterait d'envoyer deux ou trois mille hommes à Clèves. Le nonce lui répondit qu'à cela il faudrait, comme de juste, que le pape s'interposât de tout son pouvoir; le Roi répliqua qu'on rendît la princesse de Condé à son père. Le nonce reprit qu'il s'étonnait de le voir s'engager dans une guerre si injuste que ses sujets même la condamnaient, et que tout le monde serait contre lui. A beaucoup d'autres raisons qu'il me rapporta le Roi répondit qu'on le poussait terriblement d'Espagne, qu'on le disait amoureux, qu'il ne l'était pas, mais que, s'il l'était, il s'étonnerait du mauvais vouloir de l'Espagne, qui cherchait à le priver de son bonheur et lui retenait ce qu'il aimait le plus au monde, et refusait de le lui donner. . . .

LE MÊME AU MÊME.

7 mai 1610.

Dixó me el nuncio que echa de ver notablemente en el Rey

Le nonce m'a dit qu'il venait de voir le Roi beaucoup plus

mucha diferencia destas dias passados, porque le halló muy dulce y hablandole muy claramente en que deseava la amistad de V. M^d, que no se le atrevessó en razon de la princessa de Conde, como la voz passava, solo le dixó quel archiduque mostrava gana de dalla á su padre, y no acavava, que á ynstancia suyo scrivió ahora el condestable, pidiendole al principe lo consistiesse; pareçele al nuncio que, aunque el Rey deshace el rruydo de armas por España, que lo siente mucho; dixóme tambien le havia dado quexas el Rey de lo que se hace con el principe de Cónde en Milan, pero que, en todo, avia ydo muy suave y desseoso de dar satisfaçion.

.... No cessan sus ministros de yntentar y procurar que se le diesse la princessa de Conde á su padre, diciendo que, con esto, las demas cossas se compondrian por camino muy quieto; el que serbe aquí al archiduque anda oyendo estas pláticas, y hablando en ellas con particularidad, y á mi me ha hablado propuniendome scribiesse á Su M^d será bien que el principe de Conde se fuesse á Roma y que consintiesse que la princessa de Conde se entregasse á su padre; respondile lo que devia.....

A instancia del que aquí sirbe al archiduque Alberto, y por havello el pedido al grand chanciller de Francia y á Villeroy, escrive el condestable al principe

calme que ces jours passés; car il lui a parlé très doucement et déclaré très clairement qu'il désirait l'amitié de Votre Majesté, qu'il ne se préoccupait pas de la princesse de Condé autant qu'on le disait, mais que l'archiduc montrait désirer la rendre à son père, et n'en finissait pas, qu'à son instigation le connétable venait d'écrire pour demander au prince son consentement. Il a paru au nonce que, bien que le Roi dise renoncer à la guerre pour l'Espagne, il a un profond ressentiment, et qu'il s'est plaint de ce qu'on fait à Milan avec le prince de Condé, quoiqu'en somme il ait parlé avec douceur et désir de donner satisfaction.

.... Ses ministres ne cessent pas leurs instances pour qu'on rende la princesse de Condé à son père, disant que, par ce moyen, le reste s'arrangera à l'amiable, et celui qui sert ici, l'archiduc entre dans ces menées très particulièrement, et m'a proposó d'écrire à Sa Majesté qu'il serait bon que le prince de Condé se rendît à Rome et qu'il consentît à ce que la princesse de Condé fût rendue à son père; je lui ai répondu comme je devais.....

Sur les instances de celui qui sert ici l'archiduc Albert, et sur la demande qu'il en a faite au chancelier de France et à Villeroy, le connétable écrit au

PIÈCES ET DOCUMENTS. 571

de Conde, pidiendo le consienta se le entregue su hija; tambien se ha desseado que yo scribiera lo mismo, y procurarlo apretandome, y tanto que me fue fuerça responder como podia el apretarme.....	prince de Condé, pour lui demander qu'il consente à ce qu'on lui rende sa fille; on m'a aussi demandé de faire de même, et de l'y décider par mes instances, et tellement que j'ai été forcé de répondre comme je pouvais que je l'en presserais.....

N° XXI

LA PRINCESSE D'ORANGE DOUAIRIÈRE [1] A LA DUCHESSE DE THOUARS [2].

25 février 1610.

Madame ma chère fille, j'ay reseu vos lettres, et par le sieur du Plessis, et depuis par le Sr Anché : je me resjouys de vous sçavoir à Paris, parce que j'en apprendray bien plus souvent de vos nouvelles que d'ailleurs. Vous dites que vous avez trouvé beaucoup de changement. Vraiment ouy. Pour moy, je crois que Monsieur le Prince a perdu l'entendement et qu'il est habandonné de Dieu d'ouyr dire ces procédés à Bruxelles. Le cœur m'en crève de voir un qui porte le nom de Bourbon parmy ces gens-là. Je me trompe bien, ou il sera bientost las d'eux, et eux de luy; ils le déprisent desjà bien fort, à ce que j'entens. J'ay pitié de le voir courir comme cela à sa ruyne, et ceste pauvre princesse renfermée à ceste heure comme dans une prison. Elle eust esté bien plus heureuse d'épouzer un simple

---

1. Louise de Coligny, fille du célèbre amiral, née le 8 septembre 1555, veuve de Teligny (massacré à la Saint-Barthélemy), quatrième femme de Guillaume de Nassau, prince d'Orange, et veuve de ce second mariage depuis 1583.
2. Charlotte Brabantine de Nassau, fille de ce même Guillaume, prince d'Orange, et de sa troisième femme Charlotte de Bourbon-Montpensier, par conséquent, belle-fille de la précédente. Elle avait épousé, en 1598, Claude de la Trémouille, duc de Thouars, frère de la princesse douairière de Condé.

gentilhomme. Mais encore ce qui me fasche le plus, c'est de voyr Monsieur le prince d'Orange[1] je ne sçay comment embarassé parmy tout cela. Y n'a pas tins que nous ne luy ayons souvant mandé d'ici qu'il s'en devoit retirer, et y nous mande aussi tous les jours qui s'en revient à Breda et qui ly fasche fort d'y demeurer sy longtemps, mais qu'il espéroit tousjours de gagner quelque chose sur cest esprit malade. Depuis ceste belle alarme que vous en avés aprize, nous n'en avons rien apris, synon que, de bouche, il a encore donné charge de nous dyre qui seroit bientost à Breda. Vos frères[2] sont depuis quinze jours à Utrech, pour essayer d'asoupir quelque brouillerye qui s'est mise dans la ville, à quoy, sy l'hotorité de Messieurs les Estas ne remédye, il y avoit danger que cela n'en alumast de plus grande dans le pays, mais on espère que cela se racommodera. Voilà des nouvelles d'Allemagne qui vienent d'arriver, par où il semble que ces affayres de Jullyers se porteront à la guerre. Sy cela est, il n'y a pas aparance que vostre cadet puisse aler encore en France, car ceste seule atente luy a fait tenir pied à boule tout cest hyver, par l'avys mesme de tous ceux qui l'ayment, car il avoit bien envye de fayre un tour auprès du Roy, qu'il a extrême envye de voyr. S'il y a moyen, y faut qui face ce petit voyage de Sedan. Si Monsieur de Bouillon est encore à Paris, communiqués-en avec luy, et me mandés, sy vous plaist, commant y faudroit y procéder, car j'y aporteré de mon costé tout ce qui sera en ma puissance, ne desirant rien tant au monde que ce que vous souhaités aussy. Vous me mandés que je vous escrive quand sera mon retour. Certes, chère fille, je ne le puis encore juger, car il m'est bien malayzé de me résoudre que je ne voye ce que deviendra

1. Son beau-fils, Philippe-Guillaume, beau-frère de Condé. Nous en avons parlé.
2. Le célèbre Maurice de Nassau, qui fut prince d'Orange après son frère consanguin, de 1618 à 1625, et Henri-Frédéric, propre fils de Louise de Coligny. Ce dernier, qui fut aussi prince d'Orange, de 1625 à 1647, était grand-père de Guillaume III.

vostre cadet. J'ay dit à Bricquemault ce que vous me mandiez qui la regarde. Je vous prye de croyre qu'elle, non plus que moy, ne soufre rien à Mademoysele de la Trimouille qui soit malséant à une fille de sa calité. Je me doute bien qui est ce gentilhomme que vous dytes qui est avec mon neveu de Chastillon[1] qui vous a dit qui parle sy privément avec elle. C'est une humeur que, sy vous le congnoissiés bien, vous ne trouveriés pas cela estrange de luy, car il prend des libertés qu'autre que luy ne prendroit pas, et personne ne s'en offanse. Enfin, j'en fais comme de ma fille propre, et m'assure, quant vous la verrés, que la trouverés bien jolye. Le Plessis m'a dit mile biens de vostre ayné et mile gentillesses de vostre cadet, qui me donne bien envye de les voyr. Je suis sy malade d'un grand rume, qui tient icy comme une cocluche, que j'ay eu grand peyne à vous fayre ceste lettre.

C'est le 25 de février.

A Madame, Madame de la Trimouille duchesse de Thouars.

(Original. Archives du château de Serrant. Communiqué par M. Marchegay.)

N° XXII

LE CONNÉTABLE DE MONTMORENCY AU PRINCE DE CONDÉ.

Paris, 12 mai 1610[2].

Monseigneur, les plaintes que Madame la princesse de Condé ma fille m'a fais et repetté par plusieurs lettres et propos

1. Gaspard de Coligny, petit-fils de l'amiral, né en 1584, maréchal de France en 1622, mort en 1646.
2. En marge est écrit : « C'estoient des meschans qui, estans gaignez, imputoient des plaintes à la princesse et faisoient telles lettres qu'ils vouloient parce que le bon seigneur ne sçavoit ny lire ny escrire. »

qu'elle a tenuz de bouche à aucuns de mes principaux serviteurs qu'avoy envoïé vers elle des mauvais et rudes traittemens qu'elle a reçeu de vous, et le desir qu'elle a à ceste occasion de se faire séparer par justice, y adjoustant les prières instantes et pitoyables de la voulloir retirer du lieu où elle est pour la tenir près de moy, m'ont induit d'en faire très humble supplication aux archiducs, tant par requestes, lettres que gentilshommes envoiez exprès, se que me promettois obtenir de leur bonté et justice et qu'ils ne refuseront à un père désolé, et qui ressent l'affliction et la doulleur de sa fille, une demande si juste. J'ay néantmoings recongneu qu'ils y apportoient de la difficulté et différoient à me donner ce contentement, soubz prétexte qu'ils mettent en avant vous avoir promis de ne la laisser sortir d'auprès d'eux sans votre permission. C'est pourquoy a présent j'ay recours à vous, Monseigneur, pour vous supplier très-humblement voulloir mettre en considération les justes causes qui m'induisent à faire cette poursuitte, que mon aage et indisposition m'ostent le moien d'aller vers elle pour la consoler en son affliction et luy donner conseil de ce qu'elle doibt faire pour mettre son esprit en repos, qu'elle n'est pas aussy en lieu où elle puisse avec entière liberté faire ses plaintes et y trouver remède, par ainsy qu'il ne luy reste aulcun autre secours sinon de venir à moy. Aiez donc, je vous supplie, pitié du père et de la fille, et vous représentez, s'il vous plaict, combien sont justes les causes de mes plaintes et mescontentement, mieux congneus de vous que d'aulcun autre, et prenez cette confiance en mon intégrité et de l'honneur dont j'ay tousjours fait profession, lequel accompagnera, moiennant la grâce de Dieu, touttes mes actions jusques au tombeau, qu'elle ne recepvra en ma maison que tous bons enseignemens, pour continuer à suivre la vertu en laquelle elle a esté nourrie et instituée, et que sa vie y sera si innocente qu'elle méritera d'estre louée de vous et d'un chascun ; si vous aidez, Monseigneur, à me faire donner ce contentement et consolation à ma fille, je le tiendray à grande obligation et demeureray en vollonté de vous en rendre très humble service, avec auttant d'affection que le debvoir me le pourra permettre, lequel me fais encore desirer de vous voir près du Roy au rang deub à votre grandeur et quallité, comme vous serez tousjours quand vous vouldrez avoir recours à sa bonté plustost qu'à rechercher des remèdes qui ne peuvent servir que à vous faire souffrir du mal.et recepvoir de blâme. Je suis,

Monseigneur,

Votre très humble et très-obéissant serviteur,

MONTMORENCY.

(Bibliothèque nationale, collection Dupuy, 70, 71, 72, pièce 61.)

LE PRINCE DE CONDÉ AU CONNÉTABLE DE MONTMORENCY.

Sans date (1610).

Monsieur, vous aurés la présente, non pour me plaindre de l'action qui s'est passée à Bruxelles, dont j'aurois grande raison, mais pour me condouloir du funeste accident survenu en la personne du feu Roy, Monseigneur, que Dieu absolve! dont je puis dire avec vérité en avoir ressenty le coup au milieu du cœur. Ce que je vous supplye de voulloir tesmoigner au Roy et à la Reyne, et les asseurer du desir et de la passion que j'ay de rendre à Leurs Majestés le très humble service que je leur dois, sous l'espérance que j'ay qu'elles me feront l'honneur de me recevoir en l'exercice des charges que mon rang et ma naissance me donnent au gouvernement de l'Estat; de quoy je vous supplye de me voulloir assister et de conseil et d'auctorité, pour la proximité de sang et d'alliance que j'ay avec vous, par laquelle, avec la raison et le droict que j'ay pour moy, car je ne demande autre chose, vous estes tenu de voulloir mon bien et mon honneur, protestant d'oublier entièrement la simplicité d'esprit de ma femme, vostre fille, à se laisser surprendre jusques aux termes où elle a esté, dont je donne la faute, pour vous au pouvoir absolu d'autruy, et pour elle à ceux et à celles qui l'ont si artificieusement et malicieusement circonvenue, la voullant à jamais aymer et chérir comme moy-mesme, et demeure ce que je vous suis, qu'est, Monsieur, vostre très humble et très affectionné fils et serviteur,

HENRY DE BOURBON.

(Bibliothèque nationale, fonds Saint-Germain français, 1018, folio 116.)

LE PRINCE DE CONDÉ A LA DUCHESSE D'ANGOULÊME.

Sans date (1610.)

Madame, je me feusse bien estoné d'avantage que je n'ay faict de l'action qui s'est passée à Bruxelles, sy je n'eussé sceu les artiffices que l'on usoit journellement à vous y disposer et à y faire résoudre ma femme ; c'est pourquoy je n'en donne la faute à personne qu'à ceulx et à celles qui sy meschament ont circonvenu sa jeunesse ; une saincte Thérèse et les plus relligieuses vierges du monde eussent succombé à tant de persuasions ; ce qui faict que je pardonne librement à sa simplicité, et ne veux laisser pour cella de l'aymer et chérir, comme Dieu et la raison me commandent. J'espere qu'ayant esté une heure avec elle de luy remettre sy bien l'esprit, qu'elle et moy en demeurerons contens. Quant à vous, Madame, je vous supplye de croyre que je n'ay point pour cella cessé de vous honorer et chérir, comme vous m'y avés obligés, sçachant bien aussy quelle viollance on vous faisoit, que je tais néantmoings, par respect que j'ay à qui je dois, desirant avec passion vous rendre preuve par touttes sortes de services que je suis et

PIÈCES ET DOCUMENTS. 577

veux estre toutte ma vie, Madame, vostre bien humble nepveu et obligé serviteur,

HENRY DE BOURBON.

J'escris à Monsieur le connestable mes intentions, ausquelles je vous supplye très humblement me faire les bons offices que vous pouvés, et croire ce porteur comme moy-mesme.

(Bibliothèque nationale, fonds Saint-Germain français, 1618, folio 117.)

N° XXIII

« Voiage du prince de Condé de Paris jusques à Milan, premièrement, le chemin de lieu en lieu ; après, les choses remarquables qu'il a veues en chaqun lieu et ce qui s'est passé depuis son départ avec la cause de sa sortie du roiaume. »

Tel est le titre d'un manuscrit autographe de Henri II, prince de Condé, conservé parmi les papiers de sa famille. Il ne faut pas confondre ce journal avec le récit d'un voyage accompli par ce même prince treize ans plus tard, récit également écrit par lui et dont l'original existe dans les archives de Condé, mais imprimé à Bourges en 1624. Celui qui nous occupe ici est inédit. Il ne tient malheureusement pas toutes les promesses du titre ; le prince n'a rien écrit, ni sur « ce qui s'est passé depuis son départ », ni sur « les causes de sa sortie du royaume » : il s'est borné à une simple nomenclature d'étapes, en y joignant quelques remarques dont la rédaction rappelle les premiers journaux de voyage tenus par les enfants de douze à quinze ans. Mais, laconique et terne comme il est, ce journal nous fournit encore quelques renseignements intéressants, et surtout des dates certaines. Nous croyons devoir en donner ici, comme pièces à l'appui, quelques extraits et une courte analyse : nous respectons l'orthographe des noms de lieux, qui est d'ailleurs presque toujours intelligible.

» Parti de Paris le 25ᵉ novembre, jour de sainte Catherine, en l'année 1609 ; allé coucher au Bourget, bourg.

» Le 26ᵉ, allé de là dîner à Dammartin, bourg de M. le connestable ; coucher à Bes, terre et château du Sʳ de Bes.

» Le 27ᵉ, aller dîner à Sᵗ-Remy, village du Sʳ de Conflans ; coucher à Muret, maison et village apartenant audit prince ; auquel lieu il séjourna tout le lendemain.

» Le 29ᵉ, parti avec sa femme en carosse, allé repaistre à Lustre, village, et de là achevé la journée à marcher jusques à la nuit, et repaistre à Creci ; marché toute la nuit, et venu à Catillon, premier lieu des Païs-Bas.

» De là, le trentième, venu à Landreci, ville de l'obéissance de l'archiduc au pays de Hainault. Séjourné trois jours.

» Parti le 3ᵉ de décembre... Coucher à Fleury... — 4, Liége. — 5, Érichapelle. — 6, 7, Julliers.

» Parti le 8 ; allé d'une traite à Colongne, auquel lieu il demeura depuis le mercredi jusques au samedi 17ᵉ.

» 17, 18, Ais. — 19, Mastric. — 20, Tillemont. — 21, Louvain.

» Le 22ᵉ, venu coucher à Brusselles, ville. Séjourné jusques au 22ᵉ de febvrier, durant lequel temps il fut voir la ville d'Anvers comme aussi celle de Malines. Duquel lieu partit pour Milan.

» 22 février 1610, Sichem. — 23, Veerte. — 24, Vennelot. — 25, Rhainbergue, passé le Rain. — 26, Dorstem. — 27, 28, Munstre. — 1ᵉʳ mars, Osembruc. — 2, Emelot. — 3, Oldenbourg. — 4, 5, Hildesheim. — 6, Séchem. — 7, Donderstat. — 8, Melhouse. — 9, Erdford. — 10, Hilmenaut. — 11, Inglestin. — 12, Coburc. — 13, Bamberc. — 14, Erland. — 15, Nurembergue. — 16, Hilpostaim. — 17, Cuberbac. — 18, Rechensofuen. — 19, 20, Ausbourg. — 21, Landspergue. — 22, Zoia. — 23, Mittamval. — 24, Isbruc. —

25, Mauls. — 26, Bolsan. — 27, Trente. — 28, traversé le lac de Garde, et couché à San-Giacomo du Crémonois. — 29, Crémone. — 30, Lodi. — 31, Milan.

» Retour en France. Parti de Milan le 9e juin ; dîner à Cosme, ville au roy d'Espagne ; coucher aus Tavernes, païs de Suisse.

» 10, Airollo. — Du 11 au 16, Saint-Gothard, Lac de Lucerne, canton de Bâle, Coulommiers, Saint-Dié, Lunéville, Nancy, Pont-à-Mousson, Longwi, Arlon, Flamegeol.

» Le 17, passé à Bastoigne, ville, dîné à Namur, ville ; coucher à Havre, bourg. — Le 18, dîner à Brusselles. Séjourné cinq jours ; allé à Nostre-Dame de Montaigu et à Marimont ; passé à Louvain... Retourné à Brusselles.

» Parti de Brusselles le 6e juillet, venu passer à Marimont, coucher à Bains, ville. — Séjourné le 7°. — Le 8°, coucher à Mons, ville, d'une traite. »

» 9, Valenciennes. — 10, Cambray. — 11, Péronne. — 12, Roie — 13, Compiègne. — 14, Senlis. — 15, Louvres.

» Le 16, dîner au Bourget, bourg ; coucher à Paris, ville. »

FIN DES PIÈCES ET DOCUMENTS.

TABLE

DES MATIÈRES CONTENUES DANS LE TOME DEUXIÈME

LIVRE PREMIER

SUITE)

LOUIS DE BOURBON

PREMIER DU NOM, PREMIER PRINCE DE CONDÉ, NÉ LE 7 MAI 1530,
TUÉ LE 13 MARS 1569

CHAPITRE V (1568 à 1569). — Premières violations de l'édit de paix. Condé se retire à Noyers. — Mesures prises pour l'appauvrir et le désarmer. — Griefs des catholiques. « Le fait de la Rochelle. » Les Rochelois appellent Condé. — Actes et démarches des puissances catholiques. — Attitude de la cour de France; réunion de troupes en Bourgogne; ordres donnés à Tavannes. — Fuite de Condé et des Châtillon avec leurs familles (23 août 1568). — Passage périlleux de la Loire. — La troupe des fugitifs grossit; ils gagnent la Rochelle (29 septembre); accueil des bourgeois. — Jonction de Condé et de la reine de Navarre. — Plan d'opérations, momentanément concentrées dans l'Ouest; premières mesures d'organisation; négociations et manifestes. — Concentration des troupes royales en Anjou; combat de la levée de la Loire; échec de d'Andelot. — Condé rallie d'Andelot et prend Angoulême. — Il devait marcher vers l'Est pour rallier d'Acier et écraser Montpensier, imprudemment engagé en Périgord. — Tandis que Condé reste en Saintonge, Montpensier bat d'Acier les deux armées remontent en Poitou (novembre). — Monsieur entre en campagne avec vingt-sept mille hommes; Condé marche au-devant de lui avec près de trente mille. — Combat d'avant-garde à Pamprou, entre Poitiers et Niort. — Condé donne par erreur au camp de Monsieur ; combat incertain de Jazeneuil (16 novembre). — Dans la nuit, Condé se met en marche vers la Loire pour y saisir un pont. Il enlève Mirebeau sans être inquiété, et arrive devant Saumur. — Prise de Saint-Florent; acharnement des deux partis; pillage de Noyers. — Condé est rappelé en Poitou pour secourir Loudun. — Les deux armées forcées par la saison de se cantonner sans avoir pu combattre (décembre). — Situation financière des protestants; mesures prises pour hâter les renforts. — Au mois de février 1569, Monsieur, en se postant à Montmorillon, coupe toutes les lignes de communication des réformés. — Condé, ne recevant pas de renforts et de plus en plus menacé par l'armée royale, marche vers la Charente pour aller en Quercy chercher « les vicomtes ». — Monsieur, après avoir pris Ruffec, descend lentement la rive gauche de la Charente, en lançant de forts partis sur la rive droite. — Rencontre d'avant-garde. L'amiral croit pouvoir attirer l'armée royale sur la rive droite au-dessus d'Angoulême, et dégager ainsi la route du Midi. — Condé arrive à Chérac (10 mars); tout est prêt pour passer la Charente le lendemain. — Monsieur l'a prévenu sur la rive gauche. Il occupe Châteauneuf et menace Cognac (10 et 11 mars). — Condé semble décidé à remonter vers le Nord pour passer la Loire et rejoindre le duc de Deux-Ponts, mais sans prendre son parti assez complètement ni assez promptement. — Il étend ses cantonnements vers Saint-Jean-d'Angely; ordre de marche donné pour le 13. — Dans la nuit du 12 au 13, les catholiques passent la Charente devant Châteauneuf. — La rive droite de cette rivière présente trois bonnes positions entre Châteauneuf et Triac. — Bataille de Jarnac. — Le 13, à la pointe du jour, les catholiques avaient passé la rivière et s'étaient, sans coup férir, emparés de la première position. — Tandis que l'amiral rallie ses troupes, ils enlèvent Bassac. Coligny demande à Condé de le soutenir. — D'Andelot reprend Bassac, mais il en est chassé; la gauche des protestants va être tournée ; ils sont rejetés sur la position de Triac. — Condé se rend à l'appel de l'amiral. — Il arrive sur le champ de bataille avec trois cents chevaux; il a une jambe brisée. — Il lance l'amiral sur sa gauche et charge le centre de Monsieur. — La droite des protestants est délogée, Coligny battu, et Condé, après d'héroïques efforts, est entouré, pris et assassiné. — L'armée protestante se rallie les jours suivants sans trop de pertes. Jugement sur la conduite de Coligny et de Condé dans cette journée. — Effet produit par la mort de Condé. Traitement fait à ses dépouilles. — Résumé de sa vie. . . Page 3

LIVRE DEUXIÈME

DE LA BATAILLE DE JARNAC A LA MORT DE HENRI IV

1569 A 1610

HENRI DE BOURBON

PREMIER DU NOM, SECOND PRINCE DE CONDÉ, NÉ LE 29 DÉCEMBRE 1552,
MORT LE 5 MARS 1588

HENRI DE BOURBON

DEUXIÈME DU NOM, TROISIÈME PRINCE DE CONDÉ,
NÉ LE 1er SEPTEMBRE 1583.

CHAPITRE PREMIER (1569 à 1588). — Deux enfants de seize et dix-sept ans, le prince de Béarn et le nouveau prince de Condé, Henri Ier, sont élus chefs des protestants (mars 1569); leur situation et leurs rapports. — « Les pages de l'amiral. » Ils combattent pour la première fois à la journée d'Arnay-le-Duc (juin 1570). — Attitude de Condé pendant la paix; confiance que lui témoigne l'amiral; ferveur de ses convictions religieuses. — Son mariage avec Marie de Clèves (juillet 1572). — Mort de Jeanne d'Albret et mariage du roi de Navarre. — Condé à la cour; son courage et sa fermeté lors de la Saint-Barthélemy (août 1572); il n'abjure qu'au mois d'octobre. — Siège de la Rochelle (1573); les deux Bourbons forcés d'y assister. — Attitude différente de Navarre et de Condé; griefs et tristesse de ce dernier; le duc d'Anjou et Marie de Clèves. — Nouveau parti du duc d'Alençon ou des « mécontents »; il se rapproche des Montmorency et des Bourbons ou « nouveaux ». — Paix (juillet 1573); Condé est nommé inopinément gouverneur de Picardie, et se rend à Amiens. — Conspiration découverte au moment d'éclater (mars 1574); arrestation et noble attitude de Navarre; fuite de Condé; il gagne Strasbourg. — Prise d'armes des mécontents et des protestants; Condé est proclamé leur chef (juillet 1574). — Il commence assez tard ses opérations, et y réussit assez mal. Cinquième édit de paix (mai 1576). — Nouveaux griefs de Condé, frustré des avantages que lui assurait le traité de paix. — Défiance des protestants envers Navarre; leurs sympathies pour Condé. — Marie de Clèves était morte en l'absence de son époux (octobre 1574). — Établissement de Condé à la Rochelle et dans l'Ouest; il sert de prétexte à l'organisation de la Ligue. Irritation générale. — États de Blois. Négociations officielles et secrètes. — Nouvelle guerre; mauvais succès de Condé; divisions des partis; paix inattendue (septembre 1577). — Refroidissement des deux cousins; Catherine veut les séparer complètement. Condé surprend la Fère (novembre 1579). — « Guerre des amoureux; » elle force Condé à fuir. Il demande des secours dans les Pays-Bas, en Angleterre, en Allemagne; son traité avec le Palatin. — Il est forcé de subir la paix de Fleix (novembre 1580); ses relations avec Navarre et avec les protestants exaltés. — Situation de la France, des Bourbons et des partis après la mort du duc d'Anjou (1584); le Roi, contre son gré, se livre à la Ligue par le traité de Nemours et l'édit de juillet (1585). — Mesures prises par Navarre pour soutenir la lutte; sa fidélité aux intérêts nationaux; modération de son langage. — *Brutum fulmen*. Commencement des hostilités (septembre 1585); succès de Condé en Saintonge. — Désastreuse entreprise d'Angers; fuite de Condé à Guernesey. — Son retour en Saintonge. — Son mariage avec Charlotte de la Trémouille (mars 1586). — Les partis extrêmes également mécontents du Roi et du roi de Navarre. — Armistice (août 1586); négociations infructueuses. — Formation de trois nouvelles armées royales; espérances de Henri III. — Opérations insignifiantes de Joyeuse en Poitou; il quitte son armée (août 1587); Navarre et Condé reprennent la campagne. — Navarre marche sur la Loire pour rallier son cousin le comte de Soissons; le prince de Conti va chercher l'armée d'Allemagne. — Joyeuse, renforcé, marche vers Libourne, où l'attend Matignon. — Après avoir rallié son armée,

Navarre marche parallèlement à Joyeuse, et le devance à Coutras (19 octobre); résolution de donner bataille. — Dans la nuit, Joyeuse (sept mille hommes) marche sur Coutras ; l'armée protestante (cinq mille cinq cents hommes) prend une bonne position. — Bataille de Coutras (20 octobre); canonnade; succès peu important de l'armée royale. — Harangue de Navarre ; il renforce sa gauche. — Combat décisif du centre ; déroute de l'armée royale. — Rencontre de Condé et de Saint-Luc. — Séparation de l'armée. Projets de Condé ; il se retire malade à Saint-Jean-d'Angely ; sa mort (5 mars 1588). — Soupçons d'empoisonnement ; le page Belcastel et le contrôleur Brillaud ; poursuites dirigées contre la princesse, qui reste sept ans détenue. — Sentiments de Henri IV pour son cousin. Jugement sur ce prince. . . Page 85

CHAPITRE II (1588 à 1610). — Coup d'œil sur les principaux événements qui suivirent la mort du second prince de Condé. — Jonction de Henri III et du roi de Navarre. — Siège de Paris. Mort de Henri III (août 1589). — Premiers actes de Henri IV. — Sa marche sur la Normandie. — Il s'établit à Dieppe. Position d'Arques ; beaux combats livrés pour la défendre (septembre 1589). — Le Roi est renforcé ; Mayenne se retire. Le Roi reparaît sous les murs de Paris. — Marche habile sur Tours. Progrès des affaires du Roi. — Efforts des ligueurs et de leurs alliés. Bataille d'Ivry (14 mars 1590). — Blocus de Paris, levé par le duc de Parme (septembre 1590). — Difficultés de la situation du Roi ; il fait face à tout. Siège de Rouen, commencé en décembre 1591, et levé par le duc de Parme en avril 1592. — Retour offensif du Roi ; belle retraite du duc de Parme ; sa mort. — Tiers parti. États de la ligue. Abjuration de Henri IV (juillet 1593). — Entrée du roi à Paris (mars 1594). — Soumission de Lyon et de Rouen ; guerre sur les frontières ; combat de Fontaine-Française (juin 1595). — A Dijon, le connétable remet au Roi un placet en faveur de la princesse de Condé.

Naissance du troisième prince de Condé, Henri II de Bourbon, le 1er septembre 1588, à Saint-Jean-d'Angely. Longue détention de sa mère ; animosité de sa famille. — De Thou obtient du Roi qu'il reconnaisse le jeune prince et le fasse élever dans la religion catholique. — La princesse de Condé est mise en liberté sous caution (juillet 1595). — Le marquis de Pisani, nommé gouverneur du jeune prince, l'amène à Saint-Germain, où il est déclaré héritier du trône (novembre 1595).— Éducation du jeune prince : d'Haucourt, sous-gouverneur; Lefèvre, précepteur. — Acquittement et abjuration de la princesse de Condé (1596). Son caractère; sa lutte avec Pisani; fâcheuse influence sur l'éducation de son fils. — Éloges publics donnés au jeune prince : le cardinal de Florence; l'avocat général Dollé; Grotius. — Doutes persistants sur la naissance de Condé; état de l'opinion; incidents. — Divorce et second mariage de Henri IV. — Changement de la situation du jeune prince.—Mort de Pisani (octobre 1599); il est remplacé par Belin. — L'éducation de Condé s'achève assez tristement; son caractère; ses dispositions; sa vie à la cour. — Présentation de Charlotte-Marguerite de Montmorency. Effet produit par sa beauté. Henri IV rompt le mariage projeté entre elle et Bassompierre. — Le prince de Condé fiancé à Mlle de Montmorency (décembre 1608); marié le 17 mai 1609. La passion du Roi éclate. Altercations entre lui et Condé. Ce dernier se retire à Valery avec sa femme. — Malherbe chante les amours du Roi. — Après une apparition à la cour, Condé retourne à Valery, d'où il se rend à Muret. Incidents de son séjour en Picardie. Mandé à la cour, il y vient seul; le Roi veut le « démarier. » Intervention de de Thou et du secrétaire Virey. — Emportement du Roi. Condé part, annonçant son prochain retour avec la princesse (25 novembre 1609). — Le Roi est informé que Monsieur le Prince emmène sa femme en Flandre (29 novembre). Mesures aussitôt prises pour arrêter le fugitif. — Condé arrive à Landrecies (30 novembre). Il y est rejoint par les agents du Roi. Embarras des magistrats.—Après quelque hésitation, les archiducs autorisent la princesse à se rendre à Bruxelles; mais Condé doit quitter les Pays-Bas, et se rend à Cologne, où il arrive le 8 décembre. — Démarches de Praslain et de Virey. La princesse mise en sûreté à Bruxelles dans le palais d'Orange. — Suite des mesures prises par Henri IV. Sentiment des ministres espagnols, et notamment de Spinola. — Condé, appelé à Bruxelles, y arrive le 21 décembre. — Tristesse de la princesse; ses rapports avec son mari. Dispositions et démarches de sa famille. Intrigues du roi. Négociations infructueuses pour ménager un accommodement entre lui et Condé, qui se livre davantage aux Espagnols. Ambassade du marquis de Cœuvres (janvier 1610); démarches directes et indirectes du Roi pour émouvoir et intimider la cour de Bruxelles. — Mission secrète du marquis; il doit enlever la princesse. — Virey découvre les projets de Cœuvres, et s'entend avec Spinola pour les déjouer.

DU TOME DEUXIÈME. 587

Alerte de la nuit du 13 au 14 février 1610. — Sommation en forme adressée à Condé par l'ambassadeur de France. — Condé se décide à quitter Bruxelles. Il confie sa femme aux archiducs, part déguisé le 21 février, et arrive à Milan le 31 mars. Attitude prise par l'Espagne vis-à-vis de ce prince et de Henri IV. — Le connétable réclame sa fille. Mission de Preaulx. Réponse des archiducs. — Requête de la princesse pour sa mise en liberté. Nouvelles démarches du Roi auprès des archiducs. On croyait qu'il les appuierait par une démonstration militaire. — Nouveaux vers de Malherbe. Malgré les assertions contraires, la passion du Roi est plus démonstrative que profonde. — Véritable but des armements de Henri IV. Sa politique; alliances et ressources qu'il s'est préparées. — Il fait demander aux archiducs le passage par le Luxembourg pour son armée. — La cour de Bruxelles offre de renvoyer la princesse de Condé. Vains efforts pour arrêter Henri IV. — Bullion, ambassadeur de France à Turin, est chargé de surveiller Condé, qui habitait Milan. — Démarches faites auprès de Condé pour le décider à se rendre à Rome. Il renonce à ce projet sur la nouvelle de l'entrée des Français en Lombardie. — Il apprend la mort de Henri IV (mai 1610), quitte Milan, et arrive à Bruxelles le 18 juin. — Il se soumet à la Régente, refuse de voir sa femme et arrive à Paris le 16 juillet 1610. . . . . Page 186

PIÈCES ET DOCUMENTS INÉDITS.

I. Le prince de Condé au Roy (avril-août 1568). 349
II. Dépêches et pièces tirées du *State paper office* de Londres papiers de France). — Période du 12 mai 1568 au 10 mars 1569. 359
III. Papiers trouvés sur M. le prince de Condé quand il fut tué, le 13 mars 1569, envoyés au roi par le duc d'Anjou, le 17 mars 1569 383
IV. Trois lettres inédites signées par les princes de Navarre et de Condé (Henri Ier) (avril-octobre 1569). 403
V. Lettres et documents concernant Françoise d'Orléans, veuve de Louis Ier, prince de Condé, et l'éducation des fils cadets de ce prince (1569-1573). 410

VI.	Henri Ier, prince de Condé, à l'amiral Coligny (8 septembre 1571)	414
VII.	Le prince de Condé au comte palatin (9 avril 1576)	416
VIII.	Le prince de Condé au comte de Sussex (?) (12 juin 1577).	417
IX.	Le prince de Condé à la Reine mère (13 novembre 1579).	419
X.	Le prince de Condé à lord Burleigh (12 avril 1580)	420
XI.	Le prince de Condé à Messieurs les syndics et conseil de la ville de Genève (25 mars 1584)	421
XII.	Le roi de Navarre à Bèze, sur la mort du prince de Condé (mars 1588)	422
XIII.	Lettres écrites par la princesse de Condé pendant sa captivité à Saint-Jean-d'Angely (1592, 1593 et sans date).	428
XIV.	Le marquis de Pisani au Roi (4 décembre 1595)	433
XV.	La princesse de Condé au connétable (sans date)	436
XVI.	La princesse de Condé à M. de Haucourt (sans date).	438
XVII.	La princesse de Condé à la comtesse de Moret, et au prince de Condé son fils (sans date)	441
XVIII	Analyse du contrat de mariage du prince de Condé (3 mars 1609)	442
XIX.	Dépêches et pièces tirées des Archives du royaume de Belgique (1609 et 1610)	445
XX.	Dépêches et pièces tirées des papiers de Simancas (1610).	549
XXI.	La princesse d'Orange douairière à la duchesse de Thouars (25 février 1610)	571
XXII.	Le connétable de Montmorency au prince de Condé (12 mai 1610). Le prince de Condé au connétable et à la duchesse d'Angoulême (1610)	573
XXIII.	Voyage du prince de Condé (1609-1610)	577

FIN DE LA TABLE DES MATIÈRES DU TOME DEUXIÈME.

EMILE COLIN. — IMPRIMERIE DE LAGNY

www.ingramcontent.com/pod-product-compliance
Lightning Source LLC
Chambersburg PA
CBHW070405230426
43665CB00012B/1253